# Engelhorns Lebensbilder

Gordon Brook-Shepherd

# Die Opfer von Sarajevo

## Erzherzog Franz Ferdinand
## und Sophie von Chotek

Deutsch von
Christian Zinsser

Engelhorn Verlag · Stuttgart

Die Originalfassung erschien unter dem Titel
»Victims at Sarajevo«
bei William Collins Sons & Co., London.
© Gordon Brook-Shepherd 1984

CIP-Titelaufnahme der Deutschen Bibliothek

*Brook-Shepherd, Gordon:*
Die Opfer von Sarajevo : Erzherzog
Franz Ferdinand u. Sophie von Chotek /
Gordon Brook-Shepherd.
Dt. von Christian Zinsser. –
Stuttgart : Engelhorn Verlag, 1988
(Engelhorns Lebensbilder)
Einheitssacht.: Victims at Sarajevo ‹dt.›
ISBN 3-87203-037-X

© der deutschen Ausgabe
Engelhorn Verlag, Stuttgart 1988
Lektor: Sabine Ilfrich
Gesamtherstellung: Clausen & Bosse, Leck
Printed in Germany

# Inhalt

# Vorwort

Wenn ich Rückschau halte, so schien es schon immer auf der Hand zu liegen, daß ich eines Tages eine Biographie von Erzherzog Franz Ferdinand in Angriff nehmen würde. Im Wien der Nachkriegszeit, wo ich – zunächst als Besatzungsoffizier und später als Auslandskorrespondent – fast 15 Jahre gelebt habe, begegnete ich seinen zwei Söhnen, Herzog Max und Prinz Ernst von Hohenberg, die beide Hitlers Konzentrationslager von innen kennengelernt hatten. Die Stadtwohnung, in der ich lebte, lag dem erzherzoglichen Palais Belvedere, durch dessen Park ich nach dem Mittagessen gerne bummelte, beinahe gegenüber. Nach und nach habe ich fast alle anderen Schlösser und Jagdunterkünfte besucht, in denen Franz Ferdinand und seine morganatische Gattin Sophie irgendwann gelebt haben, und ich habe sogar das große Glück gehabt, auf manchen der dazugehörigen Ländereien zu jagen. Es war, glaube ich, sein Enkel Georg, der gegenwärtige Chef des Hauses Hohenberg, der mich als erster auf den Gedanken gebracht hat, über den Erzherzog zu schreiben, und zwar mit der Bemerkung (die vor über 20 Jahren gefallen sein muß), daß so vieles von dem Unsinn, den man über seinen Großvater lese, ohne weiteres richtiggestellt werden könne, falls sich nur irgendein Unbeteiligter der Mühe unterzöge, die Familienarchive zu Rate zu ziehen sowie die Freunde der Familie und vor allem die Tochter des Erzherzogs, Sophie, das einzige Kind aus jener unebenbürtigen Ehe, das immer noch unter den Lebenden weilt (Prinz Ernst ist 1954 und Herzog Max 1962 gestorben).

Ein halbes Dutzend anderer Bücher, einige davon über

österreichische Themen, sind seitdem von mir erschienen, aber als ich endlich das Projekt zu verwirklichen begann, waren es diese familiären Quellen – die sonderbarerweise von Franz Ferdinands österreichischen Biographen unberücksichtigt gelassen wurden –, auf die ich mich, neben dem Inhalt von wichtigen offiziellen Dokumenten, konzentrierte. So ist es selbst im Abstand von beinahe drei Generationen möglich gewesen, einige neue Einsichten in die politischen Gedankengänge des Erzherzogs zu gewinnen sowie viel neues Material über ihn als Mensch zutage zu fördern – vor allem über Franz Ferdinand als allen Überlieferungen zuwider leidenschaftlichen Freier und, nachdem er seinen Preis gewonnen hatte, als hingebenden Ehemann.

Ich habe in erster Linie und vor allem seiner Tochter zu danken, der jetzigen Gräfin Sophie von Nostitz-Rieneck (die ein munteres und intelligentes 13jähriges Mädchen war, als ihr die verhängnisvolle Nachricht von Sarajevo schonend beigebracht wurde), für viele Stunden genußreicher Unterhaltung im Verlauf einiger Besuche in ihrer friedlichen Salzburger Villa. Sie verschaffte mir nicht nur ein detailliertes Bild von Franz Ferdinand als Vater und Familienmitglied sowie viel neues Material über seine berühmte Romanze, sondern auch ein paar unveröffentlichte Dokumente und Briefe politischer Natur.

Ich genoß, im Gegensatz zu früheren Biographen, den als Glück zu bezeichnenden Vorzug, daß während der Planung und Niederschrift meines Buches die Hohenbergs im Begriff waren, ein eigenes »Erzherzog Franz Ferdinand Museum« einzurichten, und zwar in Artstetten, dem Familienschloß nahe der Donau in Niederösterreich, wo der Erzherzog und seine Gemahlin begraben liegen. Ich habe Graf Romée d'Harambure und seiner Gemahlin, Prinzessin Anna Hohenberg, für ihre Hilfe und Gastfreundschaft während verschiedener Besuche bei ihnen zu danken, ferner Graf Wladimir Aichelburg (Nachkomme eines Erziehers des Erzherzogs), der viel zur Ausstattung des Museums beigetragen und auf diese

Weise einige neue Facetten im Leben des Erzherzogs und seiner Zeit freigelegt hat. Die amtlichen Schriftstücke des Erzherzogs sind als gesperrte Dokumente im Wiener Haus-, Hof- und Staatsarchiv als »Nachlaß Franz Ferdinand« aufbewahrt, und ich bin dem gegenwärtigen Herzog von Hohenberg (dem gleichen, der das erste Interesse für seinen Großvater in mir wachgerufen hat) dankbar, daß er mir die Erlaubnis verschafft hat, in diese Papiere Einblick zu nehmen. Es bedurfte reichlich Zeit, sie durchzugehen und eine Materialauswahl zu treffen, und ich hätte es niemals rechtzeitig geschafft ohne die bewährte Mithilfe von Frau Anneliese Schulz, meiner langjährigen wissenschaftlichen Assistentin in Wien.

Dazu haben sich mancherlei Befragungen derjenigen meiner österreichischen Freunde gesellt, deren Familien enge Beziehungen mit dem Erzherzog unterhielten. Häufig konnte dabei allerdings nichts von irgendwelchem Interesse ausfindig gemacht werden – entweder weil es nichts Schriftliches gab oder, leider noch öfter, weil alles der Vernichtung anheimgefallen war. Aber dennoch gab es den einen oder anderen interessanten Fund. So förderte Graf Karl Draskovich das persönliche Tagebuch und andere zeitgenössische Schriftstücke seines Onkels, Graf Adalbert Sternberg, zutage. Obgleich »Monchi«, wie er allgemein genannt wurde, keineswegs zu den objektivsten Zeugen gehörte, so unterhielt er doch jahrelang enge Verbindung zum Erzherzog und vermochte einige interessante Anekdoten, sowohl privater als auch politischer Art, beizutragen. Eine andere alte Freundin, »Goldy« Mathé, ist die Enkelin von Fürst Montenuovo, Obersthofmeister Kaiser Franz Josephs und erbarmungsloser protokollarischer Gegner des Erzherzogs, wenn es um gesellschaftliche Rangstreitigkeiten ging, die dessen geliebte Gemahlin betrafen. Aus dem kümmerlichen Rest der der Vernichtung entgangenen Papiere ihres Großvaters hat Frau Mathé ein bisher unbekanntes Dokument über diesen Streit ans Licht gebracht, nämlich ein Zeugnis von Sophies erstem offiziellen Auftritt bei Hofe in Wien.

Gräfin Maria Fedrigotti, deren Vater, Graf van der Straten, einer der Adjutanten des Erzherzogs war, hat eine Reihe von alten Jagdbüchern mit Aufzeichnungen gefunden, die den Erzherzog als einen hervorragenden Schützen auf verschiedenen Jagdveranstaltungen in der österreichischen Monarchie sowie in England ausweisen, wo er einmal zu einem Jagdbesuch im November 1913 weilte. In diesem Zusammenhang bin ich auch dem Herzog von Portland dankbar, daß er mir die Aufzeichnung seines Vorfahren zur Verfügung gestellt hat, worin der Aufenthalt des Erzherzogs auf Welbeck Abbey während dieses Besuches beschrieben ist.

Die königlichen Archive in Windsor enthalten in den Tagebüchern und Briefen von König Georg V. und Königin Mary mancherlei interessante Anmerkungen zu den vier Tagen, die sich der Erzherzog und seine Gemahlin zuvor auf Schloß Windsor während jenes Monats aufgehalten hatten – eine Einladung, die den krönenden Triumph von Franz Ferdinands Kampf um die gebührende Anerkennung Sophies im Ausland bedeutete. Kaum sechs Monate später schrieb Königin Mary ergreifende Briefe über die beiden Dahingeschiedenen. Die Archive in Windsor verfügen außerdem über viel interessantes Material bezüglich der offiziellen Vorbereitungen der Rundreise des Erzherzogs durch Indien während seiner Weltreise von 1892/93, Vorbereitungen, die nicht ohne Spannungen verliefen. Dank der gnädigen Erlaubnis Ihrer Majestät der Königin wurden mir alle diese Schriftstücke zugänglich gemacht. Ich muß auch Sir Robin Mackworth-Young und Miss Jane Langton für die nie erlahmende Gefälligkeit und Hilfsbereitschaft danken, die sie dabei wie auch bei früheren Gelegenheiten zeigten, wenn ich die königlichen Archive um ihre Hilfe anging.

Was den eigenen Hofstaat des Erzherzogs anbetrifft, so weilt glücklicherweise noch eine Überlebende aus jener längst verschwundenen Welt der Hofburg, von Schönbrunn und des Belvedere auf Erden. Als am 21. Oktober 1911 die 19jährige Prinzessin Zita von Bourbon-Parma den Erzherzog Karl von

Österreich heiratete, wurde Kaiser Franz Joseph ihr Großonkel und Franz Ferdinand – dem ihr Gemahl als nächster in
der Anwartschaft auf den Thron folgte – ihr »Onkel Franzi«.
Von da an bis Sarajevo war diese lebhafte und hochintelli-
gente Prinzessin aus erster Hand Zeugin der letzten Lebens-
jahre Franz Ferdinands – all seiner häuslichen als auch politischen Probleme sowie der endlosen Fragen, die sich daraus
ergaben –, und zwar nicht als nur halbinformierter Höfling,
sondern als Mitglied der regierenden Familie selbst.

Seitdem ich vor zwanzig Jahren Forschungen für eine Biographie ihres verstorbenen Gatten, des Kaisers Karl (der er im
November 1916, mitten im Ersten Weltkrieg, folgerichtig
wurde), betrieben hatte, habe ich Ex-Kaiserin Zita fast jedes
Jahr einen Besuch abgestattet, und es war unvermeidlich, daß
in unseren Gesprächen die Figur von Franz Ferdinand eine
große Rolle spielte, lange bevor ich das vorliegende Buch
anging. Hätte er, als Souverän, sein Reich »retten« (was praktisch bedeutet, seine Auflösung hinauszögern) können? Hätte
er den Frieden erhalten können – ich meine nicht etwa
dadurch, daß er seinem Mörder hätte entgehen können, sondern dadurch, daß er der europäischen Politik eine neue Richtung wies? Welcher Art waren die Schlüssel zu seinem rätselhaften Charakter? Wie waren er und Sophie als Menschen, in
der Sicht derjenigen, welche unzählige Stunden in ihrer Gesellschaft verbrachten, sei es unter den Kronleuchtern von
Wien, sei es in der Abgeschiedenheit entlegener Jagdunterkünfte? Antworten finden sich in diesem Buch verstreut und
gewähren einige Einsichten, die wahrscheinlich selbst die
Zeitgenossen des Erzherzogs nicht kannten, so klein und eng
abgeschlossen war der Familienkreis der Habsburger. Ich
werde jene letzte Repräsentantin der alten europäischen
Herrschaftsordnung, die zu einer besonders herausragenden
Persönlichkeit in meinem Leben geworden ist, stets in dank-
barer Erinnerung behalten, vor allem aber die bemerkenswerten Tage in ihrer Gesellschaft.

Ungarn war das *bête-noir* des Erzherzogs. Er sah in der

stolzen und anmaßenden Nation der Magyaren, Partner der Österreicher in der Doppelmonarchie, keine Zwillingssäule des Reiches, sondern eine destruktive Kraft im Untergrund, die, wenn sie nicht kontrolliert würde, mit ihrem Chauvinismus und Widerstand gegen demokratische Reformen die gesamte Konstruktion zum Einsturz bringen würde. Viel ist über dieses Thema von deutschsprachigen Historikern geschrieben worden, aber ich legte Wert auf Meinungsäußerungen aus Budapest, sogar aus dem kommunistischen Budapest von heute, das beiläufig so viel vom alten ungarischen Nationalstolz wieder aufleben läßt. Mein alter Freund dort, Dr. István Gál, unterzog sich der Mühe, mir eine ganze Flut von Ideen und Schriftstücken über Franz Ferdinands Zeit zuzuleiten. Letztes Jahr, wenige Tage nachdem er mir einen neuen Brief zur Sache gesandt hatte, ist er gestorben, Opfer einer Arthritis und, vielleicht eher noch, der Leiden, die er unter Stalins Verfolgungen erdulden mußte. Er war eine bedeutende intellektuelle Erscheinung, ein großer ungarischer Patriot und ein großer Freund Englands.

Schließlich muß ich, wenn er sich auch ein wenig fremdartig in dieser vornehmen Gesellschaft ausnimmt, des schwarzen, halbwilden Feld-, Wald- und Wiesenkaters Sam gedenken, der mir zulief, als ich mich gerade an den Erzherzog machte, und bei mir in meinem ländlichen Versteck fast bis zum Ende ausharrte. Wenn auch alles andere als von klassischer Bildung, so hatte Sam an der literarischen Szene doch sein Vergnügen. Er kuschelte sich zwischen Haufen von Büchern am äußersten Ende des großen Eßzimmertisches, an dem ich schrieb, um stundenlang zu schnurren, bis er durch einen plötzlichen Jammerlaut kundtat, daß für uns beide der Augenblick gekommen sei, etwas zu trinken. Sein Zeitgefühl bei dieser Gelegenheit war ebenso untadelig wie die Art und Weise seines Abgangs. Als sich das Buch seiner Vollendung näherte, schlief er für immer ein, ohne viel Aufhebens und Wehklagen, auf seinem Lieblingsfleckchen bei Sonnenaufgang im Garten, über den er so lange Zeit geboten hatte. Jetzt ist sein Platz für immer dort, und er verdient ihn auch an dieser Stelle, denn er war ein ebenso vollkommener wie unersetzlicher Vertrauter des Verfassers. Ich bin doch recht froh, daß er von den letzten Kapiteln dieses Buches niemals mehr etwas zu erfahren kriegt, laut welchen das allerletzte Tier, auf das der Erzherzog in seiner unersättlichen Waidmannslust mit ihrer stattlichen Beute von 272 511 Stück Wild schoß, ausgerechnet eine Wildkatze war, die während eines Sonntagmorgenspaziergangs auf seinen böhmischen Besitzungen seinen Weg gekreuzt hatte.

Gordon Brook-Shepherd     Hughs, Hambleden
                     Oxon

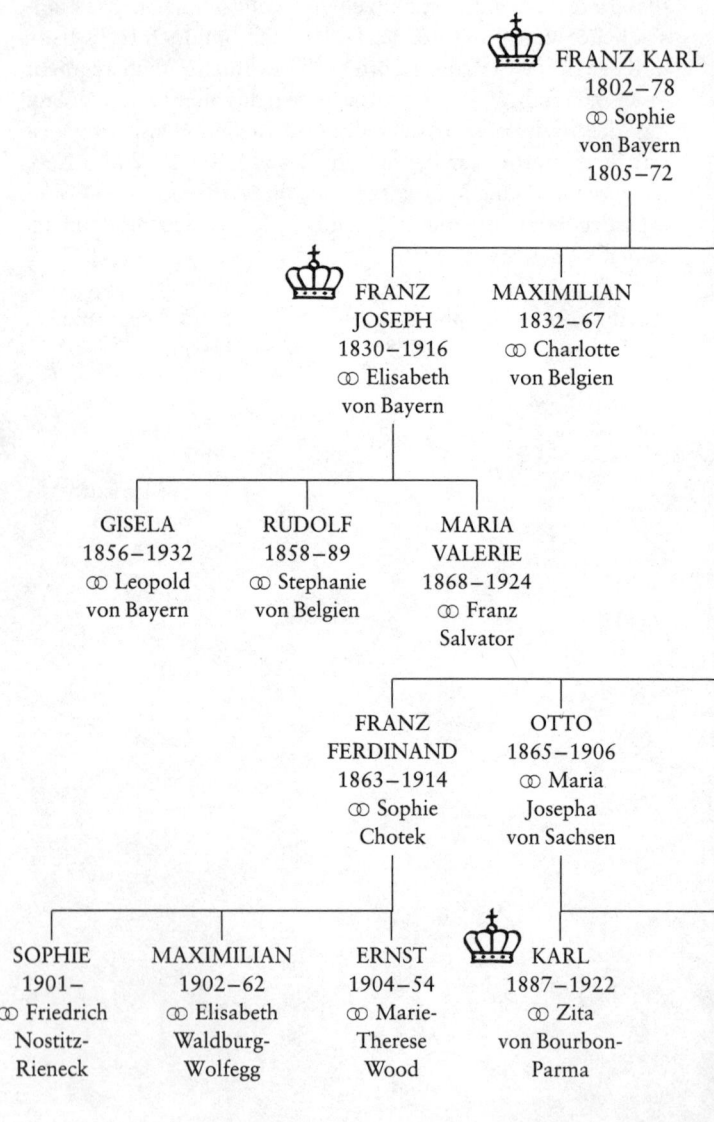

**FRANZ KARL**
1802–78
⚭ Sophie
von Bayern
1805–72

**FRANZ JOSEPH**
1830–1916
⚭ Elisabeth
von Bayern

**MAXIMILIAN**
1832–67
⚭ Charlotte
von Belgien

**GISELA**
1856–1932
⚭ Leopold
von Bayern

**RUDOLF**
1858–89
⚭ Stephanie
von Belgien

**MARIA VALERIE**
1868–1924
⚭ Franz
Salvator

**FRANZ FERDINAND**
1863–1914
⚭ Sophie
Chotek

**OTTO**
1865–1906
⚭ Maria
Josepha
von Sachsen

**SOPHIE**
1901–
⚭ Friedrich
Nostitz-
Rieneck

**MAXIMILIAN**
1902–62
⚭ Elisabeth
Waldburg-
Wolfegg

**ERNST**
1904–54
⚭ Marie-
Therese
Wood

**KARL**
1887–1922
⚭ Zita
von Bourbon-
Parma

# Das Haus Habsburg-Lothringen

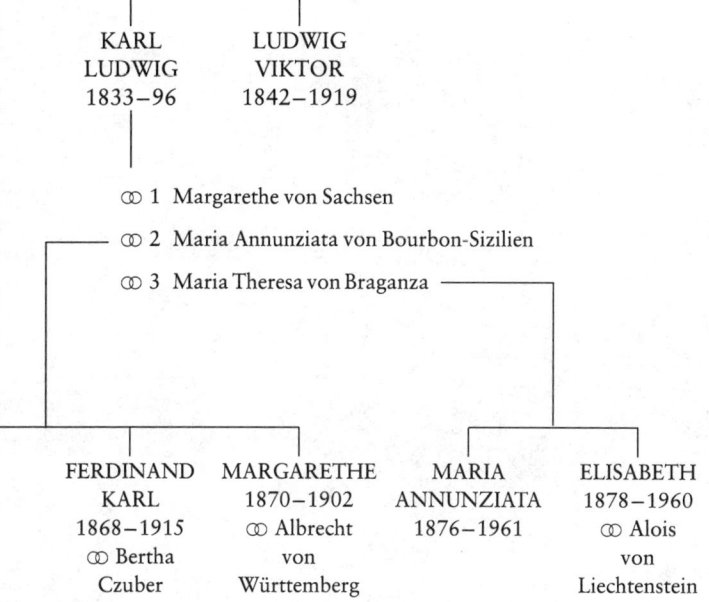

KARL LUDWIG 1833–96    LUDWIG VIKTOR 1842–1919

∞ 1 Margarethe von Sachsen

∞ 2 Maria Annunziata von Bourbon-Sizilien

∞ 3 Maria Theresa von Braganza

FERDINAND KARL 1868–1915 ∞ Bertha Czuber    MARGARETHE 1870–1902 ∞ Albrecht von Württemberg    MARIA ANNUNZIATA 1876–1961    ELISABETH 1878–1960 ∞ Alois von Liechtenstein

MAXIMILIAN 1895–1952 ∞ Franziska Hohenlohe-Schillingsfürst

Europa zur Zeit Franz Ferdinands

0   200   400   600   800   1000 km

# 1

## Das Heeresgeschichtliche Museum

In einer rechteckigen Vitrine im Wiener Heeresgeschicht-
lichen Museum ist die Uniform wie ein getrockneter Schmet-
terling zur Ansicht ausgebreitet. Von einer Seite her dringt
gedämpftes Sonnenlicht durch die Kreppvorhänge, die vor
den eisenvergitterten Fenstern befestigt sind. Direkt darüber
fällt mattes, gelbes Licht von einem Kristallkronleuchter
herab; bei genauerem Hinsehen erweist sich sein Oberteil als
zu einer hohlen Krone geformt. Die Farben in der Vitrine widerstehen diesem Gemisch aus trüben Lichtquellen: die hel-
len, grünen Federn des Zweispitzes des Erzherzogs, das blaue
Tuch des Uniformrockes mit den drei goldenen Sternen eines
Kavalleriegenerals, die in Form eines Dreiecks auf beiden Seiten des Kragenbands angebracht sind. So auch die getrockne-
ten Blutflecken, verstreut zwischen den Knöpfen wie roter
Staub, und die Schlitze im Waffenrock selbst. Die größten
unter ihnen sind die beiden diagonalen Einschnitte quer über
die Brust und den linken Arm hinauf, die sich an der Schulter
einem groben V gleich treffen. Es waren die ersten, welche die
Ärzte vorgenommen hatten, nachdem sie zur Mordstätte geeilt waren und infolge des Blutstroms vermuteten, daß sich
die Wunde irgendwo unweit des Herzens befinden müsse.
Der dritte und kleinere Einschnitt befindet sich unterhalb des
hinteren Kragens. Ihn hatten die Ärzte vorgenommen, als sie
merkten, daß es eine Halsvene war, die die Kugel durchtrennt
hatte.

Längs der Wand gegenüber den Fenstern steht, durch Seile
abgesperrt, das Leihautomobil, das unversehens zum Leichenwagen wurde – Graf Harrachs »Gräf & Stift«, ein soge-

nannter Doppel-Phaeton oder offener Tourenwagen, mit seinen übermäßig großen Schalthebeln an der Außenseite, dünn benagelten Ersatzreifen und dem verbeulten Nummernschild A 111–118. Auf dem vorderen Trittbrett erhebt sich immer noch in schlappen Falten die schwarz-gelbe Habsburger Standarte neben der Windschutzscheibe. Hinter dem Fahrersitz ist ein mit weißer Farbe umrandetes Loch in der Tür zum Fond des Wagens zu sehen. Es markiert den Lauf der anderen Kugel, die durch einen Schuß in den Magen die Gemahlin des Generals, die Herzogin Sophie Hohenberg, tödlich verwundete und damit – neben vielen anderen Dingen – einer der außergewöhnlichsten fürstlichen Liebesgeschichten, deren Zeuge das 20. Jahrhundert werden sollte, ein Ende setzte.

Symbolisiert diese weiß umrandete Einschußstelle die Tragödie des Privatlebens des Erzherzogs, so drückt ein Porträt von ihm auf einer Staffelei unweit des Wagens all die Enttäuschungen seiner politischen Existenz aus. Es ist ein Ölgemälde, gemalt von einem gewissen Wilhelm Vita, das Franz Ferdinand darstellt im Glanze seiner Uniform und Orden, die er getragen hätte und allein hätte tragen können als Kaiser von Österreich. Der Erzherzog blickt über Graf Harrachs offenen Tourenwagen hinweg mit seinem starren, rätselhaften Blick und jenem Anflug resignierten Lächelns, als ob er zugeben würde, die Vorsehung vielleicht etwas allzu kühn herausgefordert zu haben, indem er ausgerechnet einem Herrn Vita den Auftrag zu diesem Bild erteilte.

Längs der gegenüberliegenden Wand, unter den Fenstern, stehen Glaskästen, die Erinnerungen enthalten an das, was an jenem 28. Juni gar nicht stattgefunden hatte: eine Einladung beispielsweise zum Diner des Erzherzogs mit neun Gängen, das den formellen Teil seines Aufenthalts in Sarajevo hätte abschließen sollen. Wie so oft während ihrer Ehe (obgleich hier völlig zu Recht, denn es handelte sich im Grunde genommen um einen militärischen Besuch des Erzherzogs) blieb Sophies Name unerwähnt. Aber aus dem musikalischen Programm, direkt neben der Sitzordnung, geht hervor, daß irgend jemand auf den reizenden Gedanken gekommen sein muß, auf ihre Anwesenheit aufmerksam zu machen. Inmitten all der strammen Märsche, die gespielt werden sollten, befindet sich ein ganz unmilitärischer Walzer von Chladek, betitelt »Ohne Lieb kein Leben«.

Plötzlich wird die Stille des Sarajevo-Saales von einer sich stetig nähernden Geräuschwoge unterbrochen, einem Gewirr junger österreichischer Stimmen. Eine Gruppe von etwa 60 Schülern im Alter von 14 bis 16 Jahren drängt sich in den Saal, begleitet von zwei Lehrern und einem amtlichen Museumsführer. Die jungen Leute scharen sich um die lange Vitrine unter dem Kronleuchter und deuten aufgeregt auf die blutbefleckte blaue Uniform. Sie bildet einen seltsamen Gegensatz zu ihren T-Shirts – mit Motiven, die von den Gesichtern von Popstars bis zu den Namen von Massentourismusorten an der italienischen Adriaküste reichen –, die sich in den Glaskästen, über welche sich die jungen Leute beugen, widerspiegeln.

Das Geschnatter hört auf, als der Museumsführer zu seinem üblichen schnellen Routinevortrag ansetzt (selbst in diesem Falle mit »meine Damen und Herren« beginnend). Er erklärt die Einschnitte in der Uniform und die Kugellöcher im Automobil. Dann, als er am Ende ist, wendet er sich den beiden Lehrern zu, und auf ein Zeichen hin heben alle drei an: »Und das war der Beginn des…?« Sie warten darauf, daß die Kinder mit der erforderlichen Antwort einfallen: »…des Ersten Weltkrieges«.

Voller Befriedigung lenkt der Museumsführer die Schüler weiter mit den Worten: »Schön, und jetzt zeige ich Ihnen die größte Kanone, die in jenem Krieg verwendet worden ist.« Und sie gehen weiter durch einen engen Gang zu einer Artillerie-Halle, in deren Mitte eine riesige österreichische 38-Zentimeter-Haubitze (»Feuerleistung: ein Schuß von 740 Kilogramm Gewicht alle fünf Minuten mit einer Reichweite von 15 000 Metern«) ihre stumpfe Nase nach oben gegen das Fenster und den blauen Wiener Sommerhimmel hin reckt.

Unvermeidlicherweise gab es viele Dinge, die der Führer in seinem munteren Sarajevo-Kommentar weglassen mußte. Es wäre auch sinnlos gewesen – und außerdem war viel zuwenig Zeit –, tiefer auf die Tragödie einzugehen. Für die jungen Leute war sie ohnehin eine erledigte Sache ihrer Großeltern, die noch darin verwickelt waren, während sie selbst damit nichts zu tun hatten, ebenso wie der einköpfige Adler ihrer kleinen neutralen Republik nur mit Abstand etwas zu tun hat mit dem doppelköpfigen Adler des ausgedehnten Imperiums, das jene zwei Kugeln letzten Endes auseinandergerissen hatten.

Aber es gab zumindest eine historische Ironie, die dem Museumsführer wohl selbst nicht aufgegangen war. Jener enge Gang, durch welchen er eilends seinen Pflichten nachging, enthält eine Sammlung von Gemälden des Krieges von 1914 bis 1918 mit dem Sammeltitel »Vom Hurra! bis zum Leichenfeld«. Das erste der »Hurra«-Gemälde zeigt einen äußerst schneidigen österreichischen Offizier zu Pferde, den Säbel emporgeschwungen, leuchtenden Auges, der seine Truppen in die Schlacht führt – offensichtlich ganz und gar die Verkörperung des glücklichen Soldaten und Patrioten, voller Zuversicht auf einen raschen Sieg, wie sie es allesamt in allen Armeen waren. Das Textschild weist ihn aus als Oberst Alexander Brosch von Aarenau, Kommandeur des 2. Regiments Tiroler Kaiserjäger, einer Elitetruppe.

Was das Textschild nicht hinzufügt, ist, daß vor dem Krieg mehr als fünf Jahre lang derselbe Offizier an der Spitze der sogenannten Militärkanzlei des ermordeten Erzherzogs gestanden hatte, die faktisch das Schattenkabinett des Thronfolgers war und sich mit Plänen zur Änderung von Form und Stil des Imperiums befaßte, das zu regieren Franz Ferdinand mit Ungeduld erwartete und dessen Politik er mittlerweile zu beeinflussen versuchte. Was vielleicht selbst der Museumsführer nicht wußte, war, daß der hellglänzende Schimmer in den Augen des Offiziers, die ebenso leuchteten wie sein gezogener Säbel, nicht so sehr auf Schlachtenruhm hindeutete als vielmehr auf einen verzweifelten Todeswunsch. Oberst Broschs Kameraden versicherten, daß er entschlossen nach seinem Ende getrachtet habe, und zwar an der galizischen Front, wo er es auch pflichtschuldigst bei Rawa Ruska am 6. September 1914 fand, als der Krieg gerade einen Monat lang währte. Und der Grund, so führten sie weiter aus, weshalb er zu sterben wünschte, war seine Überzeugung, daß ohne seinen dahingegangenen Herrn das Habsburger Reich die letzte Überlebenschance verpaßt habe.

Hätte der ermordete Erzherzog den wankenden Vielvölkerstaat, den Sarajevo zusammen mit zwei anderen großen europäischen Kaiserreichen tatsächlich zum Untergang verdammt hatte, retten können – und wäre es nur für eine weitere Generation gewesen? Wenn er seine Verwundung überlebt hätte, selbst als Krüppel, wäre er imstande gewesen, zur Vermeidung eines Krieges und Kugelhagels beizutragen, der letzten Endes 20 Millionen Menschen getötet oder verwundet hat? Und wenn er regiert hätte, und zwar in Friedenszeiten, wie wäre es seinem geliebten »Sopherl« ergangen und vor allem seinen beiden Söhnen, die sie ihm geboren hatte?

Auf diese Fragen wird es wohl niemals eine Antwort geben. Doch sie werden immer wieder gestellt werden, und die Summe der Anhaltspunkte für Antworten liegt in einer Geschichte, die wir erzählen können, die Geschichte einer romantischen Tragödie, die sein gewaltsam verkürztes Leben darstellt.


## 2

### Ein seltsamer junger Habsburger


Angesichts dessen, was die Welt für ihn in Reserve hielt sowie er für sie, vollzog sich der Eintritt des kleinen Kindes in sie bemerkenswert unauffällig. In der Tat nahm außerhalb des abgegrenzten Bereichs der Habsburger Hofgesellschaft kaum jemand Notiz von seiner Geburt. Nur innerhalb der Familie selbst stellte sie ein großes Ereignis dar. Sein Vater, Erzherzog Karl Ludwig, ein jüngerer Bruder des regierenden Kaisers Franz Joseph, hatte bereits eine leidvolle, tragische erste Ehe mit der sächsischen Prinzessin Margarethe hinter sich, die 1858 gestorben war. In den zwei Jahren, die sie miteinander verheiratet waren, hatte sie ihm keinen Nachwuchs geschenkt. Karl Ludwigs zweite Brautwahl nach einer angemessenen Trauerfrist und sorgfältigen Nachforschungen unter den in Frage kommenden Damen fiel auf Prinzessin Maria Annunziata aus dem sizilianischen Zweig des Hauses Bourbon, die er vier Jahre später in Venedig heiratete. Doch seine neue Gemahlin verfügte nur über eine sehr schwache Gesundheit, so schwach, daß das Paar beschloß, das erste Ehejahr in Görz, in milder südlicher Luft, zu verbringen, bevor es sich auf das Risiko des verhältnismäßig rauhen Klimas in Graz, der Hauptstadt der Provinz Steiermark, einließ, wo es das Palais Herberstein in der Sackgasse mietete. Hier wurde am 18. Dezember 1863, um Viertel nach sieben Uhr morgens, Maria Annunziata von ihrem Erstgeborenen entbunden, der nicht nur in jeder Hinsicht ein gesundes Kind zu sein schien, sondern obendrein auch noch ein Knabe war: ein wahres Weihnachtsgeschenk für den Vater.

Das Kind wurde auf den Namen Franz Ferdinand Karl Ludwig Joseph Maria getauft, der erste Name, ein gut habsburgischer, ohne Zweifel auch zu Ehren des Kaisers. Der zweite wurde sicherlich zur Erinnerung an seinen Großvater mütterlicherseits gegeben, Ferdinand II. beider Sizilien, den berühmten »Re Bomba«, so genannt, weil er im Revolutionsjahr 1848 nicht gezögert hatte, seine beiden Hauptstädte, Messina und Neapel, zu bombardieren, um sich weiter an seinen bedrohten Thron zu klammern (wie wir sehen werden, sollte das Kind mehr als nur den Namen dieses sizilianischen Vulkans erben). Angefangen bei den Bourbonen und Habsburgern floß das edelste katholische Blut von ganz Europa

*Der häusliche Erzherzog Karl Ludwig und die zweite seiner drei Ehefrauen, Maria Annunziata von Bourbon-Sizilien, die an Schwindsucht starb, als Franz Ferdinand sieben Jahre alt war.*

durch die Adern des Säuglings. Ein Genealoge[1] stellte später nicht weniger als 2047 regierende oder fürstliche Vorfahren aus 112 Ahnengeschlechtern, bis auf elf Generationen zurückgehend, fest: unter ihnen befinden sich 71 deutsche beziehungsweise deutschösterreichische, 20 polnische, 8 französische, 7 italienische und 6 verschiedene andere.

Natürlich war daran gar nichts weiter Besonderes in einem Europa, wo königliche Vettern fortgesetzt verpflichtet waren, königliche Basen zu heiraten, nur um das regierende Blut blau zu halten, wie dünn es im Verlauf dieses Prozesses auch werden mochte. Und auf jeden Fall deutete in seiner Jugendzeit keiner der in ihm zusammenfließenden Blutströme darauf hin, daß Franz Ferdinand einmal ins Rampenlicht der Öffentlichkeit treten sollte, zumal sich sein eigener Vater ein für allemal daraus zurückgezogen hatte. Karl Ludwigs einzige Erfahrung mit einem öffentlichen Amt rührte von seiner Ernennung zum Statthalter von Tirol im Jahre 1855 her, als er gerade 22 Jahre alt gewesen war. Es hatte ihn keineswegs enttäuscht, als kaum sechs Jahre später konstitutionelle Neuregelungen ihn als Erzherzog vom Staatsdienst ausschlossen; der neue antiklerikale, antimonarchische Geist, der sich südlich des Brennerpasses erhob, war seiner ultrakonservativen, ultrareligiösen Seele ohnehin ein Greuel. Seitdem führte er das Leben eines kaiserlichen Gutsbesitzers, der wohltätige Zwecke förderte, Ausstellungen eröffnete und vor allem für seine Familie lebte, die nun endlich immer mehr zu wachsen begann. Ein zweiter Sohn, Otto, kam ebenfalls in Graz, am 21. April 1865, zur Welt, ein dritter, Ferdinand Karl, am 27. Dezember 1868 in Wien, wo der Vater ein großes Stadthaus in der Favoritenstraße gekauft hatte, und ein viertes Kind, die erste Tochter, Margarethe, wurde am 13. Mai 1870 in Artstetten geboren, einem Schloß, das genau nördlich der Donau in einem verschlafenen Winkel Niederösterreichs verborgen liegt und zu Karl Ludwigs Ländereien gehörte.

In Artstetten hängt auch immer noch, unter vielen anderen Erinnerungsstücken, das beste Porträt von Karl Ludwig, ein zeitgenössisches Ölgemälde. Es zeigt ihn eher wie ein gutmütiges Walroß aussehend, mit seiner schmalen Stirn, durchdringenden blauen Augen und einem langen weißen Bart, der nach unten in zwei getrennte Spitzen auslief. Aber das Wesen des Mannes, wie er da sitzt, behaglich seine Pfeife rauchend und reihenweise Familienphotos auf dem Schreibtisch hinter ihm, ist das eines Familienvaters *par excellence*, eines Mannes, der sich letzten Endes in Hauspantoffeln an den Füßen stets wohler fühlte als in glänzend gewichsten Stiefeln.

Jedoch hatte er um den Bestand seines ehelichen Glücks zu kämpfen. Ein Jahr nach der Geburt ihres vierten Kindes wurde Maria Annunziata, deren prekäre Gesundheit schließlich von der Schwindsucht aufgezehrt war, vom Tode dahingerafft. Voller Trauer, aber ungebrochen suchte Karl Ludwig zum dritten Mal Europas Horizonte nach einer passenden königlichen Braut ab, und seine Wahl fiel auf Maria Theresa aus dem portugiesischen Königshaus Braganza, die mehr als zwanzig Jahre jünger war als er. Diese portugiesische Prinzessin – die ihm zwei weitere Kinder, beides Töchter, gebären sollte – war nicht nur die schönste seiner drei Frauen, sie war auch die bei weitem bemerkenswerteste, ein anmutiges Geschöpf von so offenkundiger Güte, daß sie sich anstandslos in der heißen Atmosphäre der Wiener Hofintrigen bewegen konnte und dadurch den wachsenden Respekt und die Zuneigung des Kaisers selbst gewann. Was Karl Ludwigs vier verwaist zurückgebliebene Kinder anbetraf, so bekamen sie eine Stiefmutter, die rasch eine wahre Mutter für sie wurde, so daß Franz Ferdinand, der im empfindsamen Alter von neuneinhalb Jahren stand, als sich sein Vater wieder verheiratete, niemals auch nur unter dem leisesten Mangel an Zuneigung zu leiden hatte.

Dieser familiäre Hintergrund muß aufs genaueste geschildert werden, zumal nichts davon (nicht einmal Großvater »Re Bomba«) den eigenartigen Charakter erklärt, zu dem sich der Knabe entwickelte. Seine Eltern widmeten sich die ganze Zeit mit voller Hingabe ihren Kindern. Überdies dürfte der Familienalltag geradezu auf das glückliche Dasein eines Jungen zugeschnitten gewesen sein: Die Wochen in Wien wurden gewöhnlich unterbrochen von Monaten auf dem Lande, entweder in Artstetten oder im nahe gelegenen Donauschloß Persenbeug oder in Wartholz, am Fuße der Raxalpe, wo Erzherzog Karl Ludwig 1872 sich ein großes, aber bescheidenes Jagdschloß, umgeben von saftiggrünen Wäldern, gebaut hatte. Auch dürfte es keinerlei Reibereien oder Eifersüchteleien zwischen den drei Brüdern und ihrer Schwester beziehungsweise ihren Halbschwestern gegeben haben. Als Kinder gediehen die Geschwister prächtig, obgleich sie später in ihrem Privatleben schmerzhaften seelischen Schädigungen ausgesetzt waren, aber das ist eine andere Geschichte. Trotz dieser nahezu idyllischen Verhältnisse entwickelte sich Franz Ferdinand zu einem Kind besonderer Art, zuweilen nach innen gekehrt, zu Grübeleien neigend und ständig jene Gefühle zurückhaltend, denen andere Kinder freien Lauf lassen. Alle begannen sich verwundert zu fragen, woher in aller Welt dieses Verhalten von »Franzi« oder »Franzl«, wie er in der Familie genannt wurde, wohl rühren könnte.

Auch schien er in intellektueller Hinsicht ein Spätentwickler zu sein. Der erwachsene Mann war von leidenschaftlichem Wissensdrang aller Art beseelt, besonders auf dem Gebiet der Kunst. Noch betonter war sein ausgeprägter Sinn und seine natürliche Begabung für den Gebrauch des Wortes (wenn auch häufig voll von beißendem Sarkasmus), was in diesem Ausmaß etwas Seltenes für einen Habsburger Erzherzog war. Doch als er mit 14 Jahren als Leutnant in die Kaiserliche Armee eintrat, glichen die vielen Briefe, die er an die angebetete Stiefmutter schrieb, immer noch eher irgendwelchem Geschreibsel aus dem Kinderzimmer. Fast jede Neuigkeit ist in flacher, zusammenhangsloser Perspektive dargestellt, und so liest es sich über seine Dekorierung mit dem Orden vom Goldenen Vlies, der höchsten Auszeichnung der k.u.k. Monarchie, die ausschließlich hohen katholischen Adligen vorbehalten war, nicht anders wie über das Tragen der ersten langen Hosen, ein erregendes Ereignis im Leben junger Burschen aller Gesellschaftsschichten. Jedoch gibt es eine wirre Stelle in einem dieser Briefe, datiert vom 24. April 1878, die schon den künftigen Mann erkennen läßt:

> »In den Glashäusern blüht es schon recht hübsch u. die Kanarienvögel brüten im Glashaus, während die anderen schon im Wald sind. Unterhalb der Volier am oberen Prelatensteig ist ein ganzes Gebüsch von blühenden Rosen, auch eine ganz grüne war dabei. Der Rehbock hat ein merkwürdiges Geweih. Die eine Stange ist regelmäßig, 3 Ender aber bei der anderen hat er sich den oberen Theil abgestoßen...«[2]

Die Jagd und der Gartenbau – besonders das Schießen von Hirschen und Rehen sowie die Rosenzucht – sollten zwei der größten Leidenschaften in Franz Ferdinands Leben werden.

Es ist sehr wahrscheinlich, daß der junge Erzherzog, der wie viele andere Prinzen überall in Europa seine erste Ausbildung schwitzend durch eine Reihe von Privatlehrern erhielt, dabei durch das reine Gewicht der Bücher, die vor ihm aufgestapelt wurden, sowie durch die Tatsache, daß ihre Bewältigung außerhalb des Anreizes eines Schulklassenzimmers von ihm erwartet wurde, regelrecht aus dem Konzept gebracht wurde. Unter den vielen Erziehern (zu denen im Laufe der Jahre sechs Grafen und ein Baron gehörten) ragen zwei hervor. Der erste war Professor Onno Klopp, der Franz Ferdinand Geschichte mit jenem konservativ-katholischen Fanatismus lehrte, wie ihn nur ein aus den Reihen der Protestanten stammender Konvertit und ein Flüchtling des ehemaligen Hofes in Hannover aufzubringen vermochte. Den zweiten und völlig gegensätzlichen Einfluß übte der Propst Godfried Marschall aus, ein genialer, liberaler, weltmännischer Priester, in den Wiener Salons zu Hause, der sich von jenem anderen leidenschaftlichen professoralen Eiferer deutlich unterschied.

Ein äußerst ungewöhnliches – geradezu unerhörtes – Ereignis brachte einen Einschnitt in den herkömmlichen Ablauf der erzherzoglichen Kindheit. Am 20. November 1875, als Franz Ferdinand noch nicht ganz zwölf Jahre alt war, erhielt er sowohl ein großes Vermögen als auch einen neuen Namen durch den Tod eines entfernten Verwandten, Franz V., Herzog von Modena, Massa, Carrara und Guastella. Der gesamte Hintergrund, über den bisher noch nie berichtet worden ist[3], ist ebenso eigenartig wie das Ereignis selbst. Etwa ein Jahr vor seinem Tode war der Herzog, dessen Stamm mangels eines männlichen Erben zum Aussterben verurteilt war, an Karl Ludwig mit einem überraschenden Ersuchen herangetreten. Er wolle sein gesamtes Vermögen einem der drei Söhne des Erzherzogs unter zwei Bedingungen vermachen: Erstens müsse das betreffende Kind den Familiennamen der Modena, nämlich Este (einen der ältesten in Europa), annehmen, und zweitens müsse es sich innerhalb von zwölf Monaten ausreichende Italienischkenntnisse aneignen.

Otto, der einzige andere Kandidat, der alt genug war, um vor die Frage gestellt zu werden, lehnte das Angebot glatt ab, weil es mit zusätzlicher akademischer Plackerei verbunden war – ein Vorgeschmack auf ein Leben, das mit tragischer Zielstrebigkeit der Jagd nach Vergnügen gewidmet sein sollte. Sein besonnenerer älterer Bruder ergriff die Chance und schaffte es, obwohl er damals schon wie auch später noch über eine miserable Sprachbegabung verfügte, innerhalb der vorgeschriebenen Zeit ausreichende italienische Sprachkenntnisse zusammenzukratzen. Es wird vermutet, daß die Prüfung nicht allzu schwer war und sicher in keinem Verhältnis zu dem Preis stand, einem der ergiebigsten in Europa.

Die Vorsehung sollte jedoch noch einen anderen, eher ironischen Preis für das Geschäft verlangen. Der erste (und letzte) der Habsburg-Estes sollte einen persönlichen und politischen Haß gegen alles Italienische entwickeln. So stark war in ihm dieses Gefühl, daß Franz Ferdinand, obwohl er nach Kräften, soviel er konnte, aus der Erbschaft herauspreßte (und trotz seiner späteren Klagen über die laufenden Kosten waren die Einkünfte, sowohl an Bargeld als auch an Kunstschätzen, beträchtlich), niemals Freude an seinen Este-Besitztümern empfand, ja, sie in einigen Fällen nicht einmal besuchte. Franz V., Herzog von Modena, wäre wohl wenig erbaut darüber gewesen.

Franz Ferdinands Este-Erbschaft – mit welcher dazu noch eines der seltsamsten Ereignisse verbunden war, nämlich die Namensänderung eines Mitglieds des regierenden Hauses – war ein Vorgang, der vom Kaiser persönlich genehmigt werden mußte. Wahrscheinlich führte dies zum ersten Mal dazu, daß sich Franz Joseph ein genaueres Bild vom Charakter und den Eigenschaften des ältesten Sohnes seines Bruders machen mußte, während gleichzeitig die Aufmerksamkeit des Knaben besonders auf das Oberhaupt der Habsburger Familie gerichtet wurde. So begann das merkwürdige Verhältnis zwischen Onkel und Neffen, das allmählich für die Monarchie immer schicksalsträchtiger werden sollte und für die beiden Männer immer unerfreulicher, je mehr Zeit verging.

Für den zwölf Jahre alten Erzherzog stellte sein Staatsoberhaupt, das damals in der Blüte seines Lebens stand, die von Wolken ungetrübte Sonne dar, um die sich die Dynastie und das gesamte Universum Österreich-Ungarn drehten. Außer der ehrfurchtgebietenden Stellung seines Onkels war dieser für den Knaben von persönlichem Glanz umgeben. Das Drama der Thronbesteigung Franz Josephs war im Grunde genommen ein wundes Kapitel der jahrhundertealten kaiserlichen Saga.

Im Jahre 1848, als revolutionäre Wirren den europäischen Kontinent erschütterten, hatte es zuweilen so ausgesehen, als ob sogar die altehrwürdige Krone der Habsburger in die Gasse niederstürzen würde. Zweimal in jenem schrecklichen Jahr wurde der schwache und kränkelnde Kaiser Ferdinand I. vom Mob gezwungen, mit seinem Hof aus Wien zu fliehen und Zuflucht in der Provinz zu suchen. Die Krone schien erst einigermaßen geschützt, als die Armee Ende des Jahres schließlich die Ordnung in der Hauptstadt wiederhergestellt hatte. Um sie wieder ganz sicher zu machen, mußte sie auf dem Weg der Abdankung auf ein anderes Haupt gesetzt werden. Aber auf wessen? Von Rechts wegen ging die Thronfolge auf den Bruder des Kaisers, Franz Karl, über. Doch sogar dessen eigene Gemahlin, die furchtgebietende Sophie (eine bayerische Prinzessin, in Wien bekannt als »der einzige Mann in der Familie«) war der Meinung, daß ihr Gemahl zu eng mit dem alten Regime der Unterdrückung verknüpft sei, um für das Volk tragbar zu sein. Notwendig war ein frisches, unbelastetes Gesicht, vorzugsweise ein junges, das auf eine schönere Zukunft gerichtet war, anstatt eine leidvolle Vergangenheit ins Gedächtnis zurückzurufen. Und so wurde mit Zustimmung von mächtigen Königsmachern wie Fürst Felix von Schwarzenberg Franz Karl überredet abzutreten. Am 2. Dezember 1848 ging die Krone auf seinen 18jährigen Sohn Franz Joseph über.

Der junge Fürst, der tags darauf eine Regierung antrat, die 68 Jahre währen sollte, sah für seine symbolische Rolle wie gemeißelt aus. Er war ein schlanker, hagerer und anmutiger junger Mann mit blondem Haar, klaren, weit auseinanderliegenden blauen Augen und einem wohlgestalteten Mund und Kinn, bei denen nur Spuren der hängenden Habsburger Unterlippe und ein starker Unterkiefer zu erkennen waren. Er unternahm alles, was einem Habsburger gebührte, wie Reiten und Jagen, und er machte seine Sache ungemein gut. Die Männer am Hofe bewunderten ihn aufgrund seiner tapferen Haltung in der kurzen Zeit, in der er an den Feldzügen des Jahres 1848 gegen die italienischen Nationalisten in der Lombardei teilgenommen hatte. Die Frauen am Hofe waren von seinem guten Aussehen und seinen außergewöhnlichen Talenten als Tänzer entzückt. Die meisten dieser Eigenschaften wußte das Volk gleichermaßen zu schätzen.

Obwohl er anfangs unter der Obhut Schwarzenbergs und seiner willensstarken Mutter stand, zeigte der junge Souverän bald, daß er auch über einen eigenen Willen verfügte – einen

Willen, der von Anfang an von der Entschlossenheit geprägt war, die Regierungsmacht niemals wieder vom Palast auf die Straße gleiten zu lassen. Aber was Franz Joseph den Ruf einer romantischen Gestalt verschaffte, lange nachdem das dramatische Geschehen von 1848 im Gedächtnis des Volkes verblaßt war, war die Geschichte seiner Heirat. Sie schien unmittelbar aus einem Bilderbuch zu stammen und hatte durchaus den Anflug vom Märchen des königlichen Aschenbrödels. Zum 23. Geburtstag des Kaisers waren zwei bayerische Prinzessinnen – die 19jährige Helene mit ihrer 16 Jahre alten Schwester Sissi – in die kaiserliche Villa in Bad Ischl eingeladen worden, die inmitten der Seen und Berge des Salzkammergutes lag. Ihre Mutter, Prinzessin Ludovika, war die Schwester von Erzherzogin Sophie, und die beiden Damen hatten unter sich verabredet, daß es Zeit sei, noch ein weiteres eheliches Band zwischen dem österreichischen Haus Habsburg und dem bayerischen Haus Wittelsbach zu knüpfen, und daß als Heiratskandidatin ganz offensichtlich die erwachsene Prinzessin Helene in Frage käme.

Doch vom ersten Augenblick an, da der junge Kaiser der beiden Schwestern ansichtig wurde, hatte er nur Augen für Sissi. Sie war der Kindheit kaum entwachsen, aber ihre erblühende Schönheit war bereits bezaubernd. Ebenso wie ihr Äußeres entzückte Franz Joseph – all der formvollendeten, wohleinstudierten Prinzessinnen, die ihm bisher vorgestellt wurden, überdrüssig – ihre spontane, quecksilbrige Fröhlichkeit. Es war ein kaiserlicher *coup de foudre*. Seine Entscheidung wurde stillschweigend am folgenden Abend bekannt, als er während eines Balls mit ausgesuchten Gästen in der Villa (die für die 90 geladenen Personen eigentlich viel zu klein war) Sissi nicht nur als Partnerin für den Schluß-Cotillon auswählte, sondern ihr auch noch die ganze Kollektion von Blumensträußen überreichte, die eigentlich unter allen seinen Tanzpartnerinnen hätten verteilt werden müssen. Drei Tage später, am 19. August 1853, am Tage nach Franz Josephs Geburtstag, wurde die Verlobung offiziell verkündet.

Der legendäre Kaiser gegen Ende seiner 68jährigen
Regierungszeit am Schreibtisch, einem schlichten Feldschreibtisch,
an dem er oft bis zu 14 Stunden am Tag verbrachte.

Erst brach die kleine Stadt Bad Ischl, dann das Salzkammergut und schließlich das ganze Reich in Jubel aus. Von einem Ende der Monarchie zum anderen läuteten die Kirchenglocken, Freudenfeuer wurden auf den Berggipfeln entzündet, Soldaten riefen auf Paradeplätzen hurra und schwenkten ihre Mützen, und Priester knieten nieder, um den göttlichen Segen zu erflehen und für eine stattliche Nachkommenschaft zu beten.

Bis zu der düsteren Tragödie 45 Jahre später hielt Franz Josephs Zuneigung an, ungetrübt und makellos. Was sie noch einmal so bewegend macht, war, daß sich, nachdem ihm seine Gemahlin zwei Töchter und einen Kronprinzen geschenkt hatte, ihre Lebenswege trennten, da sich Sissis Lebhaftigkeit allmählich in eine geradezu krankhafte, fiebrige Ruhelosigkeit verwandelte. Schließlich war die Kaiserin überall, nur nicht in Wien bei ihrem Gemahl: in Gödöllő, ihrem Lieblingsschloß bei Budapest und unter ihren geliebten magyarischen Untertanen, in Paris oder in Cap Martin an der französischen Riviera, in Miramare, dem Habsburger Marmorschloß an der Adria, in Ägypten und den arabischen Wüsten, auf Korfu, wo sie ihre eigene Villa besaß, in Irland und den Jagdgründen Englands, wo ihre bewundernswerte Reitkunst zur Legende wurde, sogar in einer Gesellschaft, die gleichsam im Sattel lebte. Sie war andauernd in Bewegung, überall verfolgt von ängstlichen, liebevollen Briefen des Kaisers, aus denen Einsamkeit sprach, nur gelegentlich auch ein Anflug von höflich geäußertem Vorwurf. Aus der schönen Braut von Bad Ischl war eine schöne Möwe geworden. Der Gemahl war nicht der Mann, sich eine Mätresse zu nehmen; er suchte Zuflucht an seinem Schreibtisch. So war der im mittleren Alter stehende Souverän beschaffen, den der junge Franz Ferdinand, wie die ganze große Habsburg-Sippe, eher verehrte als liebte.

Die Erbschaft von 1875 hatte aus dem Knaben einen Habsburger besonderer Art gemacht, aber sie hatte ihn dem Mittelpunkt der dynastischen Überlegungen des Kaisers nicht nähergebracht. Zwar hatte acht Jahre zuvor, 1867, die bemitleidenswerte Laufbahn von Franz Josephs ältestem Bruder Maximilian als Kaiser von Mexiko vor einem revolutionären Erschießungskommando ihr Ende gefunden. Dies schloß jede Möglichkeit aus, daß Maximilian einmal das ihm vor der Annahme der mexikanischen Krone feierlich abgenommene Gelübde, nämlich auf jede Art von Habsburger Nachfolgerechten zu verzichten, widerrufen würde. Aber Franz Joseph hatte ja einen Sohn von seiner wunderschönen, wenn auch unausgeglichenen bayerischen Gemahlin. Rudolf, der 1875 17 Jahre alt war, schien gesund, kräftig, intelligent genug und alles in allem weit entfernt von den schrecklichen Schatten, die ihn später umgeben sollten. Sicherlich würde er einmal heiraten und Söhne bekommen, und die Nachfolge in direkter Linie würde gesichert sein. Und somit verlief Franz Ferdinands Leben selbst nach der blendenden Este-Erbschaft weiter in den Geleisen, die auch für alle anderen Erzherzöge des regierenden Zweiges gelegt worden waren. Das bedeutete vor allem Dienst in der Armee, und zwar der Reihe nach in so vielen verschiedenartigen Regimentern und somit Garnisonen wie nur möglich, um lebendigen Kontakt mit der elf Völker beherbergenden Habsburger Monarchie zu gewinnen.

Seine erste Zuteilung im Jahre 1878, als dieser 14jährige Subalternoffizier noch kindliche Briefe an seine Stiefmutter schrieb, war durchaus passend: Er kam zum 32. Infanterieregiment, das schon längst den Namen »Este« führte, den er jetzt selbst trug. Aber das war eine rein papierne Anstellung (er setzte nämlich seine Studien zu Hause fort). Erst im Herbst 1883, als man ihn zum 4. Dragonerregiment versetzte, wurde das häusliche Gängelband durchschnitten, und er begann nunmehr sein eigenes, unabhängiges Leben zu führen. Die Garnison des Regiments befand sich in Enns, auf halbem Weg nach Salzburg, in einem reizvollen Teil Österreichs gelegen und in gehörigem Abstand von der lähmenden Aufmerksamkeit des Wiener Hofs.

Fünf Jahre verbrachte der junge Erzherzog dort, und sie gehörten zu den glücklichsten Jahren seiner Jugend. Noch

fern von irgendwelchen politischen Wirren oder Krankheits-
anzeichen und persönlichen Schwierigkeiten, die bald über
ihn hereinbrechen sollten, konnte er den vergnüglichen Alltag eines jungen Prinzen und Offiziers in jener Herbstzeit des
Habsburger Reiches in vollen Zügen genießen. Wenn man
zeitgenössischen Schilderungen Glauben schenken darf, so
war dieser alles andere als besonders anstrengend. Jagdgewehr und Schrotflinte wurden sicherlich weit häufiger abgedrückt als die Armeepistole bei Zielübungen; Pferde wurden
öfter für die Jagd als für Kavalleriemanöver gesattelt. Jedoch
auch wenn Bilder von ihm auf Kostümbällen und beim Fa-
sching den Eindruck vermitteln, als habe er sein nach innen
gekehrtes Wesen zeitweise abgeschüttelt, so hörte er nicht
auf, eine Art von Einzelgänger zu bleiben, auch im gesellschaftlichen Getriebe.

Franz Ferdinand war jetzt zu einem attraktiven jungen
Mann herangereift. Obwohl gewiß nicht so ansehnlich wie
sein Bruder Otto, den man in späteren Jahren für einen Film-
star hätte halten können, sah er dennoch gut aus mit seiner
hochgewachsenen schlanken Figur und seinem damals hell-
braunen Haar. Doch war er niemals – nicht einmal seiner
körperlichen Erscheinung nach – einer der üblicherweise eleganten Habsburger Prinzen. Seine Augen – die während seines ganzen Lebens am meisten beeindruckende Besonder-
heit – spiegelten eine zwiespältige Persönlichkeit wider. Die
Iris war von einem stechenden Hellblau, die beiden großen
Pupillen schienen von einem gleichermaßen durchdringenden Dunkelblau zu sein. Es war, als ob zwei Augenpaare und
zwei verschiedene Menschen ihre Blicke in die Welt hinaus
richten, prüfend aus tiefstem Inneren heraus.

Abgesehen von seinem Bruder Otto, stand zu jener Zeit
Kronprinz Rudolf wahrscheinlich Franz Ferdinand näher als
wer sonst auch immer, und es sind Rudolfs Briefe[4], die bestä-
tigen, daß es der junge Leutnant der 4. Dragoner mit seinen
Pflichten nicht allzu genau nahm. Gewiß, ein kurzer Glück-
wunsch des Kronprinzen vom 18. Dezember 1883 anläß-

lich des 20. Geburtstages seines Vetters fordert ihn auf: »Genieße Dein Leben in vollen Zügen, doch immer mit Maß und Verstand.« (Dieses letzte Wort wirkt komisch aus der Feder gerade dieses Verfassers, der selbst alles andere als Herr seiner Leidenschaften war.) Aber ein Jahr später, im November 1884, sandte Rudolf eine dringliche Warnung nach Enns, worin er des näheren den ultrakonservativen Habsburger Veteranen, Feldmarschall Erzherzog Albrecht, damals Generalinspekteur der Kaiserlichen Armee, als ihren gemeinsamen gefährlichsten Feind schilderte:

> »Ich halte es für meine Pflicht, Dich als Freund darauf aufmerksam zu machen, daß sich hier eine Agitation in hohen militärischen Kreisen, leider vor allem Allerhöchsten Ortes, geltend macht, die sich gegen Deine zu vielen Urlaube und Dein zu häufiges nach Wien kommen, richtet...
> Ich habe ähnliche und viele andere noch fatalere Erfahrungen in meiner bisherigen militärischen Laufbahn genug durchgemacht und kann Dir nur raten, jetzt vorsichtig zu sein...
> Jetzt ist Onkel Albrecht noch nicht hier; wenn dieser kommt, dann kannst Du Dich auf Unannehmlichkeiten vorbereiten...
> Du mußt es absolut vermeiden, vom Kaiser citiert und verrissen zu werden; es würde Dir viel Kummer bereiten...«

Und wir erhalten, nebenbei bemerkt, von der anderen Seite dieser Korrespondenz zwischen den fürstlichen Vettern den absolut klaren Beweis, daß Franz Ferdinand an hübschen jungen Damen ebenso Gefallen fand wie an schönen alten Hirschen. Die Schauspielerin Mizzi Caspar war die *grande cocotte* der achtziger Jahre, die gleich ihrem zeitgenössischen Ebenbild Lily Langtry im viktorianischen England sich ihren Weg empor in die Gunst und ins Bett des Thronerben gebahnt hatte. Sie besuchte gelegentlich Armeegarnisonen, wo dieser gerade anwesend war oder nicht, und ein solcher Ausflug führte sie 1886 zu den 4. Dragonern nach Enns. Wie eng ihre

Beziehungen zu dem vornehmsten Offizier dieses Regiments waren, kann niemals festgestellt werden, aber es besteht kein Zweifel, daß sie auf ihn einen überwältigenden Eindruck machte. In einem Brief an den Kronprinzen nach ihrem Besuch beschreibt Franz Ferdinand sie als »eine wunderschöne Frau«, und das Adjektiv »wunderschön« ist nicht weniger als dreimal unterstrichen, als stünde der Verfasser immer noch zitternd unter der Einwirkung von Mizzi.[5]

Jedem jungen Erzherzog – besonders wenn er sowohl reich als auch ansehnlich war – flogen Frauen aus allen Schichten zuhauf zu, und es war in der Tat so: Je höher einer die Leiter emporstieg, desto hartnäckiger wurde der Druck. Allerdings waren in den höheren Schichten auch die Anstandsdamen grimmiger, und allen koketten Annäherungen und hoffnungsvollen mütterlichen Intrigen zum Trotz stand der Ruf einer jungen Tochter in höherem Ansehen als ihr Brautschmuck. Daher lernten die jungen Prinzen die praktischen Tatsachen des Lebens von Kurtisanen kennen, die oft gleichzeitig Schauspielerinnen waren, wie eben Mizzi Caspar. Franz Ferdinand schien keine Ausnahme gewesen zu sein. Damals hatte er seine eigene Junggesellenwohnung im Palais Modena (das inzwischen längst zerstört ist) in Wiens elegantem 3. Bezirk, und in einem zum Grundstück gehörenden angrenzenden Haus lebte mietfrei eine junge Blondine mit Namen Mila Kugler, die offensichtlich seine Mätresse war.

Tatsache ist, daß Franz Ferdinand zusammen mit seinem Vetter Rudolf und seinem in Wien stets erreichbaren Bruder Otto gar nicht lange nach weiblicher Zerstreuung Ausschau zu halten brauchte. Insbesondere Otto war wegen seiner nächtlichen Orgien und seines ungezügelten sexuellen Appetits stark ins Gerede der Hauptstadt – ja des ganzen Reiches – gekommen. Mag es nun reine oder mit dem Mantel christlicher Nächstenliebe umhüllte Halbwahrheit sein, daß er eines Tages aus einem *chambre séparée* des berühmten Hotels Sacher heraustorkelte, splitternackt und nur mit einem Säbel umgürtet, um in diesem skandalösen Aufzug der Gattin des britischen Botschafters in die Arme zu laufen – die Geschichte kennzeichnet den Mann voll und ganz. Das Problem wurde noch dadurch erschwert, daß sowohl Vetter als auch Bruder dynastisch angemessene Ehen eingingen, die sich freilich als Katastrophen erwiesen.

Im Mai 1881 wurde Kronprinz Rudolf im Alter von 22 Jahren mit Prinzessin Stephanie von Belgien vermählt, die damals erst 16 Jahre alt war. Aber das zarte Alter dieses von Tragik umwitterten Geschöpfs war ihre herausragendste physische Beigabe. Selbst die schmeichelhaftesten Hofphotographen sowie die schönsten Kostüme und Juwelen vermochten kaum ihr recht dürres Gerippe, das fliehende Kinn, die übergroße Nase und die trüben Augen zu verschönern. Rudolf, der eine Tigerin gebraucht hätte, um ihn im Zaum zu halten, war statt dessen an ein Hühnchen gefesselt worden. Sogar auf dem Hochzeitsbild stand das überhaupt nicht zusammenpassende Paar steif nebeneinander, und bald nach der Geburt ihres einzigen Kindes (einer Tochter, die auf den Namen der Kaiserin Elisabeth getauft wurde) lebten sie getrennt voneinander. Rudolfs Ideal einer königlichen Frau soll, wie es gelegentlich hieß, Franz Ferdinands Stiefmutter, die durch Heirat zu seiner Tante gewordene vornehme und sehr weibliche junge Erzherzogin Maria Theresa, gewesen sein, der Rudolf bei jeder Gelegenheit warmherzige Aufmerksamkeit widmete. Aber dieser Vorliebe wohnte ein potentieller Skandal inne, dem freilich nie und nimmer auch nur die geringste Entwicklungschance zuteil geworden ist.

Ottos Fall war noch schlimmer. Anders als der Kronprinz, der ein äußerst intelligenter Mann war, viele Interessen hatte und bis zum Halse im Mahlstrom der Politik des von Wirren heimgesuchten Reiches stand, lebte Otto ausschließlich seinen fleischlichen Lüsten. Es war sonnenklar, daß er nach seiner Heirat mit der ausgesprochen biederen und uneleganten Maria Josepha von Sachsen daheim nicht auf seine Kosten kam. Und in der Tat, in einem seiner greulichen Räusche soll er eines Nachts ins Schlafgemach seiner Gemahlin eingedrungen sein, nur um seinen Saufkumpanen zu zeigen, wie unattraktiv sie war. Diese Lehren, die aus dem Schoß der eigenen Familie kamen, sollten ihre Wirkung auf Franz Ferdinand nicht verfehlen. Es war in erster Linie Rudolf, der seine Aufmerksamkeit darauf lenkte. Als er seinem Vetter im Juli 1866 von Ottos Verlobung Mitteilung machte, verlieh dieser seiner Skepsis Ausdruck, ob »die Sächsin für die Länge fesseln«, die ungeteilte Aufmerksamkeit ihres Gemahls auf die Dauer auf sich ziehen werde.[6] Bis jetzt konnte der Kronprinz noch mit einiger Autorität über dieses Thema sprechen.

Die achtziger Jahre waren, obwohl sie einigermaßen glücklich begonnen hatten, für Franz Ferdinand alles andere als ungetrübt. Zunächst einmal machten sich mitten in den sorglosen Tagen in Enns die ersten Anzeichen bemerkbar, daß er die gefährlich schwache Lunge seiner sizilianischen Mutter geerbt hatte. Um ihm bei der Wiedererlangung seiner Gesundheit behilflich zu sein, befreite sein Onkel, der Kaiser, ihn während des Winters und Frühjahrs 1885 vom Garnisondienst, so daß Franz Ferdinand die Monate Februar bis Mai auf einer heilsamen Rundreise verbringen konnte, die ihn über Alexandrien durchs Heilige Land, Syrien, nach Athen und zuletzt nach Korfu führte, der geliebten Insel Kaiserin Elisabeths, auf die sie sich so gern zurückzog. Im Juni kehrte er braungebrannt und offensichtlich erholt zu seinem Regiment zurück; aber die Krankheit hatte nur gedämpft, nicht geheilt werden können.

Als sodann das Jahrzehnt zur Neige ging und sich der Kronprinz seiner belgischen Gemahlin völlig entfremdet hatte, wurde es immer wahrscheinlicher, daß ihre Tochter, in der Familie unter dem Namen »Erzi« bekannt, ihr einziges Kind bleiben würde. Das würde bedeuten: keine Enkel für den Kaiser und somit keine direkten männlichen Erben, und das würde wiederum dazu führen, daß nach Rudolfs kommender Herrschaft die Erbfolge auf einen von Karl Ludwigs Nachkommen übergehen würde, deren ältester Franz Ferdinand war. Niemand konnte auch nur ahnen, ob er den Kronprinzen überleben würde oder nicht; aber er war immerhin fünf Jahre jünger, und je mehr die Gefahr der Schwindsucht bei ihm schwand, desto mehr wuchs die Bedrohung, der das zerrüttete Leben seines Vetters ausgesetzt war. Dementsprechend stoßen wir um 1887 sowohl auf ein wachsendes öffentliches Interesse an seiner Gesundheit als auch auf seinen Sinn für dynastische Verantwortlichkeit. Gelegentlich läßt sein eigener Vater eine vorwurfsvolle Note in ihrer Korrespondenz anklingen, aber der entschiedenste Mentor von allen blieb doch sein Großonkel und militärischer Vorgesetzter, Feldmarschall Erzherzog Albrecht, der nicht nur über einen legendären Ruf als Soldat verfügte[7], sondern überdies der Senior aller Habsburger Erzherzöge war und mit nicht zu überbietender Autorität sprach, die nur noch von der des Kaisers selbst übertroffen wurde.

Dieser ergraute Paladin, mit den klügsten aller Augen und der dicksten aller Habsburger Unterlippen, nahm seinen Großneffen ernstlich ins Gebet in zwei langen Briefen, die am 2. Februar und am 4. August 1887 geschrieben worden sind.[8] Dem jungen Offizier (der jetzt zum Rittmeister, also zum Hauptmann befördert worden und auf weiteres Avancement erpicht war), wurde ans Herz gelegt, Exzesse zu vermeiden. Auch wurde er vor Vergnügungssucht gewarnt, vor ziellosem Umherreisen und vor allem vor seiner Jagdleidenschaft, die sich zum besonders gefährlichen Zeitvertreib entwickeln sollte (Franz Ferdinand erwarb sich allmählich den Ruf, erst dann Ruhe zu geben, wenn er eine Schrotflinte oder ein Sportgewehr in Händen hatte). Der alte Feldmarschall hielt sodann die Krone des Doppeladlers über seines Neffen Haupt, als wäre sie der Heilige Gral selbst: »Denke an die Stellung, welche Dir Gott angewiesen... darin das gute Beispiel zu geben ist heilige Pflicht, denn darin glänzte bisher das Erzhaus und ist dadurch die Anhänglichkeit aller Völker gesichert worden.« Dieser tapfere, alte Hüter des Habsburger Gewissens fügte noch einen häuslichen Ratschlag hinzu: Franz Ferdinand solle sich alsbald verheiraten und eine Familie gründen, die anderen ein gutes Beispiel geben würde. Die Wünsche des Feldmarschalls in dieser Hinsicht sollten binnen kurzem einem sehr schweren Schock ausgesetzt werden.

Als sich das Jahrzehnt seinem Ende zuneigte, hatte Franz Ferdinand das Gefühl, daß nunmehr auch dem sorgenfreien Beginn seines Lebens zusammen mit seiner Jugend der Boden unter den Füßen weggezogen würde. Das idyllische Dasein in Enns und Salzburg war schon im Oktober 1888 vorbei, nachdem er zum Major befördert und als Stabsoffizier zum 102. Infanterieregiment in Prag versetzt worden war. Es war von symbolischer Bedeutung, nicht einfach nur für seine Beförderung, sondern auch für seine wachsende Stellung innerhalb der kaiserlichen Familie, daß seine neue Unterkunft eine prächtige Suite von Räumen in der mächtigen Prager Burg, dem Hradschin, wurde. Kaum hatte er sich dort eingerichtet, als der Schlag fiel, der das Haus Habsburg bis in seine Grundfesten erzittern ließ und außerdem seine eigene Stellung über Nacht verwandelte.

Kurz vor Morgengrauen am 30. Januar 1889 schoß Kronprinz Rudolf im Schlafzimmer der kleinen Jagdunterkunft von Mayerling im Wiener Wald eine Kugel durch das hübsche Haupt seiner letzten und anhänglichsten Mätresse, der erst 17 Jahre alten Maria von Vetsera, und löschte dann mit einem zweiten Schuß durch seine Schläfen sein eigenes Leben aus. Selbst nachdem beinahe ein Jahrhundert vergangen ist, bleibt der Todespakt von Mayerling (vorausgesetzt, daß es einen solchen überhaupt gab[9]) ins Halbdunkel gehüllt, undeutlich geworden durch vernichtete Zeugnisse, manipulierte Aussagen, ausweichende Bekundungen sowie irreführende oder widersprüchliche Lesarten, die von Mitwirkenden bei diesem Drama in die Welt gesetzt wurden, die ängstlich darauf bedacht waren, die Rolle, die sie dabei gespielt hatten, entweder zu verbergen oder zu übertreiben.

Das romantische Szenario eines wagnerischen Liebestods, das so vielen Filmen und historischen Romanen zugrunde liegt, ist in den meisten Fällen ganz gewiß falsch. Wahr ist, daß die kleine Baroneß ihrerseits entschlossen war, mit ihrem unwiderstehlich tragischen Erzherzog zu sterben, wie eine Motte, die von einer verlöschenden Flamme angezogen und letzten Endes verzehrt wird. Das politische Szenario – wonach er sich das Leben nahm aus der von allerlei Befürchtungen genährten Enttäuschung über die schwerfällige, nur Traditionen verhaftete Politik des Vaters, der er sich sowohl in inneren als auch in auswärtigen Angelegenheiten aktiv widersetzte – kommt der Wahrheit wahrscheinlich schon näher, wenn es auch nicht die ganze Wahrheit ist.

Tatsache ist jedenfalls, daß, ob mit oder ohne die kleine Vetsera und ob der Politik wegen oder nicht, Rudolf für den Selbstmord nachgerade geboren und erzogen war, so wie das Amen in der Kirche sicher ist. Seine Mutter hatte viel von der angeborenen Labilität der bayerischen Wittelsbacher in ihrem Blut, und was der Sohn nicht geerbt hatte, fügte er selbst hinzu. Lange bevor er eine Kugel hindurchjagte, waren sowohl sein Gehirn als auch sein Körper von der Syphilis angegriffen, die er sich bei Mizzi Caspar geholt hatte, und schon um 1887 begann er zu ihr sowie zu anderen andauernd von Selbstmord zu reden. Maria von Vetsera war ganz einfach das letzte Lebenszeichen, nach dem er griff, so wie ein Pharao ein goldenes Spielzeug mit sich in den Sarg nahm, um sich daran auf der letzten Reise zu erfreuen.

Selbst was die Nachwirkungen von Mayerling anbetrifft, schienen die Motive weniger wichtig zu sein als die Folgen. Der Kronprinz der österreichisch-ungarischen Monarchie war plötzlich tot. Völlig überflüssig, jetzt Spekulationen anzustellen, ob er sich auf seine dynastischen Pflichten hätte besinnen und einen Sohn in die Welt setzen sollen oder, wenn nicht, andere in der Linie der Erbfolge hätten überleben sollen. Jetzt war, ganz nüchtern gesehen, Erzherzog Karl Ludwig, als der älteste lebende Bruder des Kaisers, der nächste in der Reihe der Thronerben. Aber der Mann, der beinahe 30 Jahre zuvor sogar die Regierung einer Provinz als eine zu große Zumutung empfunden hatte, wurde zu diesem kritischen Zeitpunkt im ganzen Reiche kaum als fähig erachtet, als präsumtiver Thronerbe herausgestellt zu werden; jedenfalls war er fast so alt wie der Kaiser selbst, und von beiden war es der Kaiser, der sich in weit besserem Gesundheitszustand zu befinden schien. So fiel am 30. Januar 1889 der Mantel des Thronfolgers auf Karl Ludwigs ältesten Sohn, den 26 Jahre alten Franz Ferdinand von Habsburg-Este.

## 3

## Globetrotter mit Gewehr

Franz Ferdinand spürte bald frischen Wind um sein Gesicht wehen. Zunächst einmal verdoppelte sein beständiger Mentor, Erzherzog Albrecht, jetzt seine Anstrengungen, seinen Großneffen auf dem geraden und engen, wenn auch ziemlich langweiligen Weg des Gewissen zu halten. In einem Brief, der im Sommer nach dem Tode des Kronprinzen geschrieben wurde, wies der alte Feldmarschall Franz Ferdinand (der sich stirnrunzelnd ein paar wüsten Streichen seiner Offizierskameraden angeschlossen hatte) darauf hin: »Du darfst nicht mehr jung sein à la Lieutenant, jetzt weniger denn früher.«[1] Unterdessen nahm Franz Ferdinands militärische Laufbahn – die eigentlich eine politische Ausbildung war – eine bedeutsame neue Wendung. Im April 1890 beförderte ihn der Kaiser zum Oberst und versetzte ihn als Kommandeur des 9. ungarischen Husarenregiments nach Ödenburg, eine Maßnahme, die dazu bestimmt war, den 27 Jahre alten Erzherzog direkt mit der ansteckendsten Kraft im gesamten Reich in Berührung zu bringen – dem magyarischen Nationalismus.

Die Erfahrungen, die der junge Oberst während der zwei Jahre bei einem ungarischen Regiment sammelte, sollten seine konstitutionellen Ansichten als Thronfolger bis zum

Ende seiner Tage formen: Offiziere, die sich beharrlich den Vorschriften widersetzten, wonach in allen Regimentern der Kaiserlichen Armee Deutsch die Kommandosprache zu sein hatte, und die statt dessen sogar die einfachsten Befehle auf ungarisch erteilten. Der aufgebrachte Erzherzog schrieb nach Wien, die Offiziere sprächen selbst in seinem Beisein ungarisch, und die einfachste deutsche Frage würde beantwortet mit »nem tudom« – »ich verstehe nicht«. Militärische Ausdrücke würden in langatmige ungarische Sätze übertragen. Kurz und gut, im ganzen Regiment kein einziges Wort in deutscher Sprache, die von den Husaren derart verachtet würde.[2]

Da die Einheit des Reiches in der Regel gleichbedeutend war mit der Einheit der Armee, so war die Schlußfolgerung, die sich daraus ergab, klar genug und obendrein unheilverkündend. Das Alarmzeichen kam sogar noch deutlicher zum Ausdruck, wenn der fürstliche Oberst seine Uniform ablegte und *incognito* durch die benachbarten Dörfer fuhr. Einer seiner Begleiter auf diesen Ausflügen schrieb: »Ob Pfarrer, ob Bauer, ob Sauhirt, jeder Mensch politisierte... Alle Pfarrer orakelten von der ungarischen Staatsidee und die Bauern klagten, daß ihre Kinder nicht mehr deutsch beten lernten.«[3]

Der Kaiser hatte seinem Neffen ausdrücklich verboten, irgendwelchem Ärger, den er während seines Militärdienstes in Ödenburg empfinden mochte, Ausdruck zu verleihen. Der Ärger war geradezu vorprogrammiert, nicht aber die Heftigkeit der Reaktionen darauf. Franz Ferdinands Naturell, das ihn ständig, einem bösen Dämon gleich, begleitete, machte sich in der Öffentlichkeit zum ersten Mal Luft, als seine bittere Kritik am magyarischen Chauvinismus aufgegriffen und in Budapester Zeitungen veröffentlicht wurde. Abermals trat Erzherzog Albrecht voller Überdruß in Aktion, indem er Franz Ferdinand vor Kränkungen dieser »eitlen und empfindlichen Ungarn« warnte und ihn abermals daran erinnerte, daß er in seiner neuen Stellung das Vertrauen von jedermann erwerben müsse: »Du wirst einst... aller Erzherzöge

Herr sein; gegen Dich müssen alle Vertrauen haben und man muß auch jetzt schon alles thun, damit selbst der Schein eines Risses in der Familie vermieden werde.«[4]

Diese neue Position spiegelte sich mittlerweile klar in dem Prestige wider, das Franz Ferdinand in der Welt außerhalb seines Regiments und seines Reiches gewonnen hatte. Bereits im Juni 1889, nur fünf Monate nach Mayerling, war er anstelle des verstorbenen Kronprinzen nach Stuttgart entsandt worden, um dem König von Württemberg Glückwünsche zu seinem 25jährigen Regierungsjubiläum zu überbringen. Im August desselben Jahres nahm der Kaiser seinen Neffen mit nach Berlin, um Wilhelm II., der im Jahr zuvor deutscher Kaiser geworden war, seine Aufwartung zu machen. Franz Ferdinand traf bei dieser offiziellen Gelegenheit zum ersten Mal mit dem bombastischen jungen Souverän zusammen, mit dem es zu einer zwiespältigen Freundschaft kommen sollte. Im Winter 1891 wurde der Erzherzog schließlich auf seine erste selbständige Mission geschickt, zu einem Freundschaftsbesuch bei Zar Alexander III. nach St. Petersburg. Obwohl er sich Zeit nahm, einige Bären zu schießen, ging es um große Politik im altgewohnten dynastischen Stil zwischen beiden dem Untergang geweihten Reichen. Hinter den Reden auf Banketten, den militärischen Paraden und den Hofbällen verbarg sich ein österreichischer Versuch, Rußland daran zu hindern, immer weiter in die wartenden Arme Frankreichs zu gleiten, und statt dessen das alte »Dreikaiserbündnis« von 1872 zwischen Österreich, Deutschland und Rußland wiederaufleben zu lassen. Die Bemühungen waren umsonst, damals wie später; aber Franz Ferdinand hielt beständig an diesem Traum fest, den sein Besuch im Winterpalast lebendig gemacht hatte.

Alles schien glattzugehen, bis das Jahr 1892 heraufzog. Seine Gesundheit begann ihm abermals zu schaffen zu machen, und zwar, wenn auch nicht ernstlich, so doch in einem Umfang, der Aufmerksamkeit verlangte. Es war klar, daß er, bevor der neue Winter Einzug hielt, abermals sonnigere Gefilde aufsuchen würde, aber die Aussicht auf eine nochmalige Erholungsreise rund ums Mittelmeer schien zu erniedrigend zu sein, um sie ernstlich ins Auge zu fassen. Glücklicherweise ergab sich eine interessante Alternative von selbst: Das neue Schlachtschiff »Kaiserin Elisabeth«, eines der wenigen Vorzeigestücke der immer noch bescheidenen und veralteten österreichischen Flotte, war fertig zum Auslaufen nach Ostasien, um seine Besatzung zu schulen und Flagge auf fernen Gewässern zu zeigen. Das war ein ganz besonderes Vorhaben. Kein Habsburger Prinz vor ihm hatte jemals eine solche Reise machen können; zudem würde er, anstatt wie ein gewöhnlicher Tourist von Hotel zu Hotel geschoben zu werden, als präsumtiver Thronfolger und Botschafter seines Reiches an Bord eines schwimmenden Stahlfragments dieses Imperiums in die Welt hinaussegeln. Es erwies sich als schwierig, den Kaiser, dessen Genehmigung man natürlich brauchte, zu überzeugen. Er saß jetzt 44 Jahre auf seinem Thron und zögerte unterdessen aus Prinzip immer mehr, ungewöhnlichen Dingen innerhalb jener ihn umgebenden großen familiären und politischen Sphäre zuzustimmen. Darüber hinaus hatte er wenig persönlichen Kontakt mit seinem Neffen, noch weniger mit seiner eigenen Flotte und am wenigsten mit Asien. Doch brachten es Kaiserin Elisabeth, Franz Ferdinands Schwester Margarethe und seine Stiefmutter, die Erzherzogin Maria Theresa (jetzt wie immer des Erzherzogs gute Fee), fertig, den Kaiser umzustimmen. So begann am 15. Dezember 1892 im Hafen von Triest das Abenteuer seines Lebens.

Es hatte ein peinliches und durch und durch unwürdiges Vorspiel. Am Abend des 8. Dezember, als der hohe Reisende sich gerade darauf vorbereitete, Wien zu verlassen, stürzte Mila Kugler, seine kleine Schauspielerin vom Nachbarhaus in der Beatrixgasse, in die Wohnung eines gelehrten Freundes und Mentors von Franz Ferdinand[5] und erklärte, sie würde den allergrößten Skandal entfesseln, wenn der Erzherzog sie nicht mit sich auf die Reise nähme. Sie stellte sogar die Parallele zu einem noch gar nicht so weit zurückliegenden historischen Ereignis her, zu sentimental, um nicht ungenau zu sein. Erst drei Jahre zuvor hatte Johann Salvator, ein Erzherzog aus dem nichtregierenden Zweig der Familie, auf seinen Titel und seine Prärogativen verzichtet, den Namen Johann Orth angenommen und ein hübsches junges Mädchen aus dem Volke namens Milli Stubel geheiratet. Was die ganze Affäre doppelt romantisch machte, war, daß er mit ihr auf seiner Yacht rund um die Welt segelte, bis sie, wie man annimmt, im Jahre 1891 während eines Sturms auf dem Südatlantik unterging. Die wahre Geschichte wurde zur Legende, die seitdem die Einbildungskraft jedes österreichischen Fräuleins erregte, das in einem erzherzoglichen Bett gelegen hatte. Mila Kugler beschwor dieses Ereignis jetzt unter Tränen herauf, als ob auch nur die geringste Aussicht bestanden hätte, daß sich der Thronfolger um ihretwillen in eine Art von habsburgischem fliegenden Holländer verwandelte, der, sich selbst verbannend, auf einem Kriegsschiff des Kaisers die Meere durchstreifen würde.

Der Professor geleitete die Schauspielerin höflich zur Tür mit der Versicherung, er würde sein Bestes tun, und das erste, was er am nächsten Morgen tat, war, daß er die ganze Sache dem Kammervorsteher des Erzherzogs, Graf Leopold Wurmbrand-Stuppach, anvertraute. Der Graf, ein hagerer und lebenserfahrener Junggeselle, nahm die Nachricht, während er sich gerade rasierte, mit aller Ruhe zur Kenntnis und bemerkte, daß das, was Fräulein Kugler nottäte, entweder ein Geldbetrag oder eine Verhaftung sei. Und das schien das Ende der Sache zu sein. Zwar gab es Gerüchte, wonach die Schauspielerin, als Matrose verkleidet, an Bord der »Kaiserin Elisabeth« geschmuggelt worden sei und an der ersten Etappe der Reise teilgenommen habe; aber die Gerüchte schienen auf nichts weiter zu beruhen als auf einer Meldung in den Theaterspalten einer Wiener Zeitung von Weihnachten jenes Jahres. Darin heißt es, Mila Kugler sei aus Port Said nach »einer kleinen Urlaubsreise« zurückgekehrt, um ihren Verpflichtungen in der österreichischen Hauptstadt wieder nachzukommen.[6]

Aber auch ohne diese aufdringliche Schauspielerin befand sich unter den Begleitern des Erzherzogs eine ganze Reihe interessanter Namen. Außer Graf Wurmbrand (der kurz zuvor zum Generalmajor befördert worden war) gehörten dazu Graf Heinrich Clam-Martinic, der trotz seiner Herkunft als böhmischer Feudalherr einige bemerkenswert fortschrittliche Ideen vertrat, darunter beispielsweise jene von landwirtschaftlichen Kooperativen. Dann wäre Dr. Ludwig Ritter von Liburnau vom Naturgeschichtlichen Museum in Wien zu nennen sowie Eduard Hodak, ein Präparator. Diese Männer sollten Wildarten aus allen Ländern, die besucht wurden, sammeln und präparieren: Wie viele passionierte Jäger war der Erzherzog auch ein leidenschaftlicher Sammler. Ein gewisser Julius Prónay von Tót-Próna und Blatnicza bedarf ebenfalls besonderer Erwähnung – weniger seiner selbst wegen als vielmehr wegen derjenigen, die er vertrat, nämlich die Offiziere und den kleinen Landadel von Ungarn. Sein Name stand nicht auf der ursprünglichen Liste des Erzherzogs. Franz Ferdinand mußte erst davon überzeugt werden, daß die ungarisch beherrschte Hälfte des Reiches es übelnehmen würde, wenn die Pressephotographien der illustren Gesellschaft, die alsbald vom ganzen Globus auftauchen würden, nicht auch Gesicht und Uniform wenigstens eines feschen Leutnants der ungarischen Husaren zeigen würden. Die Liste der Diener wurde angeführt von Franz Janaczek, der als »persönlicher Wildhüter« bezeichnet wurde. Der gute Janaczek, eine der bemerkenswertesten Figuren im Leben Franz Ferdinands, war dazu ausersehen, weit mehr als das zu werden. Schließlich befand sich noch ein anderer Erzherzog an Bord, der junge Leopold Ferdinand, der nicht zum Gefolge des Thronfolgers gehörte, sondern als junger Offizier zur Schiffsbesatzung. Er sollte bald sowohl der Reisegesellschaft als auch dem Schiff nichts als Schande bringen.

Dem Abschied nach zu urteilen, der dem Schlachtkreuzer zuteil wurde, als er Punkt 14 Uhr die Anker lichtete, hätte man meinen können, Franz Ferdinand sei wirklich ein zeitgenössischer Johann Orth, der sich zu einer Reise anschickt, von der er nicht mehr zurückkehren würde. Seine ganze Familie war nach Triest gereist, um ihm Lebewohl zu sagen, und mit nur einem Abschiedstag nicht zufrieden, schifften sich alle auf einem kleineren Kriegsfahrzeug, der »Greif«, ein und dampften neben dem Schlachtschiff hinaus auf die hohe See bis Pirano, wo sie wieder umkehrten. An Bord der »Kaiserin Elisabeth« ließ die Schiffskapelle, begleitet vom Echo anderer Schiffe im Hafen, die Melodien der Nationalhymne und jener wundervollen militärischen Weise, des Radetzkymarsches, erschallen, der gleichsam eine zweite Nationalhymne war, besonders für die Soldaten der Monarchie. Als sich die »Greif« schließlich zur Umkehr anschickte, signalisierte die Familie eine letzte Botschaft: »Glückliche Reise, Lebewohl und Waidmannsheil«.

Der Erzherzog begann unverzüglich mit Aufzeichnungen, die später als ein umfangreiches zweibändiges Reisetagebuch herausgegeben wurden. Die allererste Eintragung, nachdem die »Greif« außer Sicht geraten war, ist bezeichnend: »In mein Inneres aber senkte sich ein Gefühl unendlicher Sehnsucht nach der Heimat und den Lieben, die sie mir birgt – es war Heimweh, das ich früher nicht gekannt.«[7]

Dies war ein Ausbruch typisch österreichischer Sentimentalität, nicht am wenigsten deshalb, weil er geschah, als sich der Erzherzog noch in der Nähe seiner Heimat befand. Das typischste aller Lieder voller Sehnsucht nach der Heimat, »Wien, du Stadt meiner Träume«, wurde geschrieben, als der Komponist, weit davon entfernt, ans andere Ende der Welt verbannt worden zu sein, ein Wochenende in den nicht mehr als etwa 80 Kilometer von seiner geliebten Hauptstadt entfernten Bergen verbrachte.

Der Erzherzog erinnerte sich, daß er dieses Anfalls von Melancholie Herr wurde, indem er eifrig überall in der ihm zugeteilten geräumigen Kabine Familienphotographien aufstellte sowie das beträchtliche Arsenal von Schrotflinten und Gewehren auspackte und inspizierte, das er mitgenommen hatte. »Waidmannsheil« war, was die »Greif« ihm gewünscht hatte, und zu fröhlichem Jagen war er entschlossen, wann immer es Besichtigungen und repräsentative Pflichten nur erlaubten. Seine Begleiter hatten gewiß die Stimmung ihres Herrn richtig erfaßt, denn als drei Tage nach der Ausfahrt auf hoher See sein 29. Geburtstag gefeiert wurde, veranstalteten sie aus diesem Anlaß eine Parade von Attrappen von Löwen, Elefanten und anderen Tieren, die er während der kommenden Monate *in natura* zu Gesicht zu bekommen hoffte.

Der Erzherzog entsprach allen Erwartungen. Zwar bestand am ersten Tag an Land, in Port Said, seine Beute nur aus Flamingos vom Menzaleh-See, die er nach ein paar Fehlschüssen mit einer Gewehrkugel aus einer Entfernung von etwa 300 Metern zur Strecke brachte. Aber auf Ceylon, das sie am 7. Januar 1893 erreichten, stieß er erwartungsgemäß auf Großwild, als die Gesellschaft zu einer fünftägigen Elefantenjagd ins Landesinnere aufgebrochen war. Abermals hatte er anfangs kein Glück, da er vor Erregung aus zu großer Entfernung losfeuerte (eine Schußweite von nur 10 Meter, so wurde ihm gesagt, sei die ideale Entfernung, vorausgesetzt, die Nerven würden es aushalten); aber es gelang ihm, das zweite Tier zu töten, und er wurde beinahe zu Tode getrampelt, als er auf ein drittes anlegte. Alles in allem war es ein rundweg gelungener Jagdausflug, besonders nachdem viele Kormorane und zwei große Affen, die an den Ufern eines nahe gelegenen Sees erlegt wurden, der Jagdbeute hinzugefügt werden konnten.

Von Colombo lief die »Kaiserin Elisabeth« nach Bombay aus, dem Tor zum indischen Herrschaftsbereich Großbritanniens. Bevor wir zur Landung dort kommen, lohnt es sich, einen Blick auf die eifrigen Beratungen zu werfen, die im viktorianischen London zwischen dem Hof von St. James und dem India Office insbesondere darüber stattfanden, wie der Erzherzog bei seiner Ankunft behandelt werden sollte. Die Angelegenheit wurde zur Sprache gebracht von Eduard,

Prinz von Wales, der seinen Sekretär an den Sekretär der Königin schreiben ließ, und zwar »einen Punkt betreffend, in welchem, wie er wisse, die Österreicher sehr empfindlich sind«, nämlich den Vorrang des Erzherzogs.[8] Indem er an den Ärger erinnerte, der während des jüngsten Besuchs des russischen Zarewitsch entstanden war, weil man ihn hinter den Gouverneuren von Bombay und Madras plaziert hatte, schlug der Prinz vor, daß zwar der Vizekönig, Lord Landsdowne, der unmittelbare Vertreter der Königin, »auf seinen Platz zugunsten von niemand anders als einem Souverän« verzichten könne, die Gouverneure der beiden genannten Teilstaaten jedoch dem Erzherzog den Vorrang einräumen sollten.

Ein Grund, weshalb »Bertie«, wie der Kosename des Prinzen von Wales lautete, überhaupt auf diese Angelegenheit zurückgekommen sein soll, war, daß er bereits einen Ruf als Meister des europäischen Protokolls und als Schiedsrichter bei der Wahrung offizieller Formen erlangt hatte – eine Meisterschaft, die in erster Linie von der Tatsache herrührte, daß es sonst nichts Wesentliches gab, in das er sich hätte einmischen können. Dies deutet auf ein weiteres und eher persönliches Interesse an der Angelegenheit hin. Selbst ein Thronfolger und beinahe eine Generation älter als der österreichische präsumtive Thronerbe, wußte er nur zu genau, welchen Frustrationen und protokollarischen Stichen diejenigen ausgesetzt waren, welche an den Stufen eines Throns warteten. Franz Ferdinand war für ihn ein Leidensgenosse, der jede Hilfe brauchte, die er bekommen konnte.

Dennoch verlief nicht alles glatt. Lord Kimberley vom India Office und Lord Rosebery vom Außenministerium unternahmen gemeinsame Anstrengungen, um den Vorschlag des Prinzen einzuschränken. Wenn die beiden Gouverneure den Erzherzog in Uniform begrüßen und ihn zu ihrer Rechten im Wagen Platz nehmen lassen würden, wäre es dann, so hieß es, andererseits nicht angebracht, wenn sie ihre Stellung als Vertreter des Souveräns aufrechterhalten würden? Jeder Minister machte noch weitere Argumente im Interesse seines eigenen Hauses geltend. Das India Office wies darauf hin, daß jede andere Regelung »eine schädliche Wirkung auf die Stimmung der indischen Bevölkerung haben« könnte. Das Außenministerium stellte die Frage, ob sich die Russen nicht beleidigt fühlten, wenn einem anderen kaiserlichen Thronfolger eine bessere Behandlung als ihrem eigenen zuteil würde. Aber Königin Victoria trat entschlossen auf die Seite ihres Sohnes, indem sie über ihren Sekretär bekanntgeben ließ: »Es besteht kein Anlaß, die Befürchtung zu hegen, daß die eingeborene Bevölkerung unseren Höflichkeitsakt mißverstehen wird, da sie selbst sehr höflich ist.« Und in der Tat verfügte die Königin des weiteren handschriftlich, daß selbst der Vizekönig »als *Privatperson* in seinem eigenen Haus« dem Erzherzog den Vortritt zu lassen habe.[9] All dies wurde selbstverständlich zwei Monate, bevor der Erzherzog seine Reise antrat, Wien zur Kenntnis gebracht, und der Kaiser hatte der Königin »seine große Befriedigung« über ihre Entscheidung ausgedrückt.[10] Aus alledem geht hervor, wie unsinnig Berichte waren, wonach Franz Ferdinand *incognito* reisen würde. Nur die Elefanten im Dschungel können nicht erfahren haben, wer er war, und für sie war dies außerdem unerheblich.

Aufgrund der Entscheidung der Königin legte der Vizekönig in einem Rundschreiben vom 8. Dezember 1892 in allen Einzelheiten die gesamte protokollarische Behandlung fest, die dem Besucher zuteil werden sollte. Dementsprechend wurde der Erzherzog, als er am 17. Januar 1893 in Bombay von Bord ging, vom britischen Oberbefehlshaber in Indien, General Lord Roberts, begrüßt, 21 Salutschüsse wurden abgefeuert, eine hundert Mann starke Ehrengarde mit Kapelle und Fahnen war in Reih und Glied angetreten, hinzu kam all das andere protokollarische Beiwerk. Die Gastgeber des Erzherzogs hatten von vornherein das Vorgehen bei den Reden auf den offiziellen Banketten festgelegt: Sechs Takte ihrer Nationalhymne sollten gespielt werden, wenn der Erzherzog seinen Toast auf die Königin ausbrachte, und die ganze österreichische Nationalhymne sollte gespielt werden, wenn der Gouverneur daraufhin seinen Toast auf Kaiser Franz Joseph ausbrachte. Diese Reihenfolge scheint Franz Ferdinand verblüfft zu haben, der an den kontinentalen Brauch gewöhnt war, wonach zuerst der Toast auf den Souverän des geehrten Gastes ausgebracht wurde. Hier blieb ihm nichts anderes übrig, als den Gewohnheiten Englands und des viktorianischen Raj zu folgen, wo sogar selbst der gute Lord die schwerwiegende Erfahrung gemacht haben dürfte, höher als die Königin gestellt zu werden.

Ein weiteres Problem stellte sich bei der ersten größeren protokollarischen Gelegenheit, dem Dinner des Gouverneurs von Bombay, Lord Harris, und es blieb während der gesamten Weltreise bestehen. Franz Ferdinand sprach nur sehr wenig Englisch[11] und hatte sich bisher bei jeder Auslandsreise auf sein einigermaßen fließendes Französisch verlassen. Aber Engländer, die im Indien des 19. Jahrhunderts französisch sprachen, zählten wirklich zu den Ausnahmen, und so tendierte die Unterhaltung, wenn sie sich nicht um Jagd drehte, dazu, etwas gestelzt zu klingen. Lord Harris redete in seinem Bericht an Königin Victoria über den viertägigen Besuch des Erzherzogs in Bombay nicht weiter um diese gegenseitigen Verständigungschwierigkeiten herum; aber trotzdem versicherte er seiner Souveränin: »Das liebenswürdige und rücksichtsvolle Auftreten Seiner Kaiserlichen Hoheit hat auf jedermann einen so großen Eindruck gemacht, daß es ein Vergnügen war, den Wünschen Seiner Kaiserlichen Hoheit nach jeder Richtung hin entgegenzukommen.«[12] Und im folgenden Monat sandte der Vizekönig ein sogar noch begeisterteres Zeugnis nach Hause, aus dem auch noch mehr Ungezwungenheit spricht: »Seine Kaiserliche Hoheit hat einen sehr guten Eindruck hinterlassen: Er hat ausgezeichnete Manieren, ist aber völlig natürlich und unaffektiert und war sehr freundlich und rücksichtsvoll in seinem Benehmen gegenüber allen, seien es Europäer oder Eingeborene...«

Für ein Volk, das für seine reservierte Haltung bekannt ist, war es von Bedeutung, daß Franz Ferdinand, wenn er sich dazu verpflichtet sah oder ihn die entsprechende Stimmung ergriff, all sein naturgegebenes, nach innen gerichtetes Wesen abwerfen und eine Eigenschaft ausstrahlen konnte, die Ausländer in erster Linie von einem Österreicher erwarten: Charme.

Die Bankette waren wichtige, aber verhältnismäßig seltene Ereignisse im weniger belastenden Alltag aus Besichtigungen und Jagden. Jene schlossen selbstverständlich einen Besuch von Agra und dem Tadsch Mahal ein, über das der Erzherzog in seinem Tagebuch seine tiefempfundenen Gefühle zu Papier bringt, fast als hätte er schon geahnt, was für ein Symbol dieses Denkmal der Liebe zu einer einzigen Frau für ihn darstellen sollte.

Was die Jagd anlangte, so dehnte sie sich über alle Gebiete aus, die der Subkontinent vom Himalaya an abwärts aufzuweisen hatte. Auf Bombay folgte eine sorgfältig vorbereitete Tigerjagd in Tandur in Hyderabad, wo im Dschungel eine Zeltstadt für 500 Gäste errichtet worden war. Aber trotz einer ganzen Armee von Elefanten (dieses Mal als zahme Reittiere) und den Anstrengungen von 400 Treibern ließ sich kein Tiger sehen. Doch dann in Gwalior gewann der Erzherzog zum ersten Mal Geschmack (und hatte seinen ersten Erfolg) an der Wildschweinjagd nach indischem Stil – zu Pferde und mit einer Lanze. Als das Schweinestechen erlahmte, griff er wieder zu seinem Gewehr, um ein paar Geier abzuschießen, die unklugerweise in einer Höhe umherflogen, die sie bisher für eine sichere Entfernung gehalten hatten.

Obwohl es den Anschein hat, daß er mit seinen verschiedenen Gastgebern aufs beste ausgekommen war, kam es doch zuweilen vor, daß ihre Vorstellungen von Sport sich scharf von seinen eigenen unterschieden. In einer Tagebucheintragung nach einer Expedition nach Alwar zum Beispiel greift er die Engländer wegen ihrer Jagd auf Panther mit Lanzen an, als handle es sich um Schweine: »Wäre der Panther durch meine Kugel gefallen, so hätte mich die Erlegung desselben

*Franz Ferdinands erster Tiger, geschossen 1893 während
eines sechswöchigen Aufenthalts in Indien auf seiner Weltreise.
»Ich kann meine Freude nicht beschreiben«, notierte er.*

mit waidmännischer Genugthuung erfüllt, während ich beim
Lanzenstechen nur den Verderb des schönen Felles beklagen
konnte.«[13]

Andererseits wurde er im folgenden Monat in Jaipur höflich, aber entschieden zur Rede gestellt, weil er ein Wild-
schwein mit der Kugel erlegt hatte. »Bitte tun Sie das nicht«,
wurde er dringlich gebeten, »es ist ebenso schlecht, wie einen
Fuchs zu schießen.« Da der Erzherzog niemals an Parforce-
jagden teilgenommen hatte, sondern Füchse als Bedrohung

sowohl des Viehbestandes als auch der Fasanen kurzerhand ins Jenseits befördert hatte, darf man sich fragen, wie er wohl auf diesen Tadel reagiert hat.

Zwischen diesen beiden Episoden brachte er es jedoch während einer siebentägigen Jagd in Siriska (der von allen am besten vorbereiteten mit 1793 Mann, 25 Elefanten, 148 Pferden, 39 Hunden, dazu 40 indischen Meldereitern und 72 Infanteristen zur Bewachung des Lagers!) fertig, seinen ersten Tiger zu erlegen. »Ich kann meine Freude nicht beschreiben«, notierte er. Und dies war trotz eines abschließenden Jagdausfluges nach Nepal wahrscheinlich der Höhepunkt seiner Freude als ein erzherzoglicher Nimrod. Ende März, nach sechs Wochen Aufenthalt in Indien, schiffte er sich in Kalkutta wieder auf die »Kaiserin Elisabeth« ein, und dann steuerten sie über Singapur und Java einen ganz anderen Teil des britischen Weltreiches an – Australien.

Auf einen Unterschied wurde er sofort nach der Landung in Sidney aufmerksam, und zwar auf die hübschen Mädchen. »Wie angenehm war es doch«, so bemerkte er in seinem Tagebuch, »wieder weißen Gesichtern zu begegnen, darunter auffallend vielen schönen Frauen und Mädchen – ein wohlthuender Anblick nach der farbigen und von unserem Standpunkt aus nicht eben anziehend zu nennenden Physiognomie der Eingeborenen jener Länder, die wir kürzlich besucht hatten.«[14] Im übrigen aber sehen die nächsten paar Wochen unseren Nimrod wieder in Indien, nur mit dem Unterschied, daß der Gegenstand der Verfolgung anders und auch exotischer war. Innerhalb 24 Stunden nach Ankunft in Sidney sehen wir ihn bereits im Busch beim Abschuß von Känguruhs, Emus, Trappen und Wallabys, ferner des australischen Bären und – eine große Seltenheit – eines Schnabeltiers. Alle gut erhaltenen Exemplare wurden von dem fleißigen Präparator, Herrn Hodak, ausgestopft, während der Zoologe der Gesellschaft, Dr. von Liburnau, ebenfalls ständig damit beschäftigt war, hier wie überall auf der Reise Flora und Fauna auszuwählen und zu katalogisieren, um sie der Sammlung hinzuzufügen.

Franz Ferdinand litt seinen eigenen Worten nach an »Museumssucht«, und eine Einrichtung, die sich als fruchtbringendes Ergebnis seiner Reisen erwies, war das Naturgeschichtliche Museum seiner Heimatstadt Wien.

In Sidney mußte Franz Ferdinand eine sehr unliebsame Entscheidung in einer sehr unliebsamen Sache treffen. Sein Verwandter, Erzherzog Leopold, hatte, bereits bevor das Schlachtschiff klar für die Ausfahrt ins Mittelmeer war, damit begonnen, alle Regeln der Disziplin an Bord zu mißachten. Als der Kreuzer in östlicher Richtung weiterfuhr, wurde das Benehmen des jungen Leutnants unerträglich. Wie Franz Ferdinand jetzt an den Kaiser berichtete, weigerte sich Leopold sogar, zusammen mit seinen Offizierskameraden zu essen, und verbrachte die ganze Zeit statt dessen mit den Seekadetten an Bord – und zwar besonders mit einem, was reichlich Anlaß zu Gerede gab, er sei in eine homosexuelle Affäre verstrickt. Er drückte sich vor allen Pflichten, und zur Rede gestellt, antwortete er, daß er täglich bete, das widerliche Schiff möge doch endlich sinken. Was dieser Sonderling in Marineuniform eigentlich bezweckte, bleibt ein Geheimnis. Klar war, daß er nicht länger an Bord der »Kaiserin Elisabeth« geduldet werden konnte. Er war bei Franz Ferdinand in Ungnade gefallen und wurde angewiesen, seine Siebensachen zu packen und allein von Australien nach Hause zu reisen. (Leopold durchlief die ganze Karriere eines Lebemanns; einige Monate später ließ er von Brüssel aus in Wien von sich hören und verzichtete auf alle seine Titel und Privilegien. Zuletzt hörte man von ihm in den zwanziger Jahren aus Berlin: Er nannte sich Leopold Wölfling und verdiente sich seinen Lebensunterhalt als Sänger in Nachtklubs.) Wenn auch schlimm genug, so blieb dies der einzige Schatten über der ganzen Kreuzfahrt.

Nach abschließenden Expeditionen in den asiatischen Dschungel auf den Salomon-Inseln, Neuguinea und Niederländisch-Amboyna mußte Franz Ferdinand seine Gewehre wegen einer langen Reihe von Empfängen und Besichtigungen wegpacken: in Singapur und Hongkong, wo er abermals den komfortablen Stil britischen Koloniallebens bewunderte, dann in Kanton und Macao und schließlich in Japan. Hier gewährte er uns einen anderen Einblick in die Quelle seines stark gefühlsbetonten Patriotismus, der immer in ihm lebendig war.

Als er am 25. August 1893 Japan verließ, um auf den Pazifischen Ozean hinauszufahren, mußte er von seinem Kriegsschiff auf das kanadische Linienschiff »Empress of China« überwechseln. Man hätte beinahe denken mögen, als er Abschied von der »Kaiserin Elisabeth« nahm, daß er es vom Leben selbst tat. Über den Augenblick, in welchem er das Schiff, das während der vergangenen acht Monate sein »schwimmendes Stück Heimat« gewesen war, unter den Klängen der österreichischen Nationalhymne, geschmettert von der Schiffskapelle, verließ, schrieb er: »Ich schäme mich nicht, zu gestehen, daß Tränen über meine Wangen rollten.« Bald wurde er neben dem Heimweh einer ganzen Reihe von anderen Dingen gewahr, die in ihm Bedauern über den Wechsel hervorriefen. Was auf der »Empress of China« seinen Anfang nahm, sollte sich unter ständiger Beschleunigung während der noch verbleibenden Wochen seiner Reise immer weiter entwickeln: eine jeden Verständnisses bare Abneigung gegenüber der Neuen Welt und gegenüber fast allem, was sie barg und bot.

Es begann bereits, wenn er um sich herum blickte. »Statt unserer flinken Matrosen sehen wir steife Engländer, mürrische Amerikaner sowie schlitzäugige Chinesen.« Ein anderer Klagegrund war, daß die Kriegsschiffskapelle, die vertraute österreichische Weisen zu spielen pflegte, hier »durch einen enragierten Wagnerianer ersetzt wird, welcher ein bedauernswertes Clavier vom frühen Morgen bis zum späten Abend quält, so daß man rasend werden könnte und einem Clavierschutzverein beitreten möchte«.[15] Der einzige Trost, den er fand, bestand in einem gemischten Decktennisdoppel mit »einer reizenden kleinen Amerikanerin«. Aber sie war eine bemerkenswerte Ausnahme. Seine übrigen Mitreisenden scheinen ihn mit ununterbrochenem Abscheu erfüllt zu haben, und er beklagte sich sogar, daß der Tanz an Bord ein einziges Fiasko sei, weil sich nur ein paar amerikanische Ehepaare aufs Parkett gewagt hätten, wobei er den interessanten Kommentar hinzufügt: »Wenn alle Damen in der Neuen Welt der Sitte huldigen, nur mit ihren Gatten zu tanzen, wie langweilig müssen die Bälle in diesem Continente sein!«[16]

Ein Teil dieser Verstimmung mag wohl dem plötzlichen – und für ihn völlig neuartigen – Rückgang an Ansehen zuzuschreiben sein, der ihm jetzt bewußt geworden war. Statt als Thronfolger auf einem der kaiserlichen Kriegsschiffe den Herrn spielen zu können und den Tag nach eigenem Gutdünken zu gestalten, war er jetzt nichts anderes als ein – wenn auch herausgehobener – zahlender Passagier, dem es nicht einmal gestattet war, auf die Kommandobrücke zu gehen, geschweige denn dem Kapitän Befehle zu erteilen. Aber teilweise lag der Grund seiner Einstellung tiefer und zeigt uns ein wenig mehr vom Charakter dieses Mannes: die Unfähigkeit, sich leicht anzupassen, und somit den Argwohn gegen das Ungewohnte und die Unduldsamkeit gegenüber dem Unwillkommenen. Insoweit war er natürlich nichts weiter als eine erzherzogliche Abwandlung von Tausenden von konservativen Reisenden aus der Alten Welt beim Besuch der Neuen, deren Kühnheit sie abstoßend und deren Energie sie erschreckend fanden.[17] Dabei hoffte doch dieser sonderbare Reisende, eines Tages ein großes Reich zu regieren, dessen Horizonte im bevorstehenden Jahrhundert gar nicht auf Europa beschränkt sein konnten. Außerdem schickten sich Kühnheit und Energie an, aus ihm einen Feind dessen zu machen, was ihm dereinst Auge in Auge gegenüberstehen sollte: republikanische Demokratie.

Franz Ferdinand hatte diese Vorurteile entwickelt, als er noch auf dem Ozean kreuzte und nur seine Mitreisenden als Beispiele amerikanischer Kultur um sich hatte. Aber er fand seinen Ärger doppelt gerechtfertigt, als er am 19. September, von Kanada kommend, in den Vereinigten Staaten eintraf. Von diesem Tag an ist sein Tagebuch gepfeffert mit feindseligem Spott. Chicago, die erste große Stadt, die er besichtigte, erregte seinen Abscheu wegen ihrer hohen Gebäude »mit auch nicht einer Spur von Ornamentik oder etwas, was sie verschönern könnte«. In New York, wo er in einem solchen Gebäude wohnte, dem Hotel Windsor, ließ er seiner Ansicht gegen den gesamten nationalen Charakter freien Lauf. Die Amerikaner, so folgerte er, waren von dem Trieb besessen, zu übertreiben und von allem das Größte zu besitzen, »aber sie stießen mich ab als kaltes Volk und sie scheinen sowohl jeder Herzensgüte als auch jedweden Charmes in ihrem Temperament zu entbehren«. Welch ein Gegensatz zu jenem Anwärter auf einen anderen europäischen Thron, dem Prinzen von Wales, der 40 Jahre zuvor während seiner einzigen Reise nach Amerika sowohl von der lässigen Freundlichkeit der Leute als auch ihrer Vitalität gefesselt war. Aber »Bertie« war schließlich von einer geradezu schamlosen Extravertiertheit, für den menschliche Wesen aller Arten und Klassen eine unversiegbare Quelle des Vergnügens waren.

Am 18. Oktober, nach der Rückreise über Le Havre, Paris und Stuttgart, kreuzte der Zug des Erzherzogs die Grenzen seines Reiches, und er erinnert sich an das Aufkommen unermeßlicher Freude in ihm, als er die Grenzposten in ihren schwarz-gelben Habsburger Farben wiedersah. Die Familie, die ihn in Triest verabschiedet hatte, wartete jetzt in St. Pölten, um die letzte kurze Strecke bis Wien gemeinsam mit ihm zurückzulegen. Der Reisende war zehn Monate lang abwesend gewesen und hatte zu Land und auf See beinahe 80 000 Kilometer zurückgelegt. Der Kaiser benutzte die Gelegenheit, ihn mit dem Großkreuz des Stephansordens auszuzeichnen (St. Hubertus oder St. Christophorus wären geeignetere Heilige gewesen, aber keiner von beiden figuriert in der Liste österreichischer Dekorationen). Außerdem wurde eine besondere »Seereise-Erinnerungsmünze 1892–93« geprägt. Das waren alles Begleiterscheinungen. Wie aber sahen die dauerhaften Ergebnisse aus?

Eines ist das umfangreiche Tagebuch des Erzherzogs mit seinen mehreren tausend gedruckten Seiten, das noch in Museumsbibliotheken und geographischen Gesellschaften in der ganzen Welt zu finden ist. Es verdient hervorgehoben zu werden, daß es tatsächlich seine eigene Schöpfung war. Nichts versetzte ihn seinerzeit mehr in Wut als Vermutungen, daß es – um einen modernen Ausdruck zu gebrauchen – ein »Ghostwriter« für ihn verfaßt habe. (»Die Leute glauben rein, daß jeder Erzherzog ein Thadädl sein muß«, war einer seiner charakteristischen Ausbrüche in dieser leidigen Angelegenheit.) Die grundlegenden Statistiken jedes besuchten Landes waren ganz offensichtlich auf seine Veranlassung hin überprüft worden, desgleichen vieles von dem wissenschaftlichen Material. Es ist auch bekannt, daß einer seiner zuverlässigsten Freunde und ehemaligen Erzieher, Dr. Max von Beck, ihm bei der Herausgabe des endgültigen Textes seiner Aufzeichnungen behilflich war. Doch diese täglichen Originalaufzeichnungen, die viele handschriftliche Bände umfassen, sind bis heute im Familienschloß Artstetten vorhanden als Beweis, daß das Buch – vollständig mit seinen poetischen und sentimentalen Passagen und sämtlichen sarkastischen Geistesblitzen – im wesentlichen seine eigene Schöpfung war.

In der Tat zeigt ein Vergleich des unveröffentlichten Manuskripts mit dem publizierten Text, daß Dr. Becks Rolle, soweit nötig, darin bestanden hatte, den kräftigen Text des Originals zu glätten, statt ihn zu retuschieren. So äußert sich zum Beispiel der Erzherzog in seiner Originaleintragung vom 17. Januar 1893 spöttisch über das Vorgehen, dem er gerade beim Bankett des Gouverneurs in Bombay ausgesetzt war, nämlich daß der Toast auf den Souverän des Gastgebers vor dem auf den Souverän des Ehrengastes ausgebracht werde, was der Praxis »aller zivilisierten Länder« widerspreche. Er kritisiert die anmaßende englische Gewohnheit, »jedermann zu zwingen, ihren Sitten in jeder Hinsicht zu folgen«, und er fährt fort, mit Wonne die Gelegenheiten zu beschreiben, bei denen er sich geweigert hatte, bei der Stange zu bleiben:

>Ich glaube, daß ich mir einige Kritik von ihrer Seite zugezogen habe, als ich mich zum Beispiel auf dem Ausflug weigerte, diesem absurden Brauch zu folgen, abends im Abendanzug mit weißer Binde in einem Zelt mitten in der Wildnis oder im Dschungel zu erscheinen, wo man doch nur mit anderen Männern zusammen ist. Stattdessen erschien ich in einer Art von Jagdgewand. Ebenso bestellte ich meine Mahlzeiten im Lager für sechs oder sieben und nicht erst für neun Uhr, was ich aus hygienischen Gründen [sic!] für sehr schlecht halte. Selbst wenn mich die Gesellschaft mit einem englischen Fluch bedenken würde, so ist mir das ganz egal. Ich und die Herren meiner Begleitung waren sehr glücklich über meine Dispositionen.<

Das ist freilich eine ganz andere Person als jener perfekte Gast, der – >freundlich und rücksichtsvoll in seinem Benehmen gegenüber allen< – den Vizekönig so beeindruckt hatte. Aber der Dschungel war eben nicht die vizekönigliche Jagdhütte, und außerdem kennzeichnete es den Erzherzog, der unangebrachte Wichtigtuerei haßte, die nur der Hervorhebung von Unterschieden diente.

Sollte es noch weiteren Beweises der Authentizität seiner Tagebücher bedürfen, so wird er bei ihrem Vergleich mit seinen anderen schriftlichen Äußerungen geliefert. >Le style, c'est l'homme.< Franz Ferdinands gefühlsbetonter, strenger Stil war unverkennbar, wie auch sein scharfer Verstand, der ihn von beinahe der gesamten kaiserlichen Familie unterschied. Sein Reisetagebuch ist sowohl das klarste als auch das gehaltvollste noch vorhandene Zeugnis seiner Intelligenz.

Noch wichtiger aber sind die Eindrücke, welche die Weltreise in diesem lebhaften Geist hinterlassen hatten. Wahrscheinlich nur noch zwei Personen sind am Leben, die Franz Ferdinand in späteren Jahren über diese Reise sprechen hörten: seine Tochter, jetzt die Gräfin von Nostitz-Rieneck, und die Erzherzogin Zita, später Kaiserin von Österreich und Königin von Ungarn. Beide haben hervorgehoben, daß ihre Auswirkung sowohl politischer als auch persönlicher Natur waren.[18] Der Erzherzog wurde sich bewußt, welche Macht und Kraft außerhalb der Grenzen seines eigenen europäischen Vaterlandes vorhanden waren und, im Falle des Britischen Imperiums, daß Stärke auf einer mächtigen Flotte beruhte. Die Frage, ob Österreich einer Flotte dieses Ausmaßes bedurfte, stand nicht zur Debatte, denn seine maritimen Horizonte waren vergleichsweise bescheiden. Aber es gab ein Meer, das Adriatische, das mehr Kriegsschiffe brauchte, um Italien entgegenzutreten, in dem Franz Ferdinand, wenn auch etwas unrealistisch, bereits den Erzfeind zu erkennen vermeinte. Ganz abgesehen davon hatte er – in Hongkong, Sidney, Singapur und Bombay – gesehen, wie allgegenwärtig die britische Flotte war, allein durch ihre Gegenwart ein politischer Faktor. Wenn die Habsburger Monarchie neben ihrem Verbündeten, dem Deutschen Reich, nicht zu schwach erscheinen wollte, so durfte die österreichische Flotte neben der sich ständig vergrößernden von Kaiser Wilhelm nicht allzu lächerlich wirken. Diese besondere Doktrin war eine der wenigen, die der Erzherzog zu Lebzeiten in die Praxis umzusetzen vermochte. Obgleich er niemals wieder die großen Weltmeere befuhr, sollten ihre Lehren innerhalb seiner eigenen engen Grenzen drastisch Anwendung finden.

Der Stephansorden und die Erinnerungsmedaille waren nicht die einzigen Gunstbeweise, die ihm nach seiner Rückkehr zuteil wurden. Franz Ferdinand hatte um eine militärische Versetzung gebeten, und zwar von den Husaren in Ungarn auf ein Kommando in Böhmen, entweder der Kavalleriebrigade in Pardubitz oder der Infanteriebrigade in Budweis (da er jetzt den Rang eines Generalmajors bekleidete, waren beide Versetzungen möglich). Er hatte für sein Ersuchen den Dienstweg gewählt, in Gestalt eines Antrags an das Kriegsministerium in Wien, aber es verstand sich von selbst, daß der Kaiser die Entscheidung in solchen Angelegenheiten treffen würde. Im April 1894 sah Franz Ferdinand seinem Wunsch durch Versetzung zur 38. Infanteriebrigade in Budweis stattgegeben.

Es war das erste besondere Ersuchen dieser Art, das der Erzherzog eingereicht hatte, und der Kaiser mag wohl überzeugt gewesen sein, ihm aus Gründen, die sein Neffe geltend machte, stattzugeben.[19] Dieser hatte vor allem auf die Notwendigkeit hingewiesen, sich in den beiden großen Ländereien, die er bereits in Böhmen erworben hatte (die Schlösser Konopischt und Chlumetz, von denen wir später mehr hören werden), häuslich niederzulassen. Der zweite Grund des Erzherzogs war, obwohl ebenso berechtigt wie natürlich, schon verblüffender. Wenn er sich erst einmal in seinen Ländereien eingerichtet habe, so schrieb er, möchte er gern heiraten. Wenn Franz Joseph gewußt hätte, auf was er sich dadurch, daß er sich der zweiten Bitte gegenüber entgegenkommend zeigte, einließ, so hätte er seinen Neffen in eine Garnison versetzt, die so weit von Budweis entfernt ist, wie es die Dislozierung der Kaiserlichen Armee nur erlaubte. Franz Ferdinand war bereits einer böhmischen Dame begegnet und hatte sich bald leidenschaftlich in sie verliebt, obwohl sie trotz adeliger Geburt als Gemahlin eines zukünftigen Kaisers überhaupt nicht in Frage kam. Beinahe gleichzeitig erhob sich die Frage, ob er wohl gesund genug sei, um überhaupt zu heiraten. Die quälendste Periode seines Lebens stand vor ihrem Beginn.

# 4

## Sophie

Bevor er sein Herz an die dynastisch unebenbürtige Dame verlor, war Franz Ferdinands Name unter wechselnden Graden von Glaubwürdigkeit mit drei königlichen Prinzessinnen in Verbindung gebracht worden. Die erste und am ehesten in Frage kommende war Prinzessin Mathilde von Sachsen aus der katholischen Dynastie der Wettiner gewesen, die über Jahrhunderte hin Bräute für viele Habsburger Erzherzöge (einschließlich natürlich seines eigenen Vaters) zur Verfügung gestellt hatte. Mathilde war intelligent und sanft, aber sie war auch äußerst unansehnlich, und zwar in solchem Ausmaß, daß sich Franz Ferdinand entgegen den Beispielen seiner Vorfahren nach einem Blick auf sie hastig zurückzog. Das Haus Sachsen fühlte sich durch die Weigerung erheblich gekränkt, und Kaiser Franz Joseph hatte alle Hände voll zu tun, um diesen ungewöhnlichen Riß zwischen den beiden eng verbundenen Höfen von Wien und Dresden wieder zu kitten.[1] Einen Teil der Wiedergutmachung bildete die Heirat 1886 zwischen Otto, Franz Ferdinands gutaussehendem jüngeren Bruder, und Mathildes jüngerer Schwester Maria Josepha, die beinahe ebenso unansehnlich war wie jene. Den katastrophalen Ausgang dieser Ehe haben wir bereits gesehen.

Der nächste Name, der auftauchte, war kein anderer als der von Stephanie, der belgischen Witwe des unglückseligen Kronprinzen. Zwar war es in europäischen fürstlichen und adligen Häusern nichts Ungewöhnliches, daß Bräute, die ihren Verlobten durch den Tod verloren hatten, oder Witwen sich – gleichsam als ein Akt frommer Anhänglichkeit – mit einem Bruder oder nahen Verwandten des verstorbenen Mannes wieder verheirateten. Doch scheint hier diese Rettungsoperation nicht sehr ernst genommen worden zu sein, am allerwenigsten von Franz Ferdinand selbst. Er blieb auf bestem Fuß mit Stephanie (und in der Tat stellten gemeinsame Qualen, die beide mit ihren Eheproblemen hatten, eine ganz besondere Verbindung zwischen ihnen her), aber er hat wohl niemals an sie als Braut gedacht. Sie litt, um es gleich zu sagen, wenn auch in geringerem Grad, an denselben physischen Mängeln wie die unglückselige Mathilde von Sachsen (die niemals einen Gemahl finden sollte). Darüber hinaus können ihr die Erfahrungen mit Rudolf die Aussicht auf eine neue dynastische Vernunftehe kaum schmackhaft gemacht haben.

Die dritte Anwärterin soll angeblich eine Tochter des britischen Thronerben Eduard, Prinz von Wales, gewesen sein, obwohl dies auf nichts anderem beruht als auf einem spekulativen Bericht, der Jahre später vom Adjutanten des Erzherzogs, Baron Albert von Margutti, in Umlauf gesetzt wurde. In einem seiner Memoirenbücher erinnert er sich daran, einen auf königlichem Briefpapier geschriebenen Brief aus Sandringham gesehen zu haben, den der Erzherzog erhielt, als er noch in Budweis stationiert war. Wies dies wohl, so fragte sich der neugierige Adjutant, darauf hin, daß zwischen dem protestantischen Thron von England und dem katholischen Thron von Österreich eine Ehe gestiftet werden sollte, ein bis dahin beispielloses Vorkommnis? Margutti hat die Gewohnheit, seine kaiserlichen Anekdoten dadurch zu verderben, daß er seinen erhabenen Sprechern eine schwerfällig-künstliche Sprache in den Mund legt, und das folgende ist keine Ausnahme: »Es wäre wirklich schon höchste Zeit«, soll der Erzherzog gesagt haben, »wenn auch wir wieder daran dächten, durch geeignete Heiraten das Prestige des Kaiserhauses zu heben und hiedurch der Monarchie einen Dienst zu erweisen. Aber eine solche Heirat schwebt noch – wenn sie überhaupt möglich, was ich nicht weiß und wissen kann – in so ferner Ferne, daß man besser tut, sich damit jetzt nicht zu befassen.«

Wenn Franz Ferdinand diese geschraubten und wirren Worte (die seinem normalen knappen Stil gar nicht entsprechen) überhaupt gebraucht haben sollte, so dürfte er dabei kaum an sich selbst gedacht haben: Da er bereits die Dreißig überschritten hatte, hatte er keine Zeit mehr, über Heiratsmöglichkeiten zu sprechen, die in ferner Zukunft lagen. Ausschlaggebender ist, daß kein Nachkomme der Wiener Hofkreise der 90er Jahre aufgespürt werden kann, der jemals, und sei es auch nur gerüchteweise, in seiner Familie eine Diskussion über eine solche englische Verbindung gehört hätte.

Noch bedeutsamer ist, daß auch nicht die Spur eines solchen Briefes aus Sandringham in der umfangreichen Sammlung von Franz Ferdinands Korrespondenz mit ausländischen Höfen zu finden ist. Endlich und wahrscheinlich abschließend gibt es für diesen Vorgang keinerlei Anhaltspunkte in den königlichen Archiven in Windsor.

Jedenfalls hatte der Erzherzog, ermutigt von Kaiserin Elisabeth, bereits reichlich rebellische Gedankengänge über die geheiligten Traditionen dynastischer Heiraten geäußert, zumindest was die bisher befolgte Praxis des Hauses Habsburg betrifft. Eines Tages brach es aus ihm heraus während einer Unterhaltung mit seinem Arzt:

> »Wenn unsereiner jemanden gern hat, findet sich immer im Stammbaum irgendeine Kleinigkeit, die die Ehe verbietet, und so kommt es, daß bei uns immer Mann und Frau zwanzigmal miteinander verwandt sind. Das Resultat ist, daß von den Kindern die Hälfte Trottel und Epileptiker sind.«[2]

Es war eine höchst enthüllende Bemerkung, deren Bedeutung dem guten Doktor entging, der uns trotzdem als Chronist weit glaubwürdiger erscheint als der Adjutant. Dieser Ausspruch war ganz und gar nach der Art von Franz Ferdinand.

Nur einmal, bevor das Geheimnis offenbar wurde, schüttete Franz Ferdinand sein Herz schriftlich über die Frage fürstlicher Ehen aus, und zwar in einem Brief, den er an eine enge Vertraute von ihm, die Gräfin Nora Fugger, schrieb, die ihm nahegelegt hatte, es sei jetzt sicher an der Zeit, sich zu verheiraten. Er erwiderte:

> »Auch daß Gräfin sagen und mir zureden, ich sollte heiraten, ist ja so richtig und ich fange nachgerade an, dies selbst einzusehen. Ich sehne mich ja selbst schon nach Ruhe, nach einem gemütlichen Heim, nach einer Familie. Aber nun stelle ich an Sie die große Frage: wen soll ich denn heiraten? Es ist ja niemand da. Gräfin sagen, ich sollte mir

eine liebe, gescheite, schöne und gute Frau nehmen. Ja, sagen Sie mir: wo läuft denn so was herum? Es ist ja ein Unglück, daß es gar keine Auswahl unter den heiratsfähigen Prinzessinnen gibt; lauter Kinder, lauter siebzehn- oder achtzehnjährige Piperln, eine schiecher als die andere. Und erst die Erziehung meiner Frau zu besorgen, dazu bin ich zu alt, dazu habe ich weder Zeit noch Lust. Ich kann mir sehr gut das Ideal einer Frau vorstellen, wie ich sie gern haben möchte und mit der ich auch glücklich werden könnte. Es müßte ein nicht zu junges Wesen sein, mit bereits vollkommen gefestigtem Charakter und Anschauungen. So eine Prinzessin gibt es nicht...« [3]

Zu der Zeit, als er diese Zeilen schrieb, war die große Täuschung in Wirklichkeit bereits im Gange, denn Franz Ferdinand hatte schon die ideale Frau gefunden und, nachdem er sein Herz an sie verloren hatte, auch begonnen, sich mit der Frage herumzuquälen, ob er dadurch vielleicht die Krone verlieren würde. Der Name der Dame war Gräfin Sophie Chotek, eine Hofdame der Erzherzogin Isabella, und sie entsprach den Anforderungen in jeder Hinsicht, mit einer Ausnahme. Geboren am 1. März 1868, war sie gerade 27 Jahre alt, als der Erzherzog schließlich die Überzeugung gewann, daß er ohne sie einfach nicht leben könne, und gemessen an den im 19. Jahrhundert üblichen Gewohnheiten waren 27 Jahre gewiß »nicht zu jung«. Was ihr Äußeres anbetrifft – das, wie wir gesehen haben, in Franz Ferdinands Leben eine große Rolle spielte – war Sophie, wenn auch keine klassische Schönheit, so doch hübsch, gesund, weiblich und dazu noch von eindrucksvoller Würde. Ein Familienölgemälde (das der Erzherzog selbst immer etwas zu affektiert fand) zeigt, warum sie überall eine gute Figur machen würde: sehr große, dunkle braune Augen unter einer zum Knoten gebundenen Fülle dazu passenden dunklen Haares, dessen glänzende Farbe einen vollendeten Teint hervortreten ließ. Die Augen deuteten sowohl auf klaren Verstand (»vollkommen gefestig-

*Die 30jährige Hofdame, in die Franz Ferdinand sich
verliebte. »Neben ihrem bestrickenden Aussehen... war es der
Hauch absoluter Ruhe, den er unwiderstehlich fand.«*

ter Charakter und Anschauungen«) als auch auf verborgenes
Feuer: Es war eine wirkungsvolle Kombination. Fast ein ganzes Jahrhundert später kam ein Tagebuch von einem von
Franz Ferdinands Freunden, Graf Sternberg, ans Tageslicht,
das die Wirkung beschreibt, die Sophie auf den Erzherzog
ausgeübt hat, wie von Zeitgenossen bekundet wird. Bei der
Schilderung einer Begegnung mit dem Paar auf einer Gesellschaft in Abbazia, als Franz Ferdinands Interesse an der Hofdame bereits geweckt worden war, schreibt Sternberg:

»Und in wahrer christlicher Demut senkte sie ihre schweren Augenlider über die glutschwarzen Augen in Gegenwart des Erzherzogs. Das lockte ihn, das reizte ihn zum
Angriff. Unerreichbares lieben die Hoheiten über alles,
Widerstrebendes, nicht auf dem Präsentierteller Hinge-

69

reichtes. Die Gräfin Sopherl aber stellte seinen Werbungen den größten Widerstand entgegen. Nur so konnte sie in ihm jenen unstillbaren Trieb erwecken, dem keine Mühe, keine Kraft, keine Entsagung unüberwindlich schien, um sein Ziel zu erreichen...«[4]

Der einzige Nachteil dieses verführerischen Ideals bestand in dem, was der Erzherzog seinem Arzt geringschätzig als »irgendeine Kleinigkeit« im Stammbaum geschildert hatte. Aber bei seiner durch Geschmack und Temperament beständig genährten Neigung zu einer unorthodoxen Heirat war sich Franz Ferdinand wohl bewußt, daß das Problem im Falle Sophies weit entfernt von einer Kleinigkeit war. Die Choteks von Chotkowa und Wognin, um ihren vollen Namen anzuführen, waren unbestreitbar eine alte Familie: böhmische Barone seit 1556, böhmische Grafen seit 1723 und Reichsgrafen seit 1745. Ohne jemals die Spitze der politischen oder sozialen Leiter erreicht zu haben, hatten sie über viele Generationen hin der Monarchie treu gedient. Sophies Vater, Graf Bohuslav, war zum Beispiel österreichisch-ungarischer Gesandter am Hofe von Brüssel gewesen (wo er mitgeholfen hatte, die glücklose Vermählung von Prinzessin Stephanie mit Kronprinz Rudolf zustande zu bringen) und hatte seine diplomatische Karriere als Gesandter in Dresden beendet, das er nach seiner Pensionierung als Wohnort gewählt hatte. Ihre Mutter, die 1886 gestorben war, war eine Kinsky, was die Abstammung indessen noch beeindruckender macht. Die Kinskys gehörten zu den vornehmsten Namen des Reiches, mit mehreren Ländereien und einem herrlichen Palais in Wien, das sich bis zum heutigen Tag noch im Besitz eines Familienmitglieds befindet. Sie waren auch kosmopolitischer als die Choteks. Schließlich hatte 1883 ein Graf Kinsky das Große Nationale Hindernisrennen in England gewonnen, und das verlieh der Familie eine ehrenvolle Rolle, die sie noch lange weiterspielte, nachdem das Kapitel der Habsburger Monarchie schon abgeschlossen war.

Doch nicht einmal diese Kombination von Vorfahren konnte Sophie den Zugang zum Bereich kaiserlicher Exklusivität eröffnen. Dies mag freilich den Lesern hundert Jahre später sonderbar erscheinen. Schließlich waren sie doch Zeugen, daß eine Amerikanerin als ernsthafte Kandidatin für die Hand des Königs von England in Frage kam (und schließlich deshalb keine Gnade fand, weil sie eine Bürgerliche war, nicht weil sie geschieden war), und später heiratete der jetzige Prinz von Wales unter allgemeiner Zustimmung und Freude eine Dame gleichen Standes wie die Gräfin Sophie. Aber der Habsburger Hof zu Zeiten von Franz Ferdinand – und besonders der regierende Zweig, in dem der Erzherzog zu so hoher Stellung gelangt war – trennten sowohl Welten als ein Jahrhundert von diesen Ereignissen. Selbst wenn man die olympische Figur des Kaisers beiseite läßt, so war der Abgrund zwischen Erzherzögen und gewöhnlichem Adel in mancher Hinsicht ebenso groß wie der zwischen Adel und Großbourgeoisie. (Der Adel, der sich dessen wohl bewußt war, brüstete sich, wobei er seine Bedeutung übertrieb: »Das Leben beginnt vom Grafen an aufwärts« war sein hochmütiges Motto, das jene Verwundbarkeit verrät, die wiederum die Wurzel so manchen Hochmuts ist.)

Doch wurde, soweit es die Habsburger betrifft, die Lage nicht von Sinnsprüchen bestimmt. Im Jahre 1825 waren die regierenden Häuser von Preußen, Österreich, Bayern, Sachsen, Hannover, Württemberg, Baden und Hessen (alle noch an der Macht gebliebenen deutschen Dynastien, nachdem Napoleon seine Verheerungen beendet hatte) in aller Form über diejenigen Adelsfamilien übereingekommen, welche als ebenbürtig für Ehen innerhalb ihres auserwählten Kreises in Frage kamen. Die Liste, wie sie am 7. Oktober 1825 für Österreich[5] in Kraft gesetzt wurde, enthielt 14 »fürstliche, in der Monarchie ansässige Häuser« und 6 alte Familien mit gewöhnlichen Grafen an der Spitze, die man aus besonderen historischen oder genealogischen Gründen mit einbezogen hatte. Aber weder die Choteks noch gar die Kinskys – noch einige weit illustere Namen – waren auf diese Liste geraten, und nachdem dieser magische Zirkel einmal gezogen war, wurde er von denjenigen, welche sich in seinem Bereich befanden, bis zum Tode verteidigt.

Die Liebe zwischen dem Erzherzog und seiner böhmischen Gräfin war die reinste all jener verschiedenen romantischen Tragödien, die sich in der Habsburger Dynastie während der Jahre ihres Niedergangs abgespielt haben. Zum Beispiel war doch wenig Romantisches bei dem gefühlsmäßig übertriebenen Todespakt von Mayerling festzustellen, selbst weiter nichts als ein schäbiges Schmierenstück im Vergleich mit der schicksalhaften Tragödie von Sarajevo. Aber obgleich diese letzte Orgie von Selbstmitleid im Leben von Kronprinz Rudolf von buchstäblich Dutzenden von Leuten, die auf den Schwingen des Geschehens von Mayerling umherflatterten, minutiös beschrieben worden ist (wenn auch oft widersprüchlich), ist vieles von Franz Ferdinands Liebesgeschichte sowie von diesem Mann selbst verhüllt geblieben. Selbst seine eigene, noch lebende Tochter kann sich nicht erinnern, jemals erfahren zu haben (und scheint wohl auch niemals danach gefragt zu haben), wann und wo sich ihr Vater und ihre Mutter zum ersten Mal begegneten.

Professor Adam Müller-Guttenbrunn, der anonyme Autor von »Franz Ferdinands Lebensroman«, der seinerzeit dem Erzherzog anscheinend besonders nahestand, berichtet – ohne Jahresangabe – von einem Ball in Prag, an dem Franz Ferdinand teilnahm und auf dem der Professor Sophie zum ersten Mal sah. Aber obwohl er beschreibt, wie sie mit ihren großen braunen Augen ständig auf der Suche nach dem Erzherzog war, geht aus seinen weiteren Ausführungen klar hervor, daß der fürstliche Ehrengast davon kaum Notiz genommen haben dürfte, geschweige denn darauf eingegangen ist, so beschäftigt war er den ganzen Abend hindurch mit anderen Leuten.[6] Dies hat spätere Autoren nicht davon abgehalten, eine regelrechte Märchengeschichte zu erfinden, wonach der Erzherzog auf die knicksende Gräfin zugegangen sei und sie zu einem Walzer unter den Kronleuchtern entführt habe, dem ein langes und angeregtes Gespräch mit ihr allein auf dem Sofa eines der Salons neben dem Ballsaal gefolgt sei. Inzwischen steht jedoch fest, daß dieser Prager Ball keineswegs die erste Gelegenheit war, bei der der Erzherzog die Gräfin zu sehen bekommen hatte.

Das früheste handfeste Zeugnis vom Zusammensein des Paares ist eine Photographie, die von der Familie Windisch-Graetz ans Tageslicht gebracht worden ist, beinahe ein Jahrhundert nach dem Ereignis einer Jagdpartie in Halbthurn, nahe der heutigen ungarischen Grenze, im Winter 1893. Halbthurn gehörte zu den zahlreichen Besitzungen von Erzherzog Friedrich, dem Gemahl der Erzherzogin Isabella, zu deren Gefolge Sophie als Hofdame gehörte, und das Bild scheint sowohl die Gestalten als auch ihre Beziehungen untereinander genau wiederzugeben. Im Mittelpunkt sehen wir den präsumtiven Thronfolger nach seiner Weltreise in fröhlichster Laune beim Betreiben seines geliebten Sports in seiner ebenso geliebten Heimat, wie er seinen Gastgeber und Vetter der Kamera zuliebe umarmt. Erzherzog Friedrich selbst, liebenswürdig, wenn auch alles andere als ansehnlich, macht eine ausgesprochen blasse Figur im Vergleich mit seiner Frau. Isabella sieht aus wie eine resolute Dame (und war es wirklich): eine kurze und massige Statur, die voller Energie zu sein scheint, dazu der feste Blick einer höchst fähigen und höchst anregenden Matriarchin. Wie es ihrer Stellung geziemt, steht Gräfin Sophie am Rande der Gruppe. Sie blickt ernst, aber keineswegs unterwürfig.

Ironischerweise war das Leben beider Frauen, sowohl der Hofdame als ihrer Dienstherrin, der Erzherzogin, vom gleichen Problem beherrscht: einer zu großen Familie. Sophie war eines von acht Kindern, die Wilhelmine dem Grafen Bohuslav geboren hatte, und fünf davon waren Töchter. Da der Graf im wesentlichen auf sein Gehalt und dann auf seine Pension angewiesen war, war jedes der Mädchen, das heiratsfähig geworden war, aber sich nicht verheiratet hatte, darauf aus, eine Stellung zu finden. Für eine junge adlige Dame in der Monarchie Franz Josephs bedeutete dies, entweder Hofdame zu werden oder Nonne (eine von Sophies älteren Schwestern, Zdenka, wurde beides: Sie trat zunächst in den Dienst von Kronprinz Rudolfs Witwe, bevor sie den Schleier nahm). Und so trat Sophie, die vierte von Graf Bohuslavs Töchtern, im Sommer 1888 ihren Posten bei der Erzherzogin Isabella an.

Gewiß gab es im Haushalt ihrer Dienstherrin keinerlei finanzielle Schwierigkeiten. Isabella war eine geborene Prinzessin von Croy-Dülmen (aus einer der Familien von außerhalb, die innerhalb des kleinen magischen Zirkels von Adelsfamilien für fürstliche Heiraten als ebenbürtig angesehen wurden) und war nicht ohne eigene Mittel. Als sie am 8. Ok-

*Sophie im Dienst, während ihre resolute Herrin, die Erzherzogin Isabella, den deutschen Kaiser Wilhelm II. (links) und Kaiser Franz Joseph (rechts) unterhielt.*

tober 1878 im Alter von 22 Jahren mit Erzherzog Friedrich auf Schloß Hermitage, ihrem belgischen Familiensitz, vermählt wurde, reichte sie jedoch ihre Hand einem der wohlhabendsten aller Habsburger. Im Rauchzimmer eines abgelegenen Hauses in den steirischen Bergen besitzt eines der Enkelkinder noch einen fünffach getäfelten Rosenholzschirm, der am oberen Ende dieser fünf Tafelplatten ein Gemälde der fünf größten Besitztümer seines Großvaters aufweist. Das prächtigste ist die Albertina in Wien, inzwischen längst samt vielen ihrer Originalschätze in eines der Hauptkunstmuseen der österreichischen Republik umgewandelt. Aber das reizendste unter ihnen ist gewiß das Schloß in Preßburg in Böhmen: ein Juwel aus dem 18. Jahrhundert von der Hand eines der bedeutendsten Barockarchitekten, Fischer von Erlach. Die wunderschön proportionierten Flügel, Brüstungen und Fenster werden im Zentrum in unübertrefflicher Vollkommenheit überwölbt von einer großen kupfernen Kuppel, deren grüne Färbung gut zu der darunterliegenden gelben Fassade paßt. Es war ein Schloß wie für eine Romanze gemacht.

Wenn es der Erzherzogin Isabella auch nicht an Geld mangelte, so litt sie in noch größerem Maße als Graf Bohuslav Chotek unter einer beunruhigend großen Zahl von Töchtern. Zwischen November 1879 und 1893 schenkte sie ihrem Gemahl sechs der Reihe nach, die längst das heiratsfähige Alter erreicht hatten, bevor endlich im Juni 1897 mit Albrecht ein Sohn und Erbe erschien.

Isabella machte sich ganz offensichtlich viele Feinde, wie es sich jemand, der sehr reich war, dazu eine starke Persönlichkeit besaß und in jenen Tagen in der intriganten, von Inzucht befallenen Hofgesellschaft machen mußte. Aber selbst diejenigen unter den Kritikern, welche behaupteten, ihr sei das große Vermögen ihres Gemahls ganz und gar zu Kopf gestiegen, konnten nicht leugnen, daß sie dieses Vermögen – und die zahlreichen damit verbundenen Haushalte – weit besser verwaltete, als eine vielleicht liebenswürdigere, aber dafür weniger energische Gemahlin es gekonnt hätte. Der gegen sie erhobene Vorwurf, sie sei von anmaßendem gesellschaftlichen Ehrgeiz gewesen, ist noch weniger berechtigt. Selbst von fürstlicher Geburt, hatte sie in den regierenden Zweig der Habsburger Familie geheiratet (ihr Gemahl, der auch Herzog von Teschen war, war Nachkomme eines Bruders des Großvaters des Kaisers). Mit sechs heiratsfähigen Töchtern, alle mit einem solchen Stammbaum und Reichtum, konnte sie Ausschau nur nach oben halten, wie es wohl jede Mutter getan hätte. Und das höchste erreichbare Ziel im Reich war Franz Ferdinand, der nicht nur präsumtiver Thronfolger war, sondern auch noch der einzige Erzherzog, dessen Privatvermögen sich mit dem ihres Gemahls messen konnte. Was würde das für eine Partie sein! Zu der Zeit, als der Erzherzog 1894 nach Budweis versetzt worden war, das in so bequemer Nähe von Preßburg lag, war Isabellas älteste Tochter, Maria Christina, 15 Jahre alt. Sehr jung vielleicht für diesen 31 Jahre alten Mann: Aber die Mutter konnte nicht wissen, daß er in seiner privaten Korrespondenz solche Backfische als »unreife Piperln« ansah, die es nicht der Mühe wert seien, in richtige Frauen umgewandelt zu werden. Wenn der Erzherzog, wie es üblich war, zwei, drei Jahre bei seiner böhmischen Brigade bliebe, dann würde sich sicherlich genug Zeit finden, damit sich Zuneigung zwischen den beiden entwickle.

Isabellas Briefe an den Erzherzog sind noch erhalten. Sie vermitteln ein lebendiges Bild seines ersten Jahres in Budweis, als er, auch einem anderen Zeugen[7] zufolge, gewöhnlich Zeit fand – trotz seiner militärischen Pflichten, seiner Beschäftigung mit seinen böhmischen Besitzungen und den Dienstreisen nach Wien –, Preßburg zweimal in der Woche zu besuchen. Es sind nette, unterhaltsame Briefe, die durchweg mit seinem Kosenamen beginnen (»Lieber Franzi«) und im intimen Du mit der Wendung enden: »Deine liebe Cousine«. Zu solch vertraulicher Schreibweise war sie als Gemahlin eines anderen Mitglieds des ranghöchsten Zweiges des Habsburger Stammes voll berechtigt. Doch hat man jederzeit das Gefühl, daß sie es nicht nur genoß, in seine erhabene Familie aufgenommen worden zu sein, sondern daß sie auch daran dachte, ihn in ihrer eigenen Familie willkommen zu heißen. Es ist eher die zukünftige Schwiegermutter als die angeheiratete Base, die die Feder führt.

Glücklicherweise teilten sie dieselbe Jagdleidenschaft, und diese ersten Briefe vom Herbst 1894[8] sind voller Einladungen an ihn, Hirsche oder Rehböcke mit ihnen zu schießen, oder voll überschwenglichen Danks für Gegenbesuche, die sie in seiner Jagdunterkunft in Hahnenhort in Niederösterreich abgestattet hatten (»Wir denken mit größter Freude zurück an diese gemütlichen und fröhlichen Tage...«). Die Töchter werden selten mit Namen erwähnt, und die Hauptkandidatin, Maria Christina, niemals. Aber als Älteste begleitete sie ihre Eltern ohnehin, und die Kamera, die entsprechend der damaligen Mode bei solchen Gelegenheiten eifrig im Gebrauch war, verzeichnete stillschweigend ihre Anwesenheit. In einem Brief vom Mai darauf schlägt Isabella ihm vor, nach Preßburg zu kommen, um einige Photos zu machen und »sich an einem guten Tennisspiel zu erfreuen«. Außer an einem Gewehr in der Hand hatte Franz Ferdinand nämlich Freude an der Führung eines Tennisschlägers. Er hätte es sich kaum träumen lassen, was der Tennisplatz in Preßburg für ihn auf Lager hatte.

Wir sind jetzt im Jahr 1895, als der Erzherzog, wie er selbst später der Erzherzogin Stephanie erzählen sollte, in heimlicher Liebe zu Sophie Chotek entbrannt war. Plötzlich fiel ein dunkler Schatten auf das, was für ihn eigentlich zum glücklichen, erregenden Ereignis werden sollte. In der ersten Augustwoche übermittelte er nach Preßburg die traurige Nachricht, daß seine Gesundheit abermals gefährdet sei, so daß er jetzt sofort das Kommando der Budweiser Brigade abgeben müsse (die er gerade in die Sommermanöver geführt hatte) und statt dessen Ruhe und Luftwechsel suchen müsse, um seine Lunge zu heilen. Die Wirkung dieser Botschaft kann man sich vorstellen. Isabellas Antwort beginnt: »Ich kann Dir gar nicht sagen, wie sehr mich Dein soeben erhalte-

ner Brief betrübt und wie sehr ich mit Dir beschäftigt bin...«[9]
Aber sie war aus zu hartem Holz gemacht, um zu jammern.
Sie fährt fort, ihm den »großmütterlichen Ratschlag« zu geben, er möge ja die Anordnungen des Doktors befolgen. Alles
wird zuletzt schon wieder gut werden. Sie versichert ihm, daß
er sogar als »armseliger Krüppel« (offensichtlich stammt der
Ausdruck von ihm) stets bei ihr zu Hause willkommen sei.

Was die Fortsetzung der Erzählung anbelangt, so müssen
wir uns im wesentlichen an die Darstellung halten, die Viktor
Eisenmenger gegeben hat, der in jenem Sommer zu seiner
Überraschung und Freude vorübergehend zum Leibarzt des
Erzherzogs ernannt worden war und während der gesamten
Periode der Rekonvaleszenz seines Patienten dann auch
blieb. Als erstes weigerte sich dieser kurz und bündig, ins
Ausland zu reisen, nachdem er ja gerade einen anderen und
unwiderstehlichen Grund gefunden hatte, nahe der Heimat
zu bleiben. Es bedurfte erst eines strengen Befehls des Kaisers
– der nicht weniger entschlossen war, obgleich er im Stil eines
freundschaftlichen Ratschlags abgefaßt war –, um die Angelegenheit in Ordnung zu bringen: Der Erzherzog könne mit
seiner Heilung in den Bergen beginnen, sollte sich dann aber
den Winter über in den Süden begeben.[10] Graf Wurmbrand,
der seinen Herrn auf der Reise begleiten sollte, machte sich
keine Illusionen über die Schwierigkeit, diesem Patienten absolute Ruhe aufzuzwingen. Er warnte den Arzt: »Der Erzherzog ist an eine Lebensweise gewöhnt, die gerade das Gegenteil von der ist, wie Sie sie von ihm verlangen. Fast nirgends
hält er es mehr als einen Tag lang aus. Ich habe seit vierzehn
Tagen in keinem Bett mehr geschlafen, immer auf der
Bahn.«[11]

Er übertrieb Franz Ferdinands Ruhelosigkeit keineswegs,
die schlimmer war denn je. Der erste Kuraufenthalt fand in
einem Hotel auf dem Mendelpaß bei Bozen statt, das damals
zum österreichischen Südtirol gehörte. Nur zu bald lang-
weilte es den Erzherzog, auf einer Pritsche oder einem Liege-
stuhl im Garten zu liegen und die prachtvolle Aussicht über

das Etsch- und Eisacktal zu genießen. Eine Ablenkung fand er sofort, und zwar, mit einem kleinen Luftgewehr auf die zarten Äste einer etwa 30 Schritte entfernten Lärche zu schießen. Er schoß Hunderte von ihnen ab – so sauber, daß der Baum schließlich aussah, als wäre er mit der Gartenschere bearbeitet worden.

So konnte er wenigstens mit seiner ältesten Passion in Berührung bleiben. Um seiner neuesten Leidenschaft Genüge zu tun, mußte er sich auf Briefe verlassen. Der Arzt bemerkte bald, mit welcher Ungeduld der Erzherzog täglich die Post erwartete und wie sich seine Stimmung hob oder senkte, je nachdem was sie brachte. Wurmbrand brummte, daß irgendeine Frau hinter diesem Geheimnis stecken müsse, und murmelte sogar vor sich hin, er wisse, wer sie sei.[12] Dies ist alles andere als sicher. Der barsche Graf mag seinen Verdacht gehabt haben, aber die einzige Person im Haushalt des Erzherzogs, die ganz bestimmt in das Geheimnis zu jener Zeit eingeweiht war, war sein persönliches Faktotum, Franz Janaczek. Hatte er doch seinen schon fünf Jahre währenden Posten mit der zusätzlichen Rolle als Bote Amors zwischen dem Erzherzog und der Gräfin begonnen, indem er Briefe zur Post brachte oder geheime Botschaften zwischen beiden hin und her schmuggelte. So ist es kaum verwunderlich, daß dieser erzherzogliche Leporello schließlich an die Spitze von Franz Ferdinands Haushalt aufrückte.

Der Patient konnte es nicht einmal drei Wochen in Südtirol aushalten. Nach einem auf der Stelle abgehaltenen Familienrat entschied man sich für Ägypten als Kuraufenthalt im Winter, und die adriatische Insel Lussin (in der Nähe der großen österreichischen Marinebasis Pola) wurde als Aufenthaltsort für die Herbstmonate ausgewählt. Das bedeutete, daß der Erzherzog auf seiner Reise nach Süden den Weg über Wien nehmen konnte. Dort hielt er sich bis zum letztmöglichen Augenblick auf, wobei es zweifellos für den guten Janaczek in jeder Richtung viel zu tun gab.

Ein Aufenthalt auf Lussin war idyllisch für jeden, der Erholung suchte und der Welt ganz und gar zu entrinnen trachtete. Der Erzherzog war in der kleinen Pension von Dr. Veth untergebracht, die ihrer ausgezeichneten Verpflegung wegen wohlbekannt war, und er verbrachte die meisten Tage, wenn er sich wohl genug fühlte und der rauhe Borawind nicht wehte, am Strand einer kleinen, einsamen Bucht, die von einem Olivenhain umgeben war. Die Schwierigkeit bestand erstens darin, daß sich Franz Ferdinand einfach nicht entspannen konnte, und zweitens darin, daß er jetzt mehr denn je darauf brannte, wieder Berührung mit der Welt zu bekommen, statt ihr den Rücken zu kehren. Seine böhmische Gräfin war nicht der einzige Grund für seine Ruhelosigkeit. Der bedrohliche Gedanke hatte jetzt in ihm zu nagen begonnen, daß man ihn, einmal an den Hof von Wien zurückgekehrt, als einen zum Untergang verurteilten Mann abschreiben und sich nach einem Ersatz auf der dynastischen Leiter umsehen würde.

Graf Sternbergs unveröffentlichtes Tagebuch beschreibt die Stimmung des Patienten zu jener Zeit. Sternberg war voller glücklichster Erinnerungen an den Erzherzog von einer Reise her, die beide zusammen im März auf der gecharterten Yacht »Flavio Giova« auf dem Mittelmeer unternommen hatten. »Wir waren so heiter, daß dem Erzherzog buchstäblich vor Lachen die Tränen herabliefen... Der Erzherzog spielte, nachdem er nach der Ankunft in Monte Carlo ins Casino gestürmt war, leidenschaftlich Roulette, aber nur sehr niedrig.«[13] Dann erfuhr Sternberg während eines Besuchs in Wien im November, daß sein fürstlicher Reisegefährte vom Sommer jetzt schwerkrank mit Tuberkulose auf einer adriatischen Insel weilte. Er machte sich sofort auf den Weg, kam auf Lussin am 20. November 1895 an und eilte unmittelbar zum Erzherzog, den er »bis zur Unkenntlichkeit verändert« vorfand.

»Was sagst du dazu?« war die Begrüßung. »Ich wache eines Tages plötzlich krank auf, und jetzt hat man mich aufgegeben. Ich fühle mich so schwach und kann kaum laufen. Für mich ist es jetzt nur noch eine Frage der Zeit.«[14]

Während der nächsten paar Tage tat der joviale Sternberg, der, so hatte man den Eindruck, allein durch seine Anwesenheit eine Begräbnisgesellschaft hätte zum Lachen bringen können, sein Bestes, in dem kranken Mann wieder Frohsinn und Selbstvertrauen zu wecken. Seine Witzeleien scheinen ohne Wirkung geblieben zu sein, ebenso wie die reichlichen Mengen ihres Lieblingschampagners Agale. Der Erzherzog brauste nur einmal auf, als ihm ein Exemplar der Budapester Zeitung *Magyar Hirlap* mit einem geschmacklosen Artikel gereicht wurde, worin große Befriedigung darüber geäußert wurde, daß der Stern dieses notorisch antiungarischen Habsburgers so rasch im Sinken begriffen sei. Sternberg wurde gebeten, eine geharnischte Antwort zu entwerfen, und der Erzherzog schrieb selbst einen wütenden Beschwerdebrief an den Kaiser. Neben einem Wiedersehen mit der Frau, die er liebte, und einer erneuten Bestätigung seiner Stellung als präsumtiver Thronfolger war Streit mit den Magyaren der wirksamste Impuls für die Wiederherstellung seiner Gesundheit. Aber nichts schien zu helfen, als Sternberg (nachdem er ohne den Erzherzog in einer vorausahnend »Sophie« genannten Yacht rings um die Bucht herum gesegelt war) bewegt Abschied von dem Patienten nahm. »Wenn du nach Hause kommst, so grüß mir mein geliebtes Wien, denn ich werde es niemals wiedersehen«, war das tränenreiche Lebewohl des Erzherzogs.

Jemand, der natürlich sehr daran interessiert war, daß er nicht nur Wien, sondern auch Preßburg wiedersehen würde, war die Erzherzogin Isabella. Den ganzen Herbst hindurch sandte sie dem kranken Mann lange, fröhliche Briefe, voll von Jagdklatsch (wer den besten Hirsch getroffen oder gefehlt hatte und wo) und von Ratschlägen, welches Land und welcher Badeort wohl der beste für seinen nächsten Kuraufenthalt sein würde. Der Erzherzog hatte einen Brief nach Preßburg geschrieben, an eine der jüngsten Töchter, die siebenjährige mit dem Kosenamen Isi. Das Kind sei dabei, zu antworten und ihr Bild mitzusenden, schrieb seine Mutter und fügte schelmisch hinzu: »Es scheint mir, daß das Techtelmechtel ganz hübsch in Gang kommt.« Aber um sicherzugehen, daß auch ihre älteste Tochter nicht vergessen werde, sandte sie dem Erzherzog eine Photographie mit all ihren sechs Töchtern zusammen, und zwar zu Pferde. Was auch immer ihre Motive gewesen sein dürften, es war gerade die Art von Medizin, mit der ein kranker Mann etwas anzufangen weiß.

Gegen Ende seines Aufenthalts auf Lussin besserte sich sein Zustand tatsächlich: Die Temperatur sank, der Husten hörte auf, und das Körpergewicht nahm endlich zu. Ägypten war ausersehen, das gute Werk fortzusetzen, und so geschah es, nachdem Eisenmenger und der jetzt unentbehrliche Janaczek (Graf Wurmbrand war aus der Gesellschaft ausgeschieden) den Patienten von Kairo entfernt halten konnten. Eine lästige Figur in dieser Hinsicht war der österreichische Botschafter dort, Baron Heidler, dessen gesellschaftlicher Ehrgeiz der Versuchung nicht widerstehen konnte, den präsumtiven Thronfolger in der Hauptstadt zu haben. Heidler war von Anfang an ausdrücklich darauf aufmerksam gemacht worden, daß der Erzherzog keinerlei Formalitäten oder Festlichkeiten, welcher Art auch immer, wünsche, ja nicht einmal eine Willkommensansprache. Der Patient selbst war insoweit skeptisch. »Unsere Botschafter sind meistens Nichtsnutze, was ihre Arbeit anbelangt, und bemühen sich lediglich, Diners zu geben und Großkreuze zu erhalten. Nichts anderes zählt bei ihnen; wenn man etwas erreichen will, so muß man zur Deutschen Botschaft gehen«, so brach es aus ihm gegenüber seinem Arzt heraus.

Das Mißtrauen des Erzherzogs war berechtigt. Kaum hatte er das Foyer seines Hotels auf der Insel Gezireh betreten, als er die geschniegelte Figur des österreichischen Botschafters auf sich zusteuern sah. Franz Ferdinand konnte einer Begegnung entkommen, indem er in aller Eile die Treppen zu seinen Räumlichkeiten hinaufging – eine Zurückweisung des Diplomaten, die bald die Runde in der Kairoer Gesellschaft machte. Aber im März des folgenden Jahres, nach einer langen Besichtigungsfahrt auf einem gecharterten Dampfer den Nil bis Luxor und Assuan hinauf (wo sich seine Eltern und zwei seiner Schwestern zu ihm gesellten, um ihn von seiner wachsenden Langeweile zu befreien), mußte der Kronprinz nach Kairo zurückkehren und konnte dessen gesellschaftlichem Strudel nicht aus dem Wege gehen.

Diesmal erhielt Heidler, der sich in Wien bitter und erfolgreich über seine Behandlung beklagt hatte, seine Genugtuung. Es gelang ihm, eine feierliche Messe in Kairos katholischer Kirche zu veranstalten, mit einem erhöhten, goldumrandeten Sessel aus Samt für den wütenden Erzherzog, der mit dem Rücken zur Gemeinde sitzen mußte. Es folgten offizielle Diners und Höflichkeitsbesuche beim Khedive, der sich, wie er es allen ihm sympathischen Besuchern gegenüber tat, darüber beklagte, daß er praktisch von den britischen Leitern der zivilen und militärischen Behörden, die die wirklichen Herrscher des Landes seien, ignoriert würde. Franz Ferdinands Ohren erwiesen sich als besonders empfänglich, weil der Khedive teilweise im Wiener Theresianum erzogen worden war und seine Vorwürfe in fließendem Deutsch vorzubringen vermochte.

Während seiner Reisen durch Indien vor vier Jahren hatte sich der Erzherzog gegenüber allem, was ihm als imperiale Arroganz der Engländer mißfiel, mehr als einmal gezügelt; jetzt ließ er seiner Entrüstung hemmungslos freien Lauf. Das Ergebnis war eines der wenigen politischen Schreiben Franz Ferdinands an den Kaiser, die noch vorhanden sind: eine vier Seiten lange Philippika, die sich gegen den österreichischen Gesandten und die britischen Behörden gleichermaßen richtet. Was ersteren betrifft, so riet er seinem Onkel, daß es doch wünschenswert wäre, »ihn so bald als möglich an einen Platz zu versetzen wie z. B. Brasilien oder Nordamerika, wo er durch sein taktloses Benehmen weniger Anstoß erregt als hier in diesem Lande, wo so viele Österreicher leben und so viele Mitglieder der kaiserlichen Familie reisen und man doch dem

Herrn des Landes, dessen Gastfreundschaft man genießt, einige Achtung entgegenbringen muß«.

Was die Briten anbelangt, so schreibt Franz Ferdinand in demselben Brief: »Ich werde mich nicht erkühnen, von höherer Politik etwas zu verstehen; aber den Laien empört die Art und Weise, die schreckliche Rücksichtslosigkeit, und ich muß es sagen Gemeinheit, mit der die Engländer hier vorgehen, wie schmählich sie den Khedive und das ganze Land behandeln. Man sieht ordentlich zugleich, wie sie jede Gelegenheit vom Zaun brechen, ja stets mit Geld und anderen Mitteln künstlich die ärgsten Verlegenheiten bereiten, nur um den Khedive noch die letzte Macht zu nehmen, und endlich das ganze Land zu annektieren, worauf ja ihre ganze Politik der Falschheit und Lüge abzielt.«[15]

Franz Ferdinand war selbst ein Mann, der, erst einmal an der Macht, rücksichtslos über jede Opposition hinweggeschritten wäre, um ein lohnendes Ziel zu erreichen, und die Briten waren damals in Ägypten mit einem Ziel beschäftigt, das sie für ganz besonders lohnend hielten: die Entsendung einer Armee südwärts in den Sudan, um Rache für den Mahdi zu nehmen und den Aufstand der Derwische niederzuschlagen. Inwieweit die Worte des Erzherzogs echte moralische Entrüstung widerspiegeln und inwieweit frustrierte Mißgunst gegenüber der mühelos erscheinenden Demonstration kaiserlicher Macht, muß deshalb fraglich bleiben.

Aber in welchem Zustand sich seine Stimmung auch befunden haben mag, seine Gesundheit besserte sich zusehends, als er Ägypten verließ und in aller Gemächlichkeit und mit angenehmen Zwischenaufenthalten den Heimweg antrat. Er reiste über die Riviera, Spanien und den Genfer See (wo er Kaiserin Elisabeth besuchte, die genauso ruhelos darauf bedacht war, Wien fernzubleiben, wie er darauf, dorthin zurückzukehren). Hier erreichte ihn am 17. Mai 1896 die Nachricht, sein Vater liege gefährlich krank darnieder. Von Assuan aus hatte Erzherzog Karl Ludwig eine Pilgerfahrt ins Heilige Land unternommen und dort entgegen den Warnungen seines

Arztes und unter Mißachtung der Hygiene seiner Frömmigkeit zuliebe Wasser aus dem heiligen, aber äußerst verschmutzten Jordan getrunken. Das Ergebnis war Typhus, zu jener Zeit eine nur allzuoft tödlich verlaufende Krankheit.

Und so kam es auch diesmal. Sein Vater starb, während Franz Ferdinand mit einem Sonderzug aus der Schweiz an sein Krankenbett eilte. Sein jüngerer Bruder Otto brachte ihm die Todesnachricht bei, als der Zug in St. Pölten eingefahren war, der letzten wichtigen Haltestation vor der Hauptstadt. Eine Woche später wurde der dreimal verheiratet gewesene Erzherzog inmitten des Durcheinanders der Habsburger Gräber in der Kapuzinergruft in Wien bestattet. Als entschlossener *pater familias* noch jenseits des Grabes, hatte der Verstorbene in seinem Letzten Willen den Wunsch ausgedrückt, alle seine Kinder mögen sich dynastisch ebenbürtig verheiraten, und er hatte sogar dem Kaiser eingeschärft, sich persönlich darum zu kümmern, daß dies auch geschieht. Es war ein Letzter Wille voller Ironie, besonders angesichts der Anwesenheit von Gräfin Sophie Chotek in einer der hinteren Reihen während der Begräbnisfeier.

Jetzt war Franz Ferdinand Thronfolger; aber der Anschein, so stellte er rasch fest, konnte äußerst trügerisch sein. Einige Fallen kamen zum Vorschein. Er wurde vorübergehend im Schloß Schönbrunn einquartiert, und ein neuer Kammerherr wurde ihm zugeteilt: Graf Franz Thun, der, wie der Erzherzog sofort argwöhnte, sich als bei weitem zu groß und politisch zu ehrgeizig für diesen Posten erwies.[16] Aber niemals erfolgte eine formelle Verlautbarung von Franz Ferdinands Status, und dies bedeutete im Zusammenhang mit seiner Abwesenheit von Wien während des größten Teils des Sommers, daß der Wechsel in der Öffentlichkeit kaum wahrgenommen wurde. Er verbrachte die nächsten paar Monate auf seinem großen böhmischen Besitz Konopischt, ferner in Lölling (einem kleinen und weit intimeren Landhaus in Kärnten) und schließlich in Eckartsau, einem Juwel von einem Schloß aus dem 18. Jahrhundert, etwa 70 Kilometer nördlich von Wien entfernt, das er unverzüglich aus seinem verfallenen Zustand rettete.

Alle drei Besitztümer eigneten sich hervorragend für die Jagd (sie waren ja auch hauptsächlich oder überhaupt zu diesem Zweck gebaut worden), und alle boten Möglichkeiten für Begegnungen mit Sophie, sei es formell oder sonstwie, in Häusern von Verwandten oder gemeinsamen Freunden in der Nachbarschaft. Im übrigen wähnte man ihn dort auf dem Lande gut untergebracht und weit weg von der Hauptstadt. Dies war ganz im Sinne seiner Feinde in der Regierung oder bei Hofe, die darauf aus waren, einen zugänglicheren sowie einen gesünderen Sproß des Hauses Habsburg als Thronfolger zu sehen. Als mächtigster Gegner Franz Ferdinands in der Regierung erwies sich der damalige Außenminister, Graf Agenor Goluchowski, der als Pole Rußland haßte und deshalb mit Krallen und Zähnen gegen den prorussischen Kurs kämpfte, den Franz Ferdinand stets unterstützt hatte. Diese Sympathien hatte der Erzherzog auf deutliche Art und Weise erst unlängst bekundet, als er im September dieses Jahres – uneingeladen und völlig unerwartet – zu den Festlichkeiten erschien, die anläßlich der Begrüßung des jungen Zaren Nikolaus II. bei seinem ersten Besuch als Souverän in Wien stattfanden. Goluchowski war freilich um Rache nicht verlegen, als er den Kaiser überredete, Erzherzog Otto und nicht Franz Ferdinand auf seinen Gegenbesuch in St. Petersburg mitzunehmen.

Otto war allerdings naturgemäß die Wahl derjenigen, die einen Thronfolger sowohl mit schwächerer Willens- als auch mit scheinbar stärkerer Körperkraft vorzogen. Goluchowskis Hauptverbündeter bei den Unterredungen mit dem Kaiser über all diese Fragen war der Obersthofmarschall selbst, Fürst Alfred Montenuovo, ein steifer und humorloser Zuchtmeister, dessen Leidenschaft für das Protokoll gewisse Verwicklungen in seiner eigenen Familie verbarg. (Er stammte aus der morganatischen Ehe, die Napoleons Witwe, die frühere österreichische Erzherzogin Marie Louise, mit Graf

Neipperg eingegangen war: Der Name Montenuovo ist im Grunde genommen nichts anderes als die italienisierte Version.) Montenuovo sollte sich als Dorn im Fleische Franz Ferdinands bis zu dessen Tod erweisen, und ließ nicht ab, ihn noch darüber hinaus zu verfolgen. In der Annahme, der Erzherzog sei ein ohnehin zum Scheitern verurteilter Mann, versuchte er, ihn politisch kaltzustellen. Dabei schienen sich weder Goluchowski noch Montenuovo noch andere aus der Umgebung des Kaisers, die jetzt ihre Blicke auf die »neue Sonne« zu richten begannen, klargemacht zu haben, daß Otto als Kaiser höchstwahrscheinlich nicht zusätzlichen Glanz für die Dynastie, sondern ihren völligen Untergang bedeutet haben würde. Gewinnend, wenn auch äußerlich kraftlos und nur dem Hang nach Weib, Wein und Gesang verfallen (in dieser Reihenfolge und mit reichlich Zwischenraum zwischen dem ersten und dem zweiten), war er bereits dabei – hätten es seine Gönner nur begriffen –, seinen Körper weit früher und weniger ehrenvoll dem Grab näher zu bringen, als es das Schicksal für seinen älteren Bruder bestimmt hatte.

Offenbar blind gegenüber alledem ging die »Otto-Lobby« mit neuer Kraft wieder ans Werk, als Franz Ferdinand, dessen Gesundheit sich zwar gebessert hatte, der aber noch nicht ganz wiederhergestellt war, gegen Herbstende erneut auf Reisen nach Südtirol, später Korsika und schließlich Algerien ging. Es war jetzt Otto, der plötzlich erzherzoglicher Schirmherr von allen möglichen Gesellschaften und Wohltätigkeitsinstitutionen wurde (wenn auch keine angesichts seines hektischen Lebenswandels unmittelbar viel Nutzen aus dieser Ehre hergeleitet haben kann). Es war Otto, der in Schloß Augarten, ganz in der Nähe von Schönbrunn, untergebracht wurde, und zwar mit weit größerem Aufwand von Dienern und Ausstattung, als dem, dessen sich der wirkliche Thronfolger in Wien hätte rühmen können. Am meisten mußte freilich kränken, daß es Otto war, der mehr und mehr zum Vertreter des Kaisers in formellen Funktionen sowohl daheim als auch im Ausland berufen wurde.

Obwohl die gegenseitige Zuneigung der Brüder darunter noch nicht weiter gelitten hatte (dies sollte bald eines Vorkommnisses wegen geschehen, das Franz Ferdinand ganz besonders am Herzen lag), brachte dieser Winter von 1896/97 die tiefsten Tiefen der ängstlichen Verzweiflung des kranken Mannes ans Licht. Sie geht am eindringlichsten aus einem anderen langen Brief hervor, den er seiner Vertrauten, Gräfin Fugger, damals aus Algier schrieb; sie wurde nachgerade hemmungslos, als er mit ihr beim Wiedersehen in Wien sprach:

»Sie werden aber begreifen, daß ich in der traurigen und lächerlichen Stellung, in die ich hineingezwungen worden bin, als ›mit Wartegebühr beurlaubter Thronfolger‹, mich nicht in Wien zeigen will und dort nichts zu suchen habe. Es ist unerhört, was der in seiner Meinung gottähnliche Goluchowski und dessen Konsorten erfinden, um mich zu kränken, vor den Kopf zu stoßen und einfach moralisch tot zu machen!…

Bei Gott, glauben Sie mir, es ist nicht Neid, der da aus mir spricht, ich gönne dem guten Otto, der mich ja so immer unter Tränen um Verzeihung bittet, alles und noch mehr, aber es ist das Gefühl der Gerechtigkeit, das aus mir spricht, und dann das Gefühl, in welchem Lichte ich dastehe.

Dann bitte: Ich bekomme eine Menge Anfragen aus dem Auslande, was ich denn angestellt habe?… Wenn man wenigstens den Takt hätte, mich zu fragen, ob man dies und jenes nicht meinem Bruder übergeben könnte, um mich während meines Unwohlseins nicht anzustrengen; aber nein, da wird einfach über meine Leiche weg, hinter meinem Rücken fortdekretiert…«[17]

Aber in Wirklichkeit bedeutete dieser Brief und der vom Februar 1897 den Beginn seines Wiederaufstiegs, wenn auch den tiefsten Punkt seines Geschicks. Im folgenden Monat traf er den Kaiser in Cannes, und obwohl der Erzherzog nichts erreichte mit seinem neuerlichen Einsatz zugunsten einer Festigung der Bande zwischen Wien und St. Petersburg (Franz Joseph war gar nicht darauf aus, von der Riviera aus in großer Diplomatie zu machen), unterhielten Onkel und Neffe herzliche Beziehungen zueinander. Der Erzherzog hatte sogar Erfolg mit einem formgerechten schriftlichen Ansuchen, öfter zu Rate gezogen und von den Staatsgeschäften, die besonders ihn betrafen, nicht völlig ausgeschlossen zu werden. Einige Wochen später, im April 1897, antwortete der Kaiser in einem seiner ermutigendsten, wenn auch schlichtesten Briefe, die der Erzherzog jemals von diesem reservierten Souverän erhalten hat:

> »Gleich Dir fühlte ich schon lange das Bedürfnis mich mit Dir über alle Fragen, welche Du in Deinem Briefe berührst und noch über manches Andere auszusprechen, allein die Besorgnis, Dir in Deinem leidenden Zustande zu schaden, hielt mich bis jetzt davon ab, denn die Besprechung wird eine erregte und nicht ganz angenehme sein, aber hoffentlich zu einer Verständigung und bei Dir zur Überzeugung führen, daß mich nur die Absicht für Dein Bestes leitet, daß ich aber auch immer meine Pflichten gegenüber der Monarchie und dem Wohle unserer Familie im Auge behalten muß...« [18]

Der Kaiser hatte außerdem seinem beunruhigten Neffen versichert, er würde, wenn seine Gesundheit erst einmal wiederhergestellt wäre, mit »all den Rechten und Pflichten, die seiner Stellung zukommen«, ausgestattet, und diese begannen sich jetzt langsam geltend zu machen. Ihm wurde zum Beispiel das bisher von seinem verstorbenen Vater ausgeübte mühselige Werk der Prüfung und Entscheidung von Gnadengesuchen übertragen, die an den Kaiser gerichtet waren; außerdem wurde er Chef des 7. Ulanenregiments, eine militärische Ehrung, die sich seiner vorangegangenen Beförderung zum Feldmarschall-Leutnant anschloß.

In jenem Sommer sah der Erzherzog nach Rückkehr nach

Österreich bereits weit gesünder aus. Aber um vor einem Rückfall ganz sicher zu sein, mußte er nochmals einen Wintererholungsurlaub daheim verbringen, bevor ihn die Ärzte offiziell als geheilt erklären würden. Das Ende der langen Qual, und damit das Ende der Otto-Lobby, war ein kaiserlicher Erlaß vom 29. März 1898, der Franz Ferdinand mit ausgedehnten Inspektionspflichten namens des militärischen Oberkommandos ausstattete, um ihn besser »mit allen Aspekten der Streitkräfte zu Wasser und zu Lande« vertraut zu machen. Er war *de facto* zum inoffiziellen Generalinspekteur ernannt worden. Der entsprechende formale Rang hätte ihm besser zu Gesicht gestanden, aber er war dennoch erfreut über das, was er erreicht hatte, denn der neue Posten enthielt den Kern einer eigenen Militärkanzlei, die ihm Zugang zu allen wichtigen offiziellen Schriftstücken verschaffen würde.

Das war die Rehabilitierung zu Hause. Das entsprechende Äquivalent im Ausland war bereits im Juni 1897 erfolgt, als Franz Ferdinand, jetzt wieder als Thronfolger des Kaisers, nach London entsandt worden war, um die Monarchie bei der Feier des 60jährigen Regierungsjubiläums von Königin Victoria zu vertreten. Sein Freund Graf Sternberg, der sich dieses Ereignis auch nicht entgehen lassen wollte, erblickte beim Bummel durch die Straßen Londons plötzlich den Erzherzog, wie er langsam in seinem Wagen dahinfuhr und sich einen Weg durch die Menge bahnte, die ihn grüßte. Dieses Mal stand die Begegnung unter einem glücklicheren Stern.

Die Lungen waren inzwischen geheilt, und zwar für immer. Aber ein ganzes Leben lang blieb eine Narbe im Gemüt zurück. Franz Ferdinands Temperament blieb stets nach innen gekehrt, trotz seiner Ausbrüche von Fröhlichkeit und seines schelmischen Humors. Die Oberfläche dieses nach innen gekehrten Wesens war jetzt von einer dicken Schicht von Mißtrauen überzogen. Dabei ging es nicht einfach darum, daß er niemals denjenigen vergab, die gegen ihn intrigiert hatten. Er vergaß auch niemals die Seite der menschlichen Natur, die sie nach außen gekehrt hatten, und er neigte, selbst im nachhinein, dazu, in dieser dunkleren Seite das Wesen des Menschen überhaupt zu sehen.

Nach allem sollte er jetzt ähnliche Intrigen und Widerstände unter einem ganz anderen Blickwinkel betrachten. Die Schlacht um seine Gesundheit war vorbei, aber die Schlacht um die Erfüllung seines Herzenswunschs hatte gerade begonnen.

# 5

# Skandal

Das große Geheimnis von Franz Ferdinands Privatleben wurde von ihm selbst so sorgfältig gehütet und von der Handvoll Leute, die es kannten, mit solcher Diskretion behandelt, daß nicht einmal seine eigenen Nachkommen heute mit Bestimmtheit sagen können, wann der Skandal losbrach. Die Pappschachteln mit seiner persönlichen Korrespondenz können uns freilich der Antwort ganz nahe bringen. Vage Anhaltspunkte kann man verstreut an verschiedenen Stellen finden; aber die sichersten Fingerzeige sind in dem Strom von Briefen enthalten, die er ab Mitte der 90er Jahre von der Erzherzogin Isabella erhielt (und in diesem besonderen Zusammenhang auch jene, die von ihrem Gemahl, Erzherzog Friedrich, stammen). So sind es also die Beinahe-Schwiegereltern, die zum Nachweis des Zeitpunktes beitragen, an welchem ihre Hoffnungen zerrannen.

Isabellas Briefe an ihren »lieben Franzi« setzen sich das ganze Jahr 1898 über fort, das Jahr seiner endlichen Wiedergesundung und Rehabilitierung, und zwar genau in demselben intimen Stil voller Zuneigung wie zuvor. Nur einer verrät Anzeichen, daß er unter schwerem seelischen Druck geschrieben ist, aber seine Ursache hatte nichts mit Franz Ferdinand zu tun. Am Morgen des 10. September 1898 war Kaiserin Elisabeth von einem geistesgestörten italienischen Anarchisten erstochen worden, als sie gerade auf dem Wege von ihrem geliebten Genfer Hotel Beau Rivage zur Dampfschiffhaltestelle am See gegenüber war. Es war sicherlich einer der sinnlosesten wie am wenigsten voraussehbaren Königsmorde. Der Mörder, Luigi Luccheni, war eigentlich nach Genf gekommen, um den Herzog von Orléans zu töten, der an jenem Tage dort erwartet wurde; der Herzog zeigte sich jedoch nicht, so daß Luccheni an seiner Stelle die österreichische Kaiserin tötete. Ob erste oder zweite Wahl, die Schreckenstat war geschehen, und die Schockwelle in Wien war dementsprechend. Tags darauf sandte Isabella ein reichlich hysterisches Bleistiftgekritzel über den Mord an Franz Ferdinand, verbunden mit der Anfrage, ob sie sich wohl mit ihm treffen und die ganze Tragödie besprechen könne.[1] Aber dieser Augenblick der Betroffenheit ging bald vorüber, und ihre Korrespondenz verlief für den Rest des Jahres (in dessen Verlauf der Erzherzog sie und ihre Familie und vermutlich auch ihre Hofdame als Jagdgäste in Konopischt empfing) wieder in normalen Bahnen.

Weihnachtsgrüße folgen, und während der ersten sieben Monate des folgenden Jahres korrespondiert Erzherzog Friedrich auf so freundliche und unterhaltsame Weise weiter mit Franz Ferdinand (wobei er häufig Bezug nimmt auf die Jagdpartien, die hinter ihnen lagen oder die sie noch gemeinsam vor sich hatten), daß es schwerfällt, das Außergewöhnliche zu begreifen, was sich bald zutragen und das vorbildliche Familienleben in Unordnung bringen sollte. In einem der letzten Briefe aus Preßburg ist zum Beispiel nur von Jagdhunden die Rede: Ob »Franzi« wohl bereit sei, ihm, dem Erzherzog Friedrich, eines der wundervollen, von ihm gezüchteten Tiere zu leihen?[2] Aber der allerletzte derartige Brief von jemand in Preßburg trägt das Datum der letzten Juliwoche von 1899. Von da ab herrscht völliges Schweigen. Was Isabella betrifft, so wurde das Schweigen erst durch ein 15 Jahre später an Franz Ferdinand gerichtetes Telegramm im Namen ihres

Sohnes gebrochen, einen Monat vor der Ermordung des Thronfolgers. Ihr Gemahl, General der Infanterie, brach das Schweigen nach acht Jahren, aber nur in Gestalt einer formellen Mitteilung von Offizier zu Offizier wegen Veranstaltungen anläßlich des bevorstehenden 50jährigen Regierungsjubiläums des Kaisers.[3] Es steht deshalb fest, daß der Skandal um Sophie im Laufe des Juni oder Juli 1899 ausgebrochen sein muß.

Mit Beschreibungen, wo und wie es dazu kam, sind wir besser, ja geradezu übermäßig gut bedient. Alle Arten von phantasievollen Berichten sind später verbreitet worden. Einer Lesart nach kam die heimliche Leidenschaft des Erzherzogs für die Gräfin Chotek Isabella in Abbazia zu Gesicht und Gehör, als der Erzherzog nach einer heftigen Szene die Diskussion angeblich klipp und klar mit den Worten beendet haben soll: »Sophie ist meine Braut.« Wie wir aus dem Tagebuch von Graf Sternberg wissen, waren sich Franz Ferdinand und Sophie tatsächlich jeweils im Frühjahr früherer Jahre in Abbazia begegnet. Aber der Erzherzog besuchte diesen Kurort niemals im Hochsommer, und wir wissen aus anderen Zeugnissen, daß er gerade im Juli und August 1899 wie üblich auf seinen Besitzungen daheim weilte.

Es ist das schicksalhafte Vorkommnis nach der Tennispartie in Preßburg selbst, von dem wir als der wahren Geschichte auszugehen haben. Dies nicht nur deshalb, weil sie 1925 vom Privatsekretär des Erzherzogs eingehend beschrieben wurde,[4] sondern weil sie auch viel später gegenüber dem Verfasser sowohl von Franz Ferdinands Tochter als auch von den Enkeln der betroffenen Isabella bestätigt worden ist. Wie so oft während der sommerlichen Besuche des Erzherzogs in Preßburg wurde auf dem Rasen des Schloßparks eine Partie Tennis gespielt, und am Ende des Tages war Franz Ferdinand nach der üblichen herzlichen Verabschiedung sowie mit Verabredungen fürs nächste Mal wieder abgereist. Hierauf fand ein Diener, der den Umkleideraum säuberte, etwas, das der Erzherzog hatte liegenlassen, und brachte es der Erzherzogin

Isabella. Es war eine schwere goldene Uhr, die durch das an ihr befestigte Gehänge noch gewichtiger wurde: Siegel, Zigarrenabschneider und andere Kleinigkeiten, die der Besitzer im Laufe der Jahre gesammelt hatte. Eine davon war ein flaches, rundes Medaillon mit geschlossenem Deckel. Es mußte offensichtlich das Miniaturporträt oder die Photographie von jemand enthalten. Konnte es gar die älteste Tochter des Hauses sein, auf der alle Hoffnungen ruhten? Die Mutter konnte sich nicht enthalten, diesen ganz und gar privaten Gegenstand zu öffnen, und zu ihrer Bestürzung wurde ihr prompt dasselbe Schicksal wie jenen neugierigen Lauschern zuteil, die nur selten etwas Gutes über sich zu hören bekommen. Aus dem Medaillon blickten ihr nicht die Züge ihrer Maria Christina entgegen, die damals beinahe 20 Jahre alt war, sondern die ihrer eigenen Hofdame, der 31 Jahre alten Gräfin Chotek.

Es war wahrscheinlich der größte Schock und die größte Enttäuschung, die die kraftvolle Isabella, die es gewohnt war, sich durchzusetzen, erdulden mußte. Verknüpft damit war ein gewisses Gefühl, hintergangen worden zu sein, denn Hofdamen im privaten Haushalt waren, wenn ganz gewiß auch keine Domestiken und im Rang höher als Erzieherinnen, immerhin Mitglieder der Hofhaltung, und ihr Dasein spielte sich in einer ebenso eigenartigen wie mißlichen gefängnisartigen Atmosphäre zwischen Familie und Personal ab. Eine hitzige Auseinandersetzung folgte. Sophie, die anfänglich versuchte, sich schützend vor den Erzherzog zu stellen, gestand ihre Beziehungen zu ihm ein, bis ihr schließlich, was nicht zu vermeiden war, eröffnet wurde, daß sie nicht weiter im Dienst der Erzherzogin verbleiben könne. Doch abermals bedarf es einer Korrektur der Lesart der weiteren Ereignisse, wie sie, sei es in Schulbüchern, sei es in wissenschaftlichen Werken, immer wieder dargestellt wurden. Die bestürzte Gräfin wurde nicht auf der Stelle aus dem Haus gewiesen, wenn sie auch einer in Ungnade gefallenen Küchenmagd gleich geachtet wurde. Ihre Herrin mag einen eisernen Willen und ein lebhaf-

*Franz Ferdinand und Sophie – als ihre Liebe noch
ein Geheimnis war – auf dem Tennisplatz in Preßburg,
wo 1899 der Skandal losbrach.*

tes Temperament besessen haben, aber sie blieb doch immerhin eine *grande dame*. Sie veranlaßte, daß Sophie vierzehn Tage lang Urlaub nahm, und diese verließ Preßburg nach außen hin »ferienhalber«. Nachdem sie abgereist war, kam sie von Wien aus schriftlich um ihre Entlassung ein, die ihr gewährt wurde. Die Form war gewahrt worden.[5]

Eine weitere Einzelheit verdient an dieser Stelle erwähnt zu werden, nachdem sie Jahre später ans Licht gekommen war. Kurz vor 1914, als Franz Ferdinand glücklich verheirateter Ehemann war und schon drei Kinder hatte, lud er seinen Neffen Erzherzog Karl (der der letzte der Habsburger Kaiser werden sollte) zu einem Besuch nach Hahnenhort ein, einer seiner Lieblingsunterkünfte in Niederösterreich. Zusammen mit Karl erschien die lebhafte Bourbonenprinzessin, die er 1911 geheiratet hatte, die zukünftige Kaiserin Zita. Unter saurem Lächeln zeigte Franz Ferdinand beiden ein Telegramm, das er vor 15 Jahren von Erzherzogin Isabella erhalten hatte, worin sie ihn zur Jagd einlud. Es endete mit dem bezeichnenden Satz: »Gräfin Chotek wird dasein.« Erzherzogin Isabella dachte nicht im Traum daran, daß der Thronfolger einmal ihre Hofdame heiraten würde (wer hätte so etwas im Österreich des *fin de siècle* auch nur denken können?), aber sie war sich im klaren darüber, daß sich der Erzherzog stark zu Sophie hingezogen fühlte, und hatte versucht, dies zu ihrem Vorteil auszunutzen. Franz Ferdinand hatte dieses Telegramm besonders eingerahmt und an der Wand seines privaten Arbeitszimmers aufgehängt.[6] Man kann ihm diese schadenfrohe Befriedigung nachsehen: hatte er doch den ganzen Köder erhascht, während er den Angelhaken zu umgehen wußte.

Aber zurück nach Preßburg im Hochsommer 1899. Wie sollte es jetzt weitergehen? Beginnen wir mit der Zwangslage, in der sich Sophie befand. Zunächst muß gesagt werden, daß sie sich nicht nur exponiert, sondern kompromittiert fühlte. Von Töchtern aus guten Familien erwartete man, daß sie sich nicht in heimliche Liebeleien einließen, am allerwenigsten von Hofdamen, die für irgendwelche Herzensbrecher tabu zu sein hatten – gleichsam als wären sie das säkulare Äquivalent der vestalischen Jungfrauen. Wir wissen, daß sich Sophie von sich aus ihren Geschwistern anvertraut hatte (ihr Vater war ihrer Mutter 1896 ins Grab gefolgt), als ihr der Erzherzog zum ersten Mal seine Liebe gestand. Diese waren entgegen der herrschenden Meinung eher ängstlich besorgt statt begeistert über diese außergewöhnliche Neuigkeit. Sie teilten die allgemeine Ansicht der Zeit: Ein Erzherzog des regierenden Zweigs, und vor allem einer, der selbst einmal regieren sollte, konnte sich niemals außerhalb des engbegrenzten Kreises ebenbürtiger Prinzessinnen verheiraten. Wo also würde, so fragten sie sich, die ganze Sache für ihre Schwester enden? Sicherlich in Tränen und Schande. Dies war zweifellos einer der Gründe, aus dem ihrerseits das Geheimnis so eifersüchtig gehütet wurde. Jetzt schienen ihre schlimmsten Befürchtungen Wirklichkeit zu werden. Bisher kannte niemand, vielleicht nicht einmal Sophie, die Tiefe von Franz Ferdinands Liebe und den Preis, den er dafür zu zahlen bereit war.

Sophie selbst konnte nichts anderes tun als ihrem Versprechen treu zu bleiben und inzwischen bei ihrer Familie Zuflucht zu suchen. Hier gilt es wiederum, eine andere dieser außergewöhnlichen Legenden festzunageln, die sich der ganzen Affäre an die Fersen geheftet haben, nämlich die Geschichte, Sophie sei jetzt in ein Kloster geflüchtet (aus dem, besonders bunt gefärbten Legenden nach, der Erzherzog selbst sie befreit habe). Diese Geschichte ist immer und immer wieder aufgetaucht, selbst in den jüngsten Abhandlungen über jene Periode,[7] aber nach den Aussagen ihrer Nachkommen (die doch keinen Grund hätten, es zu leugnen) ist sie frei erfunden. Das erste, was Sophie nach der peinlichen Szene in Preßburg tat, war, nach Wien zu gehen und in der Wohnung ihrer Tante Zdenka zu bleiben, die ebenfalls Hofdame war, und zwar im Haushalt der verwitweten Kronprinzessin Stephanie. Diese Tante ging eines Tages ins Kloster, und so mag es zu einer Verwechslung gekommen sein. Jedenfalls sind Sophies sich ständig verändernden Aufenthaltsorte vom Hochsommer 1899 bis zur Lösung der Krise im wesentlichen bekannt. Von Wien aus begab sie sich nach Kosterlitz in Böhmen zu einem ihrer Kinsky-Onkel, von dort nach Dresden zu ihrer jüngeren Schwester Marie, die mit Karl Adam von Wuthenau verheiratet war, und von dort zog sie nach Großpriesen bei Teplitz, um sich bei einem anderen Onkel, Graf Carl Nostitz, aufzuhalten. Dort ließ sie alle ihre Habseligkeiten, bis über ihre Zukunft entschieden war. Von da an war ihr nichts anderes übrig geblieben, als zwischen den Ländereien der mit ihr verwandten großen Familien, die die fünf verheirateten Schwestern und Brüder einschloß, sowie denjenigen von deren verschiedenen Nachbarn hin und her zu reisen.

Wie man sieht, bestand kein Mangel an Auswahl. Unter ihren Verwandten und Verschwägerten, bei denen sie die folgenden Monate verzweifelten Wartens verbrachte, befanden sich außer den bereits erwähnten Graf und Gräfin Franz und Sophie Kinsky sowie Graf und Gräfin Leopold und Cara Nostitz (beide in Böhmen), Graf und Gräfin Jaroslav und Marie von Thun in Mähren, Graf und Gräfin Edwin und Willy von Henckel in Schlesien und Fürst und Fürstin Alois und »Osy« von Löwenstein in Salzburg.[8] Diese geographisch breite Auswahl von Schlössern ermöglichte es dem Erzherzog, sich auf seinen Reisen von Zeit zu Zeit diskret mit Sophie zu treffen, um über einen Weg zu sprechen, der sie aus ihrer Zwangslage herausführe. Wo Zusammenkünfte unmöglich waren, wurde die Verbindung durch chiffrierte Telegramme, Ansichtskarten mit Geheimzeichen sowie lange Briefe aufrechterhalten, die oft persönlich vom guten Janaczek befördert wurden.

Es war natürlich der Erzherzog, der im Mittelpunkt dieses Teufelskreises von Intrigen stand. Die Hauptschlacht wurde fern von den Blicken der Öffentlichkeit unter den Kronleuchtern bei Hofe geschlagen, und hier befand sich Franz Ferdinand bei weitem im Nachteil. Seine erbittertste Gegnerin war

*Eine mit einem eigenen Geheimcode verschlüsselte Nachricht auf einer Postkarte, die der Erzherzog an Sophie schickte, als er noch um die Heiratserlaubnis kämpfte.*

Erzherzogin Isabella (die die ganze Sache prompt ins Blickfeld des Kaisers rückte) sowie ihr umfangreicher Familien- und Freundeskreis. Um eine Lobby brauchte sie sich ganz bestimmt nicht weiter zu kümmern, denn die meisten, besonders aus der Hocharistokratie, die ohne Ausnahme engstens zur kaiserlichen Familie hielten, reagierten ebenso instinktiv wie Isabella selbst, wenn auch aus rein objektiven Gründen. Eine Liebesaffäre zwischen dem Thronfolger und einer Hofdame wäre schon schlimm genug, selbst wenn es sich nur um ein vorübergehendes Vorkommnis handelte. Aber ganz bestimmt würde es die gesamte hierarchische Ordnung, von der sie ja allesamt einen Teil ausmachten, durcheinanderbringen, wenn sie ernsthafter Natur wäre. In den Augen der ersten Gesellschaft oder der Spitzenränge der Gesellschaft kam eine Heirat überhaupt nicht in Frage.

Die übrigen aktiven Gegner des Erzherzogs bei Hofe hingen sämtlich, wenn auch aus verschiedenen Motiven heraus, derselben Philosophie an: an erster Stelle natürlich der Obersthofmarschall, Fürst Montenuovo, dessen ganzes verknöchertes Wesen sich der Wahrung der bestehenden Hierarchie widmete. Franz Ferdinand dürfte auch gar nichts anderes von seinem alten Feind erwartet haben. Was ihn überraschte und betrübte, war, daß seine beiden Brüder sofort den Reihen von Sophies Gegnern beitraten und ihre Meinung niemals änderten.

Im Falle des »hübschen Otto« kann das Motiv kaum persönlicher Ehrgeiz gewesen sein, denn diesem wäre weit besser durch eine Förderung einer unebenbürtigen Heirat des Thronerben gedient gewesen. Vielleicht wollte er die ungezügelte Lasterhaftigkeit seines Privatlebens dadurch kompensieren, daß er um so unerbittlicher das Seine dazu beitrug, die öffentlich als Heiligtum geltende Dynastie zu stützen. Schließlich hatte er sich doch die katastrophale Heirat mit der biederen sächsischen Prinzessin aufschwatzen lassen, um ein Opfer für diese Dynastie zu bringen. Warum sollte »Franzi« erlaubt werden, zu handeln, wie ihm beliebt?

Die rechtschaffene Entrüstung des jüngeren Bruders, Ferdinand Karl, war angesichts seines eigenen Schicksals von besonders ironischer Natur. Denn dieser schwache und verträumte Junge hatte sich bald in ein Fräulein Czuber verliebt, die Tochter eines gewöhnlichen Universitätsprofessors, die er ohne Zustimmung des Kaisers heiratete. Als Ergebnis wurde er aller Ränge, Titel, Auszeichnungen und Privilegien entkleidet, aus der Habsburger Familie ausgeschlossen und als einfacher Herr Burg zu einem armseligen Leben im Exil verdammt, einem Leben, das mit seinem frühen Tod im Jahre 1914 endete.

Aber all das lag noch in dunkler Zukunft. Um die Jahrhundertwende machte die Tatsache, daß beide Brüder die Reihen der erzherzoglichen und fürstlichen Gegner des Thronfolgers gewählt hatten, den Kampf beinahe hoffnungslos. Auch zwei Frauen, die immer das Ohr des Kaisers hatten, stellten sich erbarmungslos gegen Sophie. Die eine war Katharina Schratt, die Wiener Schauspielerin, mit der der Kaiser Jahrzehnte hindurch ein freundschaftliches Verhältnis unterhielt, das ebenso korrekt wie tiefempfunden war (sie pflegten regelmäßig miteinander zu frühstücken, ohne, soweit man es zu beurteilen oder sich vorzustellen vermag, jemals die Nacht zuvor miteinander verbracht zu haben). Die andere Frau, die Franz Ferdinand besonders zu fürchten hatte, war Franz Josephs geliebte Enkelin, die Erzherzogin Elisabeth, das einzige Kind des verstorbenen Kronprinzen Rudolf. Sie widersetzte sich Franz Ferdinand in jeder Richtung, vermutlich deshalb, weil er den Platz ihres Vaters an den Stufen des Throns eingenommen hatte.

Um so paradoxer ist es, daß ihre Mutter, die verwitwete Kronprinzessin Stephanie, ebenso entschlossen auf der Seite des Erzherzogs stand. Abgesehen von der Zuneigung, die beide immer füreinander hegten, gab es noch einen besonderen Grund für diesen Beistand. Stephanie kämpfte selbst um Genehmigung einer »unebenbürtigen« Heirat; sie war entschlossen, einen ungarischen Adligen zu heiraten, nämlich

Graf Lonyay, in den sie sich verliebt hatte. So focht sie die kommenden Monate hindurch den gleichen Kampf wie der Thronfolger aus.[9]

Franz Josephs eigene Reaktion auf die »Chotek-Affäre« war vorauszusehen. Er war geradezu entsetzt über diesen neuen schweren Schlag, der das Reich und die Dynastie, deren Oberhaupt er war, bedrohte. Sein eigener Sohn hatte seinem Leben unter Umständen ein Ende gemacht, die sowohl kriminell als auch erniedrigend waren, und obwohl die Schatten von Mayerling jetzt schon zehn Jahre währten, hatte sich der Kaiser niemals über den Schrecken und die Scham hinwegsetzen können. Seitdem hatten weitere Flecken, große und kleine, den Wappenschild beschmutzt. Der Lebensstil des »hübschen Otto«, Franz Ferdinands Bruder, war eine ständige Herausforderung der Familienehre. Selbst auf die Frauen des kaiserlichen Hauses war, wie es schien, kein Verlaß. So war dem Kaiser zur Kenntnis gelangt, daß die Gemahlin des Kronprinzen Friedrich August, des späteren letzten Königs von Sachsen, die Erzherzogin Louise von Toskana, eine Habsburgerin, sich in Monsieur Giron, den belgischen Erzieher ihrer vier Kinder, verliebt hatte, mit dem sie dann 1902 durchging, um schließlich auch ihn im Stich zu lassen zugunsten von Enrico Toselli, dem italienischen Pianisten und Komponisten. Ihr sächsischer Prinz, dem zweimal die Hörner aufgesetzt worden waren und der nun verlassen war, nahm alles mit bewundernswertem Phlegma auf (»ich hoffe nur, daß sie sich zwischen beiden entscheiden kann«, war angeblich seine Reaktion); aber der Skandal erschütterte die gesamte europäische Gesellschaft gleich einem Erdbeben.

Aber ohne Rücksicht darauf, in welche Verlegenheiten die Dynastie früher oder später geraten sollte, wog die Affäre von Franz Ferdinand und seiner Gräfin unvergleichlich schwerer, denn der Erzherzog, der eine unebenbürtige Frau liebte, war immerhin Thronfolger. Die Abneigung des Kaisers vertiefte sich noch, als er bei der ersten Begegnung mit seinem Neffen Franz Ferdinand fest entschlossen fand, nicht zwischen Braut und Thron zu wählen, sondern nach beiden zu streben. Eine anhaltende Kampagne wurde von allen Seiten eingeleitet, um seinen Willen zu brechen.

Einen der ersten, den der Kaiser persönlich für diese Aufgabe gewann, war Godfried Marschall, der joviale Priester, der einmal Franz Ferdinands Religionslehrer gewesen und vor kurzem zum Bischof berufen worden war. Der Prälat scheint an dieser undankbaren Aufgabe wochenlang gearbeitet zu haben, indem er von jeder nur möglichen Seite an sie heranging.[10] Er appellierte unmittelbar an seinen früheren Schüler, seiner Pflicht als Erbe eines apostolischen Thrones zu genügen; er suchte die Schwestern des Erzherzogs zu bewegen, ihren Einfluß auf ihren eigenwilligen Bruder geltend zu machen; schließlich trat er an Sophie selbst während ihres ersten Aufenthalts in Wien heran und flehte sie an, die Dynastie zu retten und nicht nur auf ihren Auserwählten zu verzichten, sondern der Welt selbst durch Eintritt in ein Kloster Lebewohl zu sagen. (Wie wir gesehen haben, wurde diesem Vorschlag gegenteiligen Berichten zuwider nicht entsprochen.) Aber die Schwestern verhielten sich zögernd, der Erzherzog blieb hartnäckig, und alles, was der unglückselige Prälat in Sophies Gemüt Wurzel schlagen ließ, war Bitterkeit, die ihm und seiner ganzen späteren Laufbahn nichts Gutes verhieß.

Wie viele Zusammenkünfte der Souverän selbst mit seinem Neffen hatte, wissen wir nicht, denn es dürften kaum noch schriftliche Zeugnisse vorhanden sein. Indes existiert noch ein Telegramm, das sich mit an Sicherheit grenzender Wahrscheinlichkeit auf diese Angelegenheit bezieht. Es wurde am 5. Oktober 1899 vom Kaiser, der damals in seiner Winterresidenz, der Hofburg, weilte, aufgegeben und war mit der Adresse Franz Ferdinands in seiner Jagdunterkunft in Niederösterreich versehen (es war gerade die Zeit der Hirschbrunft, Höhepunkt im Jahresablauf des Jägers, und nichts würde den Erzherzog davon abgehalten haben, sie wahrzunehmen). Der Text ohne Einleitung oder auch nur ein einziges Grußwort lautet einfach: »Ich bitte Dich, an einem der nächsten Tage hierher zu kommen, und mich und Otto vom Tage Deines Eintreffens in Kenntnis zu setzen.«[11] Eine barsche Aufforderung wie diese kann nur eine einzige Bedeutung während dieses bemerkenswerten Herbstes gehabt haben.

Das neue Jahr und damit das neue Jahrhundert zog herauf, ohne daß es zur Überwindung des toten Punktes gekommen wäre. Aber da es jetzt so aussah, als ob nichts den Erzherzog daran hindern würde, die Frau, die er liebte, zu heiraten, so harrten nur noch zwei Fragen ihrer Beantwortung. Erstens: Würde der Kaiser seine Einwilligung zu einer morganatischen Ehe geben, die seinem Neffen das Recht auf Nachfolge sichern würde? Zweitens: Wenn er zustimmen würde, wie würde alsdann die Stellung von Franz Ferdinands Gemahlin sowie der Kinder, die sie ihm gebären würde, geregelt werden für die Zeit vor und nach seiner Thronbesteigung?

Wie schwer all die Politiker, Verfassungsjuristen, Erzherzöge und Scheingelehrten bei Hofe in Wien mit nichts geringerem als diesem verwickelten Problem in den nächsten sechs Monaten auch rangen, sein historischer Hintergrund ist einer kurzen Betrachtung wert. Der Begriff einer morganatischen Verbindung (*matrimonium ad morganaticam, matrimonium ad legem salicam*) ging letzten Endes auf das Römische Reich zurück und bedeutete ursprünglich eine Ehe zwischen einer freien und einer unfreien Person. Über die Jahrhunderte hin wurde dieser Begriff auf jede Ehe eines Paares ungleichen Standes ausgedehnt.

Dem Haus Habsburg selbst war diese Praxis keineswegs fremd. Zurückgehend bis 1557, war Ferdinand von Tirol eine solche Verbindung mit Philippine Welser, der Tochter eines Augsburger Patriziers, eingegangen, woraus sich jede Art von Komplikationen ergab. Zwei Fälle hatte es im 19. Jahrhundert gegeben, die gerade erledigt worden waren. Der bei weitem berühmteste war die Heirat von Erzherzog Johann am 18. Februar 1829, der sein Herz an Anna Plochl, die anmutige Tochter eines einfachen Postmeisters, verloren hatte. Die Lichtseite solcher Verbindungen sollte auch herausgestellt werden. Das Paar ließ sich in Brandhof nieder, einem kleinen, in der Senke eines lieblichen, grünen steirischen Gebirgszuges versteckten Besitztum (Anna erhielt ursprünglich den Titel einer »Baronesse Brandhof«). Dort führten beide ein idyllisches Leben, das sein Echo in Legenden und Liedern bis in unsere Tage findet. Bis zum heutigen Tag blüht auch Brandhof weiter und ebenso die Familie der Grafen von Meran, Abkömmlinge dieser Ehe. Ein weniger bekannter, aber gleichermaßen romantischer Fall trat 40 Jahre später ein, als Erzherzog Heinrich die Sängerin Leopoldine Hofmann heiratete. Franz Joseph, dessen Thron natürlich damals voll gesichert war, wiederholte das Verfahren seines Vorgängers, indem er Leopoldine den Titel einer »Baronesse Waldeck« verlieh. In jedem Falle gingen jene legalen Vorkehrungen, die in allen deutschen Landen entwickelt worden waren (wo solche Verbindungen als »Ehen zur linken Hand« bekannt waren) glatt über die Bühne. Die Ehefrau erhielt zwar den Ring ihres Gemahls, aber nicht seinen Namen, Rang oder seine Privilegien. Ihre Kinder mußten ihren Namen tragen, und ihre Rechte waren sogar in Erbangelegenheiten eingeschränkt.

Aber diese beiden eben erwähnten Fälle waren reine Familienangelegenheiten. Sie bargen keinerlei politische oder dynastische Probleme in sich, weil die betreffenden Erzherzöge in der Thronfolge weit hinten rangierten (Erzherzog Johann zum Beispiel war der siebte Sohn von Kaiser Leopold II.). Mit Franz Ferdinand sah sich die Krone zum ersten Mal einem Thronfolger gegenübergestellt, der entschlossen war, eine Frau zu heiraten, die niemals Erzherzogin werden konnte, geschweige denn Kaiserin.[12] Es war vor allem ein konstitutionelles Verwirrspiel, in das die Liebe Franz Ferdinand hineingezogen hatte, und um einen Ausweg zu finden, wandte er sich gleich zu Beginn des neuen Jahres an seinen Rechtslehrer von einst, Max von Beck. Dieser äußerst fähige *advocatus diaboli*[13] konzentrierte seine Anstrengungen nicht so sehr auf den Hof – wo er als einfacher Freiherr, der erst zwei Jahre zuvor geadelt worden war, wenig Einfluß besaß –, sondern auf die damals im Vordergrund stehenden Politiker und vor allem auf die Ministerpräsidenten von Österreich und Ungarn, Ernest von Körber und Kalman von Széll. Wenn man sie entsprechend vorbereiten würde, dem Kaiser zu raten, daß eine allen Regeln entsprechende morganatische Ehe die Monarchie nicht zu untergraben brauche, dann wäre der Sache des Erzherzogs im weiten Umfang geholfen.

Die Zustimmung des ungarischen Regierungschefs war entscheidend. Nichts im Recht des alten ungarischen Königtums, das sich auf so unbequeme Weise in das Reich eingegliedert sah, deutete auf ein Verbot morganatischer Verbindungen hin. Theoretisch konnte Sophie deshalb eines Tages als Königin von Ungarn anerkannt werden, ohne als Kaiserin von Österreich akzeptiert worden zu sein. Schlimmer noch, die Ungarn drohten, die Debatte der Förderung ihres auf lange Sicht gesteckten Zieles dienstbar zu machen, nämlich ihre eigenen dynastischen Bande mit der kaiserlichen Krone zu lockern; das beschwor wiederum das Gespenst eines Habsburger Erzherzogs aus einem der jüngeren Zweige der Familie herauf, und zwar als einen quasi-unabhängigen Souverän auf dem ungarischen Thron. Es war ein erschreckender Fallstrick dynastischer Politik im Kampf gegen menschliche Leidenschaft. In einem der wenigen, aus Anlaß dieser Krise geschriebenen und noch vorhandenen Briefe des Erzherzogs Rainer (der jetzt die Nachfolge des inzwischen verstorbenen Feldmarschalls Albrecht als Wächter des Habsburgischen Gewissens angetreten hatte) geht das Dilemma, in dem sich Franz Ferdinand befand, in Gestalt eines verzweifelten Appells an seinen Neffen hervor, über seine schicksalsträchtige Verbindung doch noch einmal nachzudenken:

»S. M. kann, wenn es überhaupt möglich ist, auf eine Bewilligung einzugehen, unmöglich eine Entscheidung treffen, bevor nicht die staatsrechtliche Frage, und zwar in beiden Reichshälften, klar gestellt ist. Dein Fall ist eben durch Deine Stellung ganz verschieden von den vorhergegangenen anderer Erzherzöge. Diese traten nach Abschluß einer morganatischen Ehe in den Hintergrund, während Du der erste Anwärter nicht auf Dein Thronrecht verzichten willst, weshalb die Folgen dieses Schrittes die künftige Stellung absolut bestimmt werden müssen. S. M. und besonders Du tragen diese Verpflichtung dem gesamten Reich gegenüber.

Ich kann auch heute nur wiederholen, was ich neulich sagte, trachte Dich durch ernste Beschäftigung zu zerstreuen und überlege Dir sehr die Folgen des beabsichtigten Schrittes, denn ich glaube nicht, daß Du in diesem Bunde ein bleibendes Glück finden würdest. Die Zurücksetzung einer Frau, die man liebt, empfindet man schmerzlich, und sollte sich das Blatt wenden und Du nicht die gehoffte häusliche Zufriedenheit finden, so wird dies noch viel schwerer auf Dir lasten. Jeden Mann treffen in seinem Lebenslaufe mehr oder weniger schwierige auch schmerzliche Augenblicke. Die Erinnerung an die Pflicht hilft dieselben zu überwinden, und je höher man steht, desto weniger darf man sich von Erfüllung derselben abbringen lassen. Aus diesen Ursachen ist es mir nicht möglich, für Deinen Wunsch einzutreten.« [14]

Und die strenge Stimme der Pflicht ließ keinen Zweifel aufkommen, daß der Verfasser des Briefes, was in Zukunft auch geschehen mochte, immer seine Stimme gegen die Heirat erheben würde, wann immer auch seine Meinung gefragt war.

Was Franz Ferdinand die ganze Zeit über half, diese Zerreißprobe zu überstehen, war nicht so sehr der Umstand, sich seiner Pflicht gegenüber der Dynastie bewußt zu sein, als vielmehr der Gedanke an seine Liebe zu Sophie. Wie bereits beschrieben, blieben sie während dieser Monate weiter miteinander in Verbindung, entweder in Gestalt heimlicher Zusammenkünfte oder durch den Austausch von Nachrichten. Wenn dies nicht unmittelbar geschehen konnte, so begannen dabei Postämter auf dem Land plötzlich eine große Rolle in ihrem Leben zu spielen. Ein reizendes Zeugnis ist uns durch die Erinnerungen eines gewissen Bruno Richter erhalten, das die Familie des Erzherzogs in Verwahrung genommen hat. Richter war seit 1896 kaiserlicher Postmeister in Großpriesen, dem kleinen Badeort, wo Sophies Onkel, Graf Carl Chotek, seine Besitzungen hatte und wo sie einige der angstvollen Wochen im Jahr 1900 verbrachte.

Er beschreibt, wie er eines Tages in der Stadt der Gräfin Sophie begegnete, die normalerweise fast immer durch ihren Dienst bei der Erzherzogin Isabella abwesend war. Sie erzählte ihm, daß sie sich jetzt eine Weile in Großpriesen aufhalten werde, worauf er höflichst erwiderte, es freue ihn sehr, dies zu hören. Er fährt fort:

»Bald darauf war ich sehr verwundert, als ein längeres Telegramm aus Wien an die Gräfin Sophie eintraf, das mir in seiner Stilisierung sehr zu denken gab. Unterschrift ›Hohenberg‹. Als die nächsten Tage abermals mehrere derartige Telegramme eintrafen, ersuchte mich die Gräfin: ›Haben Sie die Güte und bringen Sie mir die Depeschen und Briefe, die an mich kommen, abends ins Schloß.‹ Freundlich sagte ich zu. Auf mein Läuten kam stets Gräfin Sophie und übernahm die Post. Öfters kam es vor, wenn ich vom Schloß heimkam, daß die Station Aussig am Telegraph uns dringend rief, da wußte ich sofort: ein Telegramm für die Gräfin, da machte ich nochmals den Weg.
Eines Tages kam ein Anruf des Postdirektors selbst. ›Postmeister‹, sagte er, ›ich mache Sie darauf aufmerksam, daß seit einigen Tagen an die Gräfin Sophie Briefe und Telegramme einlangen, die von einem Mitglied des Kaiserhauses herrühren. Beobachten Sie die größte Vorsicht, daß die diesbezüglichen Vorschriften befolgt werden, Zeitungsreportern jede Auskunft zu verweigern.‹

Nachmittags traf ich die Gräfin und erzählte ihr von dem Gespräch. Sie war sehr erregt. Ich beruhigte sie, es war ein Dienstgespräch, das niemand erfährt.« [15]

Ohne es zu wissen, hat der gute Postmeister von Großpriesen einen ungewöhnlichen, wenn nicht einmaligen unmittelbaren Blick hinter die dichten Vorhänge geworfen, die die Liebesaffäre abschirmten.

Im Mai 1900, während Nachrichten Großpriesen geradezu überschwemmten, erreichte die Schlacht ihren Höhepunkt. Am 19. Mai erhielt Franz Ferdinand plötzlich gute Nachricht von Beck. Die politischen Führer Österreichs und Ungarns, so schrieb der Jurist, hatten jetzt eine vollständige Übereinkunft erzielt, obwohl sie alle, um Komplikationen zu vermeiden, der Meinung waren, es sei besser, die Hochzeit stattfinden zu lassen, wenn die Parlamente in Wien und Budapest gerade nicht tagten. Das Hauptzugeständnis, das vom Erzherzog gefordert wurde, war, »in der üblichen Form eine ›Renunciation‹ für die Nachkommen zu erklären«. Der österreichische Ministerpräsident Körber, mit dem Beck gerade gesprochen hatte, sollte in der Angelegenheit am nächsten Morgen vom Kaiser in Audienz empfangen werden. Das Beste, was Franz Ferdinand unterdessen tun könne, sei, »entschiedene Schritte« bei seinen eigenen Brüdern zu unternehmen. Aber er, Beck, halte die Lage für »günstig, überraschend günstig«. [16]

Beck fügte auch den Entwurf eines abschließenden Gesuchs bei, das der Erzherzog an den Souverän senden solle, so daß die günstige Wende zum vollen Vorteil ausgenutzt werden könnte. Es war ein langer und scharfsinniger Brief, worin der menschliche Appell vom Neffen zum Onkel gemischt war mit den dynastischen Argumenten des gesetzmäßigen Thronfolgers, die die Befürchtungen seines Souveräns beschwichtigen sollten. Die ersten Annäherungsversuche gehen aus den Anfangssätzen hervor, worin Franz Ferdinand auf seine wachsende Bedrängnis hinweist und an das väterliche Herz seines kaiserlichen Onkels appelliert. Seine ganze zukünftige Existenz, sein Glück, seine Ruhe und Zufriedenheit hingen von der Erfüllung dieses »einzigen, innigsten und liebsten Wunsches« ab... »Ich kann abermals nur erwähnen, daß der Wunsch, die Gräfin zu heiraten, nicht die Frucht einer Laune ist, sondern der Ausfluß der tiefsten Neigung, jahrelanger Prüfungen und Leiden.« Der Brief fährt fort, dem Kaiser zu versichern, daß durch den Verzicht auf »alle Familien- und sonstigen Rechte« hinsichtlich der Kinder aus dieser morganatischen Ehe jede nur denkbaren konstitutionellen Bedenken ausgeräumt sein würden. Franz Ferdinand bietet die »Selbständigkeit« seines Charakters als Bürgschaft dafür an, daß in zukünftigen Jahren niemand in der Lage sein würde, ihm oder seiner Frau ihr Versprechen auf Verzicht auszureden. Angesichts dessen, was sich in den kommenden Jahren alles zutragen sollte, wirkt jedoch die folgende Passage ebenso übertrieben wie ironisch: »Repräsentative und ceremonielle Schwierigkeiten bestehen nicht; denn wie ich schon zu erwähnen und zu versprechen erlaubte, wird sich die Gräfin nie wieder bei Hofe noch in der großen Gesellschaft zeigen und nie irgendwelche Ansprüche erheben oder eine Rolle spielen wollen. Ich kenne ihren Charakter, ihr Gemüth und Herz zu genau und weiß, daß sie ihre Stellung mit voller Anspruchslosigkeit einnehmen und nur ausschließlich unserem Glück, einem stillen, glücklichen Heim leben wird...« [17]

Der Brief schloß mit zwei höflich vorgetragenen moralischen Erpressungsversuchen. Zuerst wurde der Kaiser gebeten, sich mit allem abzufinden, um die Öffentlichkeit zu beruhigen, denn »der größte Teil der Bevölkerung lebt in der unumstößlichen Überzeugung, daß ich bereits in einer heimlichen, kindergesegneten Ehe mit der Gräfin lebe«. (Dies war eine verzeihliche Übertreibung. Selbst zu diesem Zeitpunkt wurde über die Liebesaffäre des Erzherzogs mehr in den Salons als auf der Straße gesprochen.) Zweitens wurde der Kaiser an die Folgen erinnert, die eine Ablehnung auf den Gesundheitszustand des Neffen haben könnte: Seine Nerven, so hob der Erzherzog hervor, seien bereits »im traurigsten Zustand«. Das Gespenst eines zweiten Mayerling, das bereits vom Außenminister Goluchowski an die Wand gemalt worden war, war wirklich schrecklich genug, um mit seiner Hilfe den alternden Souverän um seine Zustimmung anzuflehen.

So zog sich gegen Ende Mai trotz in letzter Minute geltend gemachter Vorbehalte des Vatikans, der auf Zustimmung gerichtete Druck immer stärker um das Haupt des Kaisers zusammen: Körber, sein Ministerpräsident, versicherte ihm, daß das konstitutionelle Problem lösbar sei, sogar mit den Ungarn. Goluchowski, sein Außenminister, wies darauf hin, daß ein verwirrter Franz Ferdinand sogar den Verstand vollends verlieren und Gräfin Sophie mit sich ins Jenseits nehmen könnte. Die Schwägerin des Kaisers, die edelmütige Erzherzogin Maria Theresa, setzte sich beredt für das Glück ihres Stiefsohns ein. Und der Erzherzog selbst lag zum ersten und letzten Mal in seinem Leben gleichsam auf den Knien. Ob nun der Kaiser im Verlauf der letzten Audienz, die er Franz Ferdinand gewährte (nach einer halb erfundenen Lesart soll er ihm mit allem Nachdruck gesagt haben: »Möge es Sie nie gereuen, mein Herr Neffe!«[18]) bereitwillig oder widerwillig nachgegeben hat – wichtig war in jedem Fall, daß er einer einzigartigen Abweichung von der Regel in der 600 Jahre alten Geschichte seiner Dynastie zugestimmt hat. Zum ersten Male sollte der Thronfolger unter seinem Stand heiraten, mit allem, was dies für die Zukunft der Monarchie nach sich zog.

Franz Ferdinands Ungeduld, sich über alles hinwegzusetzen, fand jetzt Unterstützung durch den Umstand, daß sein Onkel seine Leidenschaft für die Jagd und für das Land teilte. Jedesmal, wenn der Monat Juni herannahte, verließ der Kaiser Wien, um sich für längere Zeit in seiner hübschen Jagdvilla in Bad Ischl im Salzkammergut aufzuhalten. Nur mit Widerwillen ließ er zu, daß selbst eine vorübergehende Affäre wie die vorliegende seinen Zeitplan in Unordnung bringen könnte, und im vorliegenden Falle war alles für seinen üb-

*Die historische Szene in der Hofburg am 28. Juni 1900:
Der Erzherzog leistete den Renunziationseid, mit
dem er auf alle königlichen Rechte für seine Frau und
Kinder verzichtete — als Gegenleistung dafür, daß ihm seine
morganatische Heirat erlaubt worden war.*

lichen, längst fälligen Aufbruch bereit. Aber zuerst war Franz
Ferdinands öffentlicher Akt seines mit Unterwerfung verbundenen Triumphs an der Reihe.

Er fand in einem Raum der Hofburg statt, der das Herzstück der Geschichte der Dynastie beherbergte, in der sogenannten Geheimen Ratsstube. Hier hatten in vergangenen

Jahrhunderten die Kaiser mit ihren Kanzlern und Heerführern konferiert, und hier hatte 1848 Franz Joseph, damals ein nur 18 Jahre altes fürstliches Bürschchen, nach der Krönung seine erste Thronrede verlesen. Aber nun war eine ganz andere Rede unter ganz anderen Umständen für die erhabene Versammlung vorbereitet worden, die dort kurz vor der Mittagsstunde am Morgen vom Donnerstag, dem 28. Juni 1900, zusammentrat. Jeder erwachsene Erzherzog aller Linien der Habsburger war anwesend: insgesamt 15, angeführt von Franz Ferdinands beiden Brüdern, die ihre Plätze zur Linken des vergoldeten Thronsessels einnahmen, über dem ein schwerer purpurner Baldachin befestigt war. Zur Rechten des Sessels stand Franz Ferdinand selbst, ihm zur Seite die beiden Zeugen, Graf Albert Nostitz und sein zukünftiger Schwager Graf Wolfgang Chotek. Ihnen gegenüber standen die Mitglieder der Regierung, die höchsten Hofbeamten, der Fürsterzbischof Dr. Gruscha und seine Begleiter, die Mitglieder des Geheimen Rates und die aus allen Ländern des Reiches herbeigerufenen Präsidenten der Abgeordnetenhäuser, die Notare in schwarzen Roben und ein paar Militärpersonen, wie der Generaladjutant und der Kommandant der Leibgarde.

Der Kaiser, der in der Uniform eines Feldmarschalls glänzte, stand auf einem erhöhten Podium vor seinem Thron, um seine kurze Ansprache zu halten. In ihr rief er die Versammlung auf, Zeugen dieses Aktes zu sein, der von schwerwiegender Bedeutung für Dynastie und Reich sei. Der Erzherzog Franz Ferdinand sei dem Ruf seines Herzens gefolgt, dem Wunsch, Gräfin Sophie Chotek zu heiraten, und er, der Kaiser, habe mit Rücksicht auf den geliebten Neffen seine Zustimmung erteilt. Da jedoch die Gräfin, wenn auch von adliger Herkunft, nicht ebenbürtig sei, so könne die Ehe nur als morganatisch angesehen werden, und deshalb könnten weder ihr noch ihren Kindern irgendwelche Rechte aus einer Ehe zwischen ebenbürtigen Partner zuerkannt werden.[19] Als der Kaiser geendigt hatte, verlas der alte Gegner des Erzherzogs, »dieser schreckliche Polacke«, Außenminister Graf Goluchowski, den vollen Text des Renunziationseides. Dann trat Franz Ferdinand vor. Zunächst leistete der den Eid, indem er zwei Finger der unbehandschuhten rechten Hand auf die Bibel legte, die der Fürsterzbischof ihm hinhielt, dann setzte er sich an einen kleinen Tisch, um seine Erklärung und die sie begleitenden Dokumente sowohl in der deutschen als auch in der ungarischen Fassung zu unterzeichnen. Schließlich wurde von einem öffentlichen Notar sein persönliches Siegel auf all diese Schriftstücke gedrückt. Die Zeremonie, die weniger als 30 Minuten gedauert hatte, war vorbei, alle gingen wieder ihrer Wege, und der Monarch und seine Erzherzöge zogen sich in die Gemächer zurück. Viele der Anwesenden haben wohl im stillen die Worte wiederholt, mit denen Franz Ferdinand seinen Eid beendet hatte: »So wahr mir Gott helfe!«

Am Tag nach diesem bedeutsamen Geschehen in der Hofburg begegnete eine strahlende Gräfin Sophie, die die Ereignisse von Großpriesen aus verfolgt hatte, abermals dem Postmeister Richter in den Straßen der Stadt. »Nun«, sagte sie zu ihrem getreuen Boten, »Sie wissen ja, wer der Absender der Depeschen ist: der Thronfolger, er kommt diesen Sonntag mit dem Schnellzug Wien–Berlin und wird den Zug hier halten lassen, um meine Verwandten kennenzulernen. Wenn Sie Interesse haben, kommen Sie zum Bahnhof, aber sagen Sie es niemand.« [20]

Der Postmeister machte sich wirklich auf den Weg (und ebenso natürlich die zivilen Würdenträger sowie die halbe Ortsbevölkerung und ganze Scharen von Kurgästen), um auf die Ankunft des Erzherzogs zu warten und den verschiedenen Mitgliedern der Familie Chotek zu begegnen, die sich zum Willkommensgruß auf dem Bahnhof versammelt hatten (Sophie selbst war bereits zu ihrer Schwester, der Gräfin Wuthenau, nach Dresden abgereist, wo die formelle Verlobung stattfinden sollte). Die Passagiere des Schnellzugs Wien–Berlin warteten geduldig und schauten eine halbe Stunde lang zu, wobei ihre Neugier wahrscheinlich größer war als ihre Ungeduld, als Franz Ferdinand der ihm nun verschwägerten Familie warmherzig dankte, besonders Graf Carl Chotek und Gräfin Olga, für ihre Güte gegenüber seiner elternlosen zukünftigen Braut. Dann, als der Zug den Blicken der Zurückbleibenden entschwunden war, wandten sich aller Gedanken der Hochzeit selbst zu, die genau in vier Tagen stattfinden sollte. Unter den Gästen war die alte Frau Richter am aufgeregtesten. Sophie hatte, einem glücklichen Einfall folgend, den Postmeister zur Hochzeit eingeladen, aber als guter Beamter hatte er Pflichten vorgeschützt und veranlaßt, daß seine Mutter an seiner Stelle eingeladen würde. Seine Vermutung, daß das örtliche Postamt vor einer sehr hektischen Zeit stehe, hatte sich bestätigt. Am Hochzeitstag stellte er den Eingang von nicht weniger als etwa 2000 Telegrammen an das Brautpaar sowie von beinahe 1000 Glückwunschbriefen fest.

Obgleich die Hochzeit nur eine Woche nach Franz Ferdinands eidlichem Verzicht stattfand, waren die Vorbereitungen bereits seit Ende Mai in Gang, als feststand, daß der Kaiser der Ehe zustimmen würde. Selbst der für die Hochzeit ausgewählte Ort symbolisierte die Ungleichheit der Ehepartner, die in der Hofburg feierlich verbrieft und besiegelt worden war. Es wurde nicht das Heim der Braut, wie sonst üblich, ausgesucht, nicht einmal ein neutraler Ort, sondern ein Schloß der Familie des Bräutigams, nämlich Reichstadt in Nordböhmen. Dieses ausgedehnte Gebäude, auf einer sanften Anhöhe errichtet, von der man die Stadt von Norden her übersehen konnte, zählte annähernd 200 Räume, und die vielen Innenhöfe und Anbauten, die im Laufe der Jahrhunderte hinzugekommen waren, erzählten in Stein die Geschichte einer reichen und bunten Vergangenheit. Ursprünglich Eigentum der bedeutenden böhmischen Familie von Lobkowitz (die Kamele im Park hielt – die ersten, die man in Europa zu sehen bekam), war es nacheinander durch die Hände des letzten Herzogs und dann der Gemahlin des Herzogs Gaston von Medici gegangen. Ihr folgten als Eigentümer drei weitere deutsche Herzöge, weiter König Maximilian von Bayern und schließlich Großherzog Ferdinand III. von Toskana, bevor schließlich die Habsburger im Jahre 1824 den Grundbesitz erwarben.

Es gab einen triftigen Grund, warum gerade Reichstadt ausgesucht worden war. Seine gegenwärtige Bewohnerin war im Sommer Franz Ferdinands Stiefmutter, die verwitwete Erzherzogin Maria Theresa, und sowohl Braut als auch Bräutigam waren sich wohlbewußt, wieviel von ihrem Glück sie ihr zu verdanken hatten. Sie stand zur Begrüßung des Paares auf den Stufen des Schlosses, nachdem Bräutigam und Braut als erste in einer Wagenkolonne vom Bahnhof her abgefahren waren, um sich auf die Hochzeit am Nachmittag des 30. Juni vorzubereiten. Selbst in diesem letzten Augenblick stellten die lokalen Zeitungen noch Betrachtungen an, ob wohl die Brüder des Bräutigams erscheinen würden (es stand bereits fest, daß der Kaiser selbst nicht an der Hochzeit teilnehmen würde). Aber Franz Ferdinand wußte es besser. Es würden noch zwei andere Erzherzoginnen anwesend sein, nämlich seine Halbschwestern Elisabeth und Maria Annunziata. Aber die ganze Phalanx von 15 Onkeln, Brüdern und Vettern, die eine Woche zuvor als Zeugen seiner Eidesleistung beigewohnt hatten, sahen sich jetzt durch anderweitige Verpflichtungen am Erscheinen verhindert.[21] Der Bräutigam würde also der einzige Erzherzog auf seiner Hochzeit sein.

Dies scheint dem Glanz der Hochzeit eher zugute gekommen zu sein als geschadet zu haben, die auf diese Weise zu einem reinen Familienfest statt zu einem Staatsakt wurde. Trotz allem konnte die Welt unmittelbar rings um das Geschehen nicht daran gehindert werden, ihre Blicke auf dieses zu richten, wie es Sophie mit ihrer Warnung an den Postmeister, niemand etwas von dem »heimlichen« Treffen auf dem Bahnsteig zu erzählen, leichtsinnigerweise erhofft hatte. Reichstadt ebenso wie Großpriesen sollten den großen Tag aus dem vollen genießen. Selbst auf der kurzen Fahrt vom Bahnhof (wo den Anordnungen entsprechend keine Willkommenszeremonie stattfand) bildeten Hunderte von Bürgern der Stadt, einschließlich all ihrer Schulkinder, die Mädchen auf der linken und die Jungen auf der rechten Seite, den ganzen Weg entlang mit Fähnchen Spalier. Alles was in Reichstadt Orden und Uniform trug – die freiwilligen Schützen, der Veteranenverband und natürlich die allgegenwärtige Feuerwehr –, war erschienen. Das »Gott erhalte«, die Nationalhymne der Monarchie, die auf der Melodie eines Streichquartetts von Haydn fußte, wurde von der Schützenkapelle gespielt, als sich die Wagenkolonne dem Schloßeingang näherte. Banner in Schwarz und Gelb, den Farben des Hauses Habsburg, hingen aus jedem Fenster, und die Sonne beschien alles unter einem wolkenlosen Himmel.[22]

Die Trauung fand am folgenden Morgen in der Schloßkapelle statt, die Ferdinand III. während der Jahre, die er in Reichstadt residierte, prächtig ausgestattet und geschmückt hatte. Kein Kardinal, nicht einmal ein Bischof nahm die Trauung vor, sondern der betagte Dekan Hickisch von Reichstadt, der sein Amt schon mehr als ein halbes Jahrhundert versah. Gleichsam um den familiären Charakter der Feierlichkeit hervorzuheben, war einer der ihm assistierenden Priester der Kapuzinermönch, der der Erzherzogin Maria Theresa als Beichtvater diente. Es war ein sonderbarer Hochzeitszug, der sich um halb elf Uhr vormittags unter Glockengeläut langsam in Bewegung setzte. An der Spitze marschierte Franz Ferdinand in voller Generaluniform, begleitet von seiner Stiefmutter und seinen Halbschwestern (also alle Habsburger zusammen), danach folgte die Braut am linken Arm ihres früheren Vormunds, Fürst Löwenstein, der sie alsdann dem Bräutigam übergab.

Ihr Hochzeitskleid konnte als stillschweigende Widerlegung jener peinlichen Gerüchte angesehen werden, wonach sie jahrelang in Sünde mit dem Erzherzog zusammengelebt und ihm ein uneheliches Kind nach dem anderen geschenkt habe. Die 32 Jahre alte Frau war gekleidet wie ein wahres Symbol jungfräulicher Reinheit. Ihr Kleid war aus weißer Seide mit

einer mehrere Meter langen Schleppe und einem weißen
Schleier, der vorn von der Stirn bis zu den Zehen fiel. Myr-
ten und Orangenblüten, die Symbole der Unschuld und Jung-
fräulichkeit, waren allenthalben zu sehen: als Blumen mit
dem Diamantendiadem auf ihrem Haupt verflochten, zu Mu-
stern rings um den Saum ihres Kleides verarbeitet und als Blü-
ten in ihrem Brautstrauß. Es war sowohl die Stunde ihres
Triumphes als auch die Stunde der Erfüllung, und ihre glänzenden Augen, die der staunenden Gemeinde ebenso hell wie
Diamanten zu leuchten schienen, zeigten es. Auf ihrer anderen Seite ging das Haupt der Familie Chotek, Graf Carl, gefolgt von ihren anderen Onkeln, Tanten, Schwägerinnen und
Schwägern. Hinter ihnen kam die Person, die normalerweise
mit dem Bräutigam an der Spitze marschiert wäre, Franz Ferdinands Haushofmeister, Graf Nostitz, der in Abwesenheit
anderer Erzherzöge als ranghöchster Mann galt.

Daß es sich nicht um eine herkömmliche Hochzeit handelte, fand seinen Widerhall auch in den Worten, die der alte
Dekan, der die Weisung erhalten hatte, unter keinen Umständen den Rang der Braut zu erwähnen, an das Paar richtete,
nachdem es das gegenseitige Gelübde abgelegt und die Ringe
gewechselt hatte: »Mögen diese Eheringe auch für alle Zeit
Zeugen Eures ungetrübten ehelichen Glücks sein. Das ist der
brennende Wunsch von Millionen von Herzen, und besonders derjenigen, welche Euch jetzt näherstehen...«

Nur wenige wünschten es brennender als Franz Ferdinands
Stiefmutter. Sie war es, die die Musik ausgewählt hatte, mit
der nach den Gebeten die Trauung enden sollte; sie hatte in
der Tat persönlich Probe auf Probe geleitet. Sie war es, nicht
der ranghöchste Gast, die drei Hochs auf das Brautpaar während des Hochzeitsmahls ausbrachte, das hinterher im Schloß
stattfand. Hierauf, um zwei Uhr, brach die Wagenkolonne
wieder zum Bahnhof auf, wo das jungvermählte Paar die
Reise in sein neues Heim antrat. Selbst der Dauerregen, der
die Sonne von gestern abgelöst hatte, vermochte keine Lük-
ken in die Menge zu reißen, noch vermochte er Sophies Stim-

*Franz Ferdinands Belohnung: die Hochzeit in Reichstadt,*
*auf der weder der Kaiser noch ein Erzherzog anwesend waren.*
*Der »Schutzengel« des Paares, die Stiefmutter*
*des Bräutigams, Erzherzogin Maria Theresa, steht auf*
*der rechten Seite von Sophie.*

mung niederzudrücken. Im Gegenteil, in ihrem Land wurde
Regen am Hochzeitstag als Glücksbringer angesehen.

Obgleich der Kaiser an der Hochzeit persönlich nicht teilgenommen hatte, war seine Gegenwart durchaus spürbar:
nicht nur beim wiederholten Abspielen der Nationalhymne
oder in Gestalt des Diadems, das sein Geschenk an die Braut
war. Kostbarer als die Diamanten war ein Telegramm, das
Goluchowski im Namen seines Herrn am Morgen des Hoch-
zeitstages nach Reichstadt gesandt hatte. Dieses enthielt die
Erhebung der Gräfin Sophie »in den erblichen fürstlichen
Rang mit dem Namen Hohenberg und dem Titel ›Fürstliche
Gnaden‹«. Diese Ankündigung war um so erfreulicher, als sie
nicht erwartet worden war. Hohenberg war einer der ältesten

mit der Dynastie verbundenen Namen. Er stammte von ihren mittelalterlichen Besitzungen rund um Rottenburg in Süddeutschland, die von den örtlichen Grafen 1486 käuflich erworben worden waren; und obgleich die Ländereien von Hohenberg seit 1805 zum Königreich Württemberg gehörten, hatte Franz Ferdinand selbst öfter den Titel als Inkognito für Reisen ins Ausland benutzt. Sophie war also an die Habsburger so nahe herangeführt worden, wie es für jemand, dem die Zulassung zur Familie selbst für immer verwehrt war, nur möglich war. Dies sollte in den kommenden Jahren Probleme genug aufwerfen, sowohl persönlicher als auch politischer Art. Was aber war in der Zwischenzeit die unmittelbare Reaktion des Reiches auf die Hochzeit von Reichstadt?

In der Hauptstadt waren die Wienerinnen, und vor allem die Damen der Gesellschaft, wie üblich voller Bosheit. Der Sache der armen Sophie war es nicht zuträglich, daß viele der von ihr verbreiteten Bilder aus früheren Jahren sie in Kleidern zeigten, welche im Sommer 1900 ausgesprochen aus der Mode gekommen waren. Aber anderswo, und zwar besonders in der Provinz, schien diese mittelalterliche Romanze unmittelbar ans Herz des Volkes gerührt zu haben. Franz Ferdinand selbst, bisher eine undeutliche und schattenhafte Figur, trat für einen Augenblick unmittelbar ins helle Licht der Öffentlichkeit, umjubelt von allen Seiten, als wäre er ein Habsburger Siegfried, der sich seinen Weg durch Feuer und gegen Drachen freigekämpft hat, um seine böhmische Kriemhilde in Besitz zu nehmen. Mehr als einmal zog die Presse dieser elf Nationen umfassenden Monarchie politische Parallelen zwischen dieser Sage und dem aktuellen Geschehen. So schrieb eine tschechische Zeitung: »Wer für seine Liebe kämpft, wer sich weigert, aufzugeben, was er für teuer hält, allem Widerstand zum Trotz, in solch einen Mann kann man mit Sicherheit Vertrauen setzen, denn er wird alles, was er schätzt, mit derselben Energie verteidigen... Wir können versichert sein, daß er auch die Liebe seines Volkes gewinnen und es ebenfalls auf den rechten Weg führen wird...«[23]

Und aus Agram, der Hauptstadt Kroatiens, kam dieser Kommentar nach übertriebenem Lob des »ritterlichen Prinzen«: »Warum sollten wir uns nicht freuen, daß eine adelige Dame, die selbst einer böhmischen Familie entstammt, nunmehr ihr Leben lang Begleiterin unseres künftigen Herrschers sein wird?« Die Südslawen, so klagte der Verfasser, hätten zu wenig Freunde in der Umgebung des Thrones, und böhmisches Blut sei letztlich slawisches Blut.[24]

Aber die verwickeltste und bezeichnendste aller Reaktionen kam aus Budapest, der Zwillingshauptstadt des Reiches. Dort gab es einerseits dasselbe persönliche Lob für den mutigen Kampf des Erzherzogs. So schrieb eine Budapester Zeitung:

»Erzherzog Franz Ferdinand hat nicht nur sein eigenes Lebensglück sichergestellt; durch seine Heirat hat er auch in den Augen des Volkes dieser Monarchie Gestalt gewonnen... Er hat wie ein Mann gehandelt, und zwar wie ein Edelmann. Er hat ohne nach links und rechts zu sehen gehandelt, tapfer und entschlossen, was die Ungarn gern bei jemand sehen, der eines Tages ihr König genannt sein will.«

Dennoch fühlten sich die Ungarn enttäuscht, daß ihr Land infolge einer Habsburger Familienentscheidung, die kein Seitenstück in ihren alten magyarischen Gesetzen fand (und ebensowenig in welcher Verfassung des Habsburger Reiches auch immer), eines Tages einer Königin beraubt würde, sobald Franz Ferdinands Tag als König heraufziehen würde. Die Nationalisten versuchten, diesen Groll um jeden Preis auszunutzen, indem sie darauf bestanden, daß der eidliche Verzicht des Erzherzogs keine Gesetzeskraft in Ungarn erlangen könne und daß seine Frau als ihm gesetzlich angetraute Gemahlin für sie ihre zukünftige Königin sei.

Als der die Heirat betreffende Gesetzentwurf im Oktober jenes Jahres dem ungarischen Reichstag vorgelegt wurde, fand er Annahme unter nicht weiter aufsehenerregenden Protesten der Opposition. Aber die Tatsache, daß diese querköpfigen Ungarn die einzigen waren, die an seiner Heirat etwas auszusetzen hatten, ging nicht spurlos an Franz Ferdinand vorüber, der längst Abneigung gegen alles, was magyarisch war, empfand.

Was die Zukunft seiner ihm jüngst angetrauten Braut betraf, so hatte eine der böhmischen Zeitungen ihre Aussichten poetisch und prophetisch in folgende Worte gefaßt: »Gräfin Sophie Chotek wird niemals eine Krone auf ihrem Haupte tragen, aber dennoch wird sie ihre Dornen spüren.«[25]

# 6

## Der Herr von Konopischt

In jenem Sommer schienen die Dornen ebensoweit wie die Krone entfernt zu sein. Von Reichstadt reiste das Brautpaar, umjubelt auf jeder Station, mit dem Zug ab, um die Flitterwochen daheim zu verbringen. Für beide war die Lage günstig. Erstens, weil es Flitterwochen waren, die ihr ganzes Leben lang anhielten: Franz Ferdinands morganatische Verbindung erwies sich als die sowohl glücklichste als auch umstrittenste der damaligen Habsburger Ehen, und zweitens, weil sich die Neuvermählten unmittelbar vom Altar in ihre Häuslichkeit zurückzuziehen schienen. Ein Brief, den der Erzherzog seiner geliebten Stiefmutter eine Woche nach der Hochzeit aus Konopischt schrieb, atmet bereits wohlige Sicherheit neben Triumph und Dankbarkeit:

»Liebste Mama!
Endlich bißl in Ruhe gekommen nach Beantwortung zahlloser Telegramme – Briefe – nach Einrichtung unserer Wohnung und Auspackung aller Sachen von Sophie, ist es

*Das offizielle Foto des neuvermählten Paares. »Soph«,
schrieb der Erzherzog, »ist ein Schatz!«*

mir Erstes Dir einige Zeilen zu schreiben und Dir in meinem und Sophies Namen, auch noch schriftlich von ganzem Herzen zu danken, für all die unbeschreibliche Güte und Liebe, die Du uns in Reichstadt bewiesen hast: Wir sind Dir bis an unser Lebens-Ende dankbar für Alles was Du für uns gethan hast, für die zahllosen Beweise Deines goldenen mütterlichen Herzens.

Wir Beide sind unsagbar glücklich: dieses Glück verdanken wir in erster Linie Dir! Wo wären wir heute, wenn Du Dich nicht so in edler rührender Weise unserer angenommen hättest! Wir sprechen auch unausgesetzt von Dir und unsere Dankbarkeit kennt keine Grenzen.

Wir können Dir nichts bieten, als die Versicherung, daß Du so ein gutes Werk gemacht hast und daß Du Deine 2 Kinder für ihr ganzes Leben glücklich gemacht hast.

Sophie wollte Dir auch schreiben, doch fand sie es unbescheiden Dich mit einem Schreiben zu behelligen, und so übernahm ich es auch ihren gerührtesten Dank und ihren Handkuß zu vermelden.

Soph liest diesen Brief nicht, da sie gerade Bettelbriefe ordnet. Also kann ich Dir sagen, liebste Mama, unter 4 Augen, daß Soph ein Schatz ist, daß ich unschreiblich glücklich bin! Sie sorgt so für mich, mir geht es famos, ich bin so gesund und viel weniger nervös. Ich fühle mich wie neugeboren. Sie schwärmt von Dir und redet nur von Deiner Güte und Liebe. Ich habe vollkommen in meinem Inneren das Gefühl, daß wir beide bis zu unserem Lebens Ende unbeschreiblich glücklich sein werden.

Gute liebe Mama, Du hast so das Richtige getroffen, daß Du mir so geholfen hast! Der liebe Gott zu dem ich täglich 2mal in der Capelle mit Soph bethe, lohne Dir, gute Mama, Alles was Du für uns gethan.

Ich umarme Dich und die Schwestern, küsse Dir die Hände und bin ewig

Dein dankbarster, Dich innigst liebender Sohn

Franzi«[1]

Das ist wahrscheinlich der freudestrahlendste Brief, den Franz Ferdinand jemals geschrieben hat und der noch erhalten ist. Doch strahlt er auch Ruhe aus: Sie dürften Mann und Frau auf Jahre hinaus statt nur für ein paar Tage geworden sein.

Der Brief weist auch auf jene besonderen Eigenschaften Sophies hin, die ihn stets zu ihr hingezogen haben. Es war nicht nur ihre physische Anziehungskraft noch allein die Bewunderung für einen Charakter, der über ihre 32 Jahre hinaus gereift war. Er war ganz einfach auch überzeugt, daß sie gut für ihn sein würde: gut für seine Gesundheit und vor allem gut für seine Nerven. Die angeheiratete Nichte des Erzherzogs, die das Paar häufig beieinander sah, faßte es in folgende Worte:

> Neben ihrem bestrickenden Aussehen und äußerst weiblichen Charme war es der Hauch absoluter Ruhe, den er so unwiderstehlich fand. Sie war die ideale Partnerin für einen so reizbaren Mann und wußte gut, wie sie mit ihm umzugehen hatte. Sie konnte ihn fast immer beruhigen, und wann auch immer er einen seiner ärgerlichen Ausbrüche hatte, so beruhigte sie ihn ganz einfach dadurch, daß sie ihn in ihre Arme nahm und nur »Franzi, Franzi« sagte.[2]

Und eines der Enkelkinder des Erzherzogs wies insbesondere noch darauf hin, daß Sophie oft in der Lage gewesen sei, ihren Gemahl zu beruhigen, ohne auch nur ein Wort zu äußern. Franz Ferdinand hatte ihr eine Brosche aus Edelsteinen in Gestalt eines Lammes geschenkt, die ihre beruhigende Natur symbolisieren sollte. Wenn sein Temperament mit ihm durchging (obwohl ganz offensichtlich niemals ihretwegen), dann hat sie ihn gleich angesehen und zart auf die Brosche geklopft, bis der Sturm vorüber war.[3]

Es war gewiß für dieses Paar, dem unter manch anderem 14 Jahre meist bürgerlicher Häuslichkeit vorausbestimmt waren, das beste, die erste Zeit ihrer Flitterwochen daheim zu verbringen. Aber Konopischt bot sich kaum als lieblicher, romantischer Ort an. Auf dem sogenannten Tabor-Plateau, etwa 40 Kilometer von Prag entfernt, gleicht das große rechteckige Schloß mit seinen vier Ecktürmchen und dem beherrschenden Zentralturm eher einer Festung als einem Wohnhaus. Immerhin hatte es bisher den größten Ruhm erlangt als Zufluchtsort des großen Wallenstein, Herzog von Friedland, Fürst von Sagan und Generalissimus der katholischen Streitkräfte im Dreißigjährigen Krieg, bis er vom Kaiser entlassen und schließlich 1634 unter dem Verdacht verräterischer Verhandlungen mit dem schwedischen protestantischen Feind ermordet wurde. Trotz aller Veränderungen seit den 30er Jahren des 17. Jahrhunderts hängt bis zum heutigen Tag noch jene ursprüngliche Düsternis über diesem Ort; zweifellos ist er das genaue Gegenteil jener heiteren gelbgewaschenen Barockschlösser aus dem 18. Jahrhundert mit ihren mit Balustraden versehenen, einladend nach unten in die umgebenden Gärten führenden Treppen, die sich, verstreut über das ganze Reich, Franz Ferdinand zur Wahl anboten.

Vielleicht war es eine Festung, wie er sie sich immer gewünscht hatte, und keineswegs ein Refugium zum Schutz einer morganatischen Gemahlin, denn die Wahl von Konopischt war getroffen worden, bevor er jemals ein Auge auf Sophie geworfen hatte. Er kaufte das Schloß 1887 von der großen Fürstenfamilie Lobkowitz, die einstmals auch Reichstadt besessen hatte, und legte es mit seinem anderen böhmischen Besitztum, Chlumetz bei Wittingau, zusammen. Das Geld für diese zwei umfangreichen Ländereien (Konopischt hatte 12 000 Joch[4] Land und Chlumetz 16 000) stammte aus dem Verkauf eines Teils seines Modena-Erbes, eine Handlung, die zahlreichen rechtlichen Einwänden begegnete.

Der Letzte Wille des verstorbenen Herzogs von Modena, der den zwölf Jahre alten Franz Ferdinand zum Nutznießer gemacht hatte, war ein umfangreiches und kompliziertes Schriftstück von mehr als 500 Seiten. In einer der vielen Be-

126

*Das glückliche Ehepaar auf einem Spaziergang
(Ansichtskarte).*

stimmungen war festgelegt, daß das gesamte italienische Erbe einschließlich des kleinen Palais in Wien, nur in direkter Linie vom Vater auf den Sohn vererbt werden konnte und daß der Erbe außerdem ein Mitglied des Hauses Österreich sein müsse. Was den alten Herzog – selbst ein Mitglied des nichtregierenden Zweiges des Hauses – zu dieser Bestimmung veranlaßte, war die Hoffnung, daß eines Tages wieder ein Habsburger in Modena regieren würde. Das erschien im Jahre seines Todes 1875 mehr als unwahrscheinlich. Jetzt, 1900, hatte sich noch mehr Unvorhersehbares ereignet. Der Eigentümer der Este-Ländereien und der Träger des Namens Este war nicht nur Erbe des österreichischen Thrones geworden, sondern hatte soeben eine morganatische Ehe geschlossen, die seine Kinder für immer daran hinderte, seinen Titel zu tragen, ein besonderes Erfordernis der Modena-Erbschaft.

Die Anwälte fanden eine Lösung, die ebenso einfach war wie von Erfindergeist zeugte. Danach schlug Franz Ferdinand seinem jungen Neffen Karl (derselbe unglückliche Erzherzog, der dann anstelle seines Onkels ausersehen war, den Thron zu besteigen, und ganze zwei Jahre als der letzte der Habsburger Kaiser regierte) als Erben dieser Modena-Liegenschaften vor, und zwar unter der Bedingung des Verzichts im vorhinein auf den Grundbesitz in Konopischt und Chlumetz zugunsten der morganatischen Kinder seines Onkels. Auch diese Regelung war nicht ganz einwandfrei, denn sie sah einen Erbgang vom Onkel auf den Neffen vor, statt in ununterbrochener Kette vom Vater auf den Sohn, wie es der Letzte Wille des Herzogs von Modena war. Aber diese Lösung war mehr oder weniger unangreifbar, und mit ihrer Hilfe glaubte Franz Ferdinand wenigstens seine böhmischen Besitzungen für seine Kinder gerettet zu haben.[5] Es überrascht natürlich nicht, daß er die Rechnung aufstellte, ohne den Ersten Weltkrieg, die Auflösung des Habsburger Reiches in den letzten Wochen dieses Ringens und die höchst fragwürdige Aktion der nach dem Kriege errichteten Tschechoslowakischen Republik in Betracht zu ziehen. Diese konfiszierte die böhmischen Liegenschaften trotz der Tatsache, daß es sich um Privatbesitz und nicht um staatlichen Besitz des früher regierenden kaiserlichen Hauses handelte.

Derartige Schreckgespenster waren allesamt 1900 unvorstellbar, als Franz Ferdinand zusammen mit seiner Sophie seine Anstrengungen verdoppelte, Wallensteins Festung in ein häusliches Paradies zu verwandeln. Was die Innenausstattung anbetrifft, so bestand seine Lösung darin, außer dem Einbau von notwendigen Badezimmern die Wände der 22 Räume mit Schätzen auszustatten, die er von seinen italienischen Besitzungen (besonders aus der berühmten Villa d'Este bei Rom und dem Landbesitz in Cattaio bei Battaglia) kommen ließ. Dazu kam das bemerkenswerte Sortiment von Antiquitäten, die er nach und nach aus ganz Europa mit ziemlich hektischem Eifer gesammelt hatte, sowie die Hunderte von exotischen Bazar- und Jagdsouvenirs, die er von seiner Weltreise mitgebracht hatte. Schließlich kamen im Laufe der Jahre Hunderte der üblichen Jagdtrophäen wie Geweihe von Hirschen, Gemsen und Rehböcken (das tausendste Stück hatte er auf Silber montieren lassen), sämtlich in den heimatlichen Wäldern geschossen, hinzu.

Den Eindruck, den diese Einrichtung machte, hat ein Regierungsbeamter aus Prag, der Konopischt zu jener Zeit besuchte, eindrucksvoll etwa folgendermaßen beschrieben:

»Das Geweih eines skandinavischen Elchs, Felle von Eisbären und Braunbären, von afrikanischen und asiatischen Löwen, von Leoparden und Pantern sowie von Wildkatzen und Keilern präsentieren sich der Bewunderung in den Korridoren. Der Fuß eines mächtigen Elephanten, den der Erzherzog 1883 in Kalawana geschossen hatte, dient als Aschenbecher; der Fuß eines ebensolchen Kolosses aus Ceylon als Papierkorb. In einem Raum, an dessen Wand ein Porträt von Kaiser Franz Joseph im Jagdkostüm hängt, sind besondere Erinnerungsstücke denkwürdiger Jagden zusammengetragen: ein weißes Rebhuhn, eine weiße Krähe sowie Reh- und Gamsköpfe zusammen mit einem einzelnen Elchgeweih.

Neben den Schätzen des Hauses Este, deren kostbare Stücke Franz Ferdinand erst nach gerichtlichen Auseinandersetzungen mit dem König von Italien in Besitz nehmen konnte, sieht man besondere Gegenstände aller Art und jedweder Herkunft. So warf der glänzende Kandelaber, der im Rittersaal hängt, einstmals sein Licht in eine galizische Synagoge ... die imponierenden, kunstvoll verzierten Kommoden ... stammten aus den sog. guten Stuben oberösterreichischer Bauernhäuser... Die Tirolerstube ist ebenso echt, wie das maurische Zimmer mit seinen vielfältig gemusterten Teppichen und Kissen. Der Raum mit dem Zelt ist ebenfalls echt und die ausgespannten Tücher sind von den flinken Fingern algerischer Jüdinnen gewebt. Dort waren sie als Kleiderstoffe gedacht; hier bewundert man sie als Wandbehang...

Eine reiche Mannigfaltigkeit staunenswerter Objekte, die kaum ein anderer Sammler, wo auch immer als unter seinem Dach vereint zu haben beanspruchen dürfte, erwartet uns im dritten Stockwerk des Schlosses: eine reichhaltige historische Schau von Waffen, bestehend aus den seltensten und kostbarsten Stücken durch die Jahrhunderte hindurch. Da gibt es einen Raum voll von Pulverhörnern, einen anderen mit Speeren, Piken und Lanzen ... und schließlich den Waffensaal selbst mit ganzen Reihen von Brustharnischen und Helmen von Rittern alter Zeiten und ihrer Streitrösser, mit Gold und Silber verziert und aus den Sammlungen der Schlösser und Paläste stammend...«[6]

Was dieser Besucher, der alles mit offenem Mund besichtigt zu haben scheint, nicht erwähnt – zweifellos war die Sammlung damals noch nicht komplett –, war die St.-Georgs-Halle, angefüllt mit 3750 Darstellungen dieses zum Märtyrer gewordenen römischen Legionärs, der auf mysteriösem Wege der Schutzheilige von England geworden war. Der Aufwand des Erzherzogs überschritt, wenigstens der Menge nach, sogar die Sammlung in Schloß Windsor. St. Georg und sein verendender Drache erschienen in Konopischt in jeder Gestalt: gewoben in seidenen Flaggen und Fähnchen, in Stein gehauen oder in Elfenbein geschnitzt, als Ölbild oder Aquarell, dargestellt in Drucken oder Stichen, auf Medaillen und Münzen, geschnitzt aus Holz, modelliert in Silber, aus Bronze getrieben oder als Fabrikware auf billigen Keramikabbildungen. Nicht einmal die Tochter des Erzherzogs kann sich den Grund dieser Leidenschaft erklären. Vermutlicherweise sah sich Franz Ferdinand selbst in der Rolle dieses heiligen Ritters. Aber wer war der Drache, auf den er ständig unbarmherzig einstieß? War es der österreichische Schlendrian, der italienische Irredentismus oder der ungarische Chauvinismus – seine drei politischen Schreckgespenster? Oder war es dieses feurige Reptil, der Obersthofmarschall in Wien, Fürst Montenuovo, der imstande war, das Leben des Erzherzogs doppelt unbequem nach seiner Heirat zu machen? Niemand, so scheint es, hat jemals nach der Lösung des Rätsels geforscht, und niemand hat sie erfahren.

Franz Ferdinand hat sich mit weit besserem Erfolg außerhalb der Mauern seines Schlosses betätigt. Indem er die Handvoll Gebäude, die den kümmerlichen Flecken Konopischt bildeten, aufkaufte und dann abreißen ließ (eine Zukkerfabrik hörte ganz einfach auf zu existieren, aber eine Brauerei, deren leichtes und wohlschmeckendes Bier im gesamten Bezirk beliebt war, wurde klugerweise in Beneschau wiedererrichtet), vergrößerte er allmählich die Ausmaße des Parks ringsum bis auf beinahe 500 Joch: die Fläche eines Gutes an sich. Dieses weite Gebiet bedeckte er sodann zwischen Bäumen mit Gebüsch und Blumenbeeten. Schließlich dehnten sie sich so weit aus, wie das Auge nur zu reichen vermochte, und sogar dieses Auge wurde dorthin verlegt, wo der Besitzer selbst sein Zimmer hatte, hoch oben im dritten Stock des Schlosses (die beste Aussicht hatte man vom Waschraum dieses Stockwerks aus, wohin Besucher oft geführt wurden, um sie zu genießen).

Der Entschluß des Erzherzogs, nichts als kultivierte Naturschönheit zu sehen, wenn er aus seinen Fenstern schaute, reichte sogar weit über die Grenzen dieses ausgedehnten Parks hinaus, wo das Ackerland der Besitzung begann. Er ordnete an, daß das Pflügen allenthalben einen Meter vom Feldrain entfernt aufzuhören habe und daß diese ungepflügten Streifen entlang wilde Blumen und Heckenrosen angepflanzt werden sollten, um dieses Gartenpanorama bis in weite Entfernungen hinaus auszudehnen. Um zu verhindern, daß das Vieh alles wegfressen würde, wurden der Herde Hunderte von Maulkörben verpaßt. Die Bauern waren beruhigt, wenn auch immer noch verblüfft, als sie vernahmen, daß sie die Kosten nicht zu tragen hätten. Aber über den Ertragsverlust ihres Grund und Bodens kamen die Ackerbauern nicht hinweg.[7]

»Der Erzherzog war immer ein leidenschaftlicher Blumenfreund«, erinnert sich seine Tochter. »Immer preßte er welche zwischen seinen Büchern, und immer las er über sie, um seine Kenntnisse zu erweitern. Wenn auch reiner Liebhaber, so konnte er sich schließlich doch auf gleichem Niveau mit Sachverständigen unterhalten und wußte alle lateinischen Namen, selbst die der Abarten.«[8] Aber den Rosen galt seine besondere Liebe, und im Laufe der Jahre breiteten sich buchstäblich Tausende kultivierter Rosenbeete aller Art zu einem großen Blumenmosaik aus, um sich an die kilometerlangen Reihen von Heckenrosen anzuschmiegen, die dort begannen, wo der Park aufhörte. Trotz der kümmerlichen Bodenqualität des Tabor-Plateaus (das nach wenigen Sonnentagen Risse bekam und sich nach kurzem Regenschauer in knöcheltiefen Morast verwandelte), wurde dieser große Rosenteppich, einzig in seiner Art im ganzen Reich, von einer kleinen Schar von Gärtnern angelegt und gepflegt. Gäste verirrten sich oft in diesem Blumenlabyrinth. Selbst der Erzherzog, der jede Blüte zu kennen schien, gebrauchte für seine ausgedehnten Inspektionsgänge zuweilen ein winziges Ponygefährt. Dieses Labyrinth war auch seine Burg. Die Blumen von Konopischt, gleich seinen Türmchen, waren da, um jeden und alles, was unwillkommen oder unbeliebt war, von Franz Ferdinand und seiner Gemahlin fernzuhalten. Um sie daran zu erinnern, was sie beide hatten durchmachen müssen, bis sie endlich ihren Hafen erreicht hatten, wurde der erste Kiesweg bis zum oberen Teil der Gärten »Oberer Kreuzweg« benannt. So heißt die Straße in Dresden, wo Sophies verheiratete Schwester, Gräfin Wuthenau, ihre Wohnung hatte, in der Sophie lange Zeit während der Heiratskrise gelebt hatte und wohin der Erzherzog öfter zu heimlichen Besuchen gekommen war.

Sie besaßen viele andere Aufenthaltsorte. Außer dem Palais Belvedere in Wien (das ihm jetzt als Thronfolger zugesprochen worden war) gab es verschiedene Jagdunterkünfte, wo er sich als Junggeselle aufgehalten hatte und denen er als verheirateter Mann das Schloß Blühnbach hinzufügte, im Salzburger Land gelegen, ringsum von Gebirgswäldern eingerahmt, die bereits im Mittelalter ihrer Hirsche und Gemsen wegen berühmt waren. Aber Konopischt blieb das eigentliche Zuhause, um so mehr, als zwei der Kinder dort geboren wurden. Das erste, Sophie, kam im Juli 1901, ein Jahr nach der Hochzeit, zur Welt. Es war eine Zangengeburt nach beinahe 17stündigen Wehen der 33 Jahre alten Mutter. »Ich war halbtot vor Entsetzen«, schrieb der Erzherzog bald darauf an Baron Beck. Der Tochter folgten zwei Söhne, Max im September 1902 und Ernst im Mai 1904 (ein viertes Baby 1908 war ein totgeborenes Kind). Habsburger waren sie nicht, aber mit zwei gesunden Hohenberg-Prinzen in der Kinderstube schien der uralte Titel der Dynastie, den der Erzherzog für seine Braut gewählt hatte, für die Zukunft gesichert zu sein. Diese eine Hoffnung wenigstens konnte die Geschichte nicht auslöschen.[9]

Vier Monate nach der Geburt seines zweiten Sohnes schrieb Franz Ferdinand wieder einen Brief an die Erzherzogin Maria Theresa. Es ist ein weiteres Dokument der Freude, in welchem Dankbarkeit des Stiefsohnes, Vaterstolz und erfüllte Zufriedenheit des Ehemannes mit Stolz auf die eigene Häuslichkeit wetteifern:

»Das Allergescheiteste was ich je in meinem Leben gemacht habe war, daß ich meine Soph geheiratet habe; sie ist für mich Alles, meine Frau, meine Rathgeberin, mein Doktor, mein Kamerad, mit einem Wort, mein ganzes Glück. Jetzt nach 4 Jahren lieben wir uns wie am 1. Tag unserer Ehe und nicht eine Sekunde war unser Glück getrübt.

Und unsere Kinder. Sie machen meine ganze Wonne und meinen Stolz aus. Den ganzen Tag sitze ich bei ihnen und bewundere sie, weil ich sie gar so lieb hab. Und die Abende zu Hause, wenn ich meine Zigarre rauche und Zeitungen lese und Soph strickt: die Kinder kugeln herum und werfen alles von den Tischen herunter, das ist gar so köstlich und gemütlich!...«[10]

Obwohl er jetzt diese feste und glückbringende Grundlage seiner Existenz in Konopischt hatte, war der Erzherzog häufig abwesend. Seine Abwesenheit war teilweise diktiert vom Wunsch, auch ein Auge auf seine anderen Besitztümer zu halten und sich ihrer zu erfreuen; teilweise von der Notwendigkeit, die im Laufe der Jahre wuchs, einen Bruchteil seiner Zeit in Wien zu verbringen oder militärischer Gründe und repräsentativer Pflichten wegen anderswo; und teilweise vom brennenden Verlangen, zu reisen, das von ihm als gestandenem, verheiratetem Mann immer wieder Besitz ergriff. Seine Tochter hat den für die Familie typischen Ablauf eines Jahres beschrieben:

Weihnachten wurde fast immer in Konopischt verbracht. Nur einmal waren wir in Chlumetz, und einmal, 1912, verbrachten wir es im Belvedere in Wien, weil der Kaiser damals sehr krank geworden war.
Ich erinnere mich, daß wir auch dort zwei riesengroße

*Franz Ferdinand mit seinem ältesten Kind und seiner einzigen Tochter Sophie. »Er war ein wundervoller Vater für uns Kinder.«*

Christbäume hatten, die aus den Wäldern von Konopischt stammten. Anschließend, im Januar und Februar, waren wir alle meistens in Wien, aber immer wieder mit kurzem Zwischenaufenthalt in Konopischt. Hierauf, im März und April, reisten wir gewöhnlich nach Süden. Wir bezogen entweder das Schloß Miramare bei Triest, das damals Habsburger Eigentum war und von verschiedenen Mitgliedern der Familie benutzt wurde, oder reisten auf die adriatische Insel Brioni, wo wir in einem Hotel lebten. Zuweilen aber fuhren wir auch in die Alpen, nach St. Moritz zum Beispiel, wo wir uns ebenfalls in ein Hotel einmieteten.

Mai und Juni wurden normalerweise wieder in Konopischt verbracht, wenn auch mit ständigen Ausflügen nach Wien im Juni, um an den großen Pferderennen im Prater sowie am Blumencorso teilzunehmen. Im Juni reisten wir auch öfter nach Donaueschingen, um mit den Fürstenbergs Rehböcke zu jagen. Im Juli ging es manchmal für einige Wochen in einen Kurort an der belgischen Küste. Den August verbrachten wir entweder in Lölling in Kärnten oder in Blühnbach und blieben öfter bis zur Hirschjagd im Oktober, wenn auch mein Vater von dort aus immer wieder Besuche in Bad Ischl abstattete, wo der Kaiser während des Sommers ständig weilte. Gelegentlich, gegen Ende September, ging es zur Hirschjagd nach Eckartsau, einem anderen Habsburger Familienbesitz.[11] Schließlich wurden, um das Jahr abzurunden, November und Dezember hauptsächlich in Konopischt verbracht. Konopischt war für uns Kinder stets das Zuhause. Es war ganz einfach der Ort, wo wir alle unsere Habseligkeiten hatten.[12]

Da Franz Ferdinand Erbe des österreichischen Thrones war, richteten sich die Dispositionen der Diplomaten nach dieser jährlichen, höchst bequemen Routine, und ganz besonders die von Heinrich von Tschirschky, dem deutschen Botschafter in Wien, der bei jeder nur möglichen Gelegenheit die Nähe des Erzherzogs suchte. So berichtete er einmal in ziemlich resigniertem Ton ans Auswärtige Amt in Berlin: »Was die Reisepläne des Erzherzogs Franz Ferdinand anlangt, so ist er jetzt für zwei Monate in Miramare bei Triest. Zu längerem Aufenthalt kommt er auch dann voraussichtlich nicht nach Wien, da dann schon die Rehjagd beginnt, und er überhaupt im Frühjahr selten in Wien ist.«[13]

Da Rehbock und Hirsch eine so herausragende Stelle in den Reiseerzählungen sowohl der Tochter als auch des Diplomaten einnahmen, dürfte es an der Zeit sein, sich mit der anderen großen Leidenschaft von Franz Ferdinands Privatleben, die an zweiter Stelle nach der für Sophie und noch vor der für seine geliebten Rosen stand, zu beschäftigen, nämlich der Jagd. Für den Erzherzog nahm St. Hubertus bestimmt einen höheren Rang als St. Georg im Heiligenkalender ein, aber es war eine Verehrung, die seinem Ruf Abbruch tat. Wie wir gesehen haben, war er schon früh in seinem Leben auf Kritik gestoßen, weil er zuviel Zeit und Energie darauf verwandte, dem Wild nachzustellen. Nach seinem Tod nahm diese Kritik übertriebene Formen an und entartete zu dem häßlichen Bild eines ruhelosen Tierschlächters, der aus reinem Blutdurst geschossen habe und nicht aus Liebe zum Sport.

Der Mann, der wahrscheinlich am meisten zur massenhaften Verbreitung dieser Legende beigetragen hat, war Bruno Brehm, ein deutscher Schriftsteller, dessen Werke in den 20er und 30er Jahren zu Hunderttausenden verkauft wurden. Drei von ihnen bildeten eine Trilogie über die letzten Jahre der Habsburger Monarchie. In dem ersten, »Apis und Este«, wird der Leser an einer Stelle hinauf in die Berge bei Blühnbach geführt, wo der Erzherzog geschildert wird, wie er ohne fremde Hilfe ein Massaker an einer Herde von Gemsen begeht, die ihm zugetrieben wird; Böcke, Ricken und Kitzen fallen erbarmungslos seiner Flinte zum Opfer, während seine Gemahlin vor Behagen an seiner Seite schnurrt. Zu der Geschichte gehört auch die Tochter eines lokalen Försters, die voller Hysterie vom Ort des Geschehens flieht und beim Weglaufen verräterische, gellende Schreie in Dialekt ausstößt, weil dieses unsportliche Gemetzel selbst für ihre gesunden Nerven unerträglich ist.[14] Ähnliche Erzählungen sind auch über die Beschäftigung des Erzherzogs mit allem Flug- und Niederwild in Umlauf.

Nur ein oder zwei Menschen können heute noch unter den Lebenden gefunden werden, die Franz Ferdinand bei der Jagd beobachtet haben. Ihren Beschreibungen jedoch können Erzählungen aus zweiter Hand hinzugefügt werden, die von Kindern von Zeitgenossen stammen, und diese entsinnen sich dieser Eindrücke selbst noch in Tagebüchern oder Erinnerungen. Zweifellos liebte Franz Ferdinand die Jagd und eine große Strecke, was bedeutete, daß er viel Wild töten mußte. Es unterliegt auch kaum einem Zweifel, daß er, wenn er schon jagte und zielte, Freude daran hatte, mehr Wild als die anderen zu erlegen. Dies verdankte er nicht nur seinem angeborenen Stolz, der sich außerhalb seiner Familie bis zum Hochmut auswachsen konnte. Vielleicht war es mehr der Ausdruck eines inneren Verlangens, sich als Außenseiter der kaiserlichen Familie immer wieder unter Beweis zu stellen. Die Enttäuschungen langen Wartens auf den Thron mögen psychologisch auch eine Rolle gespielt haben. An dieser Stelle kann abermals ein interessanter Vergleich mit jenem anderen Thronanwärter gezogen werden, der einige Jahre des Wartens mit ihm teilte, mit Eduard, dem Prinzen von Wales.

Eduard verspürte keinerlei Zwang, sich der Gesellschaft gegenüber hervorzutun, nicht einmal als Prinz, geschweige denn als König. Er wußte, daß er unangefochten an der Spitze der Gesellschaft stehen würde, bis ans Ende seiner Tage. So umgab er sich trotz der Tatsache, daß er ein ziemlich gleichgültiges hohes Tier war, mit den vorzüglichsten Schützen seines Königreichs, die ihm gleichbleibend überlegen waren. Solange jedermann sich freute, kümmerte ihn das überhaupt nicht. Vielmehr konnte er wütend werden, wenn einer seiner Gäste taktvoll versuchte, der Überlegenheit des anderen Abbruch zu tun.[15]

Mit Franz Ferdinand verhielt es sich ganz anders. Seine angeheiratete Nichte, die damalige Erzherzogin Zita, erinnerte sich an Fasanenjagden, an denen sowohl Franz Ferdinand als auch ihr Gemahl, Erzherzog Karl, teilnahmen. Wenn auch nicht so voller Hingabe und Leidenschaft wie der Thronfolger, war der junge Erzherzog selbst ein ausgezeichneter Schütze, so daß die Zuschauer, wenn er einen besonders guten Tag hatte und neben seinem Onkel stand, keinen großen Unterschied zwischen beiden Schützen feststellen konnten. Sobald er nur spürte, daß diese Gefahr heraufzog, pflegte Karl absichtlich vorbeizuschießen, nur damit sein Onkel Schützenkönig bleiben konnte. Wir können sicher sein: Hätte es der eigene Neffe des Thronfolgers, der diesem nach der Verzichterklärung von 1900 in der Reihe der Anwärter auf den Thron unmittelbar folgte, unterlassen, seinem Onkel als Sportsmann zu schmeicheln, so hätten die weniger Sterblichen aus den Reihen der Aristokratie nicht gezögert, es ihm gleichzutun.[16]

All dies tut freilich dem Sachverstand Franz Ferdinands keinen Abbruch. Als Künstler im Umgang mit der Schrotflinte gegen getriebene Fasanen und Rebhühner gehörte er bestimmt zur höchsten europäischen Klasse, wenn er auch nicht an der Spitze stand. Die Lobhudeleien, die sich insoweit in den Memoiren von Mitgliedern seiner Begleiter finden, scheinen daher zu rühren, daß einige von ihnen selbst niemals mit Schrotflinten umgegangen sind und daß sie jedenfalls über keinerlei Anhaltspunkte für Vergleiche außerhalb der Monarchie verfügt haben. So schreibt sein Arzt voller Ehrerbietung, er habe beobachtet, wie der Erzherzog mehr als 30 Schüsse auf Flugwild abgegeben habe, bis er schließlich einmal gefehlt habe.[17] Großartige Schießkunst, gewiß, aber ihr muß die Fertigkeit und erstaunliche Geschwindigkeit eines Lord Ripon gegenübergestellt werden, der einmal 28 Fasanen in 60 Sekunden in Sandringham schoß und, wie bei einer anderen Gelegenheit beobachtet wurde, sieben Vögel mit einem Schuß in der Luft zur Strecke brachte.[18]

Dann bleibt weiter die Frage nach der Art der betreffenden Vögel. Jeder, der einmal in demselben Gebiet, das der Erzherzog so liebte, zu Beginn des Jahrhunderts (und es hat seine Struktur kaum geändert) gejagt hat, wird wissen, daß das typische, getriebene österreichische Rebhuhn – wenn es überhaupt getrieben zu werden braucht – ziemlich leicht aus den Maisfeldern aufsteigt. Der typische Fasan ist der sogenannte Baumfasan oder Parkfasan, ein weit leichteres Ziel als der sich in sehr großer Höhe aufhaltende Turmfasan, der auf vielen englischen Ländereien unter entsprechender Anpassung gezüchtet wird. (Wie wir sehen werden, geriet sogar der Erzherzog einigermaßen in Verlegenheit, als er sich im großen Parkgelände von Windsor diesem Wild zum ersten Mal gegenübersah.)

Besonders ragte Franz Ferdinand beim Umgang mit der Büchse hervor. Vorzugsweise schoß er zum Beispiel auf Rehböcke auf der Flucht, indem er in die Hände klatschte, um sie in Bewegung zu bringen, wenn er sie bewegungslos vor sich stehen sah, und selbst dann verfehlte er selten das Blatt, den lebenswichtigen Zielbereich hinter der Schulter des Tieres, das, wenn getroffen, sofort tot zusammenbrach. Noch bemerkenswerter ist, häufigen Beobachtungen zufolge, wie er mit seinem Mannlicherstutzen während der Jagd auf Rehböcke, auf rasch vorüberstreichende Fasanen oder Rebhühner zielte und mit seiner Kugel erreichte, daß sie wie Steine tot zu Boden fielen.[19] Nur sehr wenige europäische Jäger hätten eine so großartige Leistung erbracht, ganz davon zu schweigen, daß sie dem Erzherzog jedesmal wieder gelang.

Es bleibt noch der Vorwurf des »Massengemetzels«. Daß er in seinem Leben eine riesige Zahl von Flug- und anderem Wild zur Strecke gebracht hat, ist schriftlich belegt: An die tausend Hirsche sind seiner Büchse vor der Jahrhundertwende zum Opfer gefallen, um nur ein Beispiel zu nennen, und um die Zeit seines Todes hat diese Ziffer die Marke 3000 überschritten. Eine Rechnung von Fasanen, Rebhühnern und Niederwild, die er in seinem Leben geschossen hat, kann mit

*Der Erzherzog, umgeben von einer Armee von Wildhütern und Treibern, die ihm zu einer großen Strecke Gemsen verholfen hatte. Tatsächlich war eine Jagdbeute in dieser Größenordnung bei den damaligen Jägern nicht unüblich.*

solcher Genauigkeit gar nicht erst aufgemacht werden, aber die höchste Berechnung beläuft sich auf viel mehr als eine Viertelmillion.[20] Eine gewaltige Anzahl, ganz sicher, doch der wesentliche Punkt beruht darin, daß es sich, wenn er nur ein ganz gewöhnlicher Jäger gewesen wäre, kaum anders mit seinem Lieblingssport hätte verhalten können.

Er war der Thronfolger, er wurde auf die besten Jagdreviere eingeladen (und besaß selbst eines oder gar zwei davon), und er war zweifellos ein außergewöhnlich guter Waidmann. Und darüber hinaus führte allein die Fülle von Wild im Europa seiner Zeit ganz von selbst zu Strecken, die der gegenwärtigen Generation von Jägern einfach unglaublich erscheinen. Für eine Jagdgesellschaft mit sechs Gewehren wäre der Abschuß von weniger als tausend Stück Flugwild an einem Tag auf einem Gelände erster Klasse nichts weiter als ein enttäuschendes Ergebnis gewesen. Heute würden kleinere Reviere glücklich sein, diese Zahl über eine ganze Saison hin zu erreichen. Aber damals gab es tägliche Strecken von über 1000 Stück, die Waidmänner des Zeitalters von Eduard vor Begeisterung oder Neid die Stirn runzeln ließen: beispielsweise den bisher höchsten Rekord von 6125 Fasanen, die in Tótmegyer in Ungarn am 10. Dezember 1909 geschossen wurden, die Strecke von annähernd 3000 schottischen Moorhühnern (ein weit schwierigeres Ziel), die in Broomhead in Yorkshire am 27. August 1913 erzielt wurde, oder die 7000 in Blenheim Palace in Oxfordshire am 7. Oktober 1898 erlegten Kaninchen. Doch Konopischt, das sich nicht in dieser Gesellschaft befand, konnte nichts anderes tun, als sich dessen zu schämen. Zwei Tage Jagd dort, am 24. und 25. Oktober 1913, brachten es nur auf 6300 Fasanen.

Der langen Rede kurzer Sinn: Fast jeder europäische Jäger von damals mit entsprechend großem Können, Reichtum und Muße hätte mit den von Franz Ferdinand erreichten Zahlen wetteifern können, würde er nur seiner Leidenschaft ein ganzes Leben lang gefröhnt haben. Einige haben diese Zahlen sogar überschritten. Da hängt zum Beispiel in Newby Hall in Yorkshire heute noch das Gewehr, mit dem Lord Ripon, vielleicht der tüchtigste aller tüchtigen Schützen im England seiner Zeit, über 556000 Stück Flug- und anderes Niederwild zwischen 1867 und 1923 zur Strecke gebracht hat. Und es gibt keinerlei Anhaltspunkt für die Annahme, daß der Erzherzog ein weniger nobler Schütze als Seine Lordschaft gewesen ist. Im Gegenteil, wir haben gesehen, daß Franz Ferdinand im Verlauf seiner Reise durch Indien gelegentlich Anlaß zu Klagen über das unwaidmännische Verhalten seiner englischen Gastgeber fand. Wenn der Erzherzog einfach deshalb, weil er so viel geschossen hat, ein Ungeheuer gewesen sein soll, dann waren es König Georg V. von England, König Alfons XIII. von Spanien (vergleichbare fürstliche Repräsentanten der Schrotflinte) und praktisch jeder jagende Große auf dem europäischen Kontinent seiner Zeit ebenfalls. Heute sind es die Industriekapitäne, die die Tradition, so gut es geht, weiter pflegen.

Was war Franz Ferdinand sonst noch im Privatleben, wenn er kein Gewehr in der Hand hatte? Wie sahen die anderen Neigungen und Eigenschaften dieses in den mittleren Jahren stehenden verheirateten Mannes aus, dessen Taille jetzt einige Zentimeter mehr Umfang hatte als zu seiner frühen Leutnantszeit, dessen Blick aber immer noch so durchdringend und rätselhaft war wie früher, was von gleichsam zwei Augenpaaren herzurühren schien?

Er war vor allem (worauf der Brief von 1904 an seine Stiefmutter schließen läßt) ein ausgezeichneter Familienvater. Seine Tochter, die insoweit ganz gewiß als Autorität angesehen werden kann, erinnert sich:

> Er war ein wundervoller Vater für uns Kinder. Wir wurden immer von ihm bei jeder passenden Gelegenheit mitgenommen, sei es auf Reisen oder, als wir alt genug waren, auf die Jagd daheim. Wir hatten private Erzieher, aber er nahm eifriges Interesse an unseren Unterrichtsstunden, und wir pflegten kleine Gedichte vor ihm aufzusagen und kleine Vorträge zu halten in allen Sprachen, sogar auf ungarisch. Er war streng mit uns, aber niemals barsch oder ungerecht. Was seine berühmten Temperamentsausbrüche betrifft, so kamen und gingen sie wie Sommerstürme, wir sahen ihn voller Zorn am Tisch sitzen und seine Stimme erheben. Aber er tat es immer mit Erwachsenen, niemals mit uns.[21]

Die Wärme und Herzlichkeit, die der Erzherzog daheim immer ausstrahlte, schien für manche Beobachter zu gefrieren, wenn er erst einmal aus dem Haus getreten war, als ob sein Blut zu Eis erstarrt wäre, sobald er nur die Schwelle überschritten hatte. Gewiß, der breiten Volksmasse gegenüber zeigte er sich bis ans Ende seines Lebens als zurückgezogene, kalte und einigermaßen frostige Natur. Dies war teilweise den Umständen zuzuschreiben: die lange währende Aus-

landsreise, die mit Krankheit und Erholung ausgefüllten Zeit-
räume, auch meistens außerhalb des Landes verbracht, hatten ihn dem Auge der Öffentlichkeit entzogen, und sogar in
den ersten Jahren als gesunder, verheirateter Mann lebte er
hauptsächlich zurückgezogen. Seine natürliche Veranlagung
spielte gleichermaßen eine Rolle. Er hatte absolut kein Talent
für das, was im späteren Verlauf des 20. Jahrhunderts als *pu-
blic relations* bezeichnet wurde. Im Gegenteil, er hätte diesen
Gedanken verächtlich zurückgewiesen, wäre er zu seiner Zeit
aufgetaucht. Die Völker, über die er zu regieren hoffte, sah er
als heiliges Vermächtnis an, in seine Hände überantwortet
von einem Gott, der auf mysteriöse Weise vermittels seiner
Dynastie wirksam ist. Aber er unternahm niemals den leisesten Versuch, als Thronfolger sich um ihre Zuneigung zu bemühen, und wäre er auf den Thron gelangt, so hätte er in
demselben erhabenen Stil regiert: väterlich bis autoritär. Er
wäre, wie der Schriftsteller Karl Kraus mit jener reizvollen
Untertreibung schrieb, »kein Händeschüttler« geworden.
Franz Ferdinand selbst drückte sich nicht anders aus. Er sagte
einmal zu seinem Neffen Karl, als der junge Erzherzog und
seine Frau sich eines Tages gemeinsam mit ihm in Oberöster-
reich erholten: »Mach dir nichts vor, ihr würdet keine leichte
Zeit mit mir als Kaiser haben.«[22] Das junge Paar gab sich in
dieser Hinsicht auch keinerlei Illusionen hin.

Aber der Faktor, der sowohl Zurückhaltung als auch
Strenge in ihm vereinte, war seine Menschenverachtung,
möglicherweise instinktiv in ihm als junger Mann entwickelt,
aber ganz gewiß tief in ihm für immer verwurzelt seit den
erniedrigenden Intrigen, die seine Krankheit umgaben. Auch
dies gab er selbst zu, dieses Mal in einer wohlbekannten Bemerkung gegenüber dem Chef des österreichischen Generalstabs, Franz Conrad von Hötzendorf, einem Mann, von dem
wir später mehr hören werden, als der General mit ihm in
Wien über Personalfragen diskutierte. »Wir gehen von verschiedenen Standpunkten aus«, erklärte der Erzherzog. »Sie
sehen in jedermann einen Engel von Natur, und das wird Sie

» Und unsere Kinder. Sie machen meine ganze Wonne
und meinen Stolz aus. «

in einen Haufen von Unannehmlichkeiten führen. Ich dagegen sehe in jedermann, dem ich begegne, auf den ersten Blick einen Halunken und überlasse es ihm, allmählich meine Ansicht zu ändern, wenn er dazu in der Lage ist.«[23]

Gesunder Skeptizismus ist stets bei Herrschern als politische Tugend vermerkt worden, doch Franz Ferdinand trieb, wenn er seine Worte wirklich so gemeint haben sollte, wie sie ausgesprochen wurden, die Dinge doch etwas zu weit. In jedem Fall wies das kaiserliche Wien zur Zeit seines Niedergangs mehr Narren als Halunken auf.

Franz Ferdinand wirkte, auch nach seinen eigenen Aussagen, auf alle als eine ziemlich abstoßende Figur, mit Ausnahme seiner eigenen Familie. Es gab allerdings zwei Dinge, die diese Kanten abschliffen. Zunächst war er wie so manche streng erscheinenden Naturen fähig, sowohl großen Charme als auch tiefe Bewegung an den Tag zu legen, wenn die entsprechende Stimmung von ihm Besitz ergriff. Es gab auch plötzliche Ausbrüche von Heiterkeit, unvorhersehbar wie seine Wutanfälle, als ob es einem fröhlichen Geist gelungen wäre, dem engen Rahmen, in den er für gewöhnlich eingezwängt war, für kurze Zeit zu entfliehen, um alsdann wieder von ihm eingeholt zu werden. Des weiteren verfügte der Erzherzog über eine andere anziehende Eigenschaft, nicht ungewöhnlich bei Charakteren seiner Prägung: einen Widerwillen gegen Schmeichelei, verbunden mit Respekt für jedermann, ob hoch oder niedrig, der bereit war, seine Ansicht zu äußern und sich aus den Folgen nichts weiter zu machen.

Baron Morsey hat in seinem unveröffentlichten Tagebuch beschrieben, wie er, nachdem man ihn überredet hatte, seine Abneigungen zu überwinden und in den persönlichen Stab des Erzherzogs einzutreten, von seinem Herrn mit der Aufforderung begrüßt wurde, ihm immer die Wahrheit ins Gesicht zu sagen, wie unbequem dies auch erscheinen möge, und selbst wenn er befürchten müsse, deshalb vom Erzherzog hinausgeworfen zu werden.

Wer dem Erzherzog mutig entgegentrat, ist niemals hinausgeworfen worden. Morsey fährt fort mit der Beschreibung des Falles eines gewissen Leutnants Schwarz, eines Mannes bescheidener Herkunft, der eine untergeordnete Stellung bei der Gartenverwaltung bekleidete und niemals mit seiner Meinung zurückhielt, gleichgültig gegenüber jedem erzherzoglichen Mißfallen oder gar Ausbruch. Das Ergebnis war, daß er in höchstem Ansehen stand. »Seien Sie auf der Hut, wenn Schwarz schlechte Laune hat«, warnte der Erzherzog einst Morsey und fügt hinzu: »Selbst ich habe dann auf mich obacht zu geben.«[24]

Was die geistigen Qualitäten des Erzherzogs anlangt, so war er bei weitem der intelligenteste und scharfsinnigste Habsburger seiner Generation, nachdem Kronprinz Rudolf seinen Geist aufgegeben hatte, den er sicherlich ebenfalls besaß. Er konnte mit wenigen Worten bis auf den Grund der kompliziertesten Probleme bohren, selbst wenn diese Worte allzuoft voll beißenden Spotts waren. Doch obwohl er über einen scharfen Verstand verfügte, war er nicht etwa ein Intellektueller, zumal da er immer dem Praktischen aller Philosophie gegenüber den Vorzug gab. Im übrigen war seine wissenschaftliche Bildung nicht weiter tiefgehend, denn selbst die große Fülle von Antiquitäten und Gegenständen, die er in Konopischt anhäufte, war ebensosehr seiner Sammelwut wie seiner Liebe für alles Schöne an sich zu danken. Obwohl er in einer Zeit monumentaler Musik aufgewachsen ist (mit den großen neuen Symphonien und Konzerten von Johannes Brahms, der sich an die etablierten Klassiker Beethoven, Mozart, Schumann und Schubert im Repertoire der Wiener Philharmonie anschloß), gibt es keinen Hinweis, daß er sie jemals gehört, geschweige denn sich ihrer erfreut hat. Musik war für ihn ebenso wie für den Kaiser etwas, was man vor sich hin pfeifen kann, und bedeutete vorzugsweise populäre Operettenmelodien oder Volksweisen. Der Leierkasten scheint das von ihm bevorzugte Instrument gewesen zu sein.

Mit der Literatur scheint es sich ähnlich verhalten zu haben. Er hatte große Achtung vor Goethe, Schiller und den anderen Gewaltigen der deutschen Literatur, aber wenig Zeit für sie. Dagegen verschlang er Zeitungen und später haufenweise die offiziellen Schriftstücke, die auf seinen Schreibtisch kamen. Seine Lektüre war ebenso wie sein Geist unmittelbar aufs Praktische gerichtet: Bücher über Blumen, Gärten, Waffen, Möbel und vor allem mit Entwürfen alter Häuser und Schlösser. In Wirklichkeit war er vorzugsweise ein Bewahrer des Überlieferten sowie ein Konservativer, und hier spielt seine tiefe Vaterlandsliebe eine große Rolle. Obgleich er in Konopischt viel niederreißen ließ, war alles, was er auf seinem Besitztum neu aufbaute, im traditionellen Bauernstil gehalten. Denselben von Heimatliebe zeugenden scharfen Blick warf er auf Artstetten, den Besitz, den ihm sein Vater hinterlassen hatte. Seine spitzen Türmchen störten ihn, da sie nicht dem Stil eines Schlosses im Donautal entsprachen. Trotz beträchtlicher Kosten ließ er sie 1912 niederreißen und durch die ursprünglichen Zwiebeltürme ersetzen. Eine seiner letzten großen Arbeiten, die zur Zeit seines Todes noch nicht vollendet war (und sofort der hohen Kosten wegen eingestellt wurde), war die Restaurierung des alten Schlosses von Ambras in Tirol. Zweifellos hatte seine Anhänglichkeit an dieses Schloß ihren besonderen Grund. Es war einmal die Festung, wo jene früheren morganatisch verheirateten Habsburger, Ferdinand von Tirol und Philippine Welser, gelebt hatten.

Schließlich müssen wir, bevor wir von ihm als privater Persönlichkeit Abschied nehmen und uns ihm als Politiker zuwenden, den Blick noch auf drei Eigenschaften werfen, die ihm zum Vorwurf gemacht wurden: daß er Kinder nicht mochte, ausgenommen seine eigenen, daß er keine Zeit für Hunde hatte, mit Ausnahme für diejenigen, welche zu seinem Jagdzubehör gehörten, und daß er unbekümmert mit Geld umging. Mögen derartige Anschuldigungen, selbst wenn erwiesen, auch keine schwerwiegenden Beleidigungen sein, so gereichten sie ihm, milde gesagt, doch zum Nachteil. Dazu ist jede von ihnen auch noch übertrieben, zumindest, wenn sie in so unverblümter Form geäußert wird. Die große Wärme, mit der Familienbeziehungen innerhalb der Abgeschiedenheit von Konopischt gepflegt wurden, führte dazu, daß ihn alles außerhalb dieses Treibhauses von Gefühlen kaltließ. Aber was wahrscheinlich die Gleichgültigkeit des Erzherzogs gegenüber fremden Kindern in eine Art von Unmut verwandelte, war die Tragödie von Sophies viertem Kind, das 1908 tot auf die Welt kam. Damit waren seine Hoffnungen auf Gründung einer großen Familie (drei Kinder waren eine reichlich bescheidene Zahl angesichts des produktiven Durchschnitts jener Zeit) zunichte gemacht, zumal da die Ärzte streng vor einer neuen Schwangerschaft warnten. Da waren auch seiner ungeheuren Willenskraft Grenzen gesetzt. Unter diesen Umständen dürfte ihn der Anblick eines Bauerngutes mit allem möglichen bis hin zu einem Dutzend Bauernkindern, die inmitten von Hühnern hin und her rannten, allerdings mißgelaunt gemacht haben, denn er war kein Mann, der irgendeine Niederlage leichtnahm, selbst wenn sie aus den Händen des Allmächtigen kam.

Die Geschichte, daß der Erzherzog keine Hunde mochte, da er niemals welche ins Haus ließ, stammt aus der Zeit zwischen 1911 und 1914 vom Chef seiner Militärkanzlei, Oberst Karl von Bardolff. Wenn auch im guten Glauben erzählt, so beruht sie doch auf Unkenntnis der Tatsachen. Hunde wurden immer als Haustiere in Konopischt gehalten, bis es eines Tages zu einem Zwischenfall kam, als die Kinder noch ganz klein waren. Max, der ältere der beiden Brüder, hatte sich verkleidet und kam ins Zimmer gerannt, um seine Eltern zu begrüßen. Ein schottischer Schäferhund (ohnehin keine fromme Rasse) sprang nach vorn, um diesen unerkannten Eindringling anzugreifen, und er würde das Kind gebissen haben, hätte es der Erzherzog nicht rechtzeitig zurückgerissen. Von diesem Tag an wurden keine Hunde mehr innerhalb des Schlosses geduldet, aber diese Verweisung war mit Rücksicht auf die Kinder geschehen, nicht aus Abneigung gegen die Tiere. All dies geschah, bevor Bardolff in den Dienst des Erzherzogs trat.[25]

Franz Ferdinands Verhältnis zum Geld schadete ihm weit mehr, denn die Österreicher und noch mehr die Ungarn (Spezialisten in der Kunst, voller Anmut über ihre Verhältnisse zu leben) erwarteten von ihrem Thronfolger Großzügigkeit bis hin zur Verschwendung. Es ist nicht zu leugnen, daß in seinem Falle Verschwendung mehr ins Auge fällt als Großzügigkeit. Wie so viele seiner vergnügungssüchtigen Untertanen gab er gewöhnlich mehr aus, als er hatte – für den Erwerb und den Betrieb seiner verschiedenen Besitzungen, ganz zu schweigen von der unaufhörlichen Suche nach Antiquitäten. Selbst die Este-Erbschaft (oder besser der Teil davon, den er in Bargeld verwandeln konnte) reichte nicht aus, um seine Bedürfnisse zu befriedigen, und eines Tages sah er sich gezwungen, bei der Sieghart-Bank ein beträchtliches Darlehen in Höhe von 10 Millionen Goldkronen aufzunehmen, dazu von der Kaiserlichen Schatzkammer das, was heutzutage ein »Überbrückungskredit« genannt werden würde.[26]

Aber was ihn besonders scharfsichtig bei der Beobachtung des laufenden Betriebs seiner Besitztümer (und von da stammten viele Geschichten über sein Finanzgebaren) machte, war die frühzeitige Entdeckung, daß er von faulen Angestellten getäuscht sowie von korrupten vorsätzlich übers Ohr gehauen wurde. Mehr noch: Als er sich wegen Hilfe und Rat nach draußen an Verwalter wandte, die von der Habsburger Familientreuhandverwaltung berufen wurden, fand er zu seinem Schrecken, daß sie nicht viel besser waren. Dies löste sofort einen langen, offenen Brief an den Kaiser aus, worin er sich ausführlich über die Unehrlichkeit und Untüchtigkeit dieser Leute ausließ, was sie allenthalben so teuer mache. Konkrete Beispiele wurden angeführt: eine Zuckerfabrik, deren Umsatzzahlen für Rüben regelmäßig gefälscht worden waren, bis Franz Ferdinand die Dinge wieder in Ordnung gebracht hatte; landwirtschaftliche Erträge, die sich in den Büchern verdächtig niedrig ausnahmen; Preise für geschlagenes Nutzholz, das weit unter den eigentlichen Marktpreisen verschleudert wurde, bis der offiziell dafür Verant-

*Der frühere Wildhüter Janaczek, der zum Vorstand des erzherzoglichen Haushalts aufstieg, ein Posten, für den diese spezielle Uniform geschaffen wurde.*

wortliche veranlaßt wurde, sich in den vorzeitigen Ruhestand zu scheren. Unterdessen konnte der Erzherzog nicht mehr an sich halten und schlug vor, eine vollständige Überholung der Güterverwaltung innerhalb der kaiserlichen Familie selbst in die Hand zu nehmen. Langes Schweigen herrschte, bevor der Kaiser darauf insgesamt erwiderte, es sei doch besser, die Dinge zu belassen, wie sie sind, statt »ein bewährtes Verwaltungssystem, das doch so viele Jahre hindurch zum Nutzen unseres Vermögens einwandfrei gewirkt hat, dermaßen zu erschüttern, daß ich die Verantwortung für diese Umwälzung nicht auf mich nehmen möchte«.[27] Es war ein klassisches Beispiel jener Unbeweglichkeit, zu der sich die Gedankengänge des alten Monarchen verkrustet hatten, einer Unbeweglichkeit, die seinem Erben so viel Ärger auf der politischen Bühne bereiten sollte.

Bevor wir uns von Konopischt nach Wien wenden, ist es doch noch der Mühe wert, einen Blick auf den bemerkenswerten Bauern zu werfen, der sich nicht nur um die böhmischen Besitzungen des Erzherzogs, sondern auch um fast alles andere außerhalb seines Familien- und politischen Lebens kümmerte: Franz Janaczek. Wir haben gesehen, wie unentbehrlich er für Franz Ferdinand vor seiner Heirat wurde. Besonders hervorzuheben ist, daß Janaczek auch nach der Übernahme der Schlüsselgewalt in Konopischt durch Sophie dank seines angeborenen Taktgefühls seinen Wirkungsbereich ausdehnte, ohne jemals der neuen Hausherrin in die Quere zu kommen. Er wurde ganz einfach ein Mitglied sowie ein Diener der Familie, und zwar in solchem Ausmaß, daß das neugeborene Mädchen, nachdem es von einem frohgestimmten Erzherzog aus dem Schlafzimmer getragen worden war, zuerst Janaczek zur Besichtigung in die Arme gelegt wurde, bevor es jemand anders sehen durfte.

Gleichermaßen bemerkenswert war, wie dieser ungebildete Bauernbursche (der als Wächter auf Gut Eckartsau in Niederösterreich angefangen hatte) allmählich einer der Hauptberater des Erzherzogs beim Ankauf von Antiquitäten und der Möblierung der Wohnungen sowohl in Wien als auch auf dem Lande wurde, ohne daß dabei etwa die Jagd außer Betracht geblieben wäre. In einem Telegramm, das er aus der Hauptstadt an den Erzherzog in Böhmen sandte, faßt er zusammen: »Ich melde untertänigst, daß das Oberhofmeisteramt an dem Verzeichnis der Hirsch, Gems und Rehgeweihe arbeitet. Ich hoffe, die Geweihe Dienstag überführen zu können. Härdtle kommt morgen ins Belvedere, sich den Stoff und die Gestelle anzusehen. Jaray wird Möbel für Blühnbach machen und noch Zeichnungen vorlegen von verschiedenen alten Modellen. Euer kaiserlicher Hoheit untertänigster Haushofmeister.«[28]

Hier haben wir zumindest ein Mitglied des Haushalts, das sich seinen Lebensunterhalt verdiente, dazu den Respekt und die Dankbarkeit seines Herrn bis zu dessen Todestag. Er stand auch danach zu seiner Verschwiegenheit, die ihn mit seinem Herrn verband, und lehnte wiederholt bis zu seinem eigenen Tod am 8. Dezember 1955 im Alter von 90 Jahren lukrative Angebote, seine Erinnerungen zu veröffentlichen, rundheraus ab. Er blieb ein Diener der Familie bis ans Ende.

## 7

## Belvedere: Pomp ohne Macht

Kein anderes geeignetes Gebäude dürfte es in Wien als Unterkunft für den Thronfolger gegeben haben, nichtsdestoweniger sollte die Zuteilung des Belvedere als offizielle Residenz an einen Mann von der Art Franz Ferdinands zu Verdruß führen. Derselbe Erzherzog, der so ungeduldig war, zu sehen, wie er als Herrscher aussehen würde und heimlich sein Porträt in vollem kaiserlichen Aufzug malen ließ, sah sich in einem Palast leben, der sowohl an Umfang als auch an Glanz mit der Hofburg und Schloß Schönbrunn, der Winter- und Sommerresidenz der Dynastie, wetteiferte, die ihm erst als Kaiser gehören sollten. In der kalten Pracht des Belvedere konnte er beinahe schon das Zepter in seiner Hand fühlen. Das brennende Verlangen danach wurde allmählich geradezu unerträglich.

Prinz Eugen von Savoyen, Diener der Habsburger Kaiser und Kriegsgefährte von Marlborough, hatte das Belvedere erbauen lassen, und sein sorgfältig ausgearbeitetes Wappen, in Stein gehauen, krönt immer noch den Eingang. Es war das Entsatzheer des Prinzen, das 1683 die türkischen Janitscharen vor den Toren Wiens vertrieb und sie schließlich zur Flucht für immer veranlaßte. Das ganze christliche Europa

153

atmete wieder auf, und die Freude der Habsburger Monarchie ergoß sich in Bildhauerei und Blattgold. Die disziplinierte Extravaganz des Barock entstand aus diesem Sieg, und Prinz Eugens Schöpfung wurde eines der Meisterwerke dieses Stils. Als Baugelände hatte der Prinz ein Stück Weideland aufgekauft, das sich vom Rennweg ziemlich steil herabneigte, unmittelbar außerhalb der Grenzen der Altstadt. Die Böschung diktierte den Bauplan: ein niedriger gelegenes Palais dicht an der Straße, das größere obere Palais erstreckte sich bis zum Kamm, von wo aus der Feldherr, der sich zur Ruhe gesetzt hatte, die Hügel des Wiener Waldes überblicken konnte, an dessen Fuß er seine Kolonnen geführt hatte, um die lange türkische Belagerung zu brechen. Der Architekt war ein früherer Pionieroffizier jener Armee, Johann Lukas von Hildebrandt. Er war ein Deutscher, der in Italien gearbeitet hatte, und die Zwillingskonstruktion des Belvedere, die er für seinen Herrn zwischen 1714 und 1722 geschaffen hatte, vereinte germanische Solidität mit lateinischer Laune. Das niedriger gelegene Gebäude ist einstöckig mit großen rechteckigen Fenstern, rotbraunen Ziegeln und fünf separaten Dächern, die die Flügel fest mit dem Hauptgebäude verbinden. Von außen zumindest wirkt es so in sich geschlossen und dazu so bescheiden und behaglich, wie das bei Barock überhaupt der Fall sein kann. Ein Ort zum Wohnen, und er wurde auch meistens als Residenz benutzt.

Das obere Palais, mit dem niedriger gelegenen Gebäude durch einen Irrgarten von Kieswegen und Springbrunnen verbunden und mit Statuen übersät, die den Garten ganz und gar zu verriegeln scheinen, ist ein Projekt ganz anderer Natur. Es ist vor allem eine Stätte für festliche Veranstaltungen, und Hildebrandt entwarf alles, um sowohl Eindruck zu machen als auch zu entzücken. Was dem Besucher zum Beispiel zuerst ins Auge fällt, ist das zentrale Doppeltreppenhaus in Marmor mit einer Balustrade, gekrönt von zierlich lächelnden weißen Cherubim, die schwarze, schmiedeeiserne Laternen, beinahe doppelt so groß wie sie selbst, in die Höhe halten. Und sobald man den ersten Stock erreicht hat, erstreckt sich eine Reihe von sieben miteinander verbundenen Salons nach jeder Seite: In denen zur Linken des Treppenhauses hingen ursprünglich Gemälde der flämischen Schule (einschließlich einer großen Halle, deren Wände mit nichts anderem als Ölgemälden von Rubens bedeckt waren) und in jenen zur Rechten Werke italienischer Meister. In der Mitte, dem Treppenhaus zugewandt und mit Blick auf die Gärten in ihrer steifen Förmlichkeit, befindet sich Hildebrandts dekoratives Meisterwerk: ein großer ovaler Raum, dessen korinthische Wandsäulen, offene Kamine und Fußböden sämtlich in rotem Marmor gehalten sind. Man kann sich nicht vorstellen, daß man dort den Tee nahm.

Dem Belvedere war eine unglückselige Geschichte beschieden als ein Palais bösen Verhängnisses. Als Prinz Eugen 1736 starb, gab es keinen männlichen Erben, und alles ging in die Hände seiner Nichte, Prinzessin Viktoria von Sachsen-Hildburghausen, über. Ebenso katastrophale wie verschwenderische Hände machten sich zu schaffen. Binnen weniger Jahre war das Vermögen des großen Mannes vergeudet, und 1752, nur dreißig Jahre nach seiner Vollendung, ging das Belvedere in den Besitz der herrschenden Dynastie über. Unter den Habsburgern ist es ihm nicht viel besser ergangen. Es war im roten Marmorsalon des oberen Palais, wo die Erzherzogin Maria Antonia auf einer Galaveranstaltung des Hofes im April 1770 Wien Lebewohl sagte, bevor sie nach Paris abreiste – und schließlich auf der Guillotine landete – als Gemahlin von Ludwig XVI. Die Parallele mit Franz Ferdinands Schicksal braucht wohl kaum gezogen zu werden.[1]

Was in seinem Leben zählte, waren freilich glücklichere mit dem Belvedere verbundene Gedanken. Es war von einem unsterblichen Krieger gebaut worden, der das österreichisch-ungarische Reich durch heroische Waffentaten gerettet hatte, ebenso wie der neue Besitzer entschlossen war, in die Geschichte einzugehen als der Mann, der es vor dem Zusammenbruch retten würde durch bedeutende Taten der Verjüngung und Diplomatie. Zu diesem Ziel hin schien ihn jedes Fresko und jede Statue voranzutreiben.

Den kostspieligen Hintergrund der Wiener Residenz des Paares muß man sich auch vor Augen halten, wenn man das ganze Ausmaß des Schmerzes ermessen will, der dem Paar durch die berühmten protokollarischen Nadelstiche zugefügt wurde, und worunter es zu leiden hatte, sooft es auch die Hauptstadt besuchte. Diese Besuche häuften sich in den beiden ersten Jahren nach ihrer Heirat, die erst einmal der Gründung einer Familie in dem häuslichen Paradies von Konopischt gewidmet waren. Mit den zunehmenden Besuchen wuchs auch ihre Absicht, Sophies Stellung mehr Anerkennung in der Gesellschaft zu verschaffen, eine Absicht, die auf erbarmungslosen Widerstand bei Hofe stieß. Es besteht kein Zweifel, daß der Sprecher des Kaisers in dieser Hinsicht, Fürst Montenuovo, keine Gelegenheit versäumte, die Regeln des Protokolls geltend zu machen, wenn sie sich gegen den Erzherzog als einen morganatisch verheirateten Prinzen auslegen ließen, ebenso wie er sie mit derselben Wirkung gegen Franz Ferdinand, den kranken und widerborstigen Junggesellen, angewandt hatte. Aber auch hier ist eine Korrektur des weitverbreiteten Bildes notwendig, das Franz Josephs Obersthofmarschall als Satan in Kniehosen darstellt, der einem wehrlosen Paar grundlos Erniedrigung auf Erniedrigung zufügt.

Spanische Hofetikette war ein schwerwiegendes Erbe, das die Habsburger aus der Periode ihrer gemeinsamen Herrschaft in Madrid und Wien übernommen hatten. Diese übergewichtige Machtausweitung der Dynastie hatte mit Philipp dem Schönen, dem Gemahl von Johanna der Wahnsinnigen, begonnen und war unter seinem außergewöhnlichen Sohn, Kaiser Karl V., zu Ende gegangen, nachdem dieser sein Reich für immer in zwei Teile geteilt hatte: den einen, zum Heiligen Römischen Reich Deutscher Nation gehörigen österreichischen, erhielt sein Bruder und Nachfolger, Kaiser Ferdinand I., und den anderen, den spanischen, mit seinen riesigen amerikanischen Besitzungen, bekam sein Sohn, König Philipp II. von Spanien. Aber das seelenlose Zeremoniell des Escorial lebte selbst nach dieser politischen Scheidung in der Wiener Hofburg fort. Wie erstickend die Atmosphäre im Escorial selbst sein konnte, kann anhand der Tatsache erläutert werden, daß ein Kaiser, der plötzlich in Madrid erkrankt war, allmählich dem Tode überlassen wurde, weil seine Höflinge wütend untereinander stritten, wer das Recht habe, Hilfe zu leisten oder herbeizurufen.

Doch solche Erzählungen aus dem Madrid des 16. Jahrhunderts sollten ihr Seitenstück in der Geschichte von einem anderen kranken Kaiser in Wien im frühen 20. Jahrhundert haben. Franz Joseph litt jahrelang an einem asthmatischen Bronchialkatarrh, und die Krankheit wurde mit der Zeit immer ernster. Eines Nachts, als sich der Monarch bereits in den Achtzigern befand, wurde er in früher Stunde von einem schrecklichen Erstickungsanfall heimgesucht. Er läutete um Hilfe, und binnen weniger Minuten eilte der Leibarzt, der im Schloß lebte, ins Schlafzimmer seines Souveräns. Obgleich es, wenn es sich um Hilferufe handelte, in Wien keine zeremoniellen Probleme gab, reckte doch die Etikette in dem Augenblick, in dem der Arzt das Zimmer betrat, ihr Haupt empor. In der Überzeugung, daß es sich um einen dringenden Fall handle, hatte sich der Arzt einfach einen Morgenrock übergeworfen, sein Ärzteköfferchen ergriffen und war losgestürmt. Aber der Anblick dieses Morgenrocks war zuviel für den Kaiser. Sogar *in extremis*, wenn es auch seinen letzten Atemzug hätte bedeuten können, richtete sich Franz Joseph aus seinem Kissen auf und krächzte nur das einzige Wort: »Frack!«, womit er sagen wollte, daß vom Arzt, wenn seine Anwesenheit unter was für Umständen auch immer erwartet wurde, in der für alle Zivilaudienzen vorgeschriebenen Kleidung zu erscheinen habe. Der springende Punkt dieser Anekdote liegt darin, zu zeigen, daß das Protokoll nicht etwas war, das Fürst Montenuovo erfunden hat; noch war es etwas, das er etwa allein schätzte. In der einen oder anderen Weise ist es eine

Stütze aller Regierungsformen während aller Zeitalter gewesen. Franz Joseph selbst, so illustriert diese Krankenbettgeschichte, war der größte protokollarische Pedant in seinem Reich, und zwar aus dem einfachen Grunde, weil er den größten Nutzen daraus zog.

Die Regeln der Etikette waren die eisernen Bänder, die den modernen Stamm der Habsburger aufrechterhielten. Nach 50, schließlich 60 Jahren auf dem Thron konnte Franz Joseph ohne sie ebensowenig leben, wie er sich von jenem gewaltigen täglichen Zustrom offizieller Schriftstücke, die er vom Morgen an bis zum Eintritt der Dunkelheit zu bewältigen hatte, hätte befreien können. Für ihn und die meisten, die um ihn waren, war eine Dynastie ohne Protokoll eine Dynastie ohne Sinn – und auch ohne innere Rechtfertigung. Und da der alte Kaiser in den letzten Abschnitten seiner schier unglaublich langen, 68 Jahre währenden Regierung für seine Höflinge zum Halbgott wurde, so wurden die Regeln der Etikette gleich Gebetsformeln meist untereinander austauschbar. Da er Apostolische Majestät war, geschah alles, was er tat, und alles, was ihm widerfuhr, letzten Endes auf göttliches Geheiß.

Auf diesem Hintergrund muß man die sogenannten Beleidigungen sehen, die Fürst Montenuovo Sophie zufügte, sobald sie mit ihrem Gemahl ins Belvedere kam. An ihrem Hochzeitstag hatte sie den Titel Fürstin erhalten; hierauf, im Jahre 1909, erhöhte sie der Kaiser im Rang abermals, und zwar wurde sie Herzogin von Hohenberg. Aber auch dann konnte sie keines der formellen Vorrechte einer Erzherzogin geltend machen aus dem ganz einfachen Grund, daß sie eben kein voll anerkanntes Mitglied der fürstlichen Familie war und niemals werden konnte.

Man kann natürlich behaupten, daß Montenuovo, wäre er Sophie oder ihrem Gemahl gegenüber wohlwollender gesinnt gewesen (und wäre sein Charakter von Natur aus weniger autokratisch und pedantisch gewesen), seinen Einfluß hätte geltend machen können, um ihnen aus ihren geringfügigen Verlegenheiten herauszuhelfen. Es war zum Beispiel eine schreckliche Erniedrigung für den Erzherzog, wann auch immer er eine Vorstellung selbst nur in einem Privattheater besuchte, in einer anderen Loge als seine Gemahlin sitzen zu müssen. Sophies Nervosität nahm in solchen Augenblicken beinahe hysterische Züge an, wie die folgende, von der damaligen Erzherzogin Zita erzählte Anekdote zeigt:

Ich erinnere mich an einen Vorfall, als mein Mann Karl und ich derselben öffentlichen Vorstellung eines Stückes beiwohnten wie der Erzherzog Franz Ferdinand und seine Frau. Sie war inzwischen Herzogin von Hohenberg geworden, und als ich sie grüßte, wollte ich ihr die übliche Höflichkeit erweisen, die einer Dame von Rang, der Gemahlin unseres »Onkel Franzi«, der immerhin auch viel älter war als ich, gebührt. Ich selbst war damals knapp 20 Jahre alt, sie wohl schon in den Vierzigern. So ergriff ich ihre Hand und küßte sie. Voller Schreck blickte sie um sich her und zuckte zurück, als wäre ihr Schmerz zugefügt worden. »Bitte«, flehte sie, »tu das nicht wieder in der Öffentlichkeit. Gerade darauf haben es ja die Leute, die Unterschiede zu machen wünschen, abgesehen. Gerade habe ich mit der Post Drohbriefe erhalten wegen ähnlicher Vorkommnisse!«[2]

Es ist keineswegs sicher, ob Fürst Montenuovo, wenn er an den Kaiser herangetreten wäre, um zu versuchen, derart extremen Situationen wie der geschilderten ein Ende zu machen, auf offene Ohren gestoßen wäre. In den letzten Jahren seines Lebens (Erzherzogin Zitas Lebenserfahrungen am Hofe im Wien der Vorkriegszeit beginnen erst voll und ganz 1911 nach ihrer Heirat) glich Franz Joseph einer Art von uraltem Methusalem, geheiligt, aber ebensosehr durch die Jahre versteinert. Was andererseits wirklich sicher scheint, ist, daß es überhaupt keinerlei Überredung bedurfte, um über all diese formellen Vorschriften hinwegzusehen, die sich, wie man sie auch auslegen mochte, ganz einfach nicht auf Sophie persönlich bezogen. Nur Erzherzöge und Erzherzoginnen hatten zum Beispiel das malerische Vorrecht (aus Madrid eingeführt, wie wohl gar nicht erst gesagt zu werden braucht), durch die Hauptstadt in Wagen zu fahren, deren Räder mit dünnen goldenen Streifen auf den Speichen verziert waren. Sophie hatte sich mit gewöhnlichen Rädern zu begnügen aus dem ganz einfachen Grund, daß sie eben nicht den Rang bekleidete, der für solche besonderen Verschönerungen notwendig war. Weiter gab es ähnliche Hindernisse – gemäß den damaligen Protokollvorschriften unüberwindlicher Art – hinsichtlich ihres zeremoniellen Erscheinens bei Hofe. Diese betrafen vor allem den Hofball während der Karnevalszeit, bei dem der Kaiser (ob er nun wirklich erschien oder nicht) als Gastgeber der Mitglieder seiner Familie und derjenigen auftrat, die für passend genug befunden wurden, mit ihnen eingeladen zu werden. Es kam einmal zu einer peinlichen Situation 1909, als Sophie, sei es absichtlich oder durch Zufall, ohne Partner blieb und gezwungen war, den Saal allein zu betreten.

Ob der Ausbruch ihres Gemahls angesichts dieses Affronts besonders heftig war oder ob jemand anders dem Kaiser vorhielt, daß eine derartige öffentliche Erniedrigung wirklich zu weit gehe, wissen wir nicht. Aber dank einer verblaßten Karte, die eine der Enkeltöchter von Fürst Montenuovo aufbewahrt hat, ist uns bekannt, daß sich Sophie während der nächsten Karnevalssaison (nachdem sie jetzt in den Rang einer Herzogin erhoben worden war), ihres schwererkämpften Triumphes erfreute. Die Karte zeigt die Sitzordnung für die Damen an den Teetischen des Hofballs von 1910. Unten hatte die Gemahlin von Fürst Montenuovo handschriftlich vermerkt: »Erstes officielles Erscheinen der Herzogin von Hohenberg«.

Die Plazierung entbehrte nicht der Ironie. Von den vier Tischen waren der erste (mit Erzherzogin Maria Annunziata, der Halbschwester von Franz Ferdinand, an der Spitze) und der zweite (an der Spitze die Tochter des Kaisers, Erzherzogin Maria Valerie) ganz und gar der Konvention entsprechend

160

besetzt: eine Mischung von böhmischen, österreichischen und deutschen Prinzessinnen, dazwischen einige Gattinnen auswärtiger Botschafter. Sophie saß am vierten Tisch mit Großherzogin Alice vom toskanischen Zweig der großen Habsburger Familie an der Spitze. Aber neben ihr saßen zwei der Töchter ihrer früheren Herrin, der Erzherzogin Isabella, und an der Spitze vom dritten Tisch (messerscharf abgetrennt vom vierten) saß die Schloßherrin von Preßburg selbst, immer noch, zehn Jahre nach dem Tennisplatz-Skandal, Sophies Erzfeindin. Man fragt sich, wer wohl diese Sitzordnung ausgearbeitet haben mag.

Die Plazierung der armen Sophie bei Tisch, oder besser ihre Nichtplazierung, wann auch immer ihr Gemahl bei Hofe zu dinieren hatte, erfolgte stets nach ähnlich erbarmungslosem Muster. Da sie nur bei zeremoniellen Mahlzeiten anläßlich des Besuchs eines Souveräns zu Tisch gebeten werden konnte, kam Fürst Montenuovo auf den unerklärlichen Einfall, in anderen Fällen noch einen Teller auf den Tisch setzen zu lassen, gewöhnlich an einer Ecke, der jedoch unbenutzt blieb. Die leeren Gläser und das unbenutzte, glänzende Silber müssen ganz einfach Franz Ferdinands Verdauung gestört haben. Zu allem Überfluß kam es zu diesem Hohn in ähnlichen Situationen sogar im Belvedere, wo Sophie doch schließlich selbst die Hausherrin war. So fiel zum Beispiel ihre Abwesenheit vom eigenen Tisch auf, als ihr Gemahl im Jahre 1901 zu Ehren des deutschen Kronprinzen, der zu Besuch in Wien weilte, ein Galadiner gab.

Nicht davon berührt wurde freilich die persönliche Höflichkeit des Kaisers gegenüber dem umstrittenen Paar, für wie schwierig er seinen Neffen auch immer halten mochte. Franz Ferdinands Tochter schildert, wie das jungvermählte Paar im September 1900, als es sich zum ersten Mal in der Hauptstadt zeigte, vom Kaiser »aufs liebenswürdigste« empfangen wurde. Mehr noch, Ende jenes Monats erwiderte der Kaiser die Visite, indem er das Paar im Belvedere aufsuchte, wo er eine Stunde lang alle die von diesem vorgenommenen Veränderungen besichtigte.[4] Aber das waren rein private Gesten. In der Öffentlichkeit war es stets das Protokoll, das regierte.

Ein anderer sehr wichtiger Umstand muß in diesem Zusammenhang ins Gedächtnis zurückgerufen werden: der leidenschaftliche Brief, den Franz Ferdinand handschriftlich im Mai 1900 an den Kaiser gerichtet hatte, als er sein persönliches Glück verteidigte. Darin hatte er seinem Onkel vor allem versprochen, daß, wenn die Heirat genehmigt werden würde, »sich die Gräfin nie wieder bei Hofe noch in der großen Gesellschaft zeigen und nie irgendwelche Ansprüche erheben oder eine Rolle spielen wolle«.[5] Doch hieße es wohl zuviel von menschlichem Fleisch und Blut (und besonders von so heißem Blut wie dem von Franz Ferdinand) verlangt, einen solchen seine Gemahlin betreffenden lebenslangen Verzicht während des ganzen Ehelebens in die Tat umgesetzt zu sehen. Immerhin, das Versprechen war gegeben, und der Kaiser war berechtigt, seinen Neffen daran zu erinnern, da der Streit um Sophies Stellung bei Hofe immer spannungsgeladener wurde.

Schließlich gibt es da noch einen Gesichtspunkt hinsichtlich dieser Angelegenheit, der erst Jahre später zutage trat. Franz Ferdinand wandte gegenüber der Familie seiner Gemahlin genau dieselben Regeln der Etikette an, gegen die er so erbittert kämpfte, sobald sie sich gegen Sophie richteten. Im Deutschen ist ebenso wie im Französischen ja bekanntlich bei der Anrede in der Gesellschaft das vertrauliche »Du« bzw. »tu« nur unter denjenigen üblich, die nach Geburt, Herkunft oder Rang gleich sind.[6] Unter den zahlreichen adligen Schwägern und Onkeln, die Franz Ferdinand durch seine Heirat bekam, gehörten nur zwei, die er stets duzte. Beide erfüllten die notwendigen Voraussetzungen erstens dadurch, daß sie Ausländer waren (was die Dinge immer leichter machte), sowie dadurch, daß sie als sogenannte Standesherren galten, das heißt als Adlige des Deutschen Reiches, deren Familien einstmals Territorialherren waren: Graf Schönburg-Glauchau und Baron (später Graf) Wuthenau-Hohenthurn. Von allen übrigen männlichen Verwandten Sophies, die Österreicher waren, wurde erwartet, daß sie deren Gemahl als Erzherzog behandelten, der dazu noch ihr künftiger Souverän sein würde. Das bedeutete außerdem, daß neben dem formellen »Sie«, das selbst bei Privatgesprächen daheim angewandt wurde, das formelle »Kaiserliche Hoheit« gelegentlich von den Verwandten gebraucht wurde. Im übrigen blieben alle Damen, meist Schwägerinnen und Tanten des Erzherzogs durch Heirat, das ganze Leben lang beim »Sie«. Es gab nur eine Ausnahme: Henriette, die jüngste der Chotek-Schwestern. Sie erwarb aus mancherlei Gründen seine Zuneigung und wurde oft auf Ferienreisen der Familie ins Gebirge oder an die Küste mitgenommen. Es muß Sophie ganz besonders wohlgetan haben, zu spüren, daß wenigstens jemand von ihrem eigenen Fleisch und Blut von ihrem Gemahl behandelt wurde, als handle es sich um ein normales Mitglied der Familie.[7] Wesentlich ist aber, daß es zu dieser peinlichen und komplizierten Regelung eher durch Fürst Montenuovo als durch Franz Ferdinand selbst gekommen sein dürfte, und zweifellos hat der Obersthofmarschall zuweilen die Stirn gerunzelt angesichts der Verletzung der Etikette zugunsten von Gräfin Henriette. Montenuovo war lediglich ein Tyrann bei der Handhabung eines tyrannischen gesellschaftlichen Systems. Weder der Kaiser noch der Erzherzog hätten von diesem System loskommen können, selbst wenn sie es versucht hätten.

Was empfanden Franz Ferdinands Kinder bei alledem? Seine Tochter erinnert sich:

Niemals haben wir unsere Eltern wegen der Probleme, denen sie sich gegenübersahen, befragt. Und ich kann mich nicht besinnen, daß sie sich einmal mit uns hingesetzt und uns ihre Schwierigkeiten erklärt hätten. Über die Lage sprach man nicht, obgleich sie existierte. Und natürlich wußten wir das. Wir waren stets nervös, wenn wir an den Hof mitgenommen wurden, weil wir spürten, daß wir zu einer besonderen Kategorie gehörten. Selbst auf Kindergesellschaften wurden wir manchmal ganz merkwürdig plaziert.

Allerdings gab es deshalb zu Hause keinerlei Spannung, obwohl wir gewisse Dinge bemerkten, selbst wenn darüber nicht gesprochen wurde. In Wien zum Beispiel sollten wir mit ansehen, wie unser Vater in einer sogenannten »goldenen« Kutsche gefahren wurde, und dann folgte unsere Mutter allein in einer gewöhnlichen Kutsche, wie sie von Hofdamen gebraucht wurde. Eine Sache, deren ich mich am lebhaftesten erinnere, war die mit den Schildwachen im Belvedere. In dem Augenblick, in dem Vater das Palais verließ, selbst wenn unsere Mutter noch da war, wurden die Wachen zurückgezogen und kehrten erst zurück, wenn Vater wieder daheim war. Ich erinnere mich deshalb so gut daran, weil wir manchmal in den leeren Schilderhäuschen Soldaten spielten.[8]

Für die Kinder selbst – Sophie, Max und Ernst – dürfte ihre eigenartige Stellung etwas mehr bedeutet haben als bei Wiener Teegesellschaften »merkwürdig plaziert« zu sein oder in plötzlich leeren Schilderhäuschen im Palais ihres Vaters zu spielen. Aber auch wenn sie damals nichts davon wußten, es bildeten sich ständig Wolken von Gerüchten und Intrigen über ihren kleinen Häuptern. Als sie aus den Kinderschuhen heraus waren, alle kräftig, gesund und intelligent, und als der Kaiser ganz allmählich schwächer wurde und dem Tod entgegenging, erhob sich eine bedeutsame Frage: Würde Franz Ferdinand bei der Besteigung des Thrones jenen Eid vom Juni 1900 brechen, so daß seine eigenen Söhne schließlich in der Lage wären, ihm auf den Thron zu folgen? Diejenigen, welche damals und später mit Nein antworteten, wiesen vor allem auf die feierliche und geheiligte Natur jenes Eides hin, sowie auf das Pflichtgefühl des Erzherzogs, nicht gerade der Dynastie gegenüber, wohl aber als gläubiger Katholik, der er war, gegenüber Gott, vor dem er sein Versprechen gegeben hatte. Sicherlich war den beiden Jungen niemals das Gefühl beigebracht worden, sie seien heimlich zu etwas Höherem berufen. Ganz im Gegenteil, ausnahmslos haben alle Sekretäre sowie Mitglieder des Hilfspersonals von Franz Ferdinand – Mitglieder der Hofhaltung, die in ständigem Kontakt mit der ganzen Familie gestanden haben dürften – bezeugt, daß er keinen größeren Ehrgeiz kannte, als seine Söhne zu Landedelmännern zu erziehen. So sagt sein Sekretär Nikitsch-Boulles:

»So groß die väterliche Liebe zu den Kindern aber auch gewesen sein mag, oder vielleicht gerade, weil sie so groß war, ist es Franz Ferdinand niemals ernstlich in den Sinn gekommen, sich für ihre Zukunft in ehrgeizigen Hoffnungen zu wiegen. Aus sogenannt wohlinformierten Kreisen konnte man zwar immer zu hören bekommen, der Erzherzog warte nur den Tod des alten Kaisers ab, um dann seine Kinder aus der offiziellen Unebenbürtigkeit hervorzuziehen und an jenen Platz zu stellen, der ihnen vom menschlich-rechtlichen Standpunkte aus doch eigentlich zukam. An all diesen böswilligen Gerüchten ist kein wahres Wort. Weit entfernt, dergleichen Plänen nachzuhängen, scheint Franz Ferdinand seine Kinder vielmehr um ihre ruhige Zukunft geradezu beneidet zu haben. Die ganze Erziehung, die er ihnen angedeihen ließ, war nicht danach angetan, auf die mögliche Übernahme eines Thrones vorzubereiten. Franz Ferdinand wollte, daß seine Buben einmal das freie Leben adeliger Gutsherren und nicht ein von höfischem Zwange beengtes Scheindasein führen sollten. Auch für seine Tochter hatte er ähnliche Absichten. Sie könne, meinte er, an der Seite eines geliebten Standesherrn jedenfalls tausendmal glücklicher werden, als dies bei den so oft mißglückten Konvenienzehen der Prinzessinnen des Kaiserhauses möglich sei.«[9]

(In dieser und in anderer Hinsicht hat die einzige Tochter des Erzherzogs ganz und gar seinen Erwartungen entsprochen. Sechs Jahre nach seinem Tod, als sie 19 Jahre alt war, heiratete sie Graf Friedrich Nostitz-Rieneck, mit dem sie über 50 Jahre lang in glücklicher Ehe gelebt hat.)

Baron Andreas Morsey, der als letzter in den Haushalt von Franz Ferdinand übernommen wurde, gibt die Absichten des Erzherzogs noch deutlicher wieder. In seinen unveröffentlichten Memoiren beschreibt der Baron, wie ihn sein Herr gleich nach der Begrüßung bat, seinen Kindern beizubringen, daß herrschen und eine Krone tragen eine schwere Last sei, die vom Himmel auferlegt wird, und daß sich niemand dazu drängen sollte. Seine Kinder seien dazu ausersehen, eines Tages nach seinem Tode gewöhnliche böhmische Grundherren zu werden.[10]

Wenn auch der junge Baron (der aus dem Stab des Kaiserlichen Staatsarchivs in Wien zur Dienstleistung beim Erzherzog abgestellt worden war) es seinerzeit nicht vorausahnen konnte, lag doch eine tragische Ironie in diesem letzten Satz verborgen. »Eines Tages« sollte doch für Franz Ferdinand mit schrecklicher Schnelligkeit kommen. Mehr noch, die letzten Auswirkungen der Katastrophe bestanden darin, daß 1919 die republikanischen tschechoslowakischen Nachfolger der Monarchie die Söhne des Erzherzogs bis auf den letzten Acker ihrer böhmischen Besitzungen berauben sollten.

Aber nichts, was Franz Ferdinand in Fragen der Nachfolge auch sagen oder tun mochte, konnte den bei Hofe umherschwirrenden Verdacht hinsichtlich seiner wahren Motive zerstreuen. Die wohlbegründete Überzeugung, daß die Ungarn im Rahmen ihrer rastlosen Kampagne für die Gewinnung von mehr und mehr Unabhängigkeit von Wien die Herzogin von Hohenberg als Königin von Ungarn akzeptieren oder irgendwann nach Franz Ferdinands Tod einen Erzherzog ihrer eigenen Wahl zum König machen würden, verlieh ihren Drohungen konstitutionelle Substanz. Es überrascht vielleicht nicht, daß der junge Erzherzog Karl und seine Gemahlin – die vor Sarajevo weiter die Erwartung hegten, etwa in den dreißiger Jahren in der Linie der Thronerben zu folgen, wenn ihr Onkel erst einmal als Kaiser regieren würde – von den Zweifeln am meisten berührt waren. Kaiserin Zita berichtet:

> Manchmal war es nur eine zufällige Bemerkung, die zu Recht oder Unrecht Verwunderung hervorrief. Zum Beispiel erinnere ich mich, wie Onkel Franzi einmal zu mir sagte, als wir über einen sehr rührigen Grundstücksmakler sprachen: »Dieser Mann arbeitet so hart. Ich kann einfach nicht verstehen, daß jemand dies tut, wenn es nicht für seine eigenen Kinder geschieht!«
> Es liegt nahe, daß man eine Bemerkung wie diese so auslegen könnte, als ob er dabei an seinen eigenen Fall und seine eigenen Kinder gedacht hat. Mein Mann hegte ganz gewiß diese Befürchtung. Er hatte das Gefühl, daß sein Onkel, wenn er erst einmal den Thron bestiegen hätte, irgend etwas in die Wege leiten würde, um seine Söhne zu Erben zu machen, dann aber würde eine unmögliche Situation entstehen. Erzherzog Karl würde weiter präsumtiver Thronerbe bleiben, aber dem ungarischen Faktor zufolge könnte die Monarchie in zwei Lager zerfallen, was ihren zukünftigen Souverän betrifft.

Wir werden niemals des Rätsels Lösung wissen, weil sich Franz Ferdinand ihr niemals gegenübergestellt sah. Angesichts des Mangels jedweden Beweisstückes für vorsätzliche Doppelzüngigkeit seinerseits ist es nur fair, seine Unschuld vorauszusetzen. Aber es ist nicht weniger fair, hinzuzufügen, daß er selbst dann, wenn er als Kaiser nicht unverzüglich der Versuchung hinsichtlich seiner Nachfolge erlegen wäre, in jedem Fall ihre Qualen empfunden hätte.

Unterdessen hatte der im Belvedere in Wartestellung verharrende Bewohner freilich gegen eine höchst akute Versuchung anzukämpfen, nämlich die Gelüste, mehr und mehr Einfluß auf die Geschäfte der Monarchie auf Kosten des dahinsiechenden Souveräns zu gewinnen. Die Beziehungen zwischen Franz Joseph und Franz Ferdinand waren verwickelter Natur. Als gute Österreicher umschlang sie gemeinsam das

167

Band ihrer großen Liebe zum Waidwerk. Es stimmt, daß sich die Einstellung des Kaisers zur Jagd erheblich von der seines Neffen unterschied. Für Franz Joseph war sie etwas, das mit einer gewissen Gelassenheit betrieben werden mußte (wie alles, was er unternahm) und im normalen Rahmen des Lebens stattzufinden hatte. Die kaiserliche Villa in Bad Ischl, inmitten der eleganten Welt des Salzkammerguts gelegen, wurde zur geschäftigen ländlichen Hofhaltung während der Rehbock-Schußzeit, außerdem war sie das belebende Symbol der Freude, verbunden mit Pflichten. Wie wir gesehen haben, finden wir nichts derart Gelockertes in der Einstellung des Erzherzogs. Darüber hinaus zog er die Abgeschiedenheit vor, um sich darin seiner sportlichen Leidenschaft zu erfreuen. Die abgelegene und wilde Schönheit seines Blühnbacher Besitzes, der praktisch für das Publikum unzugänglich war, versinnbildlichte dies gleichsam.

Trotz allem bestand nun einmal diese gemeinsame Liebe, und außer ihr ist nichts zu sehen, was irgendwie einen echten menschlichen Kontakt zwischen den beiden Männern hätte herstellen können. Seit frühester Zeit sind die Briefe des Herrschers an seinen Neffen voll von Bezugnahmen auf ihre gemeinsame Leidenschaft. So schrieb der Kaiser wenige Wochen vor dem Ausbruch des Skandals wegen Sophie an Franz Ferdinand, um ihn daran zu erinnern, daß Leichenbegängnis und Totenmesse für seinen »Onkel Ernst« kommendes Wochenende in Wien stattfinden würden und daß die Anwesenheit des Erzherzogs bei den Feierlichkeiten »unvermeidlich« erscheine. Aber wenn der Kaiser hinzufügte: »Ich bedaure, daß Du in Deinem Jagdvergnügen gestört wirst«,[13] so war diese Bemerkung alles andere als sarkastisch gemeint. Im April war nämlich die Zeit, einem äußerst flüchtigen Wild nachzustellen, dem Auerhahn, und dem Schreiber des Briefes war es vollkommen klar, was es bedeutete, jemand zum Verzicht auf dieses reizvolle Unternehmen anzuhalten.

Onkel und Neffe teilten noch andere Vorlieben und Vorurteile miteinander. Musik und Literatur zum Beispiel stießen bei beiden deutlich auf mittelmäßiges Interesse. Jeder von beiden zog praktisches dem intellektuellen Herangehen an die Dinge vor. Jeder war eine ausgesprochen militärische Natur. Jeder war ein Autokrat. Und beide, sowohl der Herrscher als auch der Prinz, der ihm eines Tages auf den Thron zu folgen hoffte, waren von der Notwendigkeit besessen, Dynastie und Reich zusammenzuhalten (obgleich ihre Ideen, wie dieses geheiligte Ziel wohl am besten zu erreichen wäre, einander völlig entgegengesetzt waren). Aber trotzdem kamen sich weder ihre Geister noch ihre Herzen wirklich nahe, abgesehen von den sehr kurzen Augenblicken, in denen sie gemeinsame Belastungen oder Trauer empfanden. Noch kann allzuviel aus dem höfischen Stil der Briefe des Kaisers an seinen »lieben Neffen« entnommen werden. Der vornehme alte Mann wäre gleichermaßen höflich gewesen (und sogar ungezwungener), hätte er an die Witwe eines weit unter seinem Stand stehenden Aufsehers geschrieben, die sich über ihre unzureichende Pension beschwert. Was zählt, ist nicht das, was zu Papier gebracht wurde, sondern was leibhaftig geschah, und in dieser Hinsicht ist die damalige Erzherzogin Zita, die dies alles um sich her geschehen sah, eine unschätzbare Zeugin:

Wenn man im Familienkreis zusammenkam, so war alles ganz und gar voller Harmonie. Aber wir alle wußten, daß alles anders war, sobald jeder allein war. Der Kaiser, der während jener letzten Jahre alt und müde geworden war, haßte vor allem jede Szene. Sein Neffe machte beinahe immer Szenen und manchmal ganz schreckliche während der Privataudienzen. Das war der hauptsächliche Grund, warum er oft erreichte, was er wollte. Aber das war auch der Grund, weshalb ihn der Kaiser so wenig wie möglich kommen ließ. Abgesehen von politischen Differenzen – und natürlich von den dauernden Problemen, die sich aus der Heirat ergaben – waren beide in ihrem Temperament zu verschiedenartig. Deshalb war die Atmosphäre immer elektrizitätsgeladen, wenn sie beieinander waren.[14]

Die Wahrheit dieses Zustandes beruht darin, daß der Kaiser, sobald sein Neffe vor ihm stand, ein zwiefaches Wahngebilde vor sich sah und einen zwiefachen Vorwurf. Das erste kam aus der Vergangenheit, es war der Schatten seines eigenen Sohnes Rudolf, der eigentlich rechtmäßig anstelle von Franz Ferdinand vor ihm hätte stehen sollen. Das zweite war der Schatten, der in die Zukunft hineinragte. Gleich dem verehrungswürdigen Oberhaupt einer seit alters festgegründeten Familienfirma, die von der endgültigen Betriebseinstellung bedroht ist, wünschte der Kaiser die Krise zu überwinden, wie er bereits so viele andere seit Mitte des 19. Jahrhunderts überwunden hatte, und zwar durch Festhalten an alten Methoden sowie verbissen darauf bedacht, die Zeit für sich arbeiten zu lassen. Dies brachte mit sich, daß das Lebensmodell sowie das althergebrachte Herrschaftsmodell nicht um einen Deut geändert werden durfte, wenn nicht der Himmel herniederstürzen sollte. Die jährlichen Ferien in Bad Ischl zum Beispiel begannen am 15. Juni, wie es wohl schon über 60 Jahre lang geschehen war. Und am ersten Sonntagmorgen nach seiner Ankunft in Bad Ischl pflegte der Kaiser mit der Bahn nach Gmunden zu fahren, um die königlichen Familien von Hannover und Württemberg zu besuchen, die beide dort Grundbesitz hatten. Es war immer derselbe Wagen, der auf ihn vor dem Gmundener Stationsgebäude wartete, und obwohl der alte Monarch zu seinen Lebzeiten mehr als einen Kutscher überlebt haben dürfte, gab er immer dasselbe Trinkgeld. (In jenen buchstäblich goldenen Tagen richtete noch keine Inflation Zerstörung unter dem Geld an.)

Der Lebensstil des Erzherzog konnte, wie wir gesehen haben, keinen größeren Gegensatz dazu bilden: immer unterwegs, manchmal 200 der 365 Tage im Jahr in der Eisenbahn, die er, oft einer plötzlichen Eingebung folgend, immer wieder bestieg. Es war dieselbe rastlose Energie, derselbe Drang zu neuen Horizonten und neuen Erfahrungen, die er mit auf den Thron zu bringen gedachte. Auf Zeit, so war er überzeugt, konnte man sich nicht länger verlassen, um das Reich zu retten. Im Gegenteil, um zu überleben, mußte das Reich mit dem Tempo der Geschichte Schritt halten.

Solange er noch wartete, bis die Reihe an ihn kam, war alles, was Franz Ferdinand tun konnte, den Kaiser und seine Minister auf den Weg der Modernisierung und Reform zu drängen. Der erfolgreichste Helfer, den er hierfür finden konnte, lebte und arbeitete mit ihm schon beinahe sechs Jahre im Unteren Belvedere: Major (später Oberst) Alexander Brosch von Aarenau, der noble Offizier, der auf dem Gemälde in Wiens Heeresgeschichtlichem Museum auf dem Ritt in seinen Tod zu sehen ist. Gleichsam ihr Instrument war Franz Ferdinands sogenannte Militärkanzlei. In den ersten Jahren ihres Bestehens war sie nicht viel mehr als ein Postamt, das nur solche Schriftstücke an den Erzherzog zur Durchsicht weiterleitete, die der Generaladjutant des Kaisers, Baron Arthur Bolfras, für geeignet hielt. Ihre beiden ersten Chefs waren liebenswürdige Nullen, die selbst diese begrenzte Tätigkeit als zuviel empfanden.

Als aber am 16. Januar 1901 Brosch, damals ein verhältnismäßig junger Stabsoffizier, die Leitung übernahm, wurde die Kanzlei von einem Postamt in eine mit Macht ausgestattete Stelle umgewandelt. Der Stab wurde rasch von zwei Offizieren auf vierzehn erweitert (bis fast auf denselben Umfang wie die Militärkanzlei des Kaisers), und ihr Pflichtenkreis wurde entsprechend ausgeweitet. Nach etwas mehr als drei Monaten erhielt Franz Ferdinand auf Anordnung des Kaisers vom Kriegsministerium jedes Schriftstück von Bedeutung. Instruktionen aus anderen Ministerien folgten, und nach und nach erschienen die Minister selbst sowie die am kaiserlichen Hof akkreditierten auswärtigen Botschafter ebenfalls zu Audienzen im Belvedere. Immer mehr wuchs der Gedankenaustausch in beiden Richtungen an und führte öfters zu Kollisionen. Diejenigen Minister, welche der Erzherzog für wahrscheinliche oder tatsächliche Gegner seiner Ideen hielt, wurden von ihm und Brosch veranlaßt, um ihren Rücktritt einzukommen, oder sie wurden entlassen: So gelang es ihnen zum Beispiel, Baron Schönaich 1906 zum Kriegsminister berufen zu lassen und 1911, als er sich als ein Fehlgriff erwies, seines Amtes wieder verlustig gehen zu lassen. Die Militärkanzlei begnügte sich nicht mit offiziellen Angelegenheiten. Mehr und mehr sah sie sich in die tagespolitischen Auseinandersetzungen verwickelt und baute zu diesem Zwecke ihr eigenes kleines Pressecorps auf, um seine Ansichten unter das breite Publikum zu bringen. Diese »Organe des Belvedere« umfaßten die zweimal monatlich erscheinende *Österreichische Rundschau*, das Wochenblatt *Armeezeitung* und die *Reichspost*, Wiens katholische Tageszeitung, vom bedeutenden Friedrich Funder herausgegeben. Keines dieser Blätter konnte allerdings die breiten Massen erreichen. Aber sie waren bestrebt, daß die Reformideen des Erzherzogs wenigstens jene patriotische Elite ansprachen, auf die er vorwiegend zählte.

Um die politischen Wortführer und Gönner dieser Elite ausfindig zu machen – Männer, die sich der Dynastie gegenüber loyal verhielten und sich allem voran für die Einheit des Reiches einsetzten –, hatte Franz Ferdinand seine Netze weit ausgeworfen. Unter seinen österreichischen Günstlingen befanden sich der Bankier Alexander von Spitzmüller, der Vorsitzende der ungarländisch-deutschen Volkspartei, Baron von Eichhoff, der Jurist Heinrich Lammasch sowie sein Kandidat für den Posten des Chefs des Generalstabs, Franz Conrad von Hötzendorf. Aus den nichtdeutschen Völkern des Reiches gewann er als Helfer Leute wie Baron Rauch für die Kroaten, Alexander Vaida-Voevod und Julius Maniu für die Rumänen, Graf Ottokar Czernin für die Tschechen (oder besser für den böhmischen Adel), den jungen Milan Hodža für die Slowaken sowie Bischof Lányi und Josef Kristóffy – die zu den wenigen prominenten Ungarn gehörten, die er mochte und denen er vertraute – für die Magyaren. Die Auswahl des Erzherzogs bewies ein Auge für Talente, wenn auch sehr verschiedener Art. Während des Krieges, der auf Franz Ferdinands Tod folgte, wurde Spitzmüller ein äußerst fähiger

Handelsminister, Czernin ein brillanter, wenn auch reichlich unberechenbarer Außenminister, während Professor Lammasch als letzter Kanzler unter der Monarchie diente. Vaida-Voevod wurde später rumänischer Ministerpräsident, und noch später beendete Hodža seine Karriere als letzter Ministerpräsident der Tschechoslowakischen Republik im Jahre 1938. Zu Beginn des Jahrhunderts indessen sah jeder aus dieser gemischten Gesellschaft im Erzherzog den Bürgen für das Heil ihrer Völker – und natürlich ihrer eigenen blendenden Zukunft.

Unvermeidlicherweise kamen Spannung und Rivalität zwischen dem Belvedere und Schönbrunn auf. Minister, Generäle, Zivilbeamte und Höflinge versuchten gleichermaßen, soweit sie nicht auf Lebenszeit berufen waren, auf zwei Wegen zu gleicher Zeit zu wandeln: den einen zum untergehenden Stern von Franz Joseph und den anderen zum aufgehenden von Franz Ferdinand. Da kam es als Ergebnis zu vielen verschwommenen Wunschbildern. Doch obwohl Brosch selbst das Belvedere einmal ironisch als »Seiner Majestät loyalste Opposition« bezeichnete, war es niemals eine Nebenregierung und konnte es auch nicht sein. Solange der alte Kaiser noch zu atmen vermochte, blieb die Macht, die in seinem Falle bis hin zum latenten Despotismus reichte, in seiner Hand und in den Händen derjenigen, die er dafür ausersehen hatte. Worüber das Belvedere verfügte, war Einfluß, was immerhin das Nächstbeste ist.

Wenn Brosch auch, nachdem er schließlich den zögernden Erzherzog überredet hatte, ihn im Herbst 1911 wieder zur Truppe zu entlassen, einen sehr fähigen Nachfolger in Gestalt von Oberst Karl von Bardolff fand, so blieb die Militärkanzlei doch seine Schöpfung, und er verließ sie auf ihrem Höhepunkt. Er war eine der bemerkenswertesten jungen Österreicher seiner Generation, ausgestattet mit klugem Verstand und Tapferkeit und – eine ebenso bemerkenswerte Mischung – mit Takt und Selbstbewußtsein. Niemand außerhalb des Familienkreises kam Franz Ferdinand näher, und niemand außerhalb dieses Kreises war ihm mehr ergeben. Es lohnt sich deshalb, noch einen Blick auf den Charakter des Erzherzogs zu werfen, wie ihn dieser loyalste und scharfsinnigste seiner Untergebenen gesehen hat.

Zwei Jahre nach seiner Entlassung aus dem Belvedere (und weniger als ein Jahr, bevor er im Krieg fiel), brachte Brosch seine Gedanken über Franz Ferdinand »als Mensch und Soldat« ausführlich zu Papier. Als dies geschehen war, dachte er daran, dieses Schriftstück zu verbrennen, weil es teilweise äußerst freimütig abgefaßt war. Zum Glück legte er es statt dessen zur Seite, und es wurde unter seinen Privatpapieren gefunden. Darin heißt es unter anderem:

»Der Eh. ist Anträgen zugänglich und eigentlich leicht von einer guten Sache zu überzeugen, wenn er nicht von Haus aus Mißtrauen gegen den Antragsteller hegt; nur muß man die entsprechende Form finden. Der Eh. verträgt nämlich absolut keinen direkten Widerspruch. Anderseits verträgt er wie nicht bald jemand die ungeschminkte Wahrheit und fordert sie auch. Weiß man also Aufrichtigkeit in eine genehme Form die dem Widerspruch aus dem Weg geht, zu kleiden, so kann man beinahe alles durchsetzen. Freilich gehört dazu viel Geduld, Geschick und die Wahl des richtigen Zeitpunktes; es ist also mühsam.

Der Eh. ist scharf und oft hart in seinem Urteil, dabei etwas vorschnell und da kommt es oft vor, daß er jemand Unrecht tut; er nimmt aber keinen Anstand, wie er sein Unrecht erkennt, es zu reparieren...

Gegen seine Umgebung ist der Eh. von bezaubernder Freundlichkeit; während der ganzen sechs Jahre sah ich nie eine unfreundliche Miene oder hörte ein barsches Wort. Hat man sich das Vertrauen des Eh. erworben, was freilich erst nach längerer Zeit gelingt, dann hält es auch an und hat keine Grenzen... Der Vorstand der Militärkanzlei hat freilich die günstigste Position, weil er am öftesten zum Vortrag kommt. Sein Einfluß ist also zweifellos der größte und es liegt nur Gefahr vor, wenn er den Ehrgeiz besitzt, allein zu kutschieren...

Dem Eh. wird große Energie nachgesagt und mit Recht; leider wirkt sie eher explosiv wie impulsiv. Das Eingreifen des Eh. ist stets stoßweise, die ruhige Stetigkeit ist ihm fremd, daher man den Eindruck des Sprunghaften, Unvermittelten, das immer Gefahren in sich birgt, erhält...

Mit allen Habsburgern teilt der Eh. die Eigentümlichkeit, unangenehme oder schwerwiegende Entscheidungen nicht sofort zu treffen, sondern abzuwarten, ob nicht durch irgendein Wunder sich ein Ausweg zeigt...«[15]

Obgleich es in dieser ganz und gar privaten Aufzeichnung einige Stellen gab, die, wären sie Franz Ferdinand vor Augen oder zu Ohren gekommen, wohl zu einem seiner berühmten Ausbrüche geführt hätten, ist das ihr zugrunde liegende Urteil des Obersten ein Zeichen seines tiefen und von Zuneigung zeugenden Respekts. Daß diese Gefühle ganz und gar auf Gegenseitigkeit beruhten, beweisen die Briefe, die der Erzherzog weiterhin seiner früheren rechten Hand sandte, nachdem Brosch wieder zu seinem Regiment zurückgekehrt war (und schließlich auch Zeit fand zu heiraten). So hatte Brosch zu Neujahr 1912 – dem ersten von sechs, in denen beide nicht mehr zusammengearbeitet hatten – nach Entbietung der üblichen guten Wünsche beschrieben, wie er seinen Auftrag als aktiver Offizier sah. Franz Ferdinand erwiderte:

»Was Sie mir in Ihrem Briefe schreiben und besonders Ihre ideale Auffassung eines braven Soldaten hat mich ungemein gerührt; ich kann nur sagen: echt Brosch, so denkt ein altösterreichischer schwarzgelber Soldat, der das Herz am rechten Fleck hat! Was auch geschehen mag, erhalten Sie sich diese Ideale, diese Arbeitskraft, diese Jugendfrische und Ihr goldenes Herz!«[16]

So sah die bemerkenswerte Mannschaft aus, die versuchte, von einer Bürozimmerflucht im Unteren Belvedere aus den

Kaiser aus seiner Lethargie aufzurütteln und einem zerfallen-
den Reich Stützen einzuziehen. Es ist Zeit, einen Blick auf das
zu werfen, was diese Leute wirklich zu erreichen suchten.

8

## Die Monarchie: eine verschwommene Vision

»Die prächtigen Bosniaken von der Burgwache, die Bauern in handgewebten weißen Gewändern und weichen
Opanken, die einen Hauch von östlicher Weite, Karpaten
und Steppe in die Wienerstadt einschleppten; die Blumen-
frauen, die einen blühenden Park vor sich hertrugen; die
Iglauer Ammen, Prager Köchinnen, Preßburger Kinder-
mädchen; die kurzberockten slowakischen Mägde, die Ju-
den aus Galizien im langen Kaftan, Rekruten und Offiziere
mit allen Regimentsfarben der glorreichen Armee auf dem
Kragen; Tiroler Herrgottsschnitzer und Straßenhändler
aus dem Gottscheer Land, Leierkastenmänner, Lastenträ-
ger, Rastelbinder und Zigeuner, Ruthenen und Triestiner,
blonde Bergler und dunkle Menschen aus dem Küsten-
land... Sie alle zog es magnetisch nach Wien – und Wien
war in allen Provinzen und Landen.«[1]

Diese Schilderung des Menschengedränges in den Straßen von
Franz Josephs Hauptstadt wurde niedergeschrieben, lange
nachdem er und sein Reich verschwunden waren. Aber es
kann immer noch dazu dienen, das Gemisch von Völkern und
Herrschaftsgebieten wieder zum Leben zu erwecken, das die
Habsburger im Laufe von mehr als sechs Jahrhunderten rund
um ihre Krone versammelt hatten. Und so sah das Durcheinander eines Vermächtnisses aus, das der Monarch, der auf
Franz Joseph folgen würde, zu entwirren hatte, bevor er

ein neues politisches Muster weben konnte, das kräftig genug sein würde, um das 20. Jahrhundert zu überstehen. Man nimmt an, daß Franz Ferdinand, der vertrauensvoll darauf wartete, einmal dieser Monarch zu sein, manchmal eine in alle Einzelheiten gehende Karte der Verteilung von Rassen und Völkern innerhalb seines Reiches studierte, wenn er über Reformproblemen grübelte. Wenn dem so ist, so darf man mit Sicherheit auch annehmen, daß er mutlos aufseufzte, wenn er anschließend seine Brille abnahm.

Die Karte auf Seite 178 zeigt nicht weniger als 18 verschiedene ethnische Gruppen innerhalb und längs der Grenzen der Monarchie; und noch verwirrender als die Verschiedenheit der Völker auf der Karte ist das Durcheinander ihrer Siedlungsgebiete. Nur der deutschösterreichische Block im Westen stellt ein solides ethnisches Herzstück dar, das allerdings im äußersten Süden mit den Slowenen ins Gehege kommt (was bis heute zuweilen immer noch Kopfzerbrechen bereitet). Anderswo ist es überall ein Durcheinander: deutsche Siedlungen unter den Serben, Magyaren, Rumänen und Polen, polnische unter den Ukrainern, ungarische unter den Rumänen, italienische unter den Slowenen, slowenische unter den Serben. Zahlenmäßig stehen nach der letzten Volkszählung von 1910 die Deutschösterreicher mit über 12 Millionen immer noch an erster Stelle, gefolgt von den Ungarn mit 10 Millionen, den Polen mit beinahe 5 Millionen, den Ukrainern mit annähernd 4 Millionen und den Rumänen mit 3¼ Millionen, worauf eine Reihe von kleineren Minderheiten folgt.

Die genaue Aufteilung:

| Deutsche | 12 011 081 | Rumänen | 3 224 728 |
| Ungarn | 10 067 917 | Kroaten | 2 888 171 |
| Tschechen | 6 643 059 | Serben | 2 041 899 |
| Slowaken | 1 967 520 | Slowenen | 1 371 256 |
| Polen | 4 977 643 | Italiener | 771 054 |
| Ukrainer | 3 999 100 | andere | 979 990 |

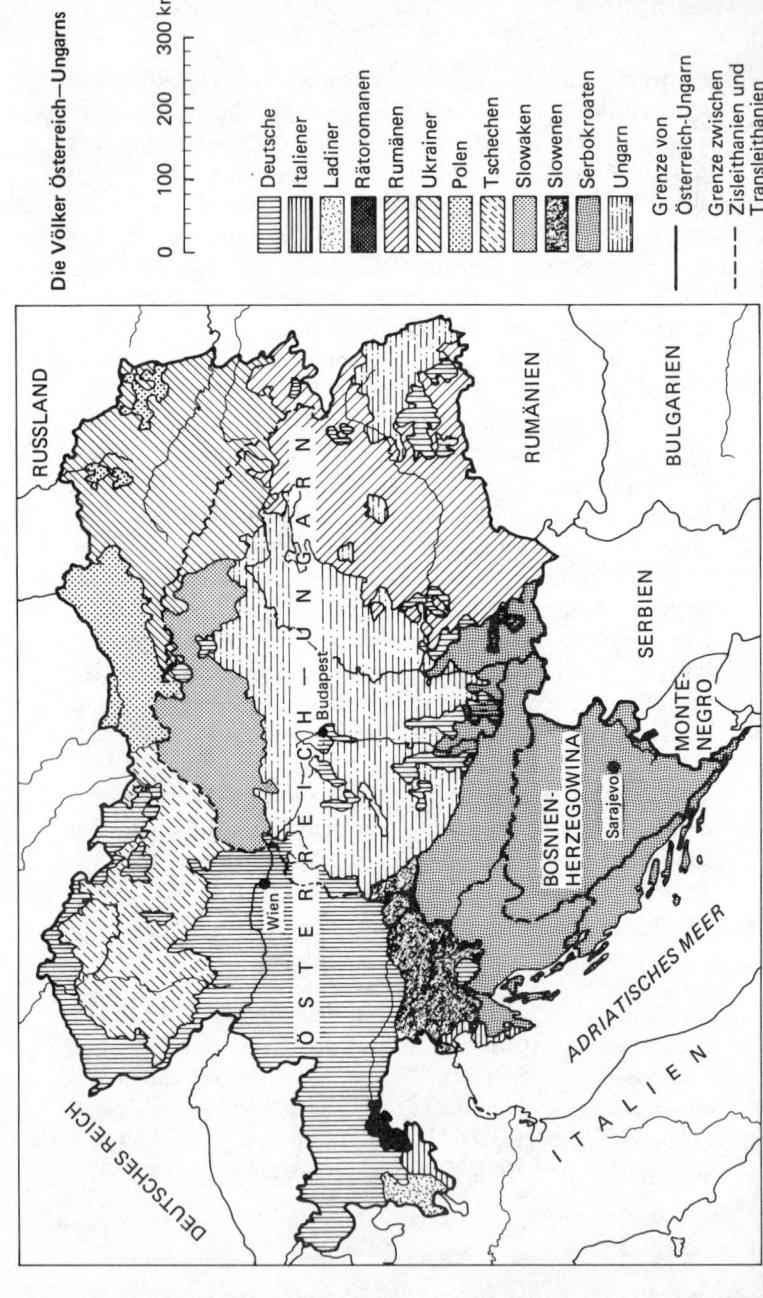

Die Völker Österreich–Ungarns

0 100 200 300 km

Deutsche
Italiener
Ladiner
Rätoromanen
Rumänen
Ukrainer
Polen
Tschechen
Slowaken
Slowenen
Serbokroaten
Ungarn

Grenze von Österreich-Ungarn
Grenze zwischen Zisleithanien und Transleithanien

DEUTSCHES REICH
RUSSLAND
ÖSTERREICH–UNGARN
Wien
Budapest
RUMÄNIEN
BULGARIEN
SERBIEN
BOSNIEN-HERZEGOWINA
Sarajevo
MONTE-NEGRO
ADRIATISCHES MEER
ITALIEN

Dieses schreckliche Durcheinander von Sprachen und Völkern hat sich niemals zu einem Staat verdichten können, sondern ist immer nur größer geworden. Es war das Ergebnis ethnischer Wanderungen, die bis in die dunkle Vergangenheit zurückreichen: von Ebbe und Flut großer Invasionen wie der der Türken, von Sieg und Niederlage in vielen kleineren Schlachten, von Heiratsverträgen und dynastischen Erbschaften, von geopolitischen Lagen und dem Verlauf von Flüssen und Gebirgszügen und zuweilen ganz einfach von wirtschaftlichem Druck oder kommerziellem Unternehmungsgeist. Es war schlechthin natürlich, daß das Haus Habsburg, das diesem Völkergemisch vorsaß (und auch vermittels der Krone das einzige alle miteinander verbindende Glied bildete), sich selbst gewissermaßen eine »Mission« zusprach als der von Gott gesandte Hüter von Einheit und Ordnung unter seinen Bestandteilen.[2]

Andere damalige Reiche erhoben ähnliche moralische Ansprüche: Das britische zum Beispiel glaubte aufrichtig, daß es »die Eingeborenen zivilisiere«, während es sie zu gleicher Zeit verpflichtete, für die Vergrößerung von Macht und Wohlstand des Mutterlandes zu arbeiten. Aber während die Könige und Königinnen von England, umgeben von ihrem Salzwassergraben, in der Nordwestecke von Europa saßen, meist in geradezu lächerlich weiter Entfernung von den Besitzungen ihres Imperiums, lebten die Habsburger geradewegs in der Mitte ihrer Länder, so daß jeder Tumult, selbst an den äußersten Randgebieten, sofort Druck auf das Zentrum auslöste. Mehr noch, obwohl die österreichisch-ungarische Monarchie praktisch ganz gewiß ihre Bürger erster und zweiter Klasse hatte, so waren sie doch alle weiß, sämtlich Europäer, allesamt stolz auf irgendeine ruhmreiche Vergangenheit und wenigstens theoretisch gleich vor dem damaligen Gesetz.

Und schließlich, und das ist wohl das wichtigste, waren alle mehr oder weniger stark durch etwas aufgewühlt, das die Eingeborenen des britischen Imperiums noch nicht berührte: den Ruf des Nationalismus. Es gab die große Explosion von

1848, das Jahr der europäischen Revolution, als die Dynastie vom Wiener Pöbel ins zeitweilige Exil in der Provinz getrieben wurde. Franz Joseph selbst war im Kielwasser dieser Revolution auf den Thron gekommen, als Nachfolger seines in Mißkredit geratenen Onkels Ferdinand, gleichsam als Beschwichtigungsmittel des »neuen Zeitalters«, das die Krone nichtsdestoweniger sich vom Leibe zu halten entschlossen war.

Ein zweiter großer Anstoß der allenthalben aufflammenden nationalistischen Bewegungen gewann seine zündende Kraft elf Jahre zuvor, als Garibaldi sich anschickte, den Mischmasch von italienischen Staaten in eine Nation zu verwandeln – eine Verwandlung, die die Habsburger übrigens die meisten ihrer italienischen Provinzen kosten sollte. Wenn es im Ergebnis dieser Verluste auch nicht zum Aufruhr vom Ausmaß dessen im Jahre 1848 kam, so fuhr die Erde doch fort zu zittern, und diese Beben wurden immer stärker. Wie sollte eine Dynastie, die mit ihrer übernationalen Haltung stand oder fiel, überleben, wenn sie auf der Spitze dieses nationalistischen Vulkans saß?

Innerhalb des ersten Jahrzehnts nach der Revolution versuchte der junge Herrscher unter ursprünglicher Anleitung seines »eisernen Kanzlers«, Fürst Felix Schwarzenberg, nationalistische Unruhen durch ein Gemisch von Gewalt und Bürokratie im Keime zu ersticken. Es waren die Jahre des mit Zentralismus verbundenen Absolutismus, als die Armee darauf sah, daß alle Gewalt bei der Krone ruhte, und die zivile Beamtenschaft darauf sah, daß jegliche Verwaltung in Wien zentralisiert wurde. Angesichts des Zeitgeistes und der verwickelten Verhältnisse im Reich selbst erwies sich dies alles als ein unrealistisches Experiment, das nur so lange währen konnte, wie der Kaiser samt seinen Ministern ihr gleichsam von einem Heiligenschein umrahmtes Bild zu halten vermochte. Die demütigenden Niederlagen der Monarchie in den italienischen Einheitskriegen waren ihr teuer zu stehen gekommen, und die Suche nach neuen Einfällen zur Aufrechterhaltung ihrer Stabilität begann. Im Jahre 1860 zum Beispiel wurde durch das sogenannte »Oktoberdiplom« mehr oder weniger der Anschein eines Versuchs erweckt, ein föderalistisches System zu proklamieren. Demzufolge verzichtete der Kaiser auf einige seiner zentralen Gewalten, aber nur zugunsten autokratischer Parlamente einiger ausgewählter Nationen. Diese Posse eines Versuchs, die Hüter einer alten Ordnung zur Vertretung einer neuen zu machen, wurde ein Jahr später überholt von der weit kühneren Neuerung, durch kaiserliche Verordnung neumodische parlamentarische Institutionen zu errichten. Nachdem sich die Dynastie davon überzeugt hatte, daß weder auf die Armee noch auf den Adel Verlaß sein konnte, wenn es um ihre Rettung vor dem Nationalismus ging, suchte sie Zuflucht bei ihrer eigenen Auslegung von Demokratie und unternahm den entsprechenden Kunstgriff.

Im Zeichen dieses »Februarpatents« von 1861 wurde in Wien ein aus zwei Kammern bestehendes Parlament gegründet und nach einem verwickelten Klassenwahlsystem gewählt, das im wesentlichen die Deutsch-Österreicher begünstigte. Allein die Tatsache seiner Errichtung in der Hauptstadt bedeutete gewiß einen Rückschlag in zentralistischer Richtung; aber er war begleitet von einem nur sehr kleinen und kontrollierten Pendelschlag weg vom Absolutismus. Das erste Parlament des Reiches war eine Schöpfung der Krone, nicht des Volkes, und die Krone sah streng darauf, alle lebenswichtigen Staatsangelegenheiten in ihren Händen zu belassen. Sie ging tatsächlich so weit, den Präsidenten und Vizepräsidenten beider Kammern selbst zu bestimmen. Im Ergebnis wurde das Haus gewählter Vertreter eher zur Plattform für die Aufheizung ethnischer Zänkereien statt zum Forum für ihre Lösung. Einige nationale Gruppen standen beiseite; andere erschienen, um gleich wieder zu verschwinden; die 343 gewählten Vertreter, welche kamen und blieben, verbrachten viel von ihrer Zeit mit dem Klappern von Pultdeckeln und mit dem Schleudern von Tintenfässern.

So hatte Mitte der sechziger Jahre Franz Joseph beinahe 20 Jahre lang nichts weiter zu tun, als das konstitutionelle Spiel hin und her zu schieben, allezeit streng darauf bedacht, daß keine der Bildkarten unter den Tisch fiel. Noch immer hatte er versäumt, ein verläßliches System aufzuspüren, das mit ihm (und unter ihm) die Aufgabe übernehmen würde, sein Reich stabil und geeint zu erhalten. Nichts anderes schien eines Versuchs überhaupt wert zu sein. Doch dann wurde ihm praktisch ein völlig anderes Experiment aufgedrängt. Stabilität im Zeitalter des Nationalismus wurde angestrebt, nicht durch Einheit der Monarchie, sondern durch Zweiteilung, und zwar durch Teilung sowohl des Landes als auch der Gewalt mit den Ungarn.

Die zehn Millionen Ungarn des Reiches waren der unumgängliche Partner der Österreicher bei jedem derartigen Wagnis, nicht nur deshalb, weil sie bei weitem die größte der anderen ethnischen Gruppen waren, sondern auch deshalb, weil sie die kompakteste, begabteste, kräftigste und zuversichtlichste Volksgruppe waren. Es lohnt sich, sie genau unter die Lupe zu nehmen, und zwar im Hinblick sowohl auf Franz Ferdinands lebenslange Zwangsvorstellung von der ungarischen Nation als solcher als auch auf die Abmachungen, die sein Onkel jetzt mit ihr zu treffen im Begriff stand.

Ungarn entstand Ende des 9. Jahrhunderts, als die Magyaren, ein finnougrisches Volk aus dem Gebiet der oberen Wolga, nach Süden stürmten und die zentrale Donauebene in Besitz nahmen. Sie hatten die Karpaten als eine Gemeinschaft von sieben »Horden« unter ihrem obersten Anführer, Arpád, überschritten, und der Prozeß der Verwandlung jenes unruhigen Verbandes von Stämmen in ein stabiles Königreich erwies sich als lang und blutig. Hundert Jahre nach dem Auftauchen von Arpád auf der Bühne des Weltgeschehens kämpfte sein Urenkel Stephan noch auf dem Schlachtfeld um die Vorherrschaft. Aber nachdem sein eigener Vater, Géza, bereits das Christentum angenommen und eine bayerische Prinzessin geheiratet hatte, war Stephan der glückliche Gedanke gekommen, sich an Papst Sylvester II. um Segen und Hilfe zu wenden. Der Vatikan ging darauf ein, und diese massive Zufuhr moralischer Unterstützung aus Rom regelte alles zu Stephans Gunsten. Am Weihnachtstag des Jahres 1001 wurde er zum König gekrönt, und zwar mit einer apostolischen Krone und einem Kreuz, der Legende nach vom Heiligen Vater selbst übersandt.

Sowohl Zeitpunkt als auch Art und Weise von Ungarns Staatwerdung traten im Laufe der Jahrhunderte ins Bewußtsein der Magyaren selbst. Sie wurden zum historischen Volk des Donaubeckens *par excellence*. Sie konnten immerhin behaupten, zum Beispiel etwa 270 Jahre ein Königreich gewesen zu sein, bevor die Dynastie Habsburg überhaupt begründet wurde. Und die Tatsache, daß ihre Nationwerdung von Anfang an sanktioniert worden war, indem ihr Reich zum geistlichen Lehen des Papsttums erklärt wurde, verlieh »den Ländern der Stephanskrone« die Aura von etwas Heiligem, Magischem und Unvergleichlichem unter den Königreichen Europas von damals oder später. All diese Eigenschaften überlebten die Drangsale, die folgten: Inbesitznahme durch fremde Herrscher wie die Anjou, Luxemburger und Polen, Invasion der Türken, und schließlich das Aufgehen durch Heiratsverträge und kriegerische Auseinandersetzungen in der Monarchie der Habsburger, was zu deren direkter Herrschaft über das ganze Land im Jahr 1699 führte, nachdem die Türken für immer in die Flucht geschlagen worden waren. Durchweg behaupteten die Ungarn nicht nur ihre einzigartige Sprache (an sich bereits ein Schutz gegen Assimilierung), sondern auch ihren einzigartigen Sinn für gottgegebenes Schicksal. Es machte nur wenig aus, daß der Weihrauchduft über die Jahrhunderte hin fade wurde oder daß der alte päpstliche Segen benutzt wurde, eben nicht nur die Krone zu heiligen, sondern auch feudale Vorrechte und Habgier. Doch ob Bauer oder Fürst, die Länder der heiligen Stephanskrone hatten für jeden von ihnen etwas Mystisches, Kostbares, Ewiges an sich.

Aber auch für diese über Jahrhunderte hin wirkende Elementarkraft des Nationalismus war schließlich der Augenblick ihres Zusammenbruchs gekommen. Besprechungen über radikal neue Beziehungen zwischen Budapest und Wien hatten im Jahr 1865 begonnen, als es offenkundig geworden war, daß die anderen konstitutionellen Experimente des Kaisers fehlgeschlagen waren; abermals war es jedoch eine Niederlage der Dynastie auf dem Schlachtfeld, die sie durch eiligen Rückzug nach Hause Deckung suchen ließ. Im Juli 1866, nach einem unglückseligen Krieg gegen Preußen, wurde die österreichische Armee bei Königgrätz in Böhmen zerrieben; das Kaiserreich wurde sodann aus dem Deutschen Bund ausgeschlossen und verlor obendrein noch die italienische Provinz Venetien. Hierauf brauchten die Ungarn gar nicht weiter gegen die Verhandlungstür in Wien zu drücken, um sie mit Schwung zu öffnen. Franz Deák, der gemäßigte Staatsmann, der gleichsam der Architekt ihrer Kampagne war, sicherte den Erfolg durch kluges Nachgeben, indem er die früheren Forderungen beschränkte.

Das Ergebnis war der historische »Ausgleich« von 1867. Hinfort war, obgleich alle Völker der Habsburger Monarchie unter Franz Josephs Zepter verblieben, der Reichsapfel in zwei Teile geteilt. Die westliche, österreichische »Hälfte« glich einem großen Halbmond, der sich von der Bukowina und von Galizien her über Böhmen und das österreichische Kernland selbst bis hinab nach Bosnien erstreckte. Die östliche, ungarische »Hälfte« ruhte auf den alten »Ländern der heiligen Stephanskrone« oder dem zentralen Donaubecken, jetzt aber weiter ausgedehnt durch die Herrschaft über nichtmagyarische Völker an der sogenannten »Militärgrenze« des Reiches, die die Türkei berührte.

Die beiden Hälften waren, was ihre gesamte Innenpolitik betraf, voneinander getrennt, jede mit eigenem Ministerpräsidenten, eigener Regierung, eigenen Steuern und Gesetzen. Immerhin waren sie noch durch die Krone verbunden, selbst wenn die Ungarn dabei in erster Linie ihre nationale Krone im

Auge hatten, sowie durch drei gemeinsame Ministerien, nämlich das Außenministerium, das Verteidigungsministerium und das insoweit zuständige Finanzministerium. Um die Dinge noch komplizierter zu machen, waren die Titulare dieser Ministerien zwei Körperschaften gegenüber verantwortlich, jede aus 60 Mitgliedern bestehend, die von den beiden nationalen Parlamenten gewählt wurden und als »Delegationen« fungierten. Um die Dinge für die Zukunft noch unbequemer zu machen, war vereinbart worden, daß alle zehn Jahre Verhandlungen zwischen den gemeinsamen Ministern und den Delegationen über finanzielle Schlüsselfragen stattzufinden hatten, wie etwa darüber, auf welche Weise die Schulden der Monarchie bezahlt und wie die Zolleingänge untereinander verteilt werden sollten. Somit hatte man sich ein sicheres Rezept für eine alle zehn Jahre fällige Selbstverstümmelung ausgestellt.

Diese merkwürdige Kombination von Scheidung und Wiederheirat hatte einige drollige Nebenwirkungen. Da mußte zunächst einmal eine natürliche Grenze irgendwelcher Art gefunden werden, und die Leitha, ein unbedeutendes Flüßchen, das durch die flachen Weiten des Burgenlandes östlich von Wien dahinrieselt, wurde als Markierung gewählt. Zukünftig wurde alles Land auf österreichischer Seite kurzerhand Cisleithanien und alles auf der ungarischen Transleithanien genannt. Dies klang wenigstens wie ein ehrlicher Ausgleich. Aber die formellen Benennungen der zwei Hälften waren geradezu erschreckend ungleich. In Budapest herrschte keinerlei Zweifel, wie der neue Staat bezeichnet werden sollte; man nannte ihn natürlich »die Länder der heiligen Stephanskrone«, amtlich das Königreich Ungarn. Doch wie sollte man in amtlichen Schriftstücken Cisleithanien benennen, diese aufs Geratewohl zustande gekommene Gruppierung, die Ober- und Niederösterreich, Salzburg, Tirol, Steiermark, Görz, Istrien, Dalmatien, Böhmen, Mähren, Schlesien, Galizien und die Bukowina umfaßte? Jedermann nannte sie ganz einfach Österreich. Denn ungefähr 50 Jahre zuvor hatte man ihm offiziell die schwerfällige Bezeichnung »die im Reichsrat vertretenen Königreiche und Länder« aufgehalst. Verglichen mit seinem ungarischen Seitenstück war dies kein Name, der sich für einen Schlachtruf oder als Wahlkampfparole eignete.

Aber die wirklich schädliche Ungleichheit, die das Abkommen von 1867 geschaffen hatte, lag in dem verschiedenartigen politischen und sozialen Vorgehen in beiden Hälften der Monarchie. Innerhalb des folgenden halben Jahrhunderts führten die Ungarn ein erbarmungsloses Magyarisierungsprogramm unter den Serben, Kroaten, Slowaken, Rumänen, Ukrainern und Deutschen ihres Landes durch, trotz aller liberalen Versprechungen im sogenannten Nationalitätengesetz von 1868.

Fünfzehn Jahre nach der Verkündung dieses Gesetzes wurde Ungarisch Pflichtfach in allen nichtungarischen Schulen, und nach und nach drohte Lehrern die Entlassung, wenn sie ihren Sprachunterrichtspflichten nur mangelhaft nachkamen. Entsprechende Vorstöße wurden unternommen, um nichtmagyarische Bücher und Zeitungen zu knebeln und zu unterdrücken.[3]

Der Entzug der Bürgerrechte war sogar noch schroffer als dieser kulturelle Blitzkrieg. Nicht weniger als 407 der 413 Sitze im ungarischen Reichstag waren von Magyaren besetzt, trotz der Tatsache, daß sie selbst in dem neuen Staatswesen nur eine Minderheit bildeten. Regierungsposten und Parlamentssitze waren faktisch ein Monopol der Magyaren. Auf der anderen Seite der Leitha jedoch füllten Österreicher nichtdeutscher Herkunft die Ränge der Verwaltung, und die höchsten Beamtenstellen im Staat wurden weithin von Männern polnischer oder tschechischer Herkunft bekleidet, selbst wenn sie nur gewöhnliche Adlige waren.

Aber der größte Gegensatz entstand erst im Januar 1907, als der Kaiser einem Gesetz seine Zustimmung gab, das das Wahlrecht jedem männlichen Bürger von Cisleithanien zubilligte, der das Alter von 24 Jahren erreicht hatte, ohne Rücksicht auf Volkszugehörigkeit oder Glauben. Mit diesem Schritt hatte sich die eine Hälfte der Doppelmonarchie endlich ins 20. Jahrhundert hinübergeschleppt, während die andere im Zeitalter des Feudalismus steckengeblieben war.[4]

Indem die Ungarn sich bei der Lenkung ihres vergrößerten multinationalen Staatswesens für Methoden entschieden, die sowohl veraltet als auch chauvinistisch waren, trieben sie die beiden Hälften des Reiches immer weiter auseinander und brachten sich zur gleichen Zeit im Ausland immer mehr um ihren Ruf. Auf diese Weise rief der Ausgleich von 1867, der, was die Magyaren anlangt, den Triumph der Treue zur Nation über die Treue zum Reich zur Folge hatte, das Verhängnis für das kaiserliche Konzept geradezu herbei. Franz Josephs historischer Sprung war eine Reform, die alle weiteren Reformen ausschloß. Er empfand dies bald selbst und versank nach 1867 in einen Zustand tiefen politischen Winterschlafs, der bis zu seinem Tode 50 Jahre später währte.

Was konnte der Neffe in dieser Lage tun, während er – was sich als vergeblich herausstellte – auf diesen Tod wartete? Zunächst versuchte er alles in seiner Macht Stehende, den Kaiser aus seinem ungarischen Koma wachzurütteln. Unter den erhalten gebliebenen politischen Schriftstücken des Erzherzogs befindet sich zum Beispiel der Entwurf eines Briefes vom Juni 1907, worin er sich bitter über das Getue beklagte, das wegen der bevorstehenden 40-Jahr-Feiern der Gründung der Doppelmonarchie im Gange war, Feiern, denen er als Thronfolger beizuwohnen verpflichtet war. Aber die Tatsache, daß der Brief handschriftlich abgefaßt ist, dazu mit Bleistift und mit häufigen roten Unterstreichungen versehen, macht diesen Entwurf mehr als irgendein formelles Schriftstück zu einem lauten Echo dessen, was in Franz Ferdinand wirklich vorging:

»Euer Majestät haben befohlen, daß ich nach Pest komme. Befehl folgen. Bitte nicht mißverstehen, aber ich halte es für meine Pflicht, Euer Majestät Wahrheit zu sagen. Ich halte diese Feier für eine ›Verwirrung der Begriffe‹. Dieses vierzigjährige Verfassungsjubiläum in einem Moment wo diese Leute regieren (Leute, die ich nur des Hochverrats bezichten kann), und die fort gegen alles, Dynastie, Reich, Armee, hetzen. Alles was sie versprochen haben, halten sie nicht wie Wahlrecht, Rekrutengeld ect. ... Ich weiß nicht, ob Euer Majestät orientiert sind, was in subventionierten Blättern über Euer Majestät geschrieben wird... Ich kann nur sagen, daß es eine Schande, ein Skandal ist...«

Der Brief endet mit dem Ersuchen des Erzherzogs, man möge ihn der Pein einer persönlichen Reise nach Budapest zwecks Teilnahme an diesen Festlichkeiten nicht aussetzen. »Dies würde für mich eine Reise nach Canossa bedeuten, und ich bitte mir eine derartige Verlegenheit zu ersparen.«[5] (Die Reise blieb ihm nicht erspart, führte aber zur Beleidigung von jedermann in Budapest, da er die Stadt kurz nach seiner Ankunft wieder verließ.)

Selbst gemessen an einem Mann vom Temperament Franz Ferdinands war der Stil des Briefes unter Berücksichtigung dessen, daß er für den Kaiser selbst bestimmt war, reichlich ungezügelt. Aber der Erzherzog war oft noch wütender, wenn er mit seinen eigenen Beratern über dieses leidige Thema korrespondierte. So findet sich der folgende Ausbruch in einem seiner Briefe an den ihm ergebenen Baron Max Beck: »Der sogenannte ›anständige Ungar‹ existiert nicht und jeder Ungar, ob Minister, ob Fürst, ob Kardinal, ob Bürger, ob Bauer, ob Häusler, ob Hausknecht ist ein Revolutionär und eine Canaille (beim Kardinal ist die Canaille ausgeschlossen, aber Republikaner ist er doch).«[6] Und die folgende Stelle kommt in einem Entwurf eines Briefes an den deutschen Kaiser Wilhelm vor, geschrieben im Sommer 1909: »Das ist nun wieder zum so und so vielten Mal der Beweis für meine stets aufgeholte Behauptung, daß der sogen. edle ritterliche Magyar der infamste niederträchtigste verlogenste und unverläßlichste

Geselle ist und daß alle Schwierigkeiten, die wir in der Monarchie haben ausschließlich ihren Ursprung bei den Ungarn haben.«[7]

Was in solchen Explosionen (und viele solche könnten angeführt werden) zum Ausdruck kommt, ist die schwelende Abneigung des Erzherzogs gegenüber den Ungarn sowie sein Zorn auf die politische Herausforderung, die sie darstellten. Wohl mag er versucht haben, sich selbst einzureden, daß er, wie es sich für den zukünftigen Vater der verzankten Familie von Nationen im Reich der Habsburger geziemt, lernen könne, sie alle gleichermaßen zu lieben, wenn sie ihrerseits gelernt hätten, gleichermaßen gehorsam zu sein. Aber die Wahrheit ist, daß er seinem ganzen Naturell nach unfähig war, die Ungarn als Volk auch nur zu mögen, geschweige denn zu lieben. Alles, was mit ihnen zu tun hatte (angefangen bei ihrer bizarren Sprache), reizte und entmutigte ihn; sogar die Tracht, die die übrige Welt so reizend fand. Als junger Offizier zum Beispiel nahm er häufig an ungarischen Regimentsessen teil, bei denen die Husaren ihren traditionellen Csárdás tanzten. Bei einer solchen Gelegenheit wandte er sich an seinen Tischnachbarn und schnaubte wütend: »Schauen Sie sich einmal diesen Bärentanz an! Das ist eines der ersten Sachen, die ich abschaffen werde!«[8] Diese Bemerkung rief große Bestürzung hervor, wie man sich denken kann, weniger wegen der zu ernst genommenen Drohung als der einfachen Tatsache wegen, daß sie überhaupt geäußert wurde.

Während der Jahre als zweiter Mann im Reich war der Erzherzog darauf aus, der Begleitung durch irgendwelche Ungarn auf seinen offiziellen Reisen zu entgehen, obgleich sie die Hälfte der Doppelmonarchie repräsentierten. Seine Feindschaft trat sogar auf unterster persönlicher Ebene zutage. Die damalige Erzherzogin Zita, seine angeheiratete Nichte, erinnert sich an eine bezeichnende Episode:

Eines Tages entschloß sich mein Mann Karl, beim Kind eines seiner Diener auf seinem Gut Pate zu stehen. Zufällig hatte der Diener einen ungarischen Namen, und als unser Onkel Franz davon hörte, schrieb er einen Brief und bat um nähere Erklärung. Ihm kam diese kleine Geste als überflüssiger Gunstbeweis gegenüber Ungarn vor! Mein Mann erwiderte sofort, daß alles ganz harmlos sei. Wenn der Mann auch einen ungarischen Namen habe, so sei er aus Niederösterreich gebürtig und nicht ungarischer als wer sonst auch immer auf dem Gut. Hierauf herrschte Schweigen.[9]

Es war ein ernüchternder Gedanke für alle, die es anging, daß der Prinz mit solchen hartnäckigen Vorurteilen kein gewöhnlicher Erzherzog, sondern der Thronfolger war. Was in aller Welt würde er mit den Ungarn anfangen, wenn er erst einmal gekrönt sei? Bevor wir auf die eigenen Gedankengänge des Erzherzogs im Hinblick auf dieses Ereignis (die zum großen Teil verschwommener waren, als oft angenommen wird) eingehen, lohnt es sich, einen Blick darauf zu werfen, wie sich Franz Ferdinand selbst auf Auseinandersetzungen vorbereitete, als er noch gezwungen war, im Schatten des Kaisers zu wirken.

Um überhaupt handeln zu können, brauchte der Erzherzog, wie ihm von Anfang an bewußt war, eine Machtbasis. Die erste Planke dafür legte er am 8. April 1901, als er – aus heiterem Himmel, soweit es seinen Onkel betraf – ankündigte, er sei einverstanden, Schirmherr des »Katholischen Schulvereins« zu werden. Im Österreich jener Tage kam dies einer Kriegserklärung gegenüber jedermann gleich, der auf die Schwächung der Dynastie durch Schwächung jener besonderen Verbindungen bedacht war, die die Habsburger Herrscher als »Apostolische Majestäten« zu Rom unterhielten. Obgleich Europa keineswegs darauf aus war, den Dreißigjährigen Krieg nochmals über die Bühne gehen zu lassen, so war das Tauziehen in der Doppelmonarchie zwischen den strengen Katholiken, die den Auffassungen des Kaisers treu ergeben waren, und denjenigen, die aus mannigfaltigen

Gründen und in verschiedenartigem Ausmaß eine stärkere Annäherung an das protestantische Deutschland wünschten, immer heftiger geworden. Gerade diesen Punkt hob der Erzherzog in seiner ersten Rede als Schirmherr in aller Deutlichkeit hervor. Indem er das »religiöse und patriotische Werk« des Verbandes lobte, unterstrich er dessen besondere Bedeutung in dieser Zeit der »Los-von-Rom-Bewegung«, die auch eine »Los-von-Österreich-Bewegung« sei. Diese Tendenz, so sagte er, könne nicht energisch genug bekämpft werden, und dementsprechend versprach er, mit Wort und Tat zu helfen.[10]

Die Rede rief nicht nur den Widerspruch der liberalen Großdeutschen in Österreich hervor. Der Aufschrei in Ungarn, das im Gegensatz zu den österreichischen Ländern eine ziemlich beträchtliche protestantische Bevölkerung hatte, war noch lauter. Der Thronfolger, so unterstrichen die Budapester Zeitungen, sollte sich nicht auf ein Gebiet zerren lassen, das so empfindlich und gefährlich für die Monarchie sei. Der Monarch selbst äußerte seine Mißstimmung. Von Ungarn aus, wo er gerade zu Besuch weilte, schrieb er vierzehn Tage nach diesem politischen Bombenwurf des Erzherzogs, er sei wohl damit einverstanden, daß sein Neffe die Schirmherrschaft über eine solche großartige Organisation übernommen habe, was sicher aus den besten Motiven heraus geschehen sei. Trotzdem warnte er ihn vor einem solchen »demonstrativen Vorgehen«, das »mit Rücksicht auf Deine ganz exceptionelle hohe Stellung, mit Rücksicht auf Deine Zukunft... in hohem Grade unüberlegt ist«.[11] Und mit gleicher Post traf ein mehr formeller Vorwurf in Gestalt einer Verordnung ein, die jedem Mitglied des kaiserlichen Hauses verbot, die Schirmherrschaft über »jedwede Art von Vereinen, Corporationen, Congressen und Versammlungen« ohne vorherige Zustimmung des Souveräns anzunehmen.[12] Was den Erzherzog betraf, war damit allerdings der Handschuh bereits geworfen.

Die zweite und breitere Planke von Franz Ferdinands Machtbasis waren die Streitkräfte des Reiches, mit deren

Loyalität und Einheit die Dynastie selbst stand oder fiel. Zwei Jahre, nachdem er das Belvedere verlassen hatte, schrieb Brosch über seinen früheren Herrn, daß er, der Erzherzog, selbst wenn er in seinem Leben bisher nichts anderes erreicht hätte und in Zukunft auch nichts weiter erreichen würde, sich durch sein Wirken im militärischen Bereich allein einen stolzen Platz in der Geschichte des Reiches gesichert haben würde.[13] Ob der ergebene Höfling in diesem Urteil stärker zu Wort gekommen ist als der Berufssoldat, werden wir niemals erfahren. Was ganz sicher ist auf diesem Gebiet ebenso wie auf allen anderen, denen der Thronfolger seinen Stempel aufdrückte, ist, daß er einen Gang auf steinigem Weg vor sich hatte.

Als Franz Ferdinand, nachdem seine Gesundheit im Jahre 1898 endgültig wiederhergestellt war, durch eine ebenso ausführliche wie vage Verordnung »zur Verfügung des Oberkommandos des Heeres« gestellt worden war, hatte er gehofft, daß diese Berufung ihn im Endeffekt zum Generalinspekteur der Streitkräfte in Friedenszeit sowie zum designierten Oberbefehlshaber im Krieg machen würde. In Wirklichkeit mußte er weitere fünfzehn Jahre warten, bis er am 17. August 1913 diese Dienstbezeichnung in aller Form erhielt. Zunächst hatte er keine amtlichen Befugnisse und nur sehr wenig inoffiziellen Einfluß. Er war nur gelegentlich bei drei Manövern zwischen 1898 und 1903 jeweils mit einem Feldkommando betraut worden; im übrigen war er nichts weiter als ein enttäuschter Beobachter. Und obgleich er ständig auf eine bessere Koordinierung von Kavallerie, Infanterie und Artillerie drang, hatte die alte Ordnung, personifiziert durch den Generalstabschef Graf Friedrich Beck,[14] wie üblich nichts als taube Ohren gegenüber Neuerungen, dazu noch selbstredend unterstützt vom betagten Kaiser, der am alten hing.

Schließlich kam im Herbst 1906 für den Erzherzog die große Chance. Die alte Ordnung hatte bei gemeinsamen See- und Landmanövern im Raume des Adriatischen Meeres völlig und endgültig Schiffbruch erlitten, dem Franz Ferdinand als Vertreter des Kaisers beigewohnt hatte. Er vermochte ohne jede Übertreibung einen äußerst kritischen Bericht zu erstatten, worin er vorschlug, daß es höchste Zeit sei, Graf Beck und aus dem gleichen Grund den Kriegsminister, Baron Pitreich, durch andere Persönlichkeiten zu ersetzen. Was hierauf erfolgte, war ein eindrucksvoller Beitrag zum wachsenden Prestige des Erzherzogs und seiner sich weiter ausdehnenden Militärkanzlei. Ein beunruhigter Souverän fühlte sich nicht nur verpflichtet, den Entlassungen zuzustimmen, sondern war auch überzeugt worden, den von seinem Neffen vorgeschlagenen Neuernennungen für beide Posten zuzustimmen: General Conrad von Hötzendorf zum neuen Generalstabschef und Baron Schönaich zum neuen Kriegsminister.

Die Ernennung Conrads, der in die Geschichte der Habsburger Monarchie eingehen sollte als oberster »Falke« und unermüdlicher Befürworter eines Präventivkrieges gegen die slawischen und italienischen Feinde, die angeblich das sterbende Reich im Süden bedrohten, war besonders bemerkenswert. Conrad von Hötzendorf, der die Aufmerksamkeit des Erzherzogs bei Manövern in Südtirol ein Jahr zuvor auf sich gelenkt hatte, verfügte über keinerlei Erfahrung in Stabstätigkeit während der vergangenen fünfzehn Jahre und war nur unter größtem Zögern bereit, ein Feldkommando mit dem Treibhaus der Wiener Intrigen zu vertauschen. Und er wandte sich auch wirklich gegen diese Ideen des Erzherzogs, als dieser ihn ins Belvedere befahl, um mit ihm darüber zu sprechen. Auch Franz Joseph selbst war wenig davon begeistert, diesen ausgesprochenen Truppenoffizier, der sowohl die passive Diplomatie der Monarchie ablehnte als auch den Weg, den ihre Armee beschritten hatte, zum Chef des Generalstabs zu ernennen. Aber am 18. November 1906 erreichte Franz Ferdinand schließlich bei beiden sein Ziel, und Conrads Ernennung wurde offiziell verkündet.

Der Umgang mit Conrad von Hötzendorf, der öfters mit Rücktritt drohte (und der seine Drohung eines Tages auch wahr machte und zur Rückkehr geradezu gezwungen werden mußte), erwies sich in der Tat allenthalben als unbequem. Obgleich der Kaiser Conrad eingeschärft hatte, ihm stets die ungeschminkte Wahrheit zu sagen, fand er dieses Verfahren, das ohnehin in der Welt der Hofburg mit ihrer Selbstbespiegelung seltsam anmutete, äußerst unersprießlich, wann immer er sich ihm auch gegenübersah. »Es langweilt mich geradezu, sobald ich eines Ihrer Memoranden lese«, fuhr der Kaiser eines Tages den General an, indem er mit der Faust auf den Tisch schlug, was er nur in ganz seltenen Fällen tat, wenn er seine kaiserliche Haltung verlor.[15]

Was den Erzherzog anlangt, so hatte er in Conrad einen seltsamen und stürmischen Weggenossen auf seiner Odyssee zur Rettung der Dynastie gefunden. Beide teilten dasselbe lebhafte Temperament, die gleiche leidenschaftliche Ergebenheit gegenüber der Monarchie und ihren Streitkräften und dieselbe wütende Ungeduld gegenüber dem Durcheinander und der Lethargie, die auf beide geradezu lähmend wirkte. Aber es gab auch große Gräben zwischen ihnen. Während zum Beispiel Franz Ferdinand ein gläubiger Katholik alter Schule war, stand Conrad von Hötzendorf sehr stark unter dem Einfluß des Darwinismus und war mehr ein Agnostiker. Aber ob gläubig oder nicht, die beiden Männer teilten dieselben empfindlichen Schmerzen in ihrem Privatleben. Der General war gleich dem Erzherzog Hals über Kopf in Liebe zu einer Dame entbrannt, aber man nahm an, daß er sie nicht heiraten würde; und gleich dem Erzherzog trat er mutig jedem Widerstand und jedem Skandal entgegen, um seinen Preis zu gewinnen.

Conrad wurde eine junge, dunkelhaarige Schönheit zum Schicksal, Gina von Reininghaus, Gattin des geadelten steirischen Bierbrauers gleichen Namens, der sie geheiratet hatte, als sie erst 16 Jahre alt war. Dieser hatte bereits drei Kinder mit ihr, als sie im Alter von 20 Jahren dem General auf einem Diner zum ersten Mal begegnete. Damals, im Jahr 1900, war Conrad von Hötzendorf auch verheiratet; aber sieben Jahre später, als er nach dem Tode seiner Frau Gina abermals begegnete, stand es für ihn auf der Stelle fest, daß er ohne sie nicht leben könne. Er war jetzt dank Franz Ferdinand der berühmte Chef des Generalstabs; sie war jetzt dank dem hitzigen Ehemann die Mutter von 6 Kindern, und das waren, so sagte sie dem in sie vernarrten General, die insgesamt sieben Gründe, weshalb sie ihm niemals gehören könne. Conrad von Hötzendorf belagerte sie nichtsdestoweniger, als gälte es, eine Festung zu stürmen. Er erschien so häufig in den Wohnungen der Reininghaus in Wien und Graz, daß der Bierbaron selbst sich damit abfand, seine Frau eines Tages an diesen glänzenden Soldaten zu verlieren. Und von 1907 an sollte Conrad von Hötzendorf, wann auch immer er sich im Manöver oder auf Auslandsreisen befand, täglich einen leidenschaftlichen Brief an Frau von Reininghaus schreiben. Es dauerte allerdings noch bis 1915, bevor sie sich zu dem gesellschaftlich Undenkbaren aufraffte und eine Scheidung erreichte, um Conrad von Hötzendorf zu heiraten, in der Hoffnung, daß jede Art von Skandal im Kriegslärm erstickt werden würde.[16] Dies erwies sich als fehlgeschlagene Hoffnung. Schließlich wetteiferte der Skandal mit den Schlachtfeldern um die Aufmerksamkeit der Wiener.

Ironischerweise scheint sich der Thronfolger während all der Jahre, die er und Conrad in gemeinsamer Arbeit, auf gemeinsamen Reisen und bei der Leitung von Manövern zusammen verbrachten, niemals die persönlichen Qualen klargemacht zu haben, die der Generalstabschef, gleichsam als Spiegelbild dessen, was er einst selbst zu erdulden hatte, durchmachen mußte. Noch scheint Conrad selbst sein Geheimnis jemals gelüftet zu haben; nach Audienzen beim Erzherzog soll er sich in sein Zelt oder sein Schlafwagenabteil zurückgezogen haben, Nacht für Nacht, um seine Liebesbriefe an eine ehrbare, verheiratete Frau, die in Wien oder Graz zurückgeblieben war, zu schreiben.

Und in den über 1800 Seiten zählenden Memoiren Conrads von Hötzendorf ist nur von einer Gelegenheit die Rede, bei der die Frage der Heirat Gegenstand des Gesprächs zwischen beiden Männern gebildet hat, wobei der Erzherzog selbst auf seinen eigenen historischen Kampf zu sprechen kam. Während einer Wagenfahrt durch Südtirol im August 1910, um österreichische Verteidigungsanlagen im Gebirge zu inspizieren, warf der Erzherzog die Frage eines der fähigsten Generale der Monarchie auf, der seinen Ruf dadurch geschädigt hatte, daß er Protestant geworden war, um eine geschiedene Katholikin zu heiraten. Der Erzherzog kritisierte den Offizier; Conrad von Hötzendorf dagegen verteidigte ihn aufs lebhafteste. Es sei sicherlich das vornehmste Recht jedes Mannes, so legte er dar, der Frau seiner Wahl die Hand zu reichen, und es sei, nachdem er seine Wahl getroffen habe, nur mannhaft, darum zu kämpfen. Dies nahm Franz Ferdinand lächelnd zur Kenntnis und sagte: »Ja, eigentlich habe ich ja das auch gemacht.« Jetzt war, wenn jemals, der Augenblick für Conrad gekommen, seine eigenen Qualen, wenn auch verblümt, zu erwähnen. Aber nach kurzem Schweigen begannen sie wieder über Artilleriestellungen zu sprechen.[17]

Wenn sich die beiden Männer auch auf persönlicher Ebene niemals besonders nahekamen, so verhielt es sich auf der beruflichen völlig anders. Hier brachten sie es trotz zeitweiliger Zusammenstöße gemeinsam fertig, die veraltete österreichische Armee ins 20. Jahrhundert hinüberzuführen, allem eingefleischten Widerstand zum Trotz, und zwar innerhalb des kurzen Zeitraums von weniger als acht Jahren. Wenn auch die Ideen meistens von Conrad stammten, so war es nur der Hilfe des Erzherzogs vom Belvedere aus zu verdanken, daß sie verwirklicht werden konnten.

So waren als Ergebnis bis 1914 sowohl Telefon als auch Automobil bei der Armee eingeführt worden (obwohl Franz Ferdinand bezeichnenderweise nicht besonders begeistert von der Motorisierung ungarischer Einheiten war); eine kleine Luftwaffe war geschaffen worden; die Artillerie, die sich als Österreichs mächtigste Gefechtswaffe im bevorstehenden Armageddon erweisen sollte, war von Kopf bis Fuß reorganisiert worden; Maschinengewehre waren eingeführt worden, moderne Handfeuerwaffen waren hergestellt und ausgegeben worden; die technischen Dienste waren überholt worden, und Conrads sogenanntes »offenes System« der militärischen Entfaltung, geradezu revolutionär für seine Zeit, war in Manövern erfolgreich erprobt worden.

Ein anderes, schmählich vernachlässigtes Gebiet, dem die besondere Aufmerksamkeit des Erzherzogs galt, war die Notwendigkeit engerer Zusammenarbeit zwischen Land- und Seestreitkräften. Dies führt uns zu dem, was bei weitem der wichtigste Einzelbeitrag Franz Ferdinands für die Streitkräfte der Monarchie war, nämlich die Schöpfung einer modernen Flotte. Obwohl es ein Habsburger gewesen war, Erzherzog Juan de Austria, der die christliche Armada 300 Jahre vor Franz Ferdinands Zeit in der großen Schlacht von Lepanto angeführt und der türkischen Flotte eine vernichtende Niederlage beigebracht hatte, hatte die Dynastie von Anfang an beträchtlich wenig persönliches Interesse an der Seefahrt gezeigt. Fast die einzige Ausnahme war Erzherzog Maximilian gewesen, bevor er sich zu seinem mißglückten Abenteuer als Kaiser von Mexiko dorthin einschiffte, nachdem er von 1854 bis 1862 als Oberbefehlshaber der Seestreitkräfte seines Vaterlandes gedient und wahre Wunder beim Übergang der österreichischen Marine vom Zeitalter des Segels in das des Stahls vollbracht hatte. Der Sieg gegen die Italiener in der Seeschlacht von Lissa im Jahre 1866 – ein von den Österreichern zweifach bewerteter Sieg als Ausgleich für ihre erniedrigende Reihe von Niederlagen auf dem Land – war im wesentlichen dem zum Untergang verurteilten Maximilian, aber auch dem fähigen österreichischen Admiral Wilhelm von Tegetthoff, zu verdanken.

Doch mit Franz Ferdinand erschien der einflußreichste sowie entschlossenste Habsburger Förderer der Flotte auf dem Plan. Mehr noch, sein Wirken fiel in eine Zeit, als Flotten zum Symbol nationaler Kraftentfaltung geworden waren und die Söhne sowohl von Schneidern als auch von Fürsten in jeder europäischen Hauptstadt Matrosenanzüge trugen. Diese Einstellung bildete einen mächtigen Faktor in Franz Ferdinands Gedankenwelt, wie sich die junge Erzherzogin Zita, die ihn öfters eine Meinung darüber äußern hörte, erinnert:

> Gewiß, die Weltreise von 1892/93 hatte beim Erzherzog einen tiefen Eindruck hinterlassen. Nachdem er britische Kriegsschiffe überall gesehen hatte, die nicht nur die Meere, sondern auch viele der hinter diesen Meeren liegende Länder kontrollierten, wurde er sich ein für allemal dessen bewußt, was Seemacht erreichen kann. Rascher denn je wünschte er natürlich den Bau einer Flotte, um die adriatische Küste der Monarchie zu verteidigen und notfalls unterhalb von ihr auch im Mittelmeer zu kämpfen. Aber er vertrat diesen Gedanken nicht nur im Hinblick auf Italien, in dem er den größten Feind der Monarchie sah, sondern auch auf Deutschland, das nach dem Bruderkrieg von 1866 der engste militärische Verbündete der Monarchie geworden war. Kaiser Wilhelm war im Begriff, seine enorme, mächtige Flotte zu bauen – und im Verlauf dieses Prozesses ernsthafte Spannungen mit England heraufzubeschwören –, und der Erzherzog hatte immer das Gefühl, daß wir, wenn wir nicht auch eine ansehnliche Flotte hätten, im Bündnis mit Berlin eine unbedeutende Rolle spielen würden.[18]

Es war im weiten Umfang Franz Ferdinands Begeisterung, aus was für Motiven auch immer, zu verdanken (er wurde 1902 in den Rang eines Admirals erhoben, trotz der Tatsache, daß er niemals an Bord eines Kriegsschiffes gedient, geschweige denn ein solches befehligt hatte), daß Österreich-Ungarn mit einer Flotte in den Ersten Weltkrieg eintrat, die gemessen am Standard der damaligen Zeit als ansehnlich (wenn auch nicht als überwältigend) bezeichnet werden kann. Der Planung entsprechend sollten 16 neue Schlachtschiffe, 4 große und 8 kleine neue Kreuzer, 24 zusätzliche Zerstörer, 72 Torpedoboote und 12 Unterseeboote gebaut werden.[19] Obgleich dieses Programm durch den Krieg 1914 unterbrochen wurde, wehte die österreichische Flagge über einer reichlich ausgeglichenen Flotte von mehr als einer Viertelmillion Bruttoregistertonnen, deren Stolz die vier 20 000-Tonnen-Schlachtschiffe der »Viribus Unitis«-Klasse waren. Der Erzherzog und Sophie, die diese festlichen Ereignisse der Marine liebten, waren meistens anwesend, wenn ein neues Schiff vom Stapel gelassen wurde. Zur Feier des Stapellaufs des letzten der vier Schlachtkreuzer entsandte Franz Ferdinand allerdings einen Vertreter. Das Schiff, das in Fiume von der ungarischen Werft Danubius gebaut worden war, sollte auf den Namen »Szent István« getauft werden. Selbst die erfrischende Seeluft, so schien es, konnte die Abneigung des Erzherzogs gegenüber allem Ungarischen nicht zerstreuen.

Was in militärischen Fragen wirklich zum Zusammenstoß mit Ungarn führte, war natürlich die Kontrolle über die kaiserliche Armee selbst. Um es kurz zu machen: Franz Ferdinand sah in der Armee die Prätorianer-Garde der Krone. Politik und Unterschiede der Volkszugehörigkeit oder des Glaubens sollten von ihr ferngehalten werden; dagegen sollte sie stets dem Motto *inseparabiliter ac indivisibiliter*, unzertrennlich und unteilbar, treu ergeben bleiben. Für die Ungarn war jedoch die Armee das Schlachtsymbol der Stephanskrone, das dem Zugriff Österreichs unter allen Umständen entzogen bleiben müsse. Unglücklicherweise bot sich Österreich die Gelegenheit dazu alle zehn Jahre, wenn gemäß den Vereinbarungen von 1867 die Bestimmungen des österreichisch-ungarischen Ausgleichs zwecks Überprüfung wieder auf den Tisch kamen.[20] Zu den letzten entsprechenden Auseinandersetzungen zu Lebzeiten des Erzherzogs kam es 1907, und er war gezwungen, ihnen nur nebenbei Aufmerksamkeit zu widmen (der Kaiser hatte tatsächlich befohlen, daß die Einzelheiten der Verhandlungen vor seinem Neffen geheimgehalten werden sollten, weil er wußte, daß von dessen Seite nur Schwierigkeiten zu erwarten waren).[21] Trotzdem bot Franz Ferdinand seinen ganzen Einfluß, dessen er fähig war, auf, um es über militärische Zugeständnisse an Ungarn gar nicht erst zu Gesprächen kommen zu lassen. Sie blieben indessen nicht aus, aber die Hauptvorteile, die magyarischer Nationalismus erzielte, als das Abkommen schließlich am 8. Oktober 1907 erneuert wurde, lagen auf wirtschaftlichem Gebiet: in dem Recht zum Beispiel, alle zukünftigen Handelsverträge der Monarchie mit auswärtigen Staaten erst dann gültig werden zu lassen, wenn sie auch von ungarischer Seite unterzeichnet waren.

Doch bestanden die Ungarn unermüdlich an anderen Fronten auf der Verwirklichung ihres Traumes von einer echten nationalen ungarischen Armee mit eigenen Kommandobereichen und eigener Kommandosprache, als Säule eines unabhängigen ungarischen Staates. So brachten sie, gleichsam als Preis dafür, daß sie den vereinten Streitkräften der Monarchie mehr Rekruten zur Verfügung stellten, den Gedanken in Umlauf, mehr Exekutivgewalt von der Krone auf die Komitats- und Gemeindebehörden in Ungarn zu übertragen und die Rechte der ungarischen ordentlichen Gerichte auszuweiten. Eine Folge davon – und zweifellos auch von anderen ungarischen Zielsetzungen – wäre die Erschwerung von politischen Reformen gewesen, die Franz Ferdinand für den Fall, daß er Kaiser geworden wäre, vorschwebten. Eine weitere Folge wäre gewesen, vermittels Widerstandes der Zivilbehörden Maßnahmen zur Behebung irgendeines Staatsnotstandes zu blockieren, die durch Aufbietung militärischer Einheiten dazu dienen sollten, den kaiserlichen Willen durchzusetzen. Ungarische Befürchtungen in dieser Hinsicht waren nicht grundlos. Schon 1903 hatte der österreichische Generalstab geheime Pläne ausgearbeitet – reichlich indiskret als »Kriegsmöglichkeit U« (für »Ungarn«) bezeichnet – für einen gezielten Marsch auf Budapest von aus Wien, Böhmen, dem polnischen Bereich und sogar dem ungarischen Landesteil Kroatien zusammengezogenen Truppen.[22]

Am Ende dieses ausgedehnten Gezänks, das in der einen oder andern Form bis 1908 dauern sollte, forderten die Ungarn, nachdem sie einer Erhöhung ihres Rekrutenkontingents für die gemeinsame Armee um 2 Prozent zugestimmt hatten, gleichsam als Gegenleistung, keine Mittel mehr für die Erhöhung der Offiziersbesoldung zu bewilligen. Da gerade dies aber ein dem Erzherzog besonders am Herzen liegendes Ziel war, kochte die Enttäuschung, die sich seiner seit mehr als zwölf Monaten über die Verhandlungen mit Budapest bemächtigt hatte, in regelrechten Zorn über. An Conrad schrieb er aus der Schweiz:

> »Letzteres ist zwar das schwerste, besonders in den jetzigen Tagen. Sie können sich wohl denken, lieber Conrad, was ich in der letzten Zeit an Wut und Desperationsanfällen durchzumachen hatte über die Zustände in der Heimat und besonders über das Verhalten des Kriegsministers und der beiden Regierungen! Einerseits brüllt man in alle Welt hinaus, daß man einen Überschuß von 200 Millionen Kronen hat, schenkt hier den Beamten 20 Millionen, dort den Eisenbahnern dasselbe und bringt nicht die schäbigen neun Millionen für die armen Offiziere auf. Und das alles wegen einiger hochverräterischer ungarischer Schreier. Das heißt, das ist eigentlich nur der Vorwand, der tiefliegendere Grund ist der, daß jetzt die Monarchie total in den Händen von Juden, Freimaurern, Sozialisten und Ungarn steht und regiert wird und daß alle diese Elemente die Armee, respektive das Offizierskorps unzufrieden machen und verderben wollen, damit ich mich derzeit, wenn es nottut, nicht mehr auf die Armee verlassen kann!!!«[23]

Die ungarischen Nationalisten hätten sich besonders für den Schlußteil dieses Zornesausbruchs interessiert. In ihren Augen hätte er nur all das gerechtfertigt, was sie so verzweifelt zu erreichen versuchten, bevor Franz Ferdinand einmal den Thron besteigen würde.

Wie hätte der Erzherzog als Kaiser überhaupt die Aufgabe, der er sich verschworen hatte, in Angriff nehmen können, nämlich die Ansprüche der Ungarn zu beschneiden und im

Verlauf dieses Prozesses die aus elf Nationen bestehende Monarchie auf eine stabilere Grundlage zu stellen? Da er das Leben verlor, bevor es zu einem Versuch kam, ist diese Frage rein spekulativ, ja geradezu jeder historischen Betrachtung entzogen. Trotzdem ist es der Mühe wert, hervorzuheben, daß er vor seinem Tode einer stets mit seinem Namen verbundenen Reform immer kühler gegenüberstand: der sogenannten »trialistischen Lösung«, der Schaffung eines dritten Habsburger Königreichs der Südslawen (Jugoslawen), also der Schaffung eines großkroatischen Staates unter Einschluß von Bosnien, Herzegowina, Dalmatien und des adriatischen Hafens Triest.[24] Aber ganz abgesehen von dem Problem, die Ungarn zu zwingen (sie wären wohl kaum dazu zu überreden gewesen), auf die 2,8 Millionen Kroaten, die ihnen 1867 zugesprochen worden waren, zu verzichten, tauchten weitere beträchtliche Schwierigkeiten auf, je intensiver der Erzherzog seinen Plan mit verschiedenen Ratgebern prüfte. Um mit den Südslawen zu beginnen: Hätten sie ihr eigenes Königreich erhalten, wären dann die westlichen Nordslawen ruhig geblieben? Das Kernstück des nordslawischen Problems war Böhmen, die Heimat seiner eigenen Gemahlin. Und obgleich es keinen Anhaltspunkt, welcher Art auch immer, dafür gibt, daß seine Heirat seine ethnische Politik jemals beeinflußt hätte; der bisherige Zustand hätte sich kaum aufrechterhalten lassen angesichts der umfassenden Agitation von Sophies tschechischen Landsleuten für die Anerkennung eines eigenen nationalen Status.

Auch waren die Kroaten selbst in ihrem Verhalten nicht so zuverlässig (wenn auch loyal gegenüber der Monarchie im ganzen), wie es von ihnen erwartet wurde. Viele ihrer Führer hatten ihre eigenen chauvinistischen Ideen; und so faßten sie tatsächlich im Oktober 1903 im Glauben, daß es eher Budapest als Wien sei, das ihnen eines Tages bei der Annexion von Dalmatien helfen würde, die sogenannte »Fiume-Resolution«, die sie verpflichtete, »Schulter an Schulter mit der ungarischen Nation im Kampf um konstitutionelle Rechte« zu fechten. Die Resolution, von beinahe allen kroatischen Parteien unterzeichnet, erschütterte den Erzherzog zutiefst. Der Trialismus, so machte er sich klar, würde ihm kein loyales und gehorsames Königreich im südlichen Bereich der Monarchie bescheren, sondern könnte leicht zur Entstehung einer weiteren ungarischen Mißgeburt im Kleinformat führen. Der Gedanke an unaufhörliche Auseinandersetzungen über parlamentarisches Wahlrecht, Steuern, Verstärkung der Armee, militärische Dienstvorschriften und dergleichen mehr, die Wien alsdann mit zwei Gegnern anstelle von einem zu bestehen hätte, war ganz einfach zuviel, um darüber auch nur nachzudenken. Obgleich die »südslawische Lösung« weiter vom Belvedere in die Debatte geworfen wurde, wenn auch nur, um die Magyaren einzuschüchtern, so sprachen sich die beiden Chefs der Militärkanzlei, Brosch und Bardolff, dagegen aus. Was den Erzherzog anlangt, so kam seine eigene, wachsende Ernüchterung hinsichtlich dieses Gedankens am Schluß des Entwurfs eines Briefes zum Ausdruck, den er im Sommer 1909 an den deutschen Kaiser zu richten gedachte. Während er die Notwendigkeit der Zähmung des anmaßenden Chauvinismus der Magyaren unterstrich, verwarf er schlicht den Gedanken des Trialismus als eine »Katastrophe«.[25] Drei Jahre, nachdem die Kroaten mit ihrer Fiume-Resolution die Ernüchterung des Erzherzogs hinsichtlich eines südslawischen Königreichs ausgelöst hatten, bemächtigte sich ein gänzlich neuer Reformplan seiner Einbildungskraft. Es handelte sich um den Plan des rumänischen Professors Aurel Popovici, die Doppelmonarchie ganz und gar neu aufzuteilen und 17 neue Einheiten zu schaffen, die soweit wie möglich auf ethnischen Grenzen beruhen sollten. Popovicis Buch »Die Vereinigten Staaten von Groß-Österreich« wurde bei seinem Erscheinen in weiten Kreisen als mit Wunderwirkung ausgestattetes *vademecum* für die Heilung jedweden politischen Übels des Reiches begrüßt. Was den Erzherzog am meisten von allem ansprach, war der Nachdruck, der darin auf eine starke, wenn nötig diktatorische Zentralgewalt in Wien gelegt wurde, um ein Gegengewicht gegen die nationalen Parlamente und die den Teilstaaten zugestandenen rechtlichen Freiheiten zu schaffen. Aber obgleich ihn eine Reihe von Gesichtspunkten von Popovicis Ideen in seinen eigenen Gedankengängen bewegte, mußte eine genaue Betrachtung dieser 17 neuen Einheiten[26] jeden Realisten von der Absurdität dieses Plans überzeugen. Die bestehenden Grenzen zwischen den verschiedenen Kronländern des Reiches waren nicht einfach mit dem Lineal gezogene Linien, die man nur auszuradieren und willkürlich neu zu ziehen brauchte. Es waren tief ausgetretene, von der Gewohnheit gezeichnete Pfade, an denen der Stolz von Jahrhunderten hing. Popovici mag auf dem Papier seine Völker, soviel wie er wollte, hin und her geschoben haben, das Ergebnis dürfte soviel ethnischen Sinn gehabt haben, wie es eben bei solch einem Völkergemisch möglich war. Doch seine ethnischen Reformen standen im Widerspruch zur Geschichte, sei es der österreichischen, ungarischen oder slawischen.

Es gibt wohl nur wenige Regionen auf Erden, wo Traditionen so lebendig, so untereinander unversöhnlich und vor allem so konzentriert sind wie im Donaubecken. Die Monarchie hatte zu viel Geschichte in zu wenig Raum hineingezwängt, um Popovicis Traum Vorschub zu leisten. Und diejenigen, welche die Habsburger kritisieren, weil sie mit dem Problem nicht fertig wurden, würden guttun, sich an das weit größere Durcheinander zu erinnern, das die westlichen Demokratien im Namen des Fortschritts angerichtet haben, als sie das Reich nach seiner Niederlage zerstückelten. Jene von den Pariser Konferenzen zwischen 1919 und 1921 bestimmten Neuordnungen haben mehr frühere Bürger der Monarchie auf die verkehrte Seite ihrer natürlichen ethnischen Grenzen geworfen, als es zu Franz Josephs Zeiten der Fall war. Weder Hitler noch Stalin machten es im späteren Verlauf des Jahrhunderts, ungeachtet ihrer massiven tyrannischen Maßnahmen, besser. Kaiser und Diktatoren hatten es gleichermaßen zu tun mit Wurzeln, die auf gewalttätige Weise zu stark gedrückt und zu tief ausgerissen waren. Der Erzherzog kam schließlich zu dem Schluß, es selbst einzusehen. Seine letzten Gedanken hierüber waren an seinen Freund, den Diplomaten Baron Johann Eichhoff, im Frühjahr 1914 gerichtet. Der Baron, der voll von Gedankengängen über Verfassungsformen war, wurde gebeten, einen Plan zu entwerfen, »in dem die Kronlandgrenzen erhalten bleiben würden«.[27]

In den ersten Tagen des Juli 1914 führte der 27jährige Erzherzog Karl, der eben anstelle seines ermordeten Onkels Thronfolger geworden war, die Instruktionen des toten Mannes aus: Er schloß ein Pult im privaten Arbeitszimmer des Belvedere auf, ohne auch nur die mindeste Ahnung zu haben, was er dort finden würde. Was er da herausnahm, war ein umfangreiches Schriftstück, über 10 000 Wörter enthaltend, mit dem Titel »Programm für den Thronwechsel«,[28] und es kommt dem Kurs, dessen Befolgung sich Franz Ferdinand als Souverän vorgenommen hatte, am nächsten. Es ist wichtig, hervorzuheben, daß es sich zum größten Teil nur um den Umriß einer Politik, und zwar einen pragmatischen, inoffiziellen Umriß handelte. Weder Urheberschaft noch Datum sind genau bekannt, obgleich es wahrscheinlich ist, daß der maßgebliche Verfasser Oberst von Brosch war, der das Schriftstück zusammen mit einer Reihe von juristischen Sachverständigen (vor allem Professor Lammasch, der der letzte Ministerpräsident des Reiches werden sollte) ausgearbeitet hat, und daß dieses Dokument zwischen 1908 und 1911 verfaßt worden ist. Franz Ferdinand dürfte offensichtlich vor Abfassung jeder Zeile zu Rate gezogen worden sein, und obwohl er nirgends erwähnt wird, spiegelt sich sein eigener explosiver Stil zuweilen im Text wider.

Von dem Programm kann gesagt werden, daß es alle die verschiedenen Bruchstücke des innerpolitischen Kaleidoskops aufgreift, die weiter oben mehr oder weniger kurz gestreift worden sind. Sie werden alle zusammen zu einem Bild zusammengefügt: die Stellung von Sophie als Gemahlin des neuen Herrschers; die Stellung von Erzherzog Karl als neuem präsumtiven Thronfolger; die Notwendigkeit, die Einheit der Armee zu wahren; die Notwendigkeit, Deutsch als die offizielle Sprache des Reiches beizubehalten; die Notwendigkeit, allen Völkern des Reiches Schutz zu gewähren; und die großgeschriebenen Fragezeichen hinsichtlich des Trialismus. Die ungarische Bedrohung der Monarchie zieht sich durch den Text gleich einem roten Faden hindurch.[29] Von den dreizehn Fragen, die hintereinander aufgezählt und vom neuen Souverän vorzugsweise in Angriff zu nehmen sind, nehmen nicht weniger als sieben darauf Bezug: parlamentarisches Wahlrecht in Ungarn, gleiches Recht für alle Völker Ungarns, Wahrung der Einheit des Reiches und der Einheit der Armee, Beibehaltung des Ausgleichs von 1867 (mit der Maßgabe, daß er sich bis zur Revision seiner Bestimmungen nach keiner Richtung hin für Wien als nachteilig erweist), Revision einiger Vereinbarungen von 1867 und schließlich das Versprechen der Krönung in Ungarn nur unter der Bedingung, daß dort die notwendigen Verfassungsreformen durchgeführt worden sind.

In der näheren Umreißung dieses und anderer Probleme wird die Notwendigkeit, den magyarischen Chauvinismus zu zügeln, in all ihren Einzelheiten dargelegt. Sie betraf zum Beispiel die Frage von Sophies neuem Status. Wie vorgesehen, würde sie selbst dann Herzogin bleiben, wenn ihr Gemahl Kaiser geworden wäre, das Versprechen von 1900 würde also bis auf den letzten Buchstaben erfüllt. Aber ihr würden auch durch einen Erlaß ihres Gemahls »Titel und Würde der Kaisers- und Königsgemahlin mit allen aus dieser Stellung hervorgehenden Vorrechten als erste Dame am Allerhöchsten Hofe« sich ergebenden Privilegien zugesprochen werden. Dieser Wechsel würde am ersten Tag der neuen Herrschaft eintreten. Diese Eile, so wurde im Programm erklärt, war nicht nur geboten, um Diskussionen zuvorzukommen und Verlegenheiten mit auswärtigen Herrschern, die der Beisetzung des verstorbenen Souveräns beiwohnen würden, zu vermeiden, sondern auch, »um die magyarischen Anbiederungen, die mit

Erhebung Ihrer Hoheit zur ungarischen Königin ein politisches Geschäft machen möchten, unmöglich zu machen«.

Was die Krönung des neuen Kaisers zum König von Ungarn anbetrifft (die gemäß einem ungarischen Gesetz von 1791 innerhalb von sechs Monaten nach der Thronbesteigung stattzufinden hatte), so könnte sie auf die notwendigen Reformen folgen, ihnen aber niemals vorangehen. Darüber hinaus müßte sich die Krone mit der Tatsache abfinden, daß wenigstens einige dieser Reformen, denen Budapest freiwillig niemals zustimmen würde, den Ungarn durch kaiserlichen Erlaß auferlegt würden, was eine Drohung mit Gewalt oder sogar ihre sofortige Anwendung in sich schloß.

Viel Überlegung ist der Schaffung neuer offizieller Farben und Wappen für die Monarchie gewidmet worden, um das Durcheinander zu vermeiden, wonach drei verschiedene Flaggen bei feierlichen staatlichen Anlässen in Wien gehißt wurden: reines Schwarz und Gelb oder Schwarz und Gelb mit dem kaiserlichen Adler der Dynastie sowie Rot-Weiß-Grün für Ungarn. Eine gemeinsame Flagge war notwendig, und so verhielt es sich auch mit der gemeinsamen deutschen Sprache, was die Beseitigung aller Zugeständnisse bedeuten würde, die Budapest hinsichtlich des Gebrauchs des Ungarischen als gleichberechtigter Sprache in vielen zivilen und militärischen Bereichen gemacht worden waren.[30]

Die von den Magyaren geforderten Zugeständnisse liegen eindeutig fest. Nicht klar ist, wie selbst die feste Hand von Franz Ferdinand sich Budapest gegenüber verhalten haben würde. Graf Ottokar Czernin, dieser wankelmütige politische Dilettant (und ebenso wie der Erzherzog böhmischer Magnat), der ständig konstitutionelle Ratschläge ins Ohr von Franz Ferdinand träufelte, trat in Memoranden verschiedener Länge laut und deutlich mit seiner Lieblingslösung hervor: Ungarn, so sagte er, müsse »in den Status einer österreichischen Provinz zurückversetzt werden«. Der beste Weg, um dies praktisch durchzuführen, sei die Ernennung »eines schwarz-gelben«, d. h. eines der Monarchie ergebenen »Generals zum ersten ungarischen Premierminister« bei Eintritt der neuen Herrschaft.[31] Aber Czernin wies auch deutlich auf die Schwierigkeit hin, indem er seiner Neugier laut Ausdruck verlieh, wo der Erzherzog wohl die Männer mit eisernem Willen finden würde, um sich Ungarn unterzuordnen. In der Tat, wo würden sie sich finden, denn die Österreicher konnten den Ungarn das Wasser nicht reichen, was Zähigkeit und Fanatismus betraf, und Ungarn war schließlich die zweite Säule des Reiches. Der Neubau des Reiches von Grund auf hätte selbst in Friedenszeiten zum Einsturz des ganzen Baues führen können. In Kriegszeiten, wie Franz Ferdinands Neffe fand, als sich 1916 die Krone auf sein Haupt senkte, wäre selbst der Versuch undenkbar gewesen.

Franz Ferdinand selbst war wahrscheinlich im Begriff, zu diesen nüchternen Schlußfolgerungen zu gelangen, und sein Tadel gegen die Ungarn erklärt sich teilweise aus der Erkenntnis seiner eigenen Beschränkungen im Kampfe gegen sie. Jedenfalls geht der Entwurf des Manifests von »Franz II.«, womit das Programm für den Fall des Antritts der Herrschaft schließt, nicht weiter, als zu geloben, sein Bestes zu tun, damit »jedem Volksstamme seine nationale Entwicklung, im Rahmen der gemeinsamen Interessen der Monarchie, gewährleistet bleibe«. Diese Formel konnte alles oder nichts bedeuten, je nachdem, wie sie angewendet werden würde.

Die allergrößte Ironie von Franz Ferdinands Magyarophobie lag darin, daß er so viele persönliche Eigenschaften mit den Ungarn teilte: ein glühendes Sendungsbewußtsein, ein explosives Temperament, ein tiefes Gefühl für Geschichte, die Überzeugung von seinen eigenen Glaubenssätzen und Ungeduld gegenüber allem, was diesen Glaubenssätzen widersprach oder sie vereitelte. Wäre er als ungarischer Edelmann statt als Habsburger Erzherzog geboren, er wäre der größte magyarische Chauvinist von allen gewesen.

# 9

# Die Welt draußen

Es ist geradezu paradox, daß so viel Schuld am Krieg, der auf den Tod des Erzherzogs folgte, auf Wien gehäuft wurde. Mehr als irgendeine andere Stadt Europas schien diese Hauptstadt eines supranationalen Reiches am besten zur Abwehr des Armageddon des Nationalismus gerüstet gewesen zu sein.

Das vorangegangene Kapitel begann mit einer Straßenszene, die das ethnische Panorama der Völker der Monarchie schilderte. An der Spitze der gesellschaftlichen Stufenleiter, auf dem Parkett eher als auf dem Straßenpflaster, war die Wiener Mischung sogar noch vielfältiger. Ganz abgesehen vom buntgemischten Adel, den die Doppelmonarchie selbst hervorgebracht hatte, hatten die Habsburger über die Jahrhunderte hin Familien aus jeder Ecke des Kontinents in ihrer Mitte aufgenommen und mit österreichischen Titeln versehen. Um nur bei den Grafen zu bleiben, so umfaßte die Sammlung bei Ausbruch des Krieges die Almeidas aus Portugal, die Ansembourgs und Baillet de Latours aus den Niederlanden, die Buquoys aus Spanien, die Demblins aus Lothringen, die Bombelles aus Frankreich, die Degenfelds aus Schwaben, die Eltzs von der Mosel, die Dauns vom Rheinland und aus dem weit entfernten Irland sogar die Taaffes, die im letzten Viertel des 19. Jahrhunderts Franz Joseph mit einem der ausdauerndsten seiner Ministerpräsidenten versorgt hatten.

Doch das äußere Erscheinungsbild einer Stadt, die für alle Talente aus dem alten Europa (jedenfalls für alle katholischen) offenstand, war enttäuschend. Das diplomatische Bild widersprach dem gesellschaftlichen, denn beim Anbruch des neuen Jahrhunderts fand sich Österreich-Ungarn im wachsenden Umfang an die Wand gedrückt und isoliert. Der springende Punkt des Problems war die Entfremdung des Reiches gegenüber Rußland, seinem großen Nachbarn im Nordosten und seinem großen Rivalen im Südosten, wo sich St. Petersburg über den ganzen Balkan hin als Schutzherr der slawischen Völker aufspielte.

Der Riß war ungefähr 50 Jahre zuvor entstanden. Während des Krimkrieges von 1854 bis 1856 war Franz Joseph geflissentlich – und törichterweise – neutral geblieben, als der Zar, der gegen die vereinten Armeen von England, Frankreich und der Türkei kämpfte, ihn am meisten gebraucht hätte. Das sogenannte Dreikaiserbündnis von 1872 zwischen den Souveränen von Rußland, Österreich-Ungarn und Deutschland hatte den Streit für eine Weile *ad acta* gelegt, wie es Bismarck, seine beherrschende politische Figur, beabsichtigt hatte. Das Bündnis wurde 1881 zwischen Österreich-Ungarn und Rußland in eine geheime Allianz umgewandelt und nach je drei Jahren verlängert. Aber es brach dann genau unter der Art von Spannung zusammen, die Bismarck zu vermeiden trachtete: nämlich im Verlauf eines Konflikts im Jahre 1886 zwischen St. Petersburg und Wien über die Frage, wer auf dem Thron Bulgariens sitzen sollte. Rußland und Österreich, die niemals wieder Bundesgenossen wurden, stritten sich von da an voller Eifersucht immer heftiger um die Beute des dahinsiechenden Osmanischen Reiches. Im weiteren Umkreis schlitterte Europa immer mehr in jenes starre System von miteinander rivalisierenden Bündnissen hinein, das nach und nach für einen Konflikt zwischen zwei der bedeutendsten europäischen Staaten sorgte, der schließlich den ganzen Kontinent im Krieg untergehen ließ.

Der Prozeß verlief schrittweise, aber erbarmungslos, wie die Bildung eines zweiseitigen Gletschers. Er hatte mit der Unterzeichnung eines Vertrags zwischen Österreich und Deutschland am 7. Oktober 1879 begonnen. Die bitteren Erinnerungen an Bismarcks Triumph über die Habsburger Monarchie im Kampf um die Vorherrschaft lagen in Wien damals schon mehr als ein Jahrzehnt zurück. Österreich, erschüttert durch das Schauspiel eines siegreichen russischen Ansturms gegen die Türkei im Jahr zuvor, bedurfte eines starken schützenden Armes, den nur Berlin bieten konnte. Was Bismarck anbetraf, so war sich der politische Meister Europas wohl darüber im klaren, daß auf lange Sicht die beiden deutschsprechenden Reiche, durch so viele Bande der Geschichte und Kultur miteinander verbunden, dafür bestimmt waren, Partner anstatt Feinde in jedem kontinentalen Machtspiel zu sein. Er selbst brauchte Sicherheit gegenüber der wachsenden Feindschaft Rußlands, und dieser Vertrag mit Österreich schien eine doppelte Absicherung zu sein, seitdem Deutschland nach 1866 zu seinem Seniorpartner bestimmt schien.

Das Ergebnis war der sogenannte Zweibund, dessen wesentliche Bestimmungen jeden der beiden Partner verpflichtete, den anderen mit allen ihm zur Verfügung stehenden Kräften für den Fall zu Hilfe zu kommen, daß er von Rußland oder von einer Allianz unter Beteiligung Rußlands angegriffen würde. Drei Jahre später wurde diese Achse nach Süden verlängert, als sie durch den Beitritt Italiens am 20. Mai 1882 zum sogenannten Dreibund erweitert wurde. Die Maxime, daß »zwei eine Gesellschaft und drei eine Menge bilden«, spielte in diesem diplomatischen Zusammenhang sicher eine Rolle. Der neue Vertrag verband Verpflichtungen zur militärischen Hilfe mit Versprechen wohlwollender Neutralität gegenüber demjenigen, welcher von wem sonst auch immer und von wie vielen auch immer angegriffen würde. Hatte aber der Vertrag von 1879 in erster Linie Rußland im Auge, so war der Zweck jetzt, Frankreich an die Kandare zu nehmen.

Es war nicht zu vermeiden, daß diese beiden das Ziel bildenden Länder sich gegenseitig die Hand reichen würden (denn Bismarcks Absichten waren rein defensiver Natur). Aber es war zumindest natürlich, daß angesichts dieses kraftstrotzenden militärischen Blocks, der sich mitten durch das Herz von Europa von der Ostsee bis Sizilien erstreckte, die zwei exponierten und an ihren Flanken verwundbaren

Nationen, nämlich Frankreich und Rußland, wechselseitiger Hilfe wegen tastend aufeinander zugehen würden. Trotz der ideologischen Unterschiede zwischen den beiden Hauptstädten war Paris immer die geistige Heimat der russischen Gesellschaft geblieben und Französisch ihre »Bildungssprache«. Wichtiger war, daß die französischen Banken seit Dezember 1888 durch eine Reihe von riesigen Anleihen und Krediten den Weg zu einer Allianz mit Gold gepflastert hatten, oder besser mit 4%igen Anleihepapieren.

Im Jahr 1891 war ein »Einvernehmen« zwischen den beiden Regierungen erzielt worden. Ein Jahr später blühte es zu einem Militärabkommen auf. Dieses wiederum bildete die Grundlage für ein formelles Bündnis zwischen beiden Ländern, das am 4. Januar 1894 unterzeichnet wurde. Obgleich dieser letzte der europäischen Geheimpakte ursprünglich auch defensiver Natur war (das vorrangige Ziel bestand in gemeinsamem Schutz vor einem deutschen Angriff), erhielt es nach und nach immer mehr offensive Untertöne, als die Generalstäbe Frankreichs und Rußlands Kriegspläne ausarbeiteten.

So wurden die Grundlagen einer Konfrontation zwischen den Zentralmächten und den Flügelmächten des Kontinents geschaffen, und es kam bald die Zeit, daß erstere die Befürchtung hegten, umzingelt zu sein: eine Furcht, die sich im Falle Deutschlands zur Zwangsvorstellung der »Einkreisung« verdichtete. Und so blieb, als das 20. Jahrhundert anbrach, nur eine europäische Großmacht – die größte von allen, was Reichtum, Besitztümer in der ganzen Welt, Prestige sowie maritime und kommerzielle Kraft anlangte – nach beiden Seiten hin ungebunden: England, wie Britannien damals auf dem Kontinent kurzerhand genannt wurde.

Ungleich Österreich-Ungarn, das an den ausgesprochenen Scheidewegen des Kontinents lag, hatte England immer in seiner Isolierung geschwelgt, anscheinend uneinnehmbar hinter seinem meergrünen Graben. Aber die Neuordnung der Dinge, die sich auch jenseits des Kanals bemerkbar machte, zwang England zu neuem Nachdenken. Es war vor allem durch die wachsende Herausforderung des wilhelminischen Deutschland in Mitleidenschaft gezogen, das nach Bismarcks Sturz im März 1890 begonnen hatte, Kriegsschiffe in solcher Stärke und Anzahl zu bauen, daß es Englands traditionelle maritime Vormachtstellung in Frage stellte. Die britische Regierung war bereit, hinzunehmen, daß Deutschland die mächtigste Armee Europas haben würde. Wenn aber diese Armee erst einmal schwimmen könnte, so bekam die Sache ein anderes Gesicht.

Gegen Ende des vergangenen Jahrhunderts, als Engländer und Franzosen wegen kolonialer Meinungsverschiedenheiten am Rande eines Krieges standen, hatte es den Anschein, als ob England aus seiner Isolation ausbrechen und sich mit seinem maritimen Herausforderer an einen Tisch setzen würde. Im Verlauf der ersten Jahre des neuen Jahrhunderts fanden fortgesetzt Gespräche zwischen London und Berlin statt – zuweilen zwischen den beiden Souveränen Eduard VII. und seinem Neffen Wilhelm II., hin und wieder zwischen ihren Ministern und Beamten, manchmal sachlich und manchmal planlos –, um das Rahmenwerk für ein englisch-deutsches Bündnis oder wenigstens eine Verständigung zu schaffen (Bismarck selbst hatte bereits drei entsprechende Versuche unternommen, und zwar 1879, 1887 und 1889; so war also die Idee nicht neu). Dann aber, am 19. Dezember 1901, stellte England diese Gespräche offiziell ein. Lord Salisburys Regierung hatte sich Gedanken gemacht über eine wachsende Entfremdung zwischen England einerseits und Frankreich und Rußland andererseits, den wichtigsten Rivalen allenthalben in Übersee, falls es zu einer Verbindung der Stärke Großbritanniens mit der der Zentralmächte käme, und entschieden, das deutsche Spiel lohne nicht den kolonialpolitischen Einsatz.

Der wahre Grund für den Abstand, auf den London gegenüber Berlin ging, lag wahrscheinlich viel tiefer und wurde auch keinem Protokoll der Kabinettsitzungen anvertraut.

Psychologisch war England nahe daran, seine insulare Politik zu ändern, wie die Eröffnungen zeigen, die Joseph Chamberlain, der Staatssekretär des Kolonialministeriums, 1898 Berlin gegenüber machen durfte. Aber es war auch noch nicht völlig bereit, sich zu binden. Während sich hartgesottene Junggesellen oft plötzlich zur Heirat entschließen, brauchen Nationen länger, bis sie den Sprung ins Ungewisse vollziehen.

Es dauerte freilich nicht allzu lang, weitgehend dank des Schocks, den England durch seine diplomatische Isolierung während des Burenkrieges erlitten hatte. Sein Monarch spielte bei der endgültigen Entscheidung eine einflußreiche Rolle. Eduard VII., obwohl kein Tropfen französischen Blutes in seinen Adern floß (und kaum ein Tropfen englisches), betete Frankreich geradezu an, wie alles, was von dort kam: besonders seine Küche, seine Weine, seinen Esprit und seine wunderschönen Frauen. Andererseits war ihm dieser traute Verein von Königreichen, Herzogtümern und Fürstentümern, der das Deutschland seiner Vorfahren bildete, in wachsendem Umfang fremd und allmählich furchterregend geworden: ein geeintes Reich mit einem bombastischen jungen Herrscher an der Spitze, dessen militärische und wirtschaftliche Herausforderungen mit jedem Jahr größer wurden.

Die Schaffung der historischen »Entente cordiale« zwischen England und Frankreich, die lediglich als Abkommen zwischen den beiden Ländern zur Regelung aller ihrer kolonialpolitischen Rivalitäten gedacht war und am 8. April 1904 unterzeichnet wurde, war keineswegs das Werk des Königs allein. Doch hatte die königliche Hand einen beträchtlichen Anteil bei ihrem Zustandekommen, besonders durch den äußerst erfolgreichen Besuch Eduards in Paris elf Monate zuvor, von dem inzwischen bekanntgeworden ist, daß er ihn allein vorbereitet hatte, ohne seine Minister zu Rate zu ziehen.[1]

Ein formelles Bündnis zwischen den beiden westlichen Demokratien kam niemals zustande. Auf typisch pragmatische Weise schritten die Engländer während des nächsten Jahrzehnts von kolonialen Abmachungen zu militärischen Be-

214

sprechungen und von militärischen Besprechungen zu militärischen Vereinbarungen. Um ihrer Ehre willen sowie aus Gründen der Selbstverteidigung konnten sie nicht beiseite stehen, als die deutsche Armee 1914 über Belgien in Frankreich einbrach. Ein englisch-russisches *rapprochement* weitete die Bindung nur geographisch aus. Drei oder vier Jahre, bevor die Ermordung des Erzherzogs die deutsche Armee in Bewegung setzte, waren also die Würfel für einen Streit in Europa gefallen, und zwar sah sich der Dreibund der Zentralmächte jetzt der Tripelentente gegenüber.

Es lohnt sich, für einen Augenblick Franz Ferdinands Standpunkt zu betrachten, als diese entscheidenden Schritte vollzogen wurden. Er war noch ein Junge von 15 Jahren und Leutnant der Infanterie nur dem Namen nach, als der Vertrag zwischen Österreich und Deutschland 1879 unterzeichnet wurde. Als der schicksalhafte Bruch des Dreikaiserbündnisses 1886 eintrat, befand er sich als Rittmeister in Enns, während dieser fünf Jahre ganz und gar darauf aus, sein Leben zu genießen, und Politik war ihm in weitem Umfang gleichgültig. Im Jahr 1891, als sich Frankreich und Rußland zum ersten Mal die Hände reichten, war er durch Politik ganz anderer Art in Anspruch genommen: voller Wut über den magyarischen Chauvinismus in der Monarchie als Oberst eines ungarischen Husarenregiments in Ödenburg. Im Zeitpunkt der Jahrhundertwende, als England mit dem Gedanken einer Bindung irgendwelcher Art an Europa rang, war Franz Ferdinand ausschließlich mit den Problemen seiner eigenen persönlichen Verbindung mit einer böhmischen Gräfin beschäftigt. Es war erst die letzte Bewegung im europäischen Kräftespiel, die allmähliche gegenseitige Annäherung Englands und Frankreichs, deren Zeuge er jetzt als eine selbständige politische Persönlichkeit war, als Thronfolger eines Reiches im Belvedere in Wartestellung mit einer eigenen Kanzlei. Inzwischen waren die politischen Grundlagen bereits geschaffen.

Aber was hielt er von den fünf Mächten, die einschließlich Österreich-Ungarns diese Grundlagen bildeten? Um mit de-

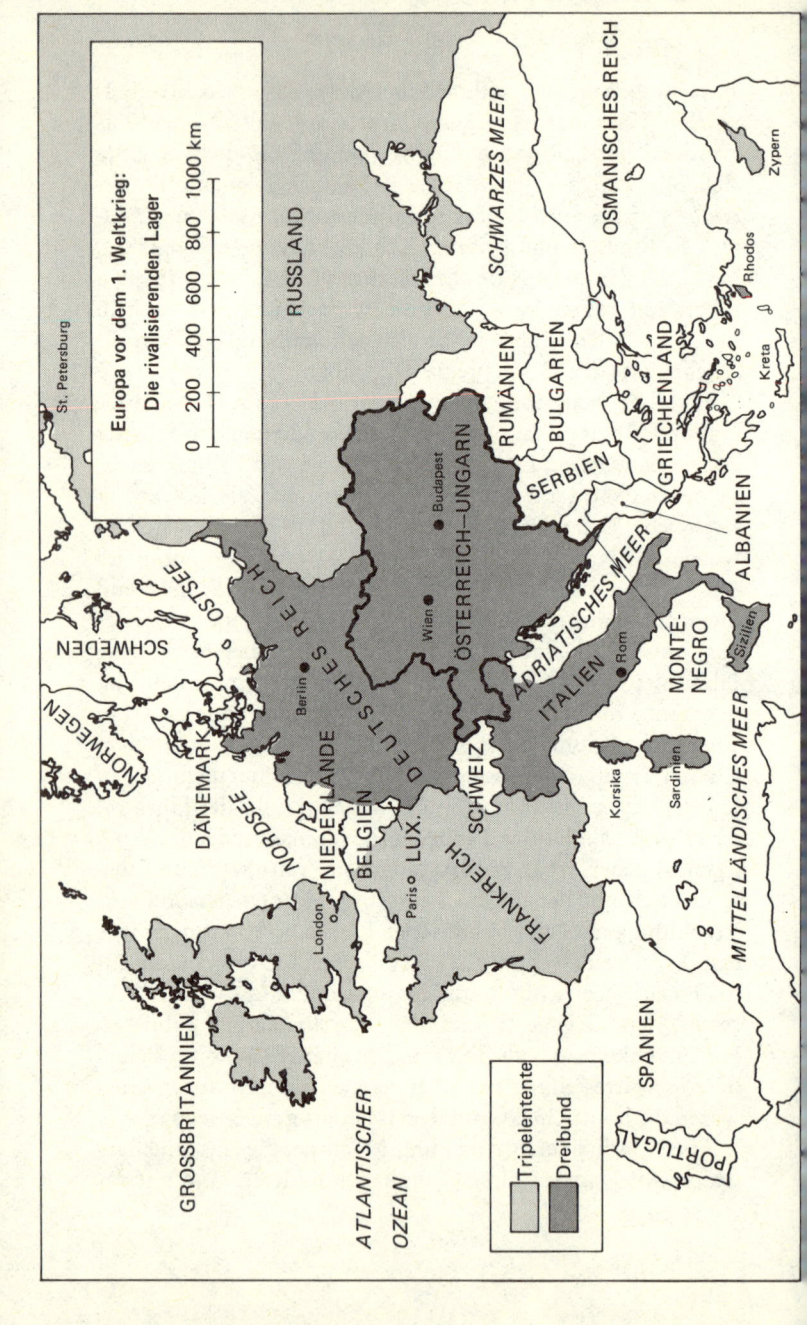

Europa vor dem 1. Weltkrieg:
Die rivalisierenden Lager

0  200  400  600  800  1000 km

Tripelentente

Dreibund

ATLANTISCHER OZEAN

GROSSBRITANNIEN

London

NORDSEE

NORWEGEN

SCHWEDEN

OSTSEE

DÄNEMARK

NIEDERLANDE

BELGIEN

LUX.

Paris

FRANKREICH

SCHWEIZ

Berlin

DEUTSCHES REICH

Wien

ÖSTERREICH–UNGARN

Budapest

RUSSLAND

St. Petersburg

SCHWARZES MEER

RUMÄNIEN

SERBIEN

BULGARIEN

GRIECHENLAND

ALBANIEN

MONTE-NEGRO

ADRIATISCHES MEER

ITALIEN

Rom

Korsika

Sardinien

Sizilien

MITTELLÄNDISCHES MEER

SPANIEN

PORTUGAL

OSMANISCHES REICH

Zypern

Rhodos

Kreta

nen außerhalb des Lagers der Monarchie zu beginnen, so scheint er ein kühles, an Feindschaft grenzendes Gefühl gegenüber Frankreich gehegt zu haben, trotz der Tatsache, daß dessen Sprache die einzige ausländische war, für die man daheim Sinn hatte. Frankreich war nicht nur die Verkörperung des Republikanismus, es war auch das Zentrum der Freimaurerei, für eine katholische Dynastie ein Greuel. Vor allem aber war es der Förderer des italienischen *risorgimento*, das die Monarchie ihrer schönsten südlichen Provinzen beraubt hatte. Die Kanonen von Solferino, bemerkte er einmal, waren das erste Totengeläute für die k. u. k. Monarchie, und es war Frankreich, das ihr dieses glänzende Konzert gab.[2] Doch verschwendete er nicht viel von seinem charakteristischen Sarkasmus an Frankreich. In seinen Briefen und Memoranden ist kaum ein Bezug auf dieses Land festzustellen. Paris war faktisch ein weißer Fleck an seinem politischen Horizont, und seine Behandlung der französischen Botschaft in Wien konnte gelegentlich verletzend sein. Alle Botschafter der Großmächte erwarteten, verhältnismäßig bald nach der Überreichung ihres Beglaubigungsschreibens an den Kaiser in Audienz vom Thronfolger empfangen zu werden. Ein französischer Botschafter mußte jedoch nach Aussage seines englischen Kollegen nicht weniger als 18 Monate warten, bevor er im Belvedere empfangen wurde.[3] Alles in allem scheint Frankreich für Franz Ferdinand eine aussichtslose Sache gewesen zu sein.

Die Gefühle des Erzherzogs gegenüber England waren, wenn auch ausgeprägt, so doch weit gemischter. Wie wir aus seinen Reisetagebüchern gesehen haben, empfand er Ärger – zweifellos von gewissen Neidgefühlen genährt – über die arrogante Sicherheit, mit der Großbritannien seinen Anteil am Globus beherrschte. Es ging nicht nur darum, daß sich die Engländer selbst für die überlegensten Wesen auf Erden hielten. Was Franz Ferdinand in Wut versetzte (gleich manch anderem herausragenden Ausländer), war, daß diese anmaßende Stellung für die selbstverständlichste Sache der Welt gehalten wurde. Diese erhabene Sicherheit konnte sogar aufreizender als der schneidende Dünkel der Magyaren sein, denn ihr war noch schwieriger beizukommen.

Doch andererseits hatte der Erzherzog, als er als junger Prinz durch Indien und Südostasien reiste, gelernt, den gediegen-komfortablen, würdevollen Lebensstil zu bewundern, den die Engländer bis in alle Ecken der Welt hin exportiert hatten, und noch mehr die ungeheure Seemacht zu respektieren, die all dies zusammenhielt. Um so mehr vertiefte sich Franz Ferdinand in die Modernisierung und Ausweitung der eigenen kleinen Flotte, zumal da er mit der Ehrfurcht verwandten Gefühlen auf jene größte aller Flotten blickte.

London war nicht nur die maritime Hauptstadt der Welt. Es war auch, besonders während der neun Jahre der Herrschaft König Eduards VII. (1901–1910), ihr gesellschaftlicher Mittelpunkt, und dies spielte ebenfalls eine ständig wachsende Rolle in den Berechnungen des Erzherzogs. Einer der ersten Auftritte Franz Ferdinands als österreichischer Thronfolger auf der europäischen Bühne war seine Teilnahme im Namen seines Kaisers an den Feierlichkeiten anläßlich der Bestattung Königin Victorias. Zwei Jahre später gesellte er sich abermals zu der prächtigen Versammlung der alten Ordnung in London, und zwar anläßlich der verschobenen Krönung ihres Sohnes. Zunächst erschien er ohne Sophie.

Es war Rußland, die dritte Macht der Tripelentente, auf die Franz Ferdinand seine kühnsten Hoffnungen setzte. Sein Traum, dem er beständig von Anfang bis Ende nachhing (und der sich ebenso beständig immer wieder in Luft auflöste), war, das Dreikaiserbündnis zwischen Rußland, Österreich und Deutschland wiederzubeleben, das auseinandergefallen war, während er noch ein junger Subalternoffizier war. Er wünschte es wieder zum Leben zu erwecken, vor allem, um seiner eigenen Monarchie zusätzliche Sicherheit zu verschaffen, aber auch, um einem immer mehr von Unruhe heimgesuchten Kontinent wieder Stabilität zu verleihen. Die meisten der Fürsten und Staatsmänner dieses Kontinents hatten sich der Bildung todbringender Bündnissysteme gewidmet, ohne den Abgrund zu sehen, dem Europa entgegentaumelte. Der Erzherzog war eine bemerkenswerte Ausnahme. Für ihn galt es, durch Wiederherstellung der Brücke zwischen Wien und St. Petersburg die Aussichten auf Frieden im allgemeinen zu stärken sowie die Sache der konservativen Monarchien im besonderen zu fördern.

Es war geradezu eine Ironie, daß sein eigener Besuch in St. Petersburg im Jahr 1891 (seine erste selbständige diplomatische Mission im Namen des Kaisers) stattfinden sollte, als Rußland sich bereits anschickte, den Weg zum Bündnis mit Frankreich zu beschreiten. Alexander III. verlieh Franz Josephs Neffen den Andreasorden, ferner ernannte er ihn zum Obersten eines russischen Dragonerregiments, und schließlich ermöglichte er ihm die Jagd auf einige Bären. Aber das waren Routinehöflichkeiten, die der kaiserliche Gastgeber seinem fürstlichen Gast erwies. Der im rein persönlichen Umgang miteinander offenbarte gute Wille erzeugte nur wenig oder gar keine politische Stoßkraft, wie der Erzherzog selbst vier Jahre später einzugestehen gezwungen war, nachdem Nikolaus II., der schwache, junge Nachfolger Alexanders III., den Pakt mit Paris besiegelt hatte. Einer von Franz Ferdinands Zeitgenossen (zugegebenermaßen nicht der glaubwürdigste, wenn es um präzise Zitate geht) erinnert sich eines erzherzoglichen Ausbruchs gegenüber dem neuen Zaren im Jahr 1895, wonach Franz Ferdinand diesem vorwarf, er habe wohl eine dicke Binde vor den Augen, daß er gar nicht festzustellen vermöge, wo eigentlich seine Interessen lägen. Er spiele ein hübsches Spiel, das ihn teuer zu stehen kommen werde, so teuer, daß es ihn eines Tages seine eigene Haut kosten würde. Die Macht der Romanows ruhe auf tönernen Füßen, und die Verbrüderung mit den französischen Freimaurern würde sein eigenes Bild vom Sockel stürzen.[4]

Obwohl bald darauf Ereignisse auf dem Balkan, ständiges Kampfgebiet zwischen Österreich und Rußland und dazu bestimmt, ihr Streitgegenstand zu werden, ein *rapprochement* zwischen den beiden Reichen immer mehr in den Hintergrund schoben, kämpfte der Erzherzog nach wie vor um ein harmonisches Einvernehmen mit Rußland. Er versuchte, auf einen österreichischen Außenminister nach dem anderen in diesem Sinne einzuwirken, belehrte jeden einflußreichen Diplomaten, den er finden konnte, veranlaßte die Veröffentlichung von Artikeln in seinen eigenen Presseorganen und drang bei jeder Gelegenheit in seinen Souverän, die St. Petersburger Karte zu spielen. Gelegentlich wurde sie auch ein- oder zweimal versuchsweise gespielt, aber nur als höfische Karte.

Franz Ferdinand kämpfte darum bis an sein Ende. In den letzten Jahren seines Lebens formulierte er seine Befürchtungen und Überzeugungen gegenüber einem anderen seiner Berater. Wenn alle mit ihrer Bewaffnung, so führte er aus, wie bisher weitermachten, so werde ganz Europa ruiniert sein, bevor der Krieg überhaupt ausbricht. Europa müsse zu einer anderen Bündniskonstellation gelangen, wenn es den Gefahren eines Krieges entrinnen wolle. Die einzige Rettung für Österreich-Ungarn sei das Dreikaiserbündnis, für das zu wirken er mit seiner ganzen Kraft fortfahren wolle. Österreich-Ungarn brauche das Bündnis auch aus innerpolitischen Gründen, und zwar im Hinblick auf die konservative Sache. Was würde denn durch einen Kampf gegen Rußland gewonnen? Nicht einmal Napoleon konnte Erfolg haben. Und selbst wenn Rußland geschlagen sei, was der Erzherzog für vollständig ausgeschlossen hielt, so bedeute seiner Meinung nach ein solcher Sieg die größte Tragödie für die österreichische Monarchie.[5] Es war eine bittere Prophezeiung.

Soweit die Einstellung des Erzherzogs gegenüber den Rivalen der Monarchie. Was dachte er nun von ihren wesentlichen Verbündeten? Von einer Partnerschaft mit Italien, wie bereits erwähnt, hielt er überhaupt nichts. Der komplizierte Pakt Österreichs und Deutschlands mit Rom, den Bismarck nur zögernd eingefädelt hatte, kam Franz Ferdinand wie ein groteskes Possenspiel voll Gefahren vor. Er hätte seine Hand lieber an der Gurgel Italiens gehabt, statt es mit künstlicher Geste zu umarmen. Einmal sagte er es auch zu General von Conrad frei heraus: »Unser Hauptrivale ist Italien, gegen den wir eines Tages auch zu Felde ziehen müssen. Venetien und die Lombardei müssen zurückgewonnen werden.«

Mit diesen Worten war der Erzherzog einmal dem Generalstabschef einige Schritte voraus, denn normalerweise war es Conrad, der auf einen »Präventivkrieg« gegen Österreichs relativ schwachen Nachbarn im Süden drängte. Zu fragen, ob Franz Ferdinand diese Drohung jemals wahrgemacht hätte, würde er überlebt haben und Kaiser geworden sein, ist zwar eine fesselnde, aber zwecklose Spekulation. Was wir wissen, ist, daß er sein ganzes Leben hindurch das Äußerste tat, um Rom zu schwächen und ihm, wenn möglich, eins auszuwischen. Die Italiener waren sich der Drohung, vor die er sie stellte, wohl bewußt. Wie der deutsche Botschafter in Rom, von Jagow, einst schrieb: »Auch heute rechnet man noch auf die Deckung des Bündnisses und die Friedensliebe des greisen Kaisers Franz Joseph, aber man fragt sich bange, was wird nach Ablauf von fünf Jahren werden, was wird die Regierung des Erzherzog-Thronfolgers bringen?«

Berlin widmete diesem Problem überdies wenig Aufmerksamkeit. Die Italiener wiesen Deutschland ständig mit Nachdruck auf die Notwendigkeit hin, den Dreibund noch vor seinem Ablauf zu verlängern, und zwar vor der Thronbesteigung des Erzherzogs. Im Jahre 1912, als über eine solche Erneuerung diskutiert wurde, ging Kaiser Wilhelm II. soweit, Franz Joseph dringend zu bitten, nicht mit seinem Neffen darüber zu sprechen, was gerade im Gange war, da er fürchtete, Franz Ferdinand könnte versuchen, diese Gespräche zu torpedieren.[7] So groß war die Feindschaft auf seiten des antiitalienischen Lagers, angeführt von Conrad und dem Erzherzog, daß deutsche Diplomaten in Wien unter sich offen die Möglichkeit des Ausbruchs eines Krieges zwischen ihren beiden Bundesgenossen besprachen, wobei in ihren Besprechungen sogar Sophie eine ungewöhnliche Rolle spielte. »Die Herzogin von Hohenberg«, berichtete der deutsche Botschafter 1911 nach Berlin, »die ihren Gemahl ängstlich hütet, wird auch sicherlich alles tun, damit dieser nicht genötigt wird, eine Kampagne als Oberbefehlshaber im Kriegsfall mitzumachen.« [8]

Es bedarf nicht des Hinweises, daß keine zehn Pferde Franz Ferdinand auf eine Friedensmission nach Rom gebracht hätten. Sogar sein eigener Souverän war der Meinung, daß er in dieser Angelegenheit nichts tun könne, als Conrad während einer Weihnachtsaudienz im Jahr 1913 die Frage anschnitt, ob der Erzherzog dem Hofe eines Staates, der doch immerhin ein Bundesgenosse sei, nicht einen Höflichkeitsbesuch abstatten sollte.[9] Der Bericht des Generals über den Gedankenaustausch, der sich anschloß, gibt über noch mehr Aufschluß als über Franz Ferdinands Italophobie:

> »S. M.: ›Meinen Sie, daß es Effekt machen wird?‹
> Ich: ›Ich halte es für notwendig.‹
> S. M.: ›Er wird nicht gehen.‹
> Ich: ›Ja! Euere Majestät brauchen doch nur zu befehlen.‹
> S. M.: ›Ja, Sie kennen ihn doch, wie er merkwürdig und unberechenbar ist. Niemand weiß es besser als Sie!‹
> Ich: ›Ja, Euere Majestät, ich habe es am eigenen Leibe erfahren.‹
> S. M.: ›Ich werde es versuchen. Ich glaube aber, daß er nicht gehen wird.‹ « [10]

Ob es der Kaiser ernstlich versuchte, geschweige denn überhaupt versuchte, ist nicht bekannt. Was wir wissen, ist nur, daß der Erzherzog niemals nach Rom reiste.

Gegenüber Deutschland, dessen preußische Vormacht einstmals Österreichs Gegner und jetzt sein Seniorpartner war, empfand Franz Ferdinand nur Loyalität, Bewunderung und Respekt. Er wußte wohl, daß das Bündnis mit Berlin die

Zentralsäule war, auf der die äußere Sicherheit der Monarchie ruhte. Als Österreicher teilte er das gemeinsame Kulturgut der deutschsprachigen Völker. Darüber hinaus war er als Habsburger Prinz auch durch zahlreiche eheliche und Blutsbande mit den deutschen Fürstenhäusern verbunden: Seine ermordete Tante, die Kaiserin Elisabeth, war zum Beispiel eine Wittelsbach aus Bayern, und seine Schwägerin, Maria Josepha, war eine weitere sächsische Prinzessin, die in den Wiener Hof eingeheiratet hatte. Dieses, das alte Deutschland der Einzelstaaten, war das einzige, für das er gleich Eduard VII. Zuneigung empfand. Da gab es aber auch etwas im vereinigten kaiserlichen Deutschland, dem jetzt Wilhelm II. mit seinem pompösen Stil vorstand, was ihn beunruhigte. Aufs kürzeste definiert, sah er es in einem Übermaß an preußischem Geist, der, wie er einmal einem Mitarbeiter gegenüber bemerkte, der Hypertrophie irgendeines Organs im menschlichen Körper gleicht und »ein Unglück ist, die den Gesamtorganismus eigentlich nur schwächt und dessen pulsierendes Leben in falsche Bahnen lenkt«.[11]

Selbst im vertrauten Kreis nannte Franz Ferdinand das wirkliche Problem niemals beim Namen, vielleicht deshalb nicht, weil er sich niemals dazu verstand, es überhaupt gestellt zu sehen. Es war, wie sich von selbst versteht, der Nationalismus, das Wesen dieses preußischen Geistes, den er ablehnte und dem er mißtraute. Die Hohenzollern-Dynastie war von ihm genährt und das Deutsche Reich war auf ihm gegründet worden. Doch das Material, das den Hohenzollern als Zement diente, konnte sich für die Habsburger nur als Dynamit erweisen. Einiges von diesem Dynamit hatte sich bereits im Herzen des Vielvölkerstaates angesammelt. Die heftigste Bedrohung bildete die alldeutsche Bewegung, geführt von Radikalen wie Georg von Schönerer, die die Österreicher allesamt aus der Doppelmonarchie austreten lassen und mit ihren deutschsprachigen Vettern und Nachbarn im Norden vereint wissen wollten. Sie schlossen sich jenen Antiklerikalen der »Los-von-Rom-Bewegung« an und identifizierten sich sogar in einigen Fällen mit ihr, was der Erzherzog in einer seiner ersten politischen Kundgebungen angeprangert hatte.

Doch die wirkliche Gefahr für das überladene Habsburger Haus war nicht so sehr dieses Dynamit als vielmehr das unsichere Bauwerk, an dem die Ladungen befestigt waren. Selbst die große Masse von Franz Josephs österreichischen Untertanen, die Schönerers Ideen nicht billigte, war hinsichtlich ihrer eigenen Identität immer noch reichlich schwankend. Konnte es unter dem Zepter der Habsburger so etwas wie einen *homo austriacus* geben? War er nichts weiter als der leidenschaftliche Verwalter der kaiserlichen Staaten, loyal nur der Krone gegenüber, was zu glauben ihn die Dynastie auch wirklich ermutigt und gelehrt hatte? (»Ist er auch ein Patriot für mich?« hatte ein früherer Kaiser kurz und bündig gefragt, als der Patriotismus eines seiner Untertanen lobend hervorgehoben wurde.) Oder konnten die Deutschösterreicher Stolz zeigen und Profil gewinnen, indem sie sich den nationalen Bestrebungen all der anderen Völker des Reiches anglichen?

Die kulturelle Anziehungskraft des riesigen Magneten im Norden sowie die Erfordernisse der eigenen Dynastie machten eine Lösung des Rätsels unmöglich. Überdies war das Dilemma in den Tagen des Erzherzogs unwillkürlich auch noch in Stein gehauen. Auf Wiens Heldenplatz, im Mittelpunkt des großen Hofburgkomplexes, steht eine große Statue, die zur Erinnerung an den Habsburger Kriegshelden Erzherzog Karl errichtet wurde. Auf der einen Seite sind die Worte eingehauen »Dem unermüdlichen Kämpfer für Deutschlands Ehre« und auf der anderen »Dem heldenhaften Führer von Österreichs Heeren«. Es war also überhaupt keine Überraschung, daß es eines schönen Tages im März, 24 Jahre nach Franz Ferdinands Tod, um dieselbe Statue (und dazu noch auf dem weiten Platz ringsherum) von Wienern wimmelte, die die Ankunft ihres neuen Herrschers, Adolf Hitler, bejubelten. Die Idealisten, Gegner der reinen Opportunisten in ihrer Mitte, konnten auf die Worte unter der einen Seite des sich bäumenden Pferdes hinweisen. Es war ebensowenig überraschend, daß der österreichische Nationalismus, der an jenem Tage zu Hause geblieben war, von da an neue Wurzeln schlug. Die Österreicher, die zu Franz Ferdinands Lebzeiten niemals ihre Identität bestimmen konnten, fanden sie schließlich – durch ihren Verlust.

All dies liegt mehr als eine Generation zurück. Unter der Monarchie konnte selbst ein so leidenschaftlicher Anhänger der Habsburger Mission wie der Erzherzog selbst eine gewisse Zwiespältigkeit hinsichtlich des Begriffs »Deutschtum« niemals abschütteln. Dies war auch unvermeidlich, denn es gab zwar Österreicher, »Altösterreicher« und »Großösterreicher« (die Lieblinge des Erzherzogs), aber es gab keine österreichische Sprache. »Die deutsche Sprache ist die Sprache der Dynastie, der Behörden, der Armee, der gebildeten höheren Classe etc. und muß bei offiziellen Angelegenheiten angewendet werden«, schrieb Franz Ferdinand an Freiherr von Schiessl, den Direktor des Zivilkabinetts des Kaisers, im Jahre 1908.[12] Darüber hinaus betrachtete sich Franz Ferdinand selbst als »deutscher Fürst«, trotz der Tatsache, daß seine Monarchie aus dem Deutschen Bund ausgeschlossen wurde, als er ein kleiner Junge von drei Jahren war. Und – die letzte Ironie – er wußte, daß er bei seiner Thronbesteigung zum König von Ungarn und vielleicht auch zum König von Böhmen gekrönt werden würde, aber er konnte, wenn er die Dinge nicht änderte, niemals zum König von Österreich gekrönt werden. Einen solchen Titel gab es nicht und hat es auch niemals gegeben. Für ihre eigenen deutschen Untertanen blieben die Kaiser ganz einfach Erzherzöge von Österreich und Erzherzöge, Herzöge oder Grafen ihrer Provinzen. Das Bindeglied zwischen der Dynastie und dem Volk ihres Kernlandes – feudal, persönlich und das Gegenteil von national – konnte nicht besser symbolisiert werden.

Diese Zwiespältigkeit spielte eine Rolle in Franz Ferdinands Beziehungen zum deutschen Kaiser, die bei weitem die engsten und wichtigsten seiner persönlichen Bindungen waren. Er begann von Anfang an, als er noch ein beeinflußbarer junger Mann war, diesen übermäßig lauten und lebhaften Souverän gleichsam mit offenem Munde zu bewundern. »Ein Mordskerl«, war sein erstes Urteil über Wilhelm II. Dieses Urteil änderte sich nie, aber obwohl echte Herzenswärme sich zu diesem frühen Heldenglauben gesellte, gab es dennoch das eine oder andere, was in Abzug gebracht werden muß. Auf persönlicher Ebene gab es immer Stilunterschiede zwischen diesen beiden Männern, die desto mehr hervortraten, je älter sie wurden.

Franz Ferdinand mied aus jenen charakterlichen und häuslichen Zwängen heraus, die wir bereits untersucht haben, stets die Öffentlichkeit. Wilhelm II. dagegen konnte nur in den Augen der Öffentlichkeit bestehen. Als selbstbewußter Autokrat sehnte er sich geradezu nach Popularität; der Erzherzog als instinktiver Autokrat verachtete sie. Gleich manch anderem europäischen Fürstensproß fand er die kecke Redeweise, die theatralische Kleidung und das enorme Gefolge des deutschen Souveräns zuweilen peinlich. Es mag da einen Anflug von dynastischem Snobismus gegeben haben, hinzu kam folgendes: Wilhelm II. war letzten Endes im großen und ganzen der *parvenu* unter den Kaisern sowie ganz und gar von Menschenhand gemacht, also gleichsam das Gegenteil einer Apostolischen Majestät.

Aber Snobismus beiseite, des deutschen Kaisers ausgeprägter Sinn für Humor konnte auch verletzend sein, wie der Erzherzog gelegentlich selbst erfahren sollte, als er vor seiner Hochzeit zu Besuch in Berlin weilte. Sein Gastgeber, der ihn auf dem Bahnsteig erwartete, entschloß sich zu einem theatralischen Ulk: »Bilde dir nicht ein, daß ich zu *deinem* Empfang gekommen bin – ich erwarte den Kronprinzen von Italien.«[13] Beruhigendes Zureden, begleitet von schallendem Gelächter, folgte zweifellos. Aber angesichts der wohlbekannten Gefühle des Erzherzogs hinsichtlich Italiens und seiner königlichen Familie war es doch ein sehr taktloser Scherz.

Es kamen auch politische Meinungsverschiedenheiten zwischen beiden Männern auf. Bis zum Schluß stimmten sie hinsichtlich Italiens nicht miteinander überein. Kaiser Wilhelm versuchte von Zeit zu Zeit, den Erzherzog immer wieder davon zu überzeugen, daß Italien ein wertvolles, wenn auch unbedeutenderes Mitglied ihres Bündnisses sei und daß es im übrigen treu zum Bündnis stehen würde, wenn erst einmal der Ernstfall eingetreten sei. Wann auch immer die beiden Männer sich trafen, besonders in den Jahren kurz vor dem Krieg (als sich Franz Ferdinands skeptische Einstellung mehr als gerechtfertigt erweisen sollte), wischte der Kaiser die Theorien des Erzherzogs einfach vom Tisch. Über einen solchen nachhaltigen Versuch wird vom Kaiser selbst in einem Memorandum berichtet, das er seinem Kanzler, von Bethmann Hollweg, von Korfu aus zusandte, wo der Erzherzog als sein Gast in der Villa Achilleion weilte, dem früheren Zufluchtsort von Kaiserin Elisabeth im Mittelmeerraum.[14]

Dann bleibt noch Rußland übrig, das gehegte und gepflegte Objekt der diplomatischen Träume des Erzherzogs. Während Franz Ferdinand im Zaren einen konservativen Souverän sah, der mit all seinen Fehlern zurück in den Schoß der übrigen Kaiser gehörte, betrachtete ihn Wilhelm II. als den großen Vater der Slawen und deshalb als Feind alles Deutschen. Und es war der gleiche verzehrende Haß gegen die Slawen, der im weiten Umfang die anhaltende Begeisterung des deutschen Kaisers für die Magyaren erklärt,[15] eine Begeisterung, die, wie vorauszusehen war, beim Erzherzog keinerlei Widerhall fand. Franz Ferdinands glühender Wunsch war, die Doppelmonarchie in ihrer Form von 1867 aufzulösen und seine südslawischen Untertanen in einem neuen Reichsgebiet auf Kosten der Ungarn zusammenzufassen. Der deutsche Kaiser dagegen sah im Dualismus die einzig haltbare Basis für die Herrschaft der Habsburger und die beste Garantie der Stabilität für jedermann im Donaubecken. Beide debattierten oft über diesen Punkt, aber es war ein höflicher Dialog unter Schwerhörigen.

Die Tatsache, daß beide Männer trotz dieser substantiellen

Unterschiede des Temperaments und der Ansichten enge Freunde wurden, rührte in weitem Umfang von den Umständen der Heirat des Erzherzogs her. Ohne es zu wissen (und, was durchaus möglich ist, ohne sich dessen voll bewußt zu werden) wurde Sophie ein Faktor in der europäischen Diplomatie. Fürst Bernhard von Bülow, deutscher Reichskanzler von 1900 bis 1909, gebührt das Verdienst, den Bau dieser Brücke zum Herzen Franz Ferdinands in Angriff genommen zu haben. Wilhelm II. war auf dem Wege nach Wien, nachdem er eine Zeitlang an militärischen Manövern teilgenommen und sich der Hirschjagd gewidmet hatte, als sein Kanzler den kaiserlichen Zug in Wiener Neustadt bestieg, das ungefähr eine Stunde Eisenbahnfahrt von Österreichs Hauptstadt entfernt liegt. Als sie über Fürstin (was sie damals war) Hohenberg zu sprechen begannen, erklärte der Kaiser rundheraus: »Von der Frau von Franz Ferdinand nehme ich natürlich gar keine Notiz.« Als Bülow dagegen Bedenken äußerte, wurde der Kaiser nur erregter: »Wenn ich hier nachgebe, erlebe ich noch, daß auch meine Söhne Hofdamen oder vielleicht auch Kammerjungfern heiraten!«

Bülow wußte, daß sein Herr und Meister gerade von der ungarischen Jagdunterkunft in Mosonmagyaróvár kam, wo er mit Erzherzog Friedrich gejagt hatte, und daß die Erzherzogin Isabella ebenfalls anwesend gewesen war. Selbstverständlich hatte sie die Gelegenheit nicht vorübergehen lassen, einen wichtigen Verbündeten wie den deutschen Kaiser in ihrer Fehde mit Franz Ferdinand und seiner morganatischen Frau auf ihre Seite zu ziehen. Aber Bülow drang weiter in seinen kaiserlichen Herrn und machte ihm klar, daß aus Gründen der Staatsraison die Gunst des Erben des österreichischen Throns mit allen nur möglichen Mitteln gewonnen werden müsse.

Die Debatte zwischen beiden Männern war immer noch im Gange, als der Zug durch Baden und Mödling ratterte und Bülow scheinbar nichts erreicht hatte. Dann, als der Zug in den Wiener Westbahnhof einfuhr und die grünen Federhüte des österreichischen Empfangskommandos bereits sichtbar waren, setzte Bülow zur letzten Mahnung an: »Sie haben jetzt die Wahl, sich den künftigen Kaiser von Österreich für immer zum Freund oder zum Feind zu machen!« Es war der perfekte Wink, Wilhelm II., den großen Schauspieler, zu veranlassen, sich zusammenzunehmen, und er wirkte. Vergessen waren alle Erörterungen über Stammbaum und all die entrüsteten Überredungsversuche von Erzherzogin Isabella. Der Besucher umarmte seinen Gastgeber, Kaiser Franz Joseph, und küßte ihn auf beide Wangen, um sich alsdann Franz Ferdinand zuzuwenden, der der nächste in der Reihe auf dem Bahnsteig war. Nachdem sie einander die Hände geschüttelt hatten, fragte Wilhelm II., als ob es die natürlichste Sache der Welt sei: »Wann kann ich die Ehre haben, deiner Frau Gemahlin meinen Kratzfuß zu machen?« Des Erzherzogs Gesicht wurde darauf rot vor Freude, und der Besuch fand noch am gleichen Nachmittag in gehöriger Form statt.

Womit Fürst Bülow seinen Bericht auch sonst noch ausgeschmückt haben mochte[16] (und er verstand es auf geschickteste Weise, Ausschmückungen anzubringen, wenn es um sein Bild für die Nachwelt ging), Franz Ferdinands Reaktion konnte er ganz einfach nicht übertrieben haben. Erst zwei Jahre zuvor war der Gemahlin des Erzherzogs nicht erlaubt worden, beim Diner ihres Gemahls für den deutschen Kronprinzen an ihrem eigenen Tisch Platz zu nehmen. Jetzt war der Vater des Prinzen, der deutsche Kaiser selbst, in dasselbe Belvedere-Palais gekommen, um auf eigenen Wunsch Sophie die Hand zu küssen. Franz Ferdinand hat diese Geste niemals vergessen, die das Bündnis zwischen beiden Ländern zum Bündnis zwischen beiden Männern machte. Ein bißchen Geschichte war an diesem Morgen auf dem Wiener Bahnsteig gemacht worden; und wäre der Erzherzog jemals Kaiser geworden, so würde sich dieses Bißchen in großem Umfang ausgeweitet haben.

Die erste große Erprobung dieser verstärkten Beziehungen, sowohl auf persönlichem als auch auf politischem Gebiet, folgte fünf Jahre später, als Österreich die beiden türkischen Grenzprovinzen Bosnien und Herzegowina formell annektierte, die es bereits vor 30 Jahren besetzt und seitdem verwaltet hatte.[17] Diese Annexionskrise von 1908 war die schwerste, die die Monarchie auf außenpolitischem Gebiet zu Lebzeiten des Erzherzogs zu bestehen hatte, wozu die strenge Prüfung kam, ob er persönlich zu den »Kriegstreibern« in Wien gehörte oder nicht. Es lohnt sich deshalb, die Dinge näher in Augenschein zu nehmen.[18]

Mit den Vorbereitungen für die Annexion und der schließlichen Entscheidung, den Sprung zu wagen, hatte Franz Ferdinand kaum etwas oder gar nichts zu tun. Mehrere Wiener Regierungen hintereinander hatten darüber nachgedacht, wie und wann die Provinzen auf rechtsgültige Weise dem Osmanischen Reich entrissen und in die Habsburger Monarchie eingegliedert werden sollten, und zwar von dem Tag an, an welchem sich eine österreichische Garnison dort festsetzen würde. Der regionale Widerstand war schwach und konnte jederzeit beiseite gefegt werden. Die Gefahr lag im Widerstand von auswärtigen Mächten, vor allem Rußlands, gegen dessen balkanische Expansion Österreich die Okkupation in erster Linie ins Auge gefaßt hatte. Andererseits war die Verlockung, diese Okkupation in vorbehaltloses Eigentum umzuwandeln, voller überzeugender Begründungen. Bosnien und Herzegowina bildeten eine größere Ausweitung des Sicherheitsgürtels der Monarchie, und ihr Besitz schien ohnehin zu neunzig Prozent rechtens zu sein. Andere Staaten handelten vorher oder nachher nicht anders, wenn auch mit anderen Methoden und anderen Rechtfertigungen, sobald Aussicht bestand, ihre verwundbaren Grenzen zu konsolidieren. Israels Kolonisierung der Westteile Jordaniens, die 1967 von seinen Soldaten in Besitz genommen worden waren, ist das sprechendste aller jüngsten Beispiele.

Aber obwohl 30 Jahre lang alle europäischen Mächte von der stillschweigenden Annahme ausgegangen waren, daß die beiden Provinzen eines Tages voll und ganz an Österreich fallen würden, so hatten sie – besonders Rußland – ausdrücklich der Erwartung Ausdruck verliehen, daß nichts in dieser Richtung ohne gehörige Ankündigung und ohne gegenseitiges Einvernehmen unternommen werden sollte. Als sich die umwölkten Beziehungen zwischen Wien und St. Petersburg unter dem Einfluß einer Fürstenzusammenkunft vorübergehend wieder klärten, wurde dieser Annahme auch Genüge getan. So kamen im Jahre 1897, als Franz Joseph St. Petersburg besuchte und dem neuen Zaren Nikolaus II. seine Aufwartung machte, beide Souveräne überein, die neue Lage auf dem Balkan anzuerkennen. Anschließend gingen sie noch einen Schritt weiter und verpflichteten sich zu einer Verteilung der Beute zu gleichen Teilen, sobald das sterbenskranke türkische Reich in Südosteuropa seinen Geist für immer aufgegeben haben würde. Österreich ließ dabei klar und deutlich durchblicken, daß Bosnien und Herzegowina auf den Anteil der Beute angerechnet werden sollte, ein Anspruch, den Rußland nicht zurückwies, wenn es sich auch das Recht vorbehielt, näheren Einblick in diese Angelegenheit zu nehmen, sobald die Zeit dazu reif war.

Sechs Jahre später erwiderte der Zar den Besuch, und Franz Joseph nahm ihn sofort von Wien in seine Jagdunterkunft in Mürzsteg mit, jetzt wie damals ein lieblicher und abgelegener Ort an einem Forellengewässer, wo sich zwei Gebirgstäler an den Grenzen der Steiermark und Niederösterreichs kreuzen. Dort kam innerhalb von vier Tagen, zwischen dem 30. September und 3. Oktober 1903, während sie auf der Pirsch nach Hirschen waren, das sogenannte Mürzsteger Programm zustande, das von ihren Beratern entworfen worden war. Es unterstrich die Notwendigkeit, die Stabilität auf dem Balkan aufrechtzuerhalten, und fügt als neue Unternehmung die Zusammenarbeit bei der internationalen Überwachung von Mazedonien hinzu, jener aufrührerischen Provinz der Türkei im südlichen Europa, wo kurz nach Beginn des neuen Jahres Unruhen ausgebrochen waren. Franz Ferdinand, der selbst in Mürzsteg anwesend war, muß sich eine Weile eingebildet haben, daß der kaiserliche Gastgeber und sein kaiserlicher Gast, die doch jetzt in entgegengesetzten militärischen Lagern standen, immerhin noch fähig sein würden, seinen Traum zu verwirklichen und sich über alles Trennende hinweg die Hände zu reichen. Auf lange Sicht konnte das freilich nicht sein, obwohl es, wie sich die Dinge weiter entwickeln sollten, nicht die beiden Kaiser waren, die für das beinahe schicksalhafte Durcheinander von 1908 gesorgt hatten, sondern ihre Minister.

Ein entscheidender Wandel hin zum Schlimmeren – seinerzeit völlig unbemerkt – erfolgte im Jahr 1906 sowohl in Wien als auch in St. Petersburg, wo die auswärtigen Angelegenheiten aus den Händen bewährter Sachkenner in die von politischen Abenteurern übergingen. Neuer Außenminister des Zaren wurde Alexander Petrowitsch Iswolski, ein Mann von bescheidener Herkunft, außerordentlicher Häßlichkeit und überwältigendem Ehrgeiz, wobei die dritte Eigenschaft stark genug entwickelt war, um die anderen beiden zu kompensieren. Sein privater Ehrgeiz, auf der gesellschaftlichen Leiter weiter emporzusteigen, fand schließlich seine Befriedigung in Gestalt einer noblen Heirat. Nachdem er sich anderweitig zahlreiche Körbe geholt hatte, vermählte er sich schließlich mit der eleganten Gräfin Töll, Tochter des russischen Gesandten in Weimar. Sein politischer Ehrgeiz war weit größer und daher weit schwieriger zu befriedigen: in Europa das Prestige seines Landes zurückzugewinnen, das soeben im Fernen Osten durch seine katastrophale Niederlage im Krieg mit Japan von 1904 bis 1905 verlorengegangen war. Das bedeutete in erster Linie eines: Kontrolle der Dardanellen und damit ungehinderten Zugang für russische Kriegsschiffe vom Schwarzen Meer zum Mittelmeer. England und Frankreich, die beiden traditionellen Gegner dieser historischen Zielsetzung, waren freilich jetzt Rußlands Partner. Nunmehr war die Reihe an Österreich, sich querzustellen, aber seine Interessen lagen vorzugsweise auf dem Land, nicht auf See.

Franz Josephs neuer Außenminister, Baron von Aehrenthal,[19] unterschied sich in seiner Erscheinung von Iswolski nach jeder nur möglichen Richtung hin: »Groß, breitschultrig, etwas gebückt, sehr kurzsichtig, allmählich fast blind, mit meist halbgeschlossenen Augenlidern und müdem Gesichtsausdruck, aber mit regelmäßigen Zügen und vornehmen Allüren, zurückhaltend, eher indolent, fast apathisch, stand Aehrenthal auch äußerlich im Gegensatz zu dem kleineren, unruhigen, aufgeregten, bisweilen vordringlichen Kalmükken Iswolskij«, so beschrieb ein Zeitgenosse von beiden das Paar.[20] Nichtsdestoweniger gab es viele Parallelen zwischen beiden. Gleich Iswolski war Aehrenthal ein Karrierediplomat, der es bis zur Schlüsselposition seines Reiches gebracht hatte. Gleich Iswolski litt er an gewissen gesellschaftlichen Komplexen, hervorgerufen, wie es hieß, durch die Tatsache, daß sein Großvater ein jüdischer Getreidehändler aus Prag war, gerade erst vor 100 Jahren geadelt. (Die jüdische Herkunft, der kommerzielle Zusammenhang und das verhältnismäßig junge Adelsdiplom eines einfachen Barons dürften alle zusammen dunkle Punkte für die erbarmungslos vom Kastendenken beherrschte Gesellschaft jener Tage gewesen sein.) Zudem wurde Aehrenthal gleich Iswolski von einem verzehrenden politischen Ehrgeiz heimgesucht: in seinem Fall die Zertrümmerung des serbischen Chauvinismus, der, wie er glaubte, die Doppelmonarchie zu vernichten drohte und mithin die sichere Hissung des schwarz-gelben Habsburger Banners auf dem Balkan in den Jahren, die noch kommen sollten. Am 15. September 1908, nachdem sie ein ganzes Jahr lang entsprechende Fühler ausgestreckt hatten, begegneten sich diese beiden politischen Abenteurer unter größter Geheimhaltung auf Schloß Buchlau[21] in Mähren, um über die Träume eines jeden zu verhandeln.

Aehrenthals Ungeduld hinsichtlich der Annexionsfrage war immer mehr gewachsen, als das Jahr 1908 heraufzog. Es war das 60. Jubiläumsjahr seit Franz Josephs Regierungsantritt, und jeder loyale Verband in der Monarchie, angefangen bei der Feuerwehr des entlegensten Gebirgsdorfes bis weiter hinauf, bebte vor Erinnerungsfieber. Was für ein besseres Geschenk konnten er und die Heeresgenerale ihrem Souverän anbieten als zwei neue Provinzen unter seinem Zepter? Und als während desselben Jahres die Revolution der Jungtürken in Konstantinopel stattfand, waren Aehrenthal und die »Falken« von Wien zur Stelle mit etwas, das halbwegs zwischen echtem Maßhalten und einleuchtendem Vorwand für rasches Handeln lag.

Zu der Drohung panslawistischer Agitation für ein »Großserbien« gesellte sich eine völlig unerwartete Schwierigkeit, und zwar der demokratische Druck ausgerechnet aus der türkischen Hauptstadt. Die neuen liberalen Führer der Türkei hatten die Einberufung eines Parlaments im westlichen Stil für das gesamte Osmanische Reich angekündigt, was bedeutete, daß Vertreter von Bosnien und Herzegowina, rechtlich immer noch Teil dieses Reiches, sicherlich aufgefordert werden würden, darin Platz zu nehmen. Eine juristische Falle in den Abmachungen von 1878, auf die man angesichts der Auflösung der alten Türkei gar nicht gefaßt war, lag jetzt offen zutage: Wenn Krieg mit den Jungtürken ausbrechen sollte über die parlamentarische Frage, für wen sollten die Einwohner Bosniens und Herzegowinas kämpfen, für ihren legalen Souverän, den Sultan, oder ihren tatsächlichen Herrscher, den Kaiser von Österreich? Es war also nicht so sehr die Altersschwäche des Osmanischen Reiches, das Österreich schließlich zum Zuschlagen veranlaßte, als vielmehr der Versuch zu dessen Verjüngung. Was Aehrenthals Aufgabe, Diplomatie im Jubiläumsstil in einem Jubiläumsjahr zu betreiben, dazu noch erleichterte, war, daß es der Ränkeschmied in St. Petersburg selbst fertiggebracht hatte, den Stein ins Rollen zu bringen. In einem streng geheimen *aide-mémoire*, das er dem österreichischen Außenminister am 2. Juli 1908 übermittelte, umriß Iswolski das Geschäft: Rußland sollte von Österreich bei der Regelung der Meerengenfrage unterstützt werden, dafür könne Österreich als Gegenleistung mit der russischen Einwilligung in die Annexion von Bosnien und Herzegowina rechnen.

Und das war das Kernstück des Paktes, der hierauf in Buchlau besiegelt wurde: Was entweder gezielt von Aehrenthal zusammengestoppelt oder auf plumpe Weise von Iswolski mißverstanden worden war, war die genaue Bestimmung, wann und wie Österreich nach seinem Anteil an diesen türkischen Beutestücken greifen sollte. Die Russen verließen das Schloß in dem Glauben, daß es Aehrenthal nicht besonders eilig habe und daß in jedem Falle endgültigem Handeln Konsultationen irgendwelcher Art vorangehen würden. Ob eine solche Annahme gerechtfertigt war, werden wir niemals in Erfahrung bringen. Es gab keine Zeugen der Buchlauer Gespräche, und nichts war zu jener Zeit aufgezeichnet worden. Aber daß entweder Betrügerei oder Verwechslung am Werke war, geht aus dem widersprüchlichen Verhalten der beiden Verschwörer nach ihrer Abreise hervor.

Aehrenthal ging beinahe unverzüglich ans Werk. Am 26. September weihte er den deutschen Reichskanzler in das Geheimnis ein, ohne freilich Fürst Bülow vom zeitlichen Ablauf zu unterrichten. Drei Tage später wurden den österreichischen Botschaftern in allen wichtigen Hauptstädten von Kaiser Franz Joseph unterzeichnete Briefe übersandt, die sie am 5. Oktober den Staatsoberhäuptern, bei denen sie akkreditiert waren, überreichen sollten. Die Briefe kündigten ohne viel Aufhebens an, daß die Annexion von Bosnien und Herzegowina 48 Stunden später, also am 7. Oktober, verlautbart werden würde. Iswolski, der sich auf eine gemächliche Reise durch Deutschland, Italien und Frankreich begeben hatte, um sich um Unterstützung für das Abkommen von Buchlau zu bemühen, war wie vom Donner gerührt, als er kurz vor dem Einlaufen seines Zuges im Pariser Bahnhof aus Zeitungsüberschriften erfuhr, daß Österreich bereits seinen Anteil einkassiert habe.

Er stand mit seiner Reaktion nicht allein da. Ohne Ausnahme waren die übrigen Staatsmänner Europas je nach ihrem persönlichen Standpunkt verärgert, wütend oder entsetzt über diese Nachricht. König Eduard VII., der genialste und erfolgreichste aller fürstlichen Diplomaten von damals, war tief verletzt, daß Kaiser Franz Joseph, den er kaum zwei Monate zuvor in Bad Ischl besucht hatte, auch nicht eine Silbe über die Annexion hatte verlauten lassen. Was den deutschen Kaiser und seinen Kanzler anbetrifft, so waren sie noch mehr entsetzt und beleidigt, zumal da ihr engster Verbündeter sie nur mit derselben kurzen Nachricht über dieses *fait accompli* abgespeist hatte wie jeden anderen. Die stärkste aller Reaktionen kam nicht etwa aus dem beraubten Osmanischen Reich selbst, sondern aus Serbien, das seine eigenen Träume von einem südslawischen Königreich auf dem Balkan zerrinnen sah. Die Skupschtina, das Parlament in Belgrad, stimmte für Kriegskredite; die Mobilisierung kam in Gang; die »Narodna Odbrana«, die Nationale Verteidigungsgesellschaft (eine Organisation, die eine dunkle Rolle in der kommenden Tragödie um Franz Ferdinand spielen sollte), wurde geschaffen, um sich dem österreichischen Schritt zu widersetzen; und serbische Politiker wurden auf Suche nach Hilfe in alle Richtungen entsandt, einige in die westlichen Hauptstädte, um diplomatische Unterstützung zu erreichen, andere zogen nordwärts nach St. Petersburg, um vorbehaltlose bewaffnete Hilfe vom Zaren zu bekommen. Innerhalb weniger Tage war die Annexionskrise von 1908, in so mancher Hinsicht gleichsam eine Kostümprobe für das, was sechs Jahre später kommen sollte, weit außerhalb der Grenzen der beiden Provinzen auf die Tagesordnung gelangt. Für die nächsten sechs Monate sollte sie die gesamte europäische Politik in Atem halten. Was wissen wir über Franz Ferdinands Rolle bei diesen Vorgängen?

Obgleich der Erzherzog als Thronfolger nicht offiziell von diesem ansehnlichen Jubiläumsgeschenk für seinen Souverän abrücken konnte, hatte er von Anfang an Bedenken dagegen, daß sich die Monarchie auf eine Kraftprobe einläßt, bevor sie nicht ihr eigenes zerstrittenes Haus in Ordnung gebracht hat

(d. h. die Ungarn gezähmt hat). Einer seiner engsten politischen Berater, Leopold von Chlumecky, beschreibt in seinem Tagebuch, wie Franz Ferdinand, der damals gerade zusammen mit Oberst von Brosch in Bad Ischl weilte, reagierte, als er im Sommer 1908 in das Geheimnis der bevorstehenden Annexion eingeweiht worden war. »Er widersetzte sich dem Schritt, und erst, nachdem Brosch mit ihm darüber zehn Tage lang gesprochen hatte, gab er seine Zustimmung.«[22] Aber Zustimmung hieß in diesem Falle nur Übereinstimmung darin, daß seine wahren Ansichten nicht allzu offen an die Öffentlichkeit dringen sollten. Was der Erzherzog im tiefsten Inneren fühlte, geht kristallklar aus einem Brief hervor, den er an Aehrenthal schrieb, während er im August Manövern der deutschen Armee beiwohnte:

»Ich habe eben mit dem Chef des Generalstabes gesprochen und möchte, daß Exzellenz über meine Ansicht in bewußter Angelegenheit vollkommen im klaren sind. Sollte eine Annexion für unbedingt notwendig erachtet werden, so kann ich derselben nur zustimmen, wenn die Provinzen als Reichsland, also beiden Teilen der Monarchie angehörend, erklärt werden. Sollte Ungarn für die Stephanskrone Anspruch auf die Länder erheben (was natürlich jedenfalls geschehen wird), so ist dem absolut *nicht* nachzugeben oder die Annexion ist nicht durchzuführen und der bisherige Zustand zu belassen...
Im allgemeinen bin ich überhaupt bei unseren desolaten inneren Verhältnissen gegen alle solche Kraftstückeln. – Meiner Ansicht nach kann sich solche Sachen nur ein konsolidierter, kräftiger Staat erlauben...
Sollten aber die Räte der Krone doch die Annexion für unbedingt notwendig halten, so bin ich für keine Mobilisierung, da dieselbe zu ganz unnötigen Deutungen Anlaß geben könnte, sondern bloß für eine Standerhöhung, die ganz gut ohne Befragung der Parlamente durchzuführen ist.«[23]

Die Besorgnisse des Erzherzogs wuchsen in dem Umfang, in welchem sich die internationale Spannung verstärkte. Iswolski, dessen Wut und Enttäuschung wuchsen, als er weder in Paris noch in London Hilfe für sein Geschäft in Buchlau, die Öffnung der Meerengen, fand, nahm seine Versuche wieder auf, Aehrenthal durch die Einberufung einer Konferenz der Signatarmächte von 1878 zur Behandlung des Annexionsproblems einen Strich durch die Rechnung zu machen. Mit diesem Gedanken stieß er auf englische und französische Sympathie, aber in Berlin wurde ihm nur bedeutet, daß Deutschland Österreichs unnachgiebigen Standpunkt unterstützen würde: keine Konferenz über Kompensationen, wenn die Annexion nicht zuvor anerkannt werden würde.

Dieser diplomatischen Sackgasse kam durch die Steigerung des Kriegsfiebers auf dem Balkan ernsthaftere Bedeutung zu. Das Säbelrasseln und die Aufregung Serbiens und Montenegros wurden so lebhaft, daß General Conrad – der kein Geheimnis aus seinem Wunsch machte, Serbien in einem Präventivkrieg niederzuwerfen, weil er die militärischen Chancen noch für günstig hielt[24] – im Dezember 1908 beim Kaiser die sogenannte »braune Mobilisierung« der österreichischen Streitkräfte an der Südgrenze durchsetzte. Diese führte zu einer Verstärkung der Heereskräfte dort in zwei Etappen, und zwar insgesamt unter Einsatz von 29 Infanteriebataillonen und einer Kavallerieschwadron. Für den Augenblick hatten die Einwendungen des Erzherzogs gegen eine Generalmobilisierung die Oberhand behalten, aber er hatte alle Mühe, Conrad, seinen eigenen Schützling, zu zügeln. So schrieb er an Brosch in einer anderen typischen Darlegung seiner Philosophie:

»Bitte bändigen Sie mir Conrad. Er soll doch diese Kriegshetze aufgeben. Es wäre ja großartig und sehr verlockend, diese Serben und Montenegriner in die Pfanne zu hauen. Aber was nützen uns diese billigen Lorbeeren, wenn wir uns dadurch eine allgemeine europäische Verwicklung hinaufdividieren und dann womöglich mit zwei bis drei Fronten zu kämpfen haben und das nicht aushalten können.«[25]

Mitte Februar, als die Krise ihren Höhepunkt erreicht hatte, begab sich der Erzherzog zusammen mit seiner Familie auf eine seiner häufigen Winterreisen nach St. Moritz. Es ist möglich, daß er sich selbst von der sogenannten »Kriegspartei« in Wien zu distanzieren wünschte.[26] Ebenso wahrscheinlich ist seine Entschlossenheit, sich seine ihm teuren häuslichen Gewohnheiten nicht durch einen kurz bevorstehenden Kriegsausbruch verderben zu lassen. Welcher Art die Gründe auch sein mögen, aus dem Briefwechsel zwischen ihm und Conrad während jener Zeit erhellt, daß, wenn es wirklich zum Kriege käme, Franz Ferdinand entschlossen war, seine von ihm in der Öffentlichkeit erwartete Rolle als Oberbefehlshaber der kaiserlichen Streitkräfte auszufüllen. Obwohl er sich niemals der Kriegspartei anschloß, wünschte der Erzherzog auch nicht, beiseite zu stehen, wenn der Ernstfall eintreten sollte.

Als Conrad ihm am 1. März 1909 nach St. Moritz schrieb, Aehrenthal widersetze sich der Ernennung des Erzherzogs, da »es kaum angängig sei, daß Euer Kaiserliche Hoheit als Thronfolger gegen Serbien und Montenegro den Oberbefehl führen«,[27] verzichtete Franz Ferdinand ohne Zögern auf Familie und Urlaubsfreuden im Engadin und bestieg den nächsten Zug zurück nach Wien. Dort kam er am Abend des 3. März an und befahl Conrad unverzüglich zu sich ins Belvedere zur Berichterstattung. Es kam zu lebhaften, aber ergebnislosen Diskussionen über das Kommandoproblem, die anderthalb Stunden dauerten. Ihnen folgte am 20. März eine noch lebhaftere Auseinandersetzung zwischen beiden Männern, während der es nach Conrad zu folgendem Wutausbruch des Erzherzogs kam: »Wenn ich Armee-Kommandant werde, dann mache ich, was ich will; wehe wenn jemand etwas anderes tut; die lasse ich alle füsilieren.«[28] Hätte sich die Krise verschlimmert, so wäre der Kaiser gezwungen gewesen, seinen Oberbefehlshaber im Feld für »Kriegsfall B« (wie der geheime Kriegsplan der Monarchie für den Balkan, nicht gerade scharfsinnig, genannt wurde) zu ernennen. Aber, wie sich die Dinge weiter entwickelten, kam es nicht zu Verstimmungen zwischen Onkel und Neffen infolge eines plötzlichen Durchbruchs an der diplomatischen Front.

Von Anfang an war Deutschland entsetzt bei dem Gedanken, durch seinen impulsiven österreichischen Bundesgenossen in einen Krieg hineingezogen zu werden, nachdem Berlin nicht einmal konsultiert worden war, wie es sich gehört hätte. Am 14. März bot die deutsche Regierung Rußland einen Weg an, der für alle die Möglichkeit schuf, zu einer Verständigung zu gelangen: Österreich würde die Großmächte auffordern, die Annexion zu sanktionieren, vorausgesetzt, daß Rußland, wenn es zuvor von Wien um seine Zustimmung gebeten wird, keinerlei Schwierigkeiten macht. Jedermanns Gesicht wäre durch diesen klugen Kompromiß gewahrt. Österreich kam am besten aus der ganzen Sache heraus, indem es die internationale Zustimmung für seinen »Handstreich« erreichte (die Jungtürken waren bereits im Februar durch eine große Kompensationssumme in bar abgefunden worden). Die Mächte der Entente konnten beruhigt sein, daß die Heiligkeit der Verträge formell gewahrt worden war, und Rußland, das bei der ganzen Angelegenheit am schlechtesten davongekommen war, genoß wenigstens den Trost, von Aehrenthal gebeten worden zu sein, einer Situation seinen formellen Segen zu erteilen, die zu ändern es ohnehin unfähig war.

Das Ganze erwies sich als eine reichlich spannungsgeladene Entscheidung. Rußland, hart bedrängt von Reichskanzler Bülow, nahm mißgelaunt am 22. März den deutschen Vorschlag an, und England, Frankreich und Italien, die nur allzu froh waren, diese lästige Krise hinter sich zu haben, folgten rasch diesem Beispiel. Aber Serbien befand sich noch auf dem Kriegspfad, und es bedurfte der stärksten Anstrengungen von allen Seiten, es davon wegzubringen. Aus St. Petersburg kamen eindringliche Warnungen, daß, so lobenswert die Sache als solche auch sein möge, der Augenblick ganz einfach noch nicht gekommen sei, eine Kraftprobe mit Österreich der panslawistischen Sache wegen auf dem Balkan zu wagen (eine Entscheidung, die vom Ministerrat des Zaren am 17. März getroffen worden war, wonach Rußland nicht imstande sei, für Serbien zu den Waffen zu greifen, bewies, daß die Warnungen nicht unaufrichtig waren). In Wien zeigte die Habsburger Monarchie am 29. März erneut ihre vergilbten Zähne, indem sie fünf ihrer fünfzehn Armeekorps auf volle Einsatzbereitschaft brachte. Diese Maßnahme, die weit entfernt von einer totalen Mobilisierung war, befriedigte trotzdem Conrad, da er das Spiel letzten Endes gewonnen hatte. Er fühlte sich bitter enttäuscht, dagegen der Erzherzog weitgehend erleichtert, als Serbien 48 Stunden später formell zurückwich. »Unter Befolgung des Rates der Großmächte«, so hieß es in seiner Erklärung, »verzichtet Serbien auf seine Protesthaltung und seinen Widerstand, den es seit letztem Herbst hinsichtlich der Annexion gezeigt hat.«[29] Nunmehr wurden die österreichischen und serbischen Verstärkungen, die sich entlang der bosnischen Grenze gegenüberstanden, zurückgezogen, und ganz Europa atmete auf.

Die militärische Krise mochte überwunden sein; aber ihre politischen Nachbeben waren weit und breit spürbar. Aehrenthals oberflächlicher Triumph, wofür er zum Grafen erhoben worden war, stellte sich als Katastrophe heraus, sowohl für sein eigenes Land als auch für ganz Europa. An der diplomatischen Front hatte sich Österreich selbst Wunden beigebracht, vergleichbar mit den Eigenverletzungen, die durch seine neutrale Haltung im Krimkrieg verursacht worden waren. Dieses Mal indessen entsprang der Schaden nicht allzu großer Vorsicht, sondern allzu großer Forschheit. Gleich einem bisher gesetzten, alten Mann, der plötzlich einen Anfall männlicher Kraftanstrengung bekommt, hatte die Habsburger Monarchie mehr Entsetzen als Bewunderung hervorgerufen.

Innerhalb des Dreibundes wurde in Italien, das in die Rolle

eines bloßen Zuschauers während der ganzen Affäre gedrängt worden war, nicht nur der verletzte Stolz genährt, sondern auch die wachsende Eifersucht auf Österreichs »Vorwärts-Politik« auf dem Balkan, ein Gebiet, wo Rom seine eigenen Ambitionen hatte.[30] Ernster für Österreich war die Verärgerung seines wichtigsten Partners, Deutschland, über die Art und Weise, wie die Annexion durchgeführt wurde. Kaiser Wilhelm, der die Nachricht während der Jagd in Rominten erfuhr, brauchte Tage, um sich wieder zu beruhigen. »So bin ich also der allerletzte in Europa, dem man überhaupt etwas erzählt«, brach es aus ihm hervor.

Obgleich Franz Ferdinand nicht bereit war, auch nur einen Finger zu rühren, um Italiens Verdacht zu beschwichtigen, war er entschlossen, Berge zu versetzen, um die guten Beziehungen mit Berlin und vor allem mit dem deutschen Kaiser wiederherzustellen. Als die Krise im Begriff war, beigelegt zu werden, versicherte er der deutschen Botschaft in Wien seine »unendliche Dankbarkeit« gegenüber Wilhelm II. für seine Hilfe, indem er hinzufügte: »Was Ihr allergnädigster Herr für uns getan hat, werde ich nie vergessen. Sie wissen, wie nahe ich ihm stehe, und daß ich ihn von ganzem Herzen verehre.«[31] Und während sich die Krise noch auf ihrem Höhepunkt befand, war der Erzherzog immer noch imstande, sich im Verlaufe seiner »Jagddiplomatie« (als Wilhelm II. sein Gast während der Hirschjagd in Eckartsau war) nachgiebig zu zeigen. Der Kaiser beschreibt in einem Brief an Reichskanzler von Bülow, wie der Erzherzog wiederholt Deutschland für seine »loyale Hilfe« gelegentlich der Annexionskrise gedankt und versucht habe, die Balkanpolitik beider Mächte zu koordinieren (Franz Ferdinand erwies sich auch als großartiger Gastgeber, der sämtliche sportlichen Vorkehrungen persönlich mit so gutem Erfolg überwachte, daß sein erhabener Gast nicht weniger als 65 Hirsche schoß).[32] Derartig überschwengliche Dankbarkeit veranlaßte später Kaiser Wilhelm, der keine Gelegenheit ausließ, sich in heldischer Pose zu zeigen, Deutschland an der Seite Österreichs darzustellen,

»wie einen Ritter in schimmernder Wehr«, ein Satz, der den völlig irrigen Eindruck hervorrief, als habe Berlin den Anstoß zur Annexionsaffäre gegeben.

Im Lager der Entente waren Frankreich und England ebenso entsetzt wie Deutschland über die unvorhergesehene Impulsivität der Handlungsweise Österreichs. Für diese beiden Mächte hatte die Habsburger Monarchie nur so lange Existenzberechtigung, als sie für die Wahrung von Stabilität im Donaubecken und auf dem Balkan tätig war. Dies vor allem sei seine historische Rolle, und gerade sie habe es durch die Annexion geschädigt.[33] Rußland, das dritte Mitglied der Entente, nahm eine andere und weit drastischere Haltung ein. Seiner Ansicht nach hatte die Annexion nicht nur ein delikates Gleichgewicht in Unordnung gebracht. Sie habe die Waage auf dem Balkan unmittelbar gegen seine eigenen vitalen Interessen zum Sinken veranlaßt und Rußland im Verlaufe dieses Prozesses nationaler Demütigung ausgesetzt, wofür zu rächen es sich schwor.[34]

Iswolski, der schließlich seines Amtes enthoben und als Botschafter nach Paris entsandt worden war, war mit geradezu an Wahnsinn grenzendem Ungestüm dabei, von der französischen Hauptstadt aus Österreich zu schwächen — wirklich derart von Wahnsinn gezeichnet, daß er 1914, als es zwischen den rivalisierenden Bündnissen zu Kriegserklärungen kam, voller Freude ausrief: »C'est ma guerre! C'est ma guerre!« Dieser Ausruf war geradezu albern, aber ebenso bezeichnend. Die engste Annäherung, die Österreich und Rußland jemals erreicht hatten, war die unglückselige Komödie ihrer Außenminister in Buchlau. Als dieses Spiel für Iswolski und seinen Zaren fehlschlug, weitete sich der Riß zwischen beiden Ländern stärker denn je aus. Für Franz Ferdinand hatte die Annexionskrise das Ende seines Versöhnungstraumes bedeutet, der der Überbrückung des Abgrundes zwischen Europas Paktsystemen galt. War es schon schwierig genug, dies vor 1908 zu erreichen, so wurde es hinterher einfach unmöglich.

Schließlich gab es noch die trübseligen Folgeerscheinungen auf dem Balkan selbst. Dort wurden die beiden »verlorenen Provinzen« zum Brennpunkt aller panslawistischen Ambitionen. Für diejenigen in Belgrad und St. Petersburg, die für ein »Großserbien« eintraten, begannen sie dieselbe emotionale und geographische Rolle zu spielen wie die Provinzen Elsaß und Lothringen in dem langen Konflikt am anderen Ende Europas, nämlich zwischen Frankreich und Deutschland. Rußland versicherte wiederholt seinen kleineren slawischen Brüdern, daß sie lediglich zu warten brauchten, bis die Armee des Zaren reorganisiert und bereit sei, Rache am doppelköpfigen Habsburger Adler zu nehmen, der raubend über ihren Ländern kreise. Und bis dieser Tag kam – und um ihn vorzubereiten – wurde die serbische Agitation gegen die Doppelmonarchie immer heftiger. Je tiefer die österreichische Polizei in Bosnien und Herzegowina diese Umtriebe in den Untergrund verbannte, desto heftiger und fanatischer wurden sie. Auf diese Weise trieb die Krise von 1908 auf klarem, wenn auch gewundenem Weg der Katastrophe von 1914 entgegen.

## 10

## Die Stufen empor

Es wird Zeit, die innen- und außenpolitischen Probleme der Monarchie zu verlassen und zu den privaten Sorgen des Erzherzogs zurückzukehren, vor allem zu seinem Kampf, seine Frau auf das höchste Podest, das er finden konnte, zu erheben. Das Jahr 1909, das die Annexionskrise nach außen hin in einen Sieg für sein Land ausmünden sah, war auch eine Art von *annus mirabilis* an der persönlichen Front. Die Liste der persönlichen Triumphe in diesem Jahr begann im Juli, als das Paar Rumänien den immer wieder aufgeschobenen Besuch abstattete, als Gäste von König Carol und Königin Elisabeth.[1]

Ganz einfach als weiterer Kontakt zwischen den beiden Höfen von Wien und Bukarest war der Anlaß verständlich genug. König Carol war ein Hohenzollernprinz und seine Gemahlin eine deutsche Prinzessin Wied. Außerdem war Rumänien seit 1883 Bundesgenosse der Doppelmonarchie, nachdem die beiden Länder ihren Geheimvertrag gegen Rußland unterzeichnet hatten, ein Pakt, der seitdem in Abständen immer wieder erneuert worden war. Für Franz Ferdinand hatte König Carol noch einen besonderen Wert: als Partner in dem Prozeß, das Ausmaß des Gebietes der Magyaren zu beschneiden, denn Rumänien begehrte die liebliche Grenzprovinz Siebenbürgen, das als Teil der ungarischen Länder der Stephanskrone zur Doppelmonarchie gehörte. Aber so natürlich und angemessen der Hintergrund auch gewesen sein mag, diese Reise bedeutete außerdem einen persönlichen Durchbruch für Sophie. Wie der Sekretär des Erzherzogs (der mit ihnen auf Reisen gegangen war) schrieb:

»Für die Fürstin Hohenberg bedeutete dieser Besuch an einem Königshofe gewissermaßen die Feuertaufe in ihrer Stellung. Hatte doch Franz Joseph hier das überhaupt erste Mal – wenn auch durch die bereits erfolgte Einladung nur mehr oder weniger gezwungen – seine Einwilligung gegeben, daß die ehemalige Gräfin Chotek im Verein mit ihrem Gemahl als Vertreter Seiner Majestät an rein offiziellen Feierlichkeiten im Auslande teilnehmen durfte.«[2]

Die Reise wurde eher zu einer verspäteten offiziellen Hochzeitsreise als zu einer Geduldsprobe, und zwar vor allem dank der warmherzigen persönlichen Beziehungen, die bereits zwischen den beiden fürstlichen Paaren bestanden, und des erfrischend unkomplizierten Lebensstils des rumänischen Hofes. Die Gäste waren zur Weiterreise nach Rumänien unmittelbar an der dalmatischen Küste von einem Kreuzer abgesetzt worden, und, abgesehen von einigen Zwischenfällen während der Reise, schien die Ferienstimmung keinerlei Einbuße zu erleiden.

Franz Ferdinand muß von Anfang an vor Behagen geschnurrt haben über den Empfang, den man für seine Gemahlin vorbereitet hatte, die zum ersten Mal in ihrem Leben behandelt wurde, als sei sie eine geborene Erzherzogin und künftige Kaiserin, und nicht nur eine morganatische Gattin. Auf dem Grenzbahnhof von Predeal zum Beispiel entfaltete das königliche Protokoll seine volle Pracht, um das Paar zu begrüßen, als sein Zug am Nachmittag des 10. Juli um vier Uhr einfuhr. An der Spitze der Empfangsdelegation war der rumänische Kronprinz Ferdinand erschienen, begleitet (und das war der entscheidende Punkt für Sophie) von Kronprinzessin Maria.[3] Die Reihe der auf dem Bahnhof wartenden Politiker wurde nicht vom Außenminister angeführt, was durchaus angemessen für Besucher auf dieser Ebene gewesen wäre, sondern vom Ministerpräsidenten Brătianu selbst. Und als sie nach einer Stunde an ihrem Bestimmungsort, Sinaia, angekommen waren, war es nicht nur der alte König (der in seinen jungen Jahren den Vertrag von 1883 unterzeichnet hatte), der ihnen den Willkommensgruß entbot, sondern auch Königin Elisabeth. Dies war gleichbedeutend mit der Anerkennung Sophies selbst, als wäre sie fürstlichen Blutes: ein überzeugender Ausdruck von Schmeichelei.

Die nächsten paar Tage auf Schloß Pelesch inmitten der hübschen Karpatenberge von Sinaia gehörten, wie der Erzherzog öfters hinterher erklärte, zu den glücklichsten Erinnerungen seines Ehelebens. Sie waren eine Mischung aus formellen und informellen Ereignissen, jedes so angenehm wie möglich für die Gäste vorbereitet. Zu den formellen Ereignissen gehörte das Galadiner, das am Abend ihres Ankunftstages im großen, in türkischem Stil gehaltenen Salon des Schlosses stattfand. Die Tischordnung, die wechselseitig ausgebrachten Trinksprüche während des Banketts sowie die vor Tisch vorgenommenen Ordensverleihungen, alles verlief normal auf der Ebene und im Stil der Bewirtung regierender Souveräne; und Sophie saß sogar zur Rechten des rumänischen Königs. Montenuovo mit seinen protokollarischen Nadelstichen des Wiener Hofes schien geradezu Millionen von Meilen entfernt zu sein statt nur ein paar hundert, dieselbe Donau aufwärts.

Die Ungezwungenheit von König Carols Hof glich ebenfalls einer Welt, die weit entfernt war von jenem muffigen Regime in der Hofburg, wo alles wie am Schnürchen ablief. Typisch dafür war ein völlig unorthodoxes »Teehaus«, das Königin Elisabeth im Schloßpark hatte anlegen lassen. Es bestand aus einer viereckigen Holzkonstruktion, im Inneren reichlich verziert, und etwa zehn Meter über dem Erdboden an vier Fichten verankert, so daß der einzige Zugang aus einer Öffnung im Fußboden bestand, die man mit Hilfe einer Strickleiter erreichte. Franz Ferdinand und seine Gemahlin, die im Begriffe waren, auf ihrer anderen Leiter immer weiter emporzusteigen, sollten bald wichtigeren Höfen als diesem Besuche abstatten. Aber niemals wieder war ihre Behandlung so ganz und gar königlich oder erholsam.

Wie vorauszusehen, fielen die einzigen Schatten auf den Besuch aus Ungarn, das dieser Reise seines größten politischen Feindes an den Hof seines größten territorialen Rivalen mit tiefstem Mißtrauen verfolgte. Während seines Aufenthalts in Sinaia bestand der Erzherzog auf dem Empfang einer Delegation von in der ungarischen Hälfte der Monarchie geborenen Rumänen, die wegen ihrer »verräterischen« Ansichten vertrieben worden waren. An ihrer Spitze stand Aurel Popovici, der Verfasser des Planes, das Reich nach föderalistischen Gesichtspunkten zu reformieren, der die Aufmerksamkeit des Erzherzogs erregt hatte, nachdem er drei Jahre zuvor veröffentlicht worden war. Popovicis Buch »Die Vereinigten Staaten von Groß-Österreich« war in Ungarn verboten, und der Verfasser sah einer Freiheitsstrafe entgegen, wenn er nach Ungarn zurückkehren würde. Die Entgegennahme einer Loyalitätsadresse aus den Händen eines solchen Mannes, dazu noch auf fremdem Boden, war von Franz Ferdinands

Seite ein reichlich herausforderndes Unternehmen, zumal da studentische Heißsporne bereits im Begriff waren, die Gelegenheit seines Besuches zum Herunterreißen ungarischer Flaggen zu benutzen. Als der Erzherzog zurück nach Budapest kam, reagierten die Magyaren dementsprechend. Die Zeitungen ergingen sich in wütenden Artikeln, und eine Gruppe extremistischer Abgeordneter versuchte (ohne Erfolg), eine Sondersitzung des Parlaments einberufen zu lassen, um gegen die Vorgänge in Sinaia zu protestieren.

Dann gab es die heikle Frage der Heimreise, denn die Haupteisenbahnlinie nach Wien verlief unvermeidlicherweise durch Ungarn. Es gab bereits Probleme auf der Hinreise. Irgendwo auf der ungarischen Strecke hatte jemand einen ziemlich großen Stein (im offiziellen Bericht war die Rede von »der Größe einer Faust«) gegen die Fenster des Speisewagens des Erzherzogs geworfen, der glücklicherweise um diese Zeit leer war. Kein offizieller Empfang irgendwelcher Art erwartete den Thronfolger, als der Zug am Abend einen kurzen Aufenthalt auf dem Budapester Bahnhof hatte (obwohl dies offensichtlich ganz im Sinne des Erzherzogs war). Ein Haufen Neugieriger hatte sich jedoch auf dem Bahnsteig versammelt, um einen Blick auf das berühmte Paar zu erhaschen, und diese Schaulustigen fühlten sich reichlich vor den Kopf gestoßen, als der Erzherzog nach einem kurzen Blick nach draußen sich durch Schließen der Vorhänge weiterer Sicht entzog.

Auf der Rückreise sollte alles deutlich anders verlaufen, auf der ein nachmittäglicher Aufenthalt von 35 Minuten in der ungarischen Hauptstadt stattfinden sollte (die Sonderwagen des Erzherzogs waren beinahe immer am Ende der regulären Expreßzüge angekoppelt, und auf diese Weise verlief alles fahrplanmäßig). Das Problem wurde dadurch gelöst, daß der Erzherzog mit seiner Gemahlin in einem gewöhnlichen Mietwagen eine Rundfahrt von halbstündiger Dauer durch die Hauptstraßen von Budapest während seines Aufenthalts unternahm. Er wandte sich auch mit einigen schmeichelnden

Worten im besten Ungarisch, dessen er fähig war, an den hohen Eisenbahnbeamten, der zu seiner Begrüßung entsandt worden war. War der oberste Chef der Eisenbahn krank, oder hatte man vorgesehen, daß nur der stellvertretende Chef der ungarischen Eisenbahnen, ein gewisser Johann Marx, für diese Ehrerweisung ausgewählt worden war? In solchen Dingen gab es niemals Gewißheit, sobald und wo auch immer der Erzherzog und seine Magyaren aufeinandertrafen. Sie wichen sich immer gegenseitig aus.

Der zweite große Triumph des Jahres 1909 war selbstverständlich Sophies Erhebung in den Rang einer Herzogin, die am 4. Oktober öffentlich verkündet wurde. Es ist denkbar, daß der Kaiser diese Entscheidung vollkommen auf eigene Faust getroffen hat. Sophie hatte sich nicht nur neun Jahre hindurch als vorbildliche Ehefrau und Mutter erwiesen, sondern sie hatte auch während des Besuchs am rumänischen Hof gezeigt, daß sie ganz und gar fähig war, sich königlich aufzuführen: also weit entfernt von dem Bild des zurückgezogen lebenden Heimchens, das Franz Ferdinand seinem Onkel gegenüber entworfen hatte, als er um die Genehmigung seiner Heirat kämpfte. Wahrscheinlicher ist, daß der Kaiser, wenigstens in letzter Minute, durch den ständigen Druck seitens des Erzherzogs und dessen kleiner, wenn auch einflußreicher Schar von Fürsprechern beeinflußt worden ist, etwas mehr hinsichtlich Sophies Rang zu tun. Ein weiterer, unmittelbar bevorstehender Auslandsbesuch des Paares, auf den wir gleich zu sprechen kommen werden, mag ebenfalls eine Rolle gespielt haben. Jedenfalls verlief ihr Weg nach oben schon weit glatter, soweit man dieses Wort überhaupt gebrauchen kann, um die in gewundenen Worten gehaltene »Beförderung« zu beschreiben, von der vier Jahre zuvor in einem offiziellen Schreiben des Kaisers an seinen Neffen vom 8. Juni 1905 die Rede war. Alle Mitglieder des Hauses Hohenberg, die bisher nur mit »Fürstliche Gnaden« angeredet wurden, hatten laut diesem Schreiben das Recht erhalten, mit »Durchlaucht« angesprochen zu werden. Sophie war also jetzt im

Rahmen der protokollarischen Einteilung eine Stufe höher gerückt. Sie sollte hinfort »unmittelbar *vor* der Palastdame rangieren, die mit den Funktionen einer Obersthofmeisterin betraut war«.[4] Die Dame, welche 1905 diese Funktion ausübte, muß außer sich gewesen sein – und ebenfalls, wie anzunehmen ist, die Erzherzogin Isabella.

Aber wenn auch zweifellos von tieferer Bedeutung für die eifersüchtige kleine Welt innerhalb der Mauern der Hofburg, so war dies alles kaum mehr als ein Spiel mit Worten. Die Erhebung in den Rang einer Herzogin war eine ganz andere Sache. Sie bedeutete für die Außenwelt die sofortige Aufnahme in die Reihen derjenigen, welche königlichen Geblüts waren, denn es gab in deutschen Landen kaum einen Herzog, der nicht einmal über ein eigenes Herzogtum regiert hätte. Eine Herzogin zu sein, das klang nach Palästen statt nach einfachen Schlössern. Das kam gerade recht für den Erzherzog und seine Gemahlin, denn sie steuerten jetzt auf den Palast zu, der bei allem Pomp der gemessenste in ganz Europa war.

Es verstand sich von selbst, daß Berlin die erste bedeutende Hauptstadt sein würde, die sie gemeinsam besuchen sollten. In den sechs Jahren, die vergangen waren, seitdem Reichskanzler von Bülow auf seinen kaiserlichen Herrn eingewirkt hatte, Sophie alle Ehren zu erweisen, waren der deutsche Kaiser sowie Franz Ferdinand und seine Gemahlin oft wechselseitig Gäste auf Jagden gewesen, oder Kaiser und Erzherzog trafen sich bei Manövern, während die persönliche Korrespondenz zwischen den beiden Männern immer häufiger und herzlicher geworden war. Deutschlands entscheidende Rolle bei der Regelung der Annexionskrise im Frühjahr 1909 hatte zu weiterer Annäherung zwischen Kaiser und Erzherzog geführt, wobei jener einen Anflug von Geltungsbedürfnis mit gespielter Bescheidenheit hinsichtlich der ganzen Affäre miteinander zu verbinden wußte. So schrieb er Ostern 1909 an seinen »lieben Franzi«: »Es war mir eine wahre Freude, Euch mal ein guter Sekundant sein zu dürfen ... und der Welt

*Der deutsche Kaiser Wilhelm II. auf einem seiner vielen
Jagdbesuche in Konopischt (Schloß im Hintergrund).*

zu beweisen, ad oculos, daß, wenn die beiden Kaisermächte
zusammentreffen, Europa eben auf sie hören muß.« Es folgten Komplimente an den Erzherzog wegen des »prompten
und exakten Funktionierens des ganzen Militärmechanis-
mus« sowie die wärmsten persönlichen Grüße für seine Gemahlin.[5] Es wurde selbstverständlich Zeit, dieses herzliche
Dreiecksverhältnis zu vervollständigen, indem man Sophie
der Kaiserin Auguste Viktoria vorstellte. Am Abend des
10. November 1909 war der große Augenblick gekommen,
als der Erzherzog und seine Gemahlin Wien im Sonderzug
nach Berlin verließen. Sie reisten nur mit kleinem Gefolge,
und es gab keinerlei formelle Abreisezeremonien. Nur der
Vorsteher des Nordwestbahnhofs und einige andere Bahnbe-
amte waren erschienen, um dem Thronfolger und seiner neu-
geschaffenen Herzogin Lebewohl zu sagen.[6] Ein ganz anderes
Bild bot sich, als sie am nächsten Mittag Viertel vor ein Uhr

auf dem Anhalter Bahnhof in Berlin ankamen. Sophie fand, daß sie geradezu mit ausgesuchter Aufmerksamkeit – wie in Rumänien – wie von königlichem Blut zu königlichem Blut behandelt wurde. Dieses Verhalten war auch klar erkennbar. Die männliche Gesellschaft auf dem mit Teppichen ausgelegten Bahnsteig war das Äußerste, was man erwarten konnte: Sie wurde angeführt vom Kaiser selbst, der den Erzherzog wärmstens auf beide Wangen küßte und dann die Hand seiner Gemahlin. Der neue deutsche Reichskanzler von Bethmann Hollweg[7] war anwesend, gekleidet als Dragonermajor (es war übrigens typisch für preußische Wertmaßstäbe, daß der Chef einer Regierung die Uniform eines Offiziers relativ niedrigen Ranges dem Gehrock und Zylinder des führenden Politikers des Reiches vorzog). Auch der Staatssekretär des Äußeren, Wilhelm von Schön, war erschienen. Diplomaten waren zuhauf da sowie als Verzierung die üblichen militärischen Einheiten mit ihren Musikkapellen. Zur Begrüßung Sophies hatte der Hof die Prinzessin Eitel Friedrich, die Gemahlin nicht etwa des deutschen Kronprinzen, sondern seines jüngeren Bruders, entsandt, und sie war es, die dem Ablauf des für die Damen bestimmten Teils des Programms von jetzt an vorstand. Was jedoch die »familiäre« Ebene anbetraf, so wurde Sophie bei dem Diner, das abends im »Neuen Palais« gegeben wurde, gleich der deutschen Kaiserin plaziert. Protokollarische Probleme wurden, da beide fürstlichen Paare am gleichen Tisch Platz nahmen, klugerweise vermieden, während andere Gäste an ringsum verstreuten kleineren Extratischen saßen.

Im übrigen kümmerte man sich um Sophie in besonderem Maße, weil ihr Gemahl am frühen Morgen des 12. November zusammen mit dem Kaiser zu dessen Jagdunterkunft in Lesslingen aufbrach. Der Hauptzweck des Jagdausflugs war die drastische Verminderung des lokalen Damwildbestandes, der, um die Sache kurz zu machen, aus den Wäldern vor die Gewehre getrieben wurde, entlang Flechtwerkgittern zu beiden Seiten, um sein Ausbrechen nach links oder rechts zu verhindern. Binnen einer Stunde hatte der Erzherzog, dem je-weils der erste Schuß zustand, 125 Böcke erlegt und brachte seine persönliche Beute in zwei Tagen insgesamt bis auf 360 Stück Rehe und Keiler. Dieses »Treiben mit Lappen« war ty-pisch für den Jagdstil nicht nur in der Doppelmonarchie, son-dern damals auch anderswo in Europa, wo es die enormen Wildreserven nur erlaubten. Sei es als Gastgeber oder als Eh-rengast, sobald der Erzherzog auch nur ein Gewehr zur Hand nahm, schoß er nur selten fehl. Die Arithmetik seines persön-lichen Gegenstücks blieb natürlich nicht aus.

Nach beinahe urzeitlichen Leistungen gleich diesen in den Wäldern schienen die Abende, die ausschließlich dem Bridgespiel gewidmet waren, ziemlich harmlos verlaufen zu sein. Aber Lesslingen und der unabwendbar extravertierte Wilhelm II. führten auch zu einer Herausforderung zwischen den beiden Männern. Das Schloß erfreute sich des Besitzes eines besonderen Pokals, den ein Ahne des Gastgebers, König Friedrich Wilhelm III., hatte herstellen lassen. Er bestand aus der Krone eines gewaltigen Hirschgeweihs mit einem Silber-becher, der in einen Hohlraum in der Mitte eingelassen war. Jeder Gast hatte bei seiner ersten Anwesenheit in Lesslingen zur Jagd den Becher voll Sekt bis auf den Grund leerzutrin-ken, ohne einen Tropfen zu vergießen: keine einfache Sache, mußte sich doch das Gesicht zwischen die Gabeln des Ge-weihs zwängen und dann die Lippen nach unten richten, um den Becher zu erreichen. Einer nach dem anderen der Neuan-kömmlinge mußte sich diesem Ritual unterziehen, begleitet von lautem Gelächter und leichten Weisen, die von der Ka-pelle des 16. Ulanenregiments, die oben auf der Galerie unter-gebracht war, gespielt wurden. Es war ein echt teutonischer Abend; aber gleich dem Besuch im ganzen bedeutete er eine weitere Etappe auf dem Weg wachsenden Einflusses von Kai-ser Wilhelm auf den österreichischen Thronerben sowie des wachsenden Prestiges des Erzherzogs und seiner Gemahlin als europäische Figuren.

In der Monarchie jedoch mußte dasselbe Ringen um den

Status des Thronfolgerpaares Zentimeter für Zentimeter fortgesetzt werden, und einige der protokollarischen Plänkeleien waren noch ergebnislos. Bis zum bitteren Ende zum Beispiel war es dem Paar strikt verwehrt, gemeinsam öffentlich in Wien aufzutreten, sogar bei informellen Gelegenheiten. Wenn der Erzherzog einen bescheidenen Antrag stellte, daß seiner Gemahlin erlaubt werden möge, ihn zu Vorstellungen in gewöhnlichen, also nicht etwa Staatstheatern zu begleiten (und allein der Antrag dürfte schon mit Zähneknirschen geschrieben worden sein), so erhielt er als Antwort folgende reichverzierte, höfliche Absage, die ihm von Fürst Montenuovo übermittelt wurde:

> »Seine k. und k. Apost. Majestät haben über eine alleruntertänigste Anfrage, ob ein Besuch von Theatern, in welchen keine Hoflogen eingebaut sind, statthaft sei, Allerhöchst zu bestimmen geruht, daß Höchste Herren in entsprechender Begleitung diese Theater in einer für den bezüglichen Abend gemieteten Loge besuchen können, haben aber dabei allergnädigst zum Ausdrucke gebracht, daß diese Allerhöchste Entscheidung für die Höchsten Frauen keine Geltung habe.«[8]

Innerhalb der Armee, auf die Franz Ferdinand in wachsendem Umfang Einfluß gewann, konnte er sich mehr und mehr zusammen mit Sophie zeigen als der Gemahlin des künftigen Herrschers des Reiches und ihres Oberbefehlshabers im Krieg. Er hatte allerdings versäumt, die Erlaubnis seines Onkels einzuholen, sie zu den militärischen Feierlichkeiten mitzunehmen, die im August 1909 in Tirol stattfanden anläßlich der hundertjährigen Wiederkehr des heldenhaften Sieges von Andreas Hofers Bauernheer über eine Streitmacht von Napoleon. Aber was der Kaiser in einer ziemlich schüchternen Antwort hervorhob[9], war rein förmlicher Natur, voll von jenen höflichen Umschreibungen, die sonst nur neue peinliche Probleme schaffen würden. Gleichsam, um die Pille zu versüßen, hatte Franz Joseph in einer seltenen Anwandlung von Herzlichkeit hinzugefügt: »Es ist, wie Du ja weißt, prinzipiell feststehend, daß Deine Frau in unseren Familienkreis gehört, und ich sehe sie mit großer Freude im engen verwandtschaftlichen Verkehr mit uns.«

Sechs Monate später indessen hatte der Kaiser ein erfreuliches Neujahrsgeschenk für das Paar. Seine Militärkanzlei ordnete an, daß mit Wirkung vom 1. Januar 1910 ab das Gewehr vor der Herzogin zu präsentieren sei und daß ihr außerdem gestattet sei, militärischen Feierlichkeiten beizuwohnen und Schirmherrin von Regimentsfahnen zu werden.[10] Das war ein bedeutender Schritt vorwärts. Die Komponisten aktueller Weisen als die üblichen Wetterfahnen öffentlicher Gunst waren rasch zur Stelle. Innerhalb von drei Jahren hatten sie nicht weniger als elf besondere Melodien zu Ehren Sophies komponiert.[11] Der herausragendste Mitwirkende dabei war Karl Michael Ziehrer, Schöpfer manch volkstümlicher Wiener Operetten und Walzer, der außerdem noch (von 1907 bis zum Zusammenbruch der Monarchie 1918) Musikdirektor bei Hofbällen war. Diese Neujahrsentscheidung brachte mehr als Widmungen von Walzern mit sich. Sie ermöglichte Sophie, ihren Gemahl ohne vorherige protokollarische Anfragen zu begleiten, sooft er ein Regiment inspizierte oder ein neues Kriegsschiff vom Stapel laufen ließ. Sie ermöglichte ihr auch, mit ihm zu den Manövern nach Sarajevo zu reisen.

Ein vorbereitendes Grollen jenes Erdbebens von 1914 war schon während der zwölf Monate dauernden Periode vom Oktober 1912 bis Oktober 1913 zu spüren, als sich Europa unter dem Druck der beiden Balkankriege wand. Wie im Jahre 1908 wurde die Krise eingeleitet durch eine regelrechte Balgerei, um dem in den letzten Zügen liegenden Osmanischen Reich, das nur noch schwach zuzugreifen vermochte, seine letzten nominellen Besitzungen in Südosteuropa zu entreißen. Dieses Mal beteiligten sich nur die kleineren Mächte an der fälligen Plünderung, indem sie zunächst gemeinsam türkische Beute einheimsten, um sodann übereinander herzufallen, als es um die Verteilung des Gewinns ging. Aber die Großmächte waren wiederum durch Bevollmächtigte miteinbezogen; abermals zeichnete sich der Schatten einer bewaffneten Auseinandersetzung zwischen Österreich und Rußland ab; und wiederum tat Franz Ferdinand, nachdem am Anfang alle in Unschlüssigkeit verharrten, alles in seiner Macht Stehende, um den Zusammenstoß zu vermeiden.

Der Verlauf dieser heftigen, heimtückischen kleinen Konflikte, die hier nur kurz erwähnt zu werden brauchen, zeigt, warum der Balkan der zur Verzweiflung führende Alpdruck Europas war. Die erste Welle des Kampfes wurde von dem gebirgigen Königreich Montenegro in Bewegung gesetzt, das am 8. Oktober 1912 seinem früheren Suzerän, der Türkei, den Krieg erklärte. Zehn Tage später beteiligten sich Serbien, Griechenland und Bulgarien mit an der Schlägerei. Die türkische Armee zersplitterte wie ein morscher Eichenbaum im Sturm. Die Bulgaren marschierten im Süden geradewegs auf die Festung zu, die Konstantinopel beschützte; die Griechen setzten sich ostwärts in Marsch und eroberten den Schlüsselhafen des Mittelländischen Meeres, Saloniki; die Serben schwärmten entlang dem Wardartal nach Südwesten aus und erreichten das Adriatische Meer, den Ausgang zur See, nach dem es sie seit langem gelüstete, und besetzten Nordalbanien.

Dieser letzte Vorstoß war es, der Wien besorgt machte. »Groß-Serbien«, das die Monarchie durch die Annexion von Bosnien und Herzegowina 1908 naiverweise im Zaume zu halten vermeinte, befand sich jetzt auf dem rächenden Vormarsch. Wenn Montenegro entschlossen wäre, mit Serbien gemeinsame Sache zu machen, wie es gerüchtweise verlautete, so würden die beiden annektierten Provinzen sich wohl in südlicher Richtung bemerkbar machen. Vor allem mußten die Serben von der adriatischen Küste vertrieben werden, was zu ihrer völligen Einkreisung führen würde. Dies konnte nur durch die Schaffung eines unabhängigen Albanien in irgendeiner Form geschehen, das selbst über eine Küste verfügt. Da Italien sofort mit dieser Lösung auf dem Plan erschien (wenn auch mit dem Fernziel, sich Albanien eines Tages einzuverleiben [12]), so brauchte man sich nur deutscher Garantien zu versichern. Zu ihnen verhalf der Erzherzog auf einem anderen seiner beliebten diplomatischen Jagdunternehmen. Er brach im November nach Springe, südlich von Hannover, zu einer wenige Tage dauernden Jagd mit dem deutschen Kaiser auf und kehrte zurück mit einem festen Versprechen, Österreichs Standpunkt in der gegenwärtigen Krisensituation zu unterstützen. [13] Die Regierung in Berlin war ohnehin geneigt, in derselben Richtung zu operieren, aber Wilhelms II. persönliche Absegnung erwies sich trotzdem als wertvolle Bekräftigung.

Bei seiner Rückkehr nach Wien konnte der Erzherzog persönlich weit entscheidender, und zwar diesmal an der militärischen Front, eingreifen. Die Doppelmonarchie hatte bereits ihre vier Armeekorps, die Serbien im Süden gegenüberstanden, mobilisiert sowie (als Vorsichtsmaßnahme gegenüber russischen Bewegungen, um den Serben zu helfen) die drei Armeekorps, die in der nordöstlichen Provinz Galizien standen; aber Franz Ferdinand war noch voller Sorge, daß, wenn es wirklich zum Krieg kommen sollte, die Militärmaschine von entschlußfreudigeren Händen kontrolliert werden müsse. Er wurde unmittelbar bei Franz Joseph mit der dringenden Bitte vorstellig, Conrad, der im Jahr zuvor nach einem langen und erbitterten Streit mit Außenminister Aehrenthal als Chef des Generalstabes zurückgetreten war, wieder in seine alte Funktion einzusetzen. Der Kaiser stimmte schließlich zu, obgleich er darauf bestand, daß einer der jüngsten Schützlinge des Erzherzogs, und zwar der Kriegsminister General von Auffenberg, ebenfalls ersetzt werden müsse. Am 12. Dezember 1912 übernahm Conrad abermals das Amt, das er in Friedens- und Kriegszeiten für die nächsten fünf Jahre innehaben sollte. [14]

Die Tatsache, daß Franz Ferdinand persönlich dafür verantwortlich war, daß der eigensinnige Conrad, ein ausgesprochener Verfechter des »Präventivkrieges« gegen die Serben, auf seinen alten Posten gerade in diesem kritischen Zeitpunkt zurückkehrte, wurde zur Rechtfertigung des Vorwurfs benutzt, der Erzherzog selbst dürste nach Blut. Diese Behauptung war, wie wir sehen werden, falsch. Conrads Wiederberufung war nichts anderes als eine Absicherung gegenüber dem Risiko einer politischen Fehllösung, dazu ein Zug im politischen Erpressungsspiel selbst. Es brachte für ihn, wie Franz Ferdinand selbst gewahr wurde, die zusätzliche Last mit sich, eine Kriegspartei niederzuringen, die zukünftig durch Conrads mächtige Stimme verstärkt werden würde.

Diese Herausforderung sollte ihren Höhepunkt im neuen Jahr erreichen. In den letzten Wochen des alten Jahres war der Friede vorläufig durch einen Kompromiß, der hinsichtlich der albanischen Frage durch die Londoner Botschafterkonferenz vom 16. Dezember erreicht worden war, gesichert. Auf Vorschlag des britischen Außenministers, Sir Edward Grey, war man übereingekommen, daß ein unabhängiges Albanien geschaffen werden solle, jedoch mit Grenzen, die erst später festgelegt werden würden. Niemand war von dieser Lösung begeistert; aber die Österreicher kamen dabei am besten weg, und umgekehrt waren die Serben, denen das kostbare Fenster zur Adria verschlossen blieb, am schlimmsten dran, obwohl sie ihre anderen Gewinne behielten.

Die Befriedigung rings um den grünbezogenen Tisch der Diplomatie dehnte sich freilich nicht auf Conrad aus. Innerhalb von 48 Stunden nach Wiederaufnahme seiner Pflichten als Chef des Generalstabs bombardierte er geradezu den Erzherzog mit Argumenten, die es auf eine Begleichung der Rechnung der Monarchie mit Serbien auf dem Schlachtfeld absahen. Er kam auf diese Forderung in Gestalt eines weiteren langen Memorandums zurück, das dem Belvedere am 30. Dezember übersandt wurde. Seinen scharfen Ton lassen zwei Auszüge spüren: »Die Ursache des Übels ist – wie oben dargelegt – die plötzlich hinaufgeschnellte Macht Serbiens; diese also muß gebrochen werden, dann entfallen alle obigen Besorgnisse von selbst. Die Situation ist zu einer Kraftprobe zwischen der Monarchie und Serbien geworden. Die Kraft-probe muß ausgetragen werden...«[15]

Im Verlauf des Januar 1913 klopfte Conrad noch lauter an die Tür, indem er dem Kaiser ein Memorandum vorlegte, das auf einen sofortigen Angriff gegen Serbien und Montenegro drang, wofür er sich außerdem in zwei getrennten Audienzen im Belvedere aufs lebhafteste einsetzte. Conrad schien sich den Kopf zu zerbrechen, was wohl im Inneren Franz Ferdinands vor sich ging. »Ich war niemals sicher«, so schrieb er über jene Zeit, »ob der Erzherzog im tiefsten Inneren für eine solche Aktion gewonnen war oder nicht. Er diskutierte über alles, was eine solche Aktion nach sich ziehen würde... Aber er schien mir im Inneren seines Herzens keinerlei wirkliche Neigung dazu zu verspüren.«[16]

Der General hatte nur die Schlußfolgerungen von Franz Ferdinands wahren Gefühlen zu fassen bekommen. Diese kamen im vollen Umfang ans Licht während eines privaten Abendessens mit seinem Schwager, Herzog Albrecht von Württemberg, in Wien Ende Januar. Als die Tafelrunde auf Conrads Kreuzzug für einen Präventivkrieg zu sprechen kam, rief der Erzherzog aus: »Nehmen wir sogar den Fall, daß kein anderer uns stört, wir in aller Ruhe mit Serbien abrechnen: was hätten wir davon? Nur einen Haufen Diebe und Mörder und Halunken mehr und ein paar Zwetschgenbäume. Also noch mehr Gesindel, den Verlust von so und soviel Soldaten, und einige Milliarden Kosten. Der günstige Fall aber, daß niemand uns hindern würde, ist mehr wie unwahrscheinlich.«[17]

Diesen kleinen Staaten, so führte er aus, sollte erlaubt werden, ihre Schlachten unter sich auszukämpfen.

Dies war genau das, was geschah, als am 30. Juni 1913 Bulgarien voller Ärger darüber, daß einer seiner Bundesgenossen im Feldzug von 1912 zuviel mazedonisches Gebiet für sich erobert habe, plötzlich Serbien angriff und versuchte, ihm die strittige Grenzprovinz zu entreißen. Aber »der Fuchs« Ferdinand von Bulgarien – seit 1908 selbsternannter »Zar« eines unabhängigen Königreiches – hatte sich in seinen Rechnungen aufs gröbste getäuscht. Griechenland, das seine eigene Rechnung mit ihm zu begleichen hatte, trat auf Serbiens Seite. Dasselbe tat Rumänien, das an den Kämpfen von 1912 nicht teilgenommen hatte und daher aus dem ganzen Wirrwarr mit leeren Händen herausgekommen war. Selbst das Osmanische Reich verbündete sich mit einigen der kleinen Geier, die es ausgeraubt hatten, und griff Bulgarien von Süden her an.

Innerhalb von sechs Wochen war der zweite Balkankrieg zu Ende, als Ferdinand gezwungen war, um Frieden zu bitten. Im Vertrag von Bukarest verlor er nicht nur ein großes Stück der Gebiete, die er im Jahr zuvor von der Türkei gewonnen hatte, sondern war auch noch gezwungen, einen Teil seines eigenen Territoriums abzutreten, und zwar den nördlichen Küstenstreifen der Dobrudscha an Rumänien, dessen Truppen sich dort festgesetzt hatten.

Wenn von allen Teilnehmern Bulgarien nächst der Türkei der Verlierer dieser beiden Kriege war, so ging Serbien trotz aller Enttäuschungen hinsichtlich Albaniens am klarsten und deutlichsten als Gewinner hervor. Sein Gebiet und seine Bevölkerung wurden beinahe verdoppelt, und sowohl seine Kampfmoral als auch seine Begeisterung für den panslawistischen Kreuzzug hatten sich vor lauter Freude verzehnfacht. Es war nicht in erster Linie die Regierung in Belgrad, die Pech und Schwefel auf Wien herabwünschte. Der Ruf nach einem Tag der Abrechnung mit der Doppelmonarchie, koste es, was es wolle, ertönte weit lauter aus den Reihen serbischer Studenten, und eine geheime Gesellschaft serbischer Offiziere schmiedete jetzt allen Ernstes Pläne für jenen Tag. Dies sollte eine tödliche Mischung ergeben.

Es waren das aufbrausende Wesen der Serben und die anhaltende Unruhe in dem im Entstehen begriffenen Königreich Albanien[18], welche zur letzten Panik im Verlauf der langen Balkankrise führten. Im Oktober brachen an der albanisch-serbischen Grenze Kämpfe aus, begleitet von Grausamkeiten der Truppen auf beiden Seiten. Die Serben machten abermals mobil, überschritten die Grenze und beanspruchten ein großes Stück albanischen Territoriums. Graf Berchtold, dem wir zuletzt als österreichischem Botschafter in St. Petersburg sowie als Eigentümer von Schloß Buchlau begegnet sind, war jetzt Außenminister in Wien. Er hatte bis jetzt eine kläglich schwankende Rolle im Drama von 1912 bis 1913 gespielt, abwechselnd zum Krieg und zum Frieden hinneigend. Zunächst schien er angesichts des Aufflackerns kriegerischer Auseinandersetzungen zu schwanken. Unter den zuständigen amtlichen Stellen fanden am 3. und 13. Oktober lange Diskussionen statt. Conrad sprach sich wie immer für Krieg aus. Graf Tisza, der große ungarische Edelmann, der vier Monate zuvor ungarischer Ministerpräsident geworden war, erklärte sich für die Wahl eines friedlichen Weges, wenigstens zu Anfang.[19] Berchtold hielt auf beiden Sitzungen mit seiner Meinung zurück, aber dann knallte er plötzlich am Morgen des 18. Oktober Belgrad ein Ultimatum auf den Tisch, seine Truppen innerhalb der nächsten acht Tage aus Albanien zurückzuziehen, widrigenfalls es zu schlimmen Konsequenzen käme. Eine Woche später mit nur einem Tag Verzögerung gab Serbien nach, und die verwickelte, zwölf Monate währende Balkankrise war schließlich vorbei.

Dies war sicherlich ein Sieg für Berchtold, der jedermann in Europa, und nicht nur die Serben, durch seine außergewöhnlichen Beweise von Stärke in Erstaunen versetzt hatte. Aber nicht nur erstaunt, sondern auch äußerst verärgert war Österreichs hauptsächlicher Bundesgenosse. Während des Sommers hatte die deutsche Regierung in Wien auf Vorsicht gedrungen.[20] Dann, 1908, hatten sich die Österreicher abermals Hals über Kopf in den balkanischen Strudel gestürzt, ohne Berlin wenigstens zu konsultieren. Aber das Schlimmste sollte erst noch kommen. Nachdem Berchtold mit seinem einschüchternden Ultimatum an Serbien 1913 noch einmal davongekommen war, versuchte er es nochmals, allerdings mit katastrophalen Folgen, im Sommer 1914.

Für Franz Ferdinand gab es nur einen einzigen Grund des Bedauerns während dieses jahrelangen Durcheinanders der

Balkankriege. Wiens Bande mit König Carols Rumänien, die der Erzherzog selbst unter großen Anstrengungen geknüpft hatte, waren schweren Belastungen ausgesetzt.

Nachdem die Kämpfe und mit ihnen das Gezeter über den Leichnam der europäischen Türkei begonnen hatten, wurden die Beziehungen immer schlechter, da Wien für seine Begünstigung Bulgariens und Vernachlässigung Rumäniens während jener unziemlichen Katzbalgereien um die Beute getadelt wurde. Und gegen Ende des Jahres schlug die nationalistische Stimmung innerhalb des rumänischen Volkes derartige Wellen, daß sich Rußland zu einer vielversprechenden Kampagne imstande fühlte, um Rumänien aus dem österreichisch-deutschen Machtbereich herauszulocken. Dies alles ging König Carol ganz und gar gegen den Strich, nachdem er mehr als 30 Jahre seiner Regierung mit dem Versuch zugebracht hatte, die Freundschaft mit Österreich zu besiegeln. Aber er konnte, wie er österreichischen Diplomaten im Dezember 1913 voller Verdruß gestanden hatte, sich nicht länger dafür verbürgen, daß Rumänien, wenn es je zum Kriege zwischen den Großmächten kommen sollte, zu seinen Hilfsversprechen stehe, die es der Doppelmonarchie im Geheimvertrag von 1883 unter mehrmaliger Fristverlängerung gegeben hatte. Dies veranlaßte General Conrad, Generalstabspläne für den »Fall Ru« auszuarbeiten – für einen Krieg gegen Rumänien. Welten entfernt schienen die glücklichen, traulichen Tage zurückzuliegen, die der Erzherzog und seine Gemahlin erst vier Jahre zuvor in Sinaia verbracht hatten.

Trotz der Gefährdung eines der von Franz Ferdinand angestrebten Ziele hatte die langanhaltende Krise von 1912 bis 1913 dem Thronfolger auf persönlicher Ebene nur wachsendes Ansehen eingebracht. Er hatte die erneute Berufung Conrads als Chef des Generalstabs für den Kriegsfall erreicht, aber nachdem die Kriegsgefahr in den Hintergrund getreten war, setzte er sich im Verlauf der heftigen Auseinandersetzungen über die zukünftige Politik gegen die auf Krieg abzielenden Tendenzen des willensstarken Generals durch. Es war zum Beispiel hauptsächlich dem Erzherzog entgegen den Wünschen Conrads zu verdanken, daß im März 1913 die im Gange befindliche Totalmobilisierung der österreichisch-ungarischen Streitkräfte in Galizien wieder abgeblasen wurde, um die Gefahren eines Zusammenstoßes mit Rußland auf ein Mindestmaß zurückzuführen.

Doch wenn Franz Ferdinand auch nachdrücklich gegen die »Kriegspartei« auftrat, so wäre es falsch, in ihm einen Friedensstifter um jeden Preis zu sehen, wie es sein junger Neffe Karl, der allfällige Habsburger Thronerbe, an seiner Statt gewesen wäre. Der Hauptgrund, weshalb er sich 1913 ebenso wie 1908 für den Frieden einsetzte, war seine Überzeugung, daß die Doppelmonarchie für einen Krieg noch nicht genügend gerüstet war. Aus zwei privaten Äußerungen, die Franz Ferdinand jeweils auf dem Höhepunkt der Krise von sich gab, treten klar und deutlich genug die Wurzeln seiner Ansichten hervor.

Am 26. Februar fragte General von Conrad den Erzherzog im Verlauf einer ihrer regelmäßigen Debatten über die albanische Krise, ob es sich im Sinne des Prestiges und der vitalen Interessen der Monarchie auf dem Balkan überhaupt lohne, eine friedliche Linie zu befolgen. Der Erzherzog erwiderte: »... Seien Sie versichert, später, wenn unsere innenpolitischen Verhältnisse besser sein werden als jetzt – dann ja.«[21] Und am gleichen Tage, als er die Lage mit einem deutschen Diplomaten in Wien besprach, bemerkte er: »Vor allem aber müsse erst im *Inneren* Ordnung geschaffen werden. Erst dann könne man starke Außenpolitik machen.«[22] Kurz gesagt, Franz Ferdinands Anstrengungen für den Frieden waren eher pragmatisch als moralisch motiviert. Sie kamen mehr aus dem Hirn als aus dem Herzen.

Das Jahr 1913, ebenso wie das Jahr 1909 ein Jahr voll politischer Krisen, wurde abgerundet durch persönliche Triumphe für den Erzherzog und seine Gemahlin. Für den Erzherzog selbst, wenn auch nicht für Sophie, brachte es in den letzten Tagen des Balkantumults ein höchst erfreuliches

Ereignis mit sich. Genau 100 Jahre zuvor, zwischen dem 16. und 19. Oktober 1813, hatten die vereinigten Streitkräfte Österreichs, Preußens, Rußlands und Schwedens Napoleons Armee in den Hinterhalt von Leipzig getrieben und sie nach der Erstürmung der Stadt zerschlagen. Die französischen Truppen, die überlebt hatten, zogen sich westwärts über den Rhein zurück, und Napoleons Herrschaft über deutsche Länder war endgültig vorbei.

Für die Jahrhundertfeier der »Völkerschlacht« waren große Feierlichkeiten vorgesehen. Umfangreiche Delegationen aller Mächte, die damals den Sieg errungen hatten, waren eingeladen worden, und Franz Ferdinand stand als Habsburger Thronfolger und Generalinspekteur der Armee an der Spitze der Deputation der Doppelmonarchie.

Obwohl König Friedrich August von Sachsen die Ehrenbezeigungen bei Ankunft des Erzherzogs auf dem Leipziger Hauptbahnhof leitete, stellte sich bald heraus, daß Kaiser Wilhelm die verschiedenen Feierlichkeiten, besonders die Enthüllung des Völkerschlachtdenkmals am 18. Oktober, selbst in die Wege geleitet hatte, so daß sie Preußen im allgemeinen und Wilhelm als König von Preußen insbesondere zum größeren Ruhm gereichten. Dies ärgerte den Erzherzog, und zwar mit Recht. Denn ganz abgesehen vom Anteil österreichischer Truppen am gemeinsamen Sieg war es immerhin ein österreichischer Feldmarschall, Fürst Karl von Schwarzenberg, der die verbündeten Heere befehligte.

Dieser Ärger ist es, der, soweit überhaupt möglich, die kärgliche Entschuldigung bilden kann für den öffentlichen Ausbruch seines heftigen Temperaments, dessen sich Franz Ferdinand noch am gleichen Abend schuldig gemacht hatte.[23] Nach dem großen Diner für 450 Gäste rief Kaiser Wilhelm General von Conrad zu sich und bat ihn, ihm die älteren Offiziere der österreichischen Delegation vorzustellen, von denen er einige noch nicht kannte. Conrad beeilte sich, sie herbeizurufen, und hatte kaum damit begonnen, als der Erzherzog, nachdem er gehört hatte, was vor sich ging, auf den General losstürzte und ihn, so daß es alle hören konnten, anschrie: »Das ist meine Sache. Sind Sie der Oberbefehlshaber der Armee? Ich werde das nicht erlauben.« Vergeblich versuchte der arme Conrad immer wieder zu erklären, daß er lediglich dem Befehl des deutschen Kaisers nachkomme. Der Erzherzog stieß ihn zur Seite und nahm die Vorstellung selbst vor. Conrad war in Gegenwart seiner eigenen und verbündeter Offiziere so gedemütigt worden (der deutsche Generalstabschef, General von Moltke, trat unverzüglich neben ihn und tröstete ihn), daß er versucht war, auf der Stelle seinen Rücktritt anzubieten. Er brauchte Tage, um sich nach der Rückkehr nach Wien wieder zu beruhigen und die serbische Krise bis zum Ende zu verfolgen. Die Leipziger Feierlichkeiten hatten den Erzherzog von seiner schlechtesten Seite gezeigt.

Es gab aber noch eine ganz andere Geschichte, die sich im folgenden Monat ereignete. Der Monat November 1913 brachte die Krönung von Franz Ferdinands Feldzug zur Anerkennung Sophies auf der internationalen Bühne: eine Einladung des Königs und der Königin von England, ihre Gäste in Windsor zu sein. Die Besuche an den Höfen von Rumänien und Deutschland waren bereits Meilensteine auf diesem Weg. Aber der Hof von St. James war stets das letzte Ziel des Erzherzogs in diesem dynastischen Vorwärtsschreiten gewesen, nicht nur, weil er im Gegenlager des Dreibundes stand (und deshalb ein Durchbruch bis zu ihm hin weit schwerer war), sondern auch deshalb, weil das London jener Tage ganz einfach der Mittelpunkt Europas war. War Sophie erst einmal dort empfangen, so konnte sie es sich leisten, ihrer Behandlung in anderen Hauptstädten – einschließlich Wien – mit gewissem Gleichmut entgegenzusehen. Daß sich der Erzherzog dessen klar bewußt war, beweist der unbarmherzige Druck, den er ausübte, um eine solche Einladung überhaupt zu erhalten, wobei das Hauptopfer dieses Druckes Graf Albert Mensdorff-Pouilly-Dietrichstein war, seit 1904 österreichischer Botschafter in London. Selbst der internationale

Widerhall des Wohlklangs, den der volle Name des Botschafters (der hier zum einzigen Mal wiedergegeben wird) auslöste, zieht nicht den Schleier von dem ungeheuer großen persönlichen Wert herunter, den sein Träger für den Erzherzog in dieser Angelegenheit darstellte. Mensdorff war ein Vetter zweiten Grades von König Eduard VII., denn beide hatten einen gemeinsamen Urgroßvater in Gestalt des Prinzen Franz Friedrich von Sachsen-Saalfeld-Coburg. Er war deshalb eine einzigartige Erscheinung sogar im großen und glänzenden diplomatischen Corps im London vor 1914, so daß er bei Hofe gleichsam wie ein Familienmitglied auftreten konnte – wenn auch unter gebührender Zurückhaltung. Und in der Tat erschienen die Worte »Lieber Vetter« beinahe immer irgendwo am Anfang oder Ende der Briefe, die ihm die Monarchen von England schrieben. Trotzdem mußte Graf Mensdorff Blut schwitzen – wenn dies nicht ein zu grober Ausdruck für eine derartig heikle Person ist –, um den Ehrgeiz des Erzherzogs zu befriedigen.

Mit Eduard VII. selbst scheint Franz Ferdinand keinerlei persönliche Beziehungen weiter gehabt zu haben. Er hatte der hinausgeschobenen Krönung des Königs am 9. August 1902 beigewohnt,[24] und der neue Monarch hatte ihn ordnungsgemäß zum »Rittergefährten Meines Edelsten Hosenbandordens ... als öffentliches Zeichen meiner herzlichen Freundschaft und Wertschätzung« erwählt.[25] Diese Freundschaft aber sollte rein formeller Natur bleiben. Wir wissen aus Berichten des einflußreichen Korrespondenten der *Times* jener Zeit, Henry Wickham Steed, was der König hinsichtlich der morganatischen Heirat des Erzherzogs dachte, daß nämlich dieser Realität ins Auge gesehen werden und Sophie als Kaiserin anerkannt werden müsse, wenn Franz Joseph erst einmal tot sei.[26] Mit anderen Worten, er war ein kühler Pragmatiker; die Wärme, die Eduard VII. zweifellos dem Wiener Hof entgegenbrachte, war (nach Kronprinz Rudolfs Tod) auf den alten Kaiser selbst konzentriert.

Ganz anders verhielt es sich mit dem Sohn und Erben des

Königs. Georg, Prinz von Wales, und Franz Ferdinand standen sich nicht nur im Temperament und im Geschmack näher (beide waren zum Beispiel ziemlich nach innen gekehrt, beide vom häuslichen Leben sehr in Anspruch genommen und beide passionierte Jäger); ihnen waren auch mehr Gelegenheiten vorbehalten, einander zu begegnen, und zwar nicht einfach nur bei Krönungen oder Begräbnissen. Prinz Georg besuchte Wien im April 1904 und verbrachte, wie aus seinem Tagebuch zu ersehen ist, jeden Morgen beim Kartenspiel »mit allen Erzherzögen und Erzherzoginnen und besuchte zum Schluß Franz Ferdinand und seine Gemahlin, Fürstin Hohenberg«. (Der Prinz fuhr voller Mitgefühl fort: »Jedermann äußerst nett und freundlich, aber Du meine Güte, dieser Hof ist so steif und alle haben Angst vor dem Kaiser.«[27])

Etwa zwei Jahre später, am 31. Mai 1906, begegneten sich die zwei Thronfolger abermals, als beide an der Hochzeit von König Alfons XIII. und Prinzessin Ena von Battenberg in Madrid teilnahmen. Wahrscheinlich dürften beide dieses Ereignis für den Rest ihres Lebens nicht vergessen haben. Als die Staatskarosse mit dem neuvermählten Paar von der Kirche Los Gerónimos zum königlichen Palast zurückfuhr, traf sie die Bombe eines Anarchisten, und obwohl der König und seine Braut unverletzt entkommen konnten, wurden andere in der Nähe der Karosse getötet, und das Brautgewand bekam einige Blutspritzer ab.

Als Prinz Georg beim Tode seines Vaters am 6. Mai 1910 eine Viertelstunde vor Mitternacht König von England wurde, war Franz Ferdinand unter den ersten, die ihm telegraphierten, worauf er zwei Tage später eine warmherzig gehaltene persönliche Antwort erhielt.[28] Sofort machte sich der Erzherzog daran, zu versuchen, Sophie auf die Liste der königlichen Gäste bei König Eduards Begräbnis zu setzen, und hatte Erfolg. Geradezu erbärmlich ist der Eintrag Mensdorffs in sein Tagebuch. Am 12. Mai (und zwar im Hotel Ritz, wohin er verzogen war, weil das Botschaftsgebäude auf dem Belgrave Square 18 gerade renoviert wurde) schreibt er: »Erzherzog hatte die unglückselige Idee, seine Gattin mitbringen zu wollen. Sie sollte incognito im Hotel wohnen, er nach Ablauf aller Feierlichkeiten ebenfalls incognito noch einige Tage mit ihr hierbleiben.«[29]

Was für schwache Hoffnungen Franz Ferdinand auch gehegt haben mag, daß derartig weitgehende unorthodoxe Vorkehrungen auch durchführbar sind, sie wurden durch eine Indiskretion in der Wiener Presse hinsichtlich Sophies Teilnahme an dem Begräbnis zunichte gemacht, und zwar mit der irrtümlichen Schlußfolgerung, London habe die Dinge bereits geklärt. Dies wurde ordnungsgemäß von der britischen Botschaft ans Außenministerium in London berichtet, und Mensdorff schrieb in einem Brief an den Erzherzog: Man »sagte mir, König Georg sei durch die Seiner Majestät und dem Foreign Office aus Wien zukommenden Nachrichten, daß Herzogin Hohenberg Seine Kaiserl. Hoheit begleiten wird, sehr pertubiert. König Georg möchte unter keinen Umständen unhöflich erscheinen…«[30]

Franz Ferdinand beharrte auf seinem Standpunkt, allerdings in einer für den Habsburger Thronerben nicht ganz geziemenden Weise, und brachte den österreichischen Botschafter in London in äußerst große Verlegenheit. Er schlug Mensdorff vor, daß Sophie »unter strengstmöglichem incognito« ankommen und nicht unter irgendeinem anderen Namen, sondern zu einer anderen Zeit als ihr Gemahl eintreffen solle, wobei ihre Anwesenheit in London gar nicht erst erwähnt werden solle. Der unglückliche Mensdorff bemühte sich um diese Lösung bei Sir Charles Hardinge, der damals gerade im Begriff war, seine vierjährige Amtszeit als ständiger Staatssekretär im Außenministerium zu beenden, bevor er auf der Leiter schließlich bis zum Vizekönig von Indien emporstieg. Hardinge lehnte diesen Gedanken im Namen König Georgs als völlig undurchführbar rundweg ab.

Aus Mensdorffs Tagebuch erfahren wir das Ende der Geschichte: »Ich telegraphierte an Aehrenthal; erhielt Antwort, daß die Herzogin *nicht* kommt. Natürlich ist er, Erzherzog, wütend. Fortwährend Telegramme von ihm, Rumerskirch [dem Chef von Franz Ferdinands Privatkanzlei] und M. d. A. [Außenministerium] – Manche Leute haben nicht das Talent, die Sachen praktisch und einfach anzufassen.«[31] Gleichsam als Trost konnte Mensdorff berichten, daß der Erzherzog als Thronfolger einer Großmacht bei den Begräbnisfeierlichkeiten »den ersten Platz hinter den Königen« erhalten würde.

Und so geschah es auch, als der »Onkel von Europa« am 20. Mai 1910 zur letzten Ruhe geleitet wurde. Nicht weniger als neun Souveräne begleiteten diesen letzten prächtigen Zug den steilen Weg hinauf, der sich entlang den grauen Flügeln von Schloß Windsor windet. Und unmittelbar hinter der dritten Reihe von Monarchen (des Königs von Bulgarien, des Königs von Dänemark und des noch knabenhaften Königs Manuel von Portugal) kamen Franz Ferdinand und der Thronfolger des Osmanischen Reiches, je an der einen oder anderen Seite des Königs der Belgier. Die dichten Reihen von Kaiserlichen, Königlichen, Großherzoglichen und Durchlauchten Hoheiten von Preußen, Rußland, Sachsen, Teck, Hessen, Sachsen-Coburg und all die anderen zogen hinter ihm her. Aber noch war er nicht ganz glücklich, und sei es nur deshalb, weil der unleidliche »Fuchs Ferdinand« von Bulgarien, den er nicht ausstehen konnte (gleich den meisten anderen europäischen Fürsten), als Zar von Bulgarien unmittelbar vor ihm rangierte. Aber hätte der Monarch, den sie gerade bestatteten, ein Meister fürstlicher Etikette, den Zug noch zu Lebzeiten zusammenstellen können, er hätte nicht anders verfahren können. In Windsor ebenso wie in der Hofburg gab es gewisse eiserne Bänder des Protokolls, die eben nicht gebogen werden konnten.

Daß Franz Ferdinand über den ganzen Vorgang verärgert war – trotz der einwandfreien Behandlung, die ihm persönlich zuteil wurde – geht aus seinem eigenen Bericht über die Begräbnisfeierlichkeiten hervor, den er nach seiner Rückkehr in Wien niederschrieb.[32] Sein Unmut, daß Sophie nicht mit ihm reisen konnte, steigerte nur seine Gereiztheit, auf die es die »arroganten Engländer« bei ihm immer wieder abgesehen hätten, seitdem er genügend Erfahrungen bei näherer Berührung mit ihnen in Indien gesammelt hatte (wo sie natürlich am schlimmsten waren). Das Ergebnis war ein übelgelauntes Urteil voll beißenden Spotts und nicht frei von außergewöhnlichen Irrtümern. Den bulgarischen König, sein Lieblingsziel, beschrieb er folgendermaßen: »Dieser durch und durch charakterlose, falsche und total unzuverlässige Mensch hat übrigens in London eine höchst traurige Rolle gespielt... Besonders zu Pferde war er direkt eine figura porca.« Die Abgesandten von Frankreich und den Vereinigten Staaten wurden abgetan als »die zwei Republikaner, Pichou und Roosevelt«, die sich »durch auffallenden Mangel an höfischen Formen« auszeichneten, wobei Präsident Roosevelt sogar als »frech« etikettiert wurde. Was den Kronprinzen von Serbien anbetrifft, so sah dieser wie ein »schlechter Zigeuner« aus.

Seine Gastgeber wurden strenger Kritik unterzogen, und zwar wegen der Länge der Begräbnisfeierlichkeit (die von 9 Uhr morgens bis 6 Uhr abends dauerte und, wie allgemein zugegeben wurde, anstrengend war). Der Ausklang in der St.-Georgs-Kapelle in Windsor rief seinen besonderen Zorn hervor, weil es keine Sitzgelegenheiten gab und alle die ganze Zeit über stehen mußten. »Aber was kann man schon von Engländern Besseres erwarten?« fügte er hinzu; ein seltsamer Kommentar, wenn man in Betracht zieht, daß die Engländer berühmt sind für die bequemsten Armstühle der Welt.

Er konnte sich selbst nicht enthalten, wirklich unklugerweise, sich über einige Einzelheiten des Trauerzuges lustig zu machen. Er war zum Beispiel ganz offensichtlich der Meinung, daß die Organisatoren einen fürchterlichen Bock geschossen hätten, indem sie die Reitstiefel des verstorbenen Königs verkehrt herum an den Steigbügeln seines im Zuge mitgeführten Pferdes befestigt hatten. Es hätte nur einfacher Nachfrage bedurft, um ihn davon zu unterrichten, daß jeder englische Souverän im Falle eines militärischen Begräbnisses – was auch für jeden früheren Armeebefehlshaber gilt – immer auf diese Weise zu Grabe getragen wird, was symbolisieren soll, daß seine Tage im Sattel vorbei sind. Alles in allem zeigt dieser Bericht den Erzherzog nicht von seiner besten Seite, und man kann nur annehmen, daß er ihn aus Enttäuschung über Sophies Behandlung zu Papier gebracht hat. Gewiß sollte sich seine Ansicht über England und die Engländer ändern, sobald diese Enttäuschung vorüber war.

Mensdorff hatte seine kleinlauten Berichte an das Belvedere diesen Monat mit der Versicherung abgeschlossen, der Erzherzog genieße die wärmste Sympathie von Georg V., und der Botschafter fügte hinzu, er hoffe, daß es bald möglich sei, »einen anderen Plan auszuarbeiten« für den Besuch der Herzogin.

Zwei Jahre später bot sich die glücklichste Möglichkeit zu einer Lösung an, und zwar mit Blumen, nicht mit Särgen als Anlaß. Im Mai 1912 veranstaltete die Gesellschaft für Gartenkultur von England ihre erste Internationale Blumenausstellung. Was konnte für den Erzherzog selbstverständlicher sein, als sie zu besuchen, nicht als Thronerbe eines Reiches, sondern als der Herr von Konopischt, dessen Rosengärten bereits ein gewisses Ansehen sogar außerhalb der Monarchie gewonnen hatten? Da er als Gartenliebhaber kam und unter strengem Inkognito als Graf von Artstetten reiste, was konnte denn selbstverständlicher sein, als daß seine Gemahlin mit ihm reisen würde? Und so blickte Sophie schließlich diesen Monat von den Fenstern einer Suite im Hotel Ritz am Piccadilly auf London. Sie blieben 14 Tage und unternahmen einige Ausflüge in bekannte Häuser auf dem Lande[33] und besuchten die Ausstellung. Wichtiger war dank Mensdorffs vorbereitender Tätigkeit der erste Durchbruch zum Hofe von St. James, und zwar in Gestalt eines Mittagessens am 23. Mai 1912 im Buckingham Palace mit König Georg V. und Königin Mary sowie der Königin-Mutter Alexandra. Bei der Erwähnung dieses Ereignisses in seinem Tagebuch fügte der

König hinzu, daß seine Gäste »beide reizend und sehr angenehm« gewesen seien.[34]

»*C'est le premier pas qui conte.*« War Sophie erst einmal als Gräfin von Artstetten empfangen (und anerkannt) worden, so war es nicht mehr schwierig, sie privat und nicht länger inkognito als Herzogin von Hohenberg einzuladen. Am angemessensten wurde dieser entscheidende Familienkreuzzug, der mit Hilfe einer Gartenbauausstellung eingeleitet worden war, jetzt durch das Jagdgewehr des Erzherzogs weiter in Bewegung versetzt. Eines der großen Häuser, das er und Sophie im Mai 1912 besucht hatten, war Welbeck Abbey, wohin der Herzog von Portland ihn zur Jagd im folgenden Herbst eingeladen hatte. Dies gab Mensdorff den Anlaß, den er suchte. Am 19. Juli 1913 konnte der österreichische Botschafter ans Belvedere berichten, der König habe, als er ihm gegenüber »gestern« die Einladung des Erzherzogs und seiner Herzogin zur einwöchigen Jagd in Welbeck Ende November erwähnt habe, sofort vorgeschlagen, daß das Paar doch eine Woche früher zur Jagd nach Schloß Windsor kommen solle. Gleichsam um zu unterstreichen, daß sie beide wirklich willkommen seien, wies Mensdorff noch darauf hin, »daß der König in meiner Gegenwart mit der Königin über die Einladung sprach, und daß Ihre Majestät sie in den wärmsten Ausdrücken wiederholte«.[35]

Mensdorff schloß seinen Bericht mit dem formellen (und unter diesen Umständen höchst drollig klingenden) Ausdruck der Hoffnung ab, der Erzherzog werde doch wohl die Möglichkeit zur Annahme der Einladung ergreifen. Sein Brief erreichte Franz Ferdinand während eines Urlaubs, den er mit seiner Familie in Blankenberge an der belgischen Küste verbrachte. Eine sofort darauf erfolgende, sieben Seiten lange Antwort verlieh Mensdorff jede Gewißheit, die er nur brauchte. Die »gütige und freundliche Einladung« wurde »mit größter Freude« angenommen. Mensdorff erhielt die Instruktion, dem König und der Königin »nach Möglichkeit mit den wärmsten Worten« zu sagen, wie »ganz außerordentlich entzückt« der Erzherzog und seine Gemahlin über die Einladung seien. Franz Ferdinand wischte die Tatsache vom Tisch, daß ihr Aufenthalt rein privater Natur sein würde, und hob hervor, wie angenehm solche Ereignisse seien im Gegensatz zu formellen Besuchen mit ihren »schrecklichen Banketten und Tischreden«.[36]

Eine Woche später fügte Mensdorff, der diesen Triumph in seinem Tagebuch erwähnt, in ziemlich verballhorntem Französisch hinzu: »Allons tout mieux«, und in der Tat übertraf der fünftägige Besuch in Windsor, der ordnungsgemäß vom 17. bis 21. November 1913 stattfand, alle Erwartungen. Es muß eine große Erleichterung für den Erzherzog und seine Gemahlin gewesen sein, obwohl sie wieder im Hotel Ritz untergebracht waren, endlich unter der Decke ihres »Inkognito« von 1912 hervorzukommen. Es erleichterte auch die Geschäfte ihres Londoner Botschafters, der lange genug gelitten hatte, da er jetzt ein normales Diner in der Botschaft zu Ehren seiner erhabenen Gäste am Wochenende, das ihrem Eintreffen in London folgte, geben konnte. »Achtundzwanzig Personen... wir tanzten etwas, einschließlich Erzherzog, so daß es nicht steif wurde«, schrieb Mensdorff.[37] Am Nachmittag vom Montag, dem 17. November, fuhren alle mit dem Zug nach Windsor, wo König Georg in Cutaway und Zylinder auf dem Bahnhof wartete, um seine Gäste zu begrüßen (einige Kommentatoren in Wien, die nach irgendeinem »Zeichen« von Geringschätzung gegenüber Sophie Ausschau hielten, bauschten Königin Marys Abwesenheit auf dem Bahnsteig auf; in Wirklichkeit war es völlig normal, daß die Königin ihre fürstlichen Gäste im Schloß erwartete, besonders wenn diese selbst keine gekrönten Häupter waren).

Wie wir gesehen haben, war Jagd eine der Hauptleidenschaften in Franz Ferdinands Leben. Viele hatten in England von seiner Verwegenheit gehört, und hier konnte er sie unter Beweis stellen, auf dem geweihten Boden von Windsor, mit dem König von England als Gastgeber sowie der Königin und seiner eigenen Gemahlin unter den interessierten Zuschauern. Es sind einige erschreckend ungenaue Erzählungen über dieses Ereignis in Umlauf. So sieht der Privatsekretär des Erzherzogs, Paul Nikitsch, die ganze Szenerie folgendermaßen:

»Bei unsern [österreichischen] Fasanjagden nämlich, wo entweder das Wild in den Remisen den stehenden Schützen entgegengetrieben wird, oder die Schützen in einer Linie mit den Treibern die Remisen im Vorwärtsschreiten absuchen, konnte man bei reichlichem Wildstande und einer Zahl von 10 Schützen mit einer Tagesstrecke von durchschnittlich 1500 Fasanen rechnen. In England hingegen betrug das Tagesergebnis bei 20 Schützen, sowohl in Windsor als auch in Welbeck-Abbey, nicht viel über 100 Stück ... die Fasanen wurden schon lange vor Beginn der Jagden eingefahren, dann einzeln wie die Tauben beim Taubenschießen eingekammert und am Jagdtage in einer Entfernung von 300–500 Schritten vor der Schützenlinie, hinter einem Hochwald, einzeln freigelassen.

Die Folge davon war, daß die Tiere, um wegstreichen zu können, die Waldwipfel zu erreichen suchten und dann mit einer Schnelligkeit, an die man ebenfalls nur beim Taubenschießen gewohnt ist, über die Köpfe der Schützen hinweg in einer Höhe von ungefähr 30 m davonflogen.

Nun war der Erzherzog, wie dies für eine solche Jagd bei uns selbstverständlich ist, nur mit Schrotgewehren ausgerüstet. Daher hatte er am Ende des ersten Jagdtages nur einen einzigen Fasan zur Strecke gebracht, wobei dieser eine wahrscheinlich auch nur ein Zufallstreffer war. Übrigens konnten auch die besten englischen Schützen, die durchwegs mit Kugelstutzen versehen waren und in dieser Jagdmethode jahrelange Übung hatten, im Durchschnitt auch nur eine Tageshöchstleistung von 30–40 Stück erreichen.

Am zweiten Tage dann hat Franz Ferdinand, gleichfalls mit der nötigen Waffe ausgerüstet, sich auch hier wieder als ausgezeichneter Schütze bewährt und es bereits in kurzer Zeit mit seinen englischen Weidgenossen aufgenommen.«[38]

Fast alle Tatsachen und Figuren, die in diesem Bericht geschildert werden, sind vollkommen unrichtig. Der König, der sein ganzes Leben lang ein peinlich genaues Jagdregister führte, schreibt in seinem Tagebuch, daß am ersten Tag, Dienstag, dem 18. November, trotz scharfen Windes und strömenden Regens am Nachmittag »wir über tausend Fasanen und vierhundertfünfzig Wildenten schossen«. Am Mittwoch, als es schön und klar war, betrug die Beute über siebenhundert Fasanen; am Donnerstag waren es »ungefähr tausend« und Freitag, am Ende der Jagd, trotz »eines schrecklichen Tages voll peitschenden und strömenden Regens, eine regelrechte Sintflut am Nachmittag«, gelang es, »über achthundert Fasanen und beinahe vierhundert Wildenten zu schießen«.[39] Außerdem betrug die Zahl der Flinten jeden Tag nicht etwa zwanzig, sondern genau fünf, einschließlich derer des Erzherzogs und des Königs.

Soweit Nikitschs Zahlenangaben. Seine Behauptung, der verschlagene Engländer schieße bei Treibjagden mit Stutzen und der Erzherzog tue weiter nichts, als seinem Beispiel zu folgen, ist zu töricht, als daß sie der Zurückweisung bedarf – obwohl in Wirklichkeit der Stutzen eine der Waffen war, mit der Franz Ferdinand seine Gastgeber in Erstaunen versetzt haben dürfte, selbst bei der Jagd auf Flugwild. Die Wahrheit war, daß der Erzherzog Zeit brauchte, um sich an die hoch aufsteigenden Fasanen von Windsor zu gewöhnen, die durchweg höher und schneller strichen, als er es von zu Hause gewöhnt war. Der König nahm darauf gehörig Rücksicht. »Der Erzherzog schoß recht gut«, schrieb er am ersten Tag, »aber er benutzt Kaliber sechzehn und leichte Ladung.«[40]

Während des Besuchs in Windsor wurde auch die internationale Politik gestreift, im übrigen reichlich gejagt. Unter den Gästen, die während der gesamten fünf Tage oder nur ein

paar davon anwesend waren, befanden sich Lord Landsdowne, Lord Rosebery und Lord Salisbury sowie der Außenminister, Sir Edward Grey, mit dem das dornenreiche Problem Albanien besprochen wurde. Aber der springende
Punkt vom Standpunkt des Erzherzogs aus war, sich und Sophie sowohl als Mann und Frau als auch als zukünftigen Kaiser und seine Gemahlin auf die höchsten Stufen Europas zu
heben in der Hoffnung, daß sich jetzt dazu ein günstiger Anstoß biete. In dieser Hinsicht hatten sie mehr Erfolg, als sie
jemals zu hoffen wagten, während der kurzen Zeit, die ihnen
noch bleiben sollte. Die Dankesbotschaften des Erzherzogs,
nach dem Besuch auf französisch abgefaßt, sagen hierüber
nur wenig aus: Dankesbriefe, besonders zwischen Fürstlich-
keiten, sind nach formellem Muster abgefaßt, in dem Gefühle
erstickt werden.

Mensdorff, der mit Franz Ferdinand und seiner Gemahlin
hinterher noch nach Welbeck Abbey für eine Woche auf eine
»herrliche Jagd« mit dem Herzog von Portland ging, entwirft
auf ungezwungenere Weise einen begeisterten Bericht über
den Aufenthalt des Erzherzogs in Windsor. »Er« [der Erzher-
zog], so schrieb er, »hatte persönlich großen Erfolg ebenso
die Herzogin. Der Kontakt mit den Majestäten war sehr herz-
lich und freundschaftlich, man war gegenseitig voneinander
entzückt.«[41]

Der Besuch in Welbeck, wo Mensdorff diese Zeilen niederschrieb, bedeutete eine neue Phase in der rasch wachsenden
Begeisterung des Erzherzogs für England und alles Englische.
Windsor war so etwas wie eine Nervenprobe, die jedoch siegreich gemeistert wurde. In Welbeck konnte er es sich leisten,
auszuruhen und sich gehenzulassen. Sein Gastgeber, der sech-
ste Herzog, war bereits ein guter Freund von ihm, und wie
bedeutend das Haus auch war: Sophie brauchte gegenüber
der Gastgeberin keinerlei Komplexe zu haben. Herzogin Wi-
nifred war die einzige Tochter von Herrn und Frau Dallas-
Yorke aus Walmsgate, die zweifellos aus angesehenen Familien stammten, aber nicht adlig waren; vielmehr konnte man

sie als gutbürgerlich bezeichnen und somit auch mit den aristokratischen Choteks gar nicht vergleichen.

In seinen Memoiren schildert der Herzog seinen Jagdausflug mit Franz Ferdinand folgendermaßen:

> »Am ersten Tage stieß der Erzherzog auf mehr hochfliegende Fasanen, als er überhaupt verkraften konnte; aber an den beiden folgenden Tagen erwies er sich ganz und gar als erstklassiger Jäger und glich ohne weiteres den meisten meiner Freunde. Ich bin überzeugt, daß er, wenn er genügend Praxis in diesem Lande gehabt hätte, zu unseren besten Schützen gehört haben würde.«[42]

Das klang wie eine Wiederholung von Windsor, wenn letzten Endes auch mit weit erfreulicheren Ergebnissen.[43]

Die Jagd in Welbeck führte abgesehen von den ausgezeichneten waidmännischen Leistungen auch zu einem alarmierenden Zwischenfall, der den Erzherzog beinahe das Leben gekostet hätte. Der Boden war tief verschneit, und nach dem Aufflug von Fasanen stolperte einer der Büchsenspanner und fiel hin, wobei sich aus beiden Läufen der Flinte, die er trug, ein Schuß löste. Er pfiff nur wenige Fuß entfernt am Gastgeber und seinem Ehrengast vorbei. »Ich habe mich oft gefragt«, so sagte der Herzog nachdenklich in späteren Jahren, »ob der Weltkrieg nicht hätte vermieden werden oder zumindest verschoben werden können, wenn es den Erzherzog damals tödlich getroffen hätte...«[44]

Aber die Schrotschüsse gingen fehl, die Jagd nahm ihren Fortgang, und alle gingen aufs glücklichste auseinander, als die Woche vorbei und eine Gegeneinladung nach Konopischt ausgesprochen und angenommen war. Der Erzherzog strömte wiederum jenen Zauber und menschliche Wärme aus, wozu er fähig war, sobald er sich in einem kleinen privaten Kreis wohl fühlte, und Sophie zeigte sich von ihrer heitersten Seite. Beide reisten nach London (und schließlich nach Hause) zurück und hinterließen den besten Eindruck.

Die eindrucksvollsten Anerkennungen, die ihnen nach ihrem Englandbesuch zuteil wurden – eindrucksvoll deshalb, weil sie ihnen niemals vor Augen kamen –, waren zwei Bemerkungen von Königin Mary in Briefen an ihre Tante Augusta, die Herzogin von Mecklenburg-Strelitz. Am 20. November, als der Besuch in Windsor noch im Gange war, schrieb sie:

> »Der Erzherzog ist äußerst liebenswürdig, freut sich über alles und ist sehr empfänglich für die Schönheiten dieses Ortes, der mir natürlich so gefällt. Er macht einen ausgezeichneten Eindruck und genießt die Ungezwungenheit dieses Besuchs. Die Herzogin ist sehr liebenswürdig, angenehm, und es ist sehr leicht, mit ihr umzugehen, sie ist taktvoll, was die ganze Lage erleichtert...
>
> In der Waterloo-Galerie war der Erzherzog entzückt, Porträts seiner beiden Urgroßväter, Kaiser Franz und Erzherzog Karl, zu sehen, und wir konnten ihn kaum davon wegziehen. Ich war amüsiert, da ich stets dasselbe fühle, wenn ich irgendein Gemälde meiner ›Vorfahren‹ in einem Schloß im Ausland sehe...«[45]

Eine Woche nach der Abreise ihrer Gäste schrieb Königin Mary insbesondere über Sophie:

> »Der Erzherzog war ursprünglich sehr antienglisch, aber das ist jetzt ganz anders, und das ist *ihr* Einfluß, und das ist gut so, sagt man, in jeder Hinsicht. Alle Leute, die bei uns waren und *ihn* vorher kennengelernt hatten, sagten, wie sehr er sich zum Besseren verändert habe und daß er sehr begeistert war über seinen Besuch bei uns und in England...«[46]

Eine Speisekarte eines Essens auf Schloß Windsor am 19. November 1913, die unter den Privatpapieren der Hohenbergs noch aufbewahrt ist, stammt von einem Diner, das mit »Consommé Britannia« begann und mit »Charlotte Viennoise« endete. Ob der Besuch des Erzherzogs, wenn er erst einmal Kaiser geworden wäre, ihn veranlaßt hätte, aus dieser Speisekarte politische Realität zu machen und das schicksalhafte

Gußstück europäischer Allianzen zu zerbrechen, um an seiner Stelle eine Annäherung an England zu betreiben, ist eines der unzähligen spekulativen »Wenns«, die sein Leben und seinen Tod umgeben. Morsey, sein soeben eingestellter Sekretär, schoß ganz gewiß übers Ziel hinaus, wenn er über den Besuch in Windsor schrieb, der Erzherzog habe eine vermittelnde Rolle zwischen England und Deutschland zu spielen versucht, analog der, welche Kaiser Wilhelm, ebenfalls vergeblich, in Venedig 1914 zwischen Italien und Österreich zu übernehmen versucht habe.[47] Andererseits ist die damalige Erzherzogin Zita, die eine ganze Menge während der letzten Lebensmonate ihres »Onkel Franzi« miterlebte, sicher, daß der Erzherzog jetzt nicht nur eine Wiederbelebung des »Dreikaiserbündnisses« wünschte, um Rußland wieder enger an Österreich und Deutschland zu binden, sondern auch nachgerade versessen darauf war, »die größtmögliche Teilnahme Englands« an dieser neuen Gruppierung der Großmächte zu erreichen.[48]

Ebenso wie Kaiser Wilhelm dadurch, daß er auf einem Wiener Bahnsteig zehn Jahre zuvor Sophie gezielt den Hof gemacht hatte, das österreichisch-deutsche Bündnis für Franz Ferdinand zu einer engen Familienangelegenheit machte, so hatten die fünf Tage in Windsor zusammen mit seiner Gemahlin sein Mißtrauen gegenüber dem »perfiden Albion« gleich einer Sommerwolke hinweggeblasen. Seiner Gemahlin ist wahrscheinlich niemals bewußt geworden, daß ihre Heirat zu einem derart politischen Faktor werden würde. Alles, dessen sie sicher war, und was sie sehr glücklich machte, als man Weihnachten 1913 feierte, war, daß es das Jahr war, in dem sie endlich »angekommen« war. Selbst ihre frühere Herrin, die nach wie vor Groll hegende Erzherzogin Isabella, ist niemals beim König und der Königin von England zu Gast gewesen.

# 11

## Zwei Wege nach Sarajevo

Die Verheißungen des abgelaufenen Jahres setzten sich in den ersten Monaten des neuen fort. Auf dem Wiener Hofball im Februar 1914 – der übrigens, wie die Dinge sich weiter entwickelten, der letzte überhaupt sein sollte – bat der Kaiser Sophie, sich eine Weile neben ihn zu setzen. Es war eine ebenso triviale wie bedeutsame Geste, die ihr neuerworbenes Ansehen widerspiegelte und vergrößerte.[1] Der folgende Monat brachte noch mehr Erträgnisse aus diesem teuer erkauften Ausflug nach England. Die Portlands kamen nach Konopischt, und es bestanden sogar Pläne, König Georg und Königin Mary in Blühnbach, dem zur Herbstzeit vom Erzherzog bevorzugten Schlupfwinkel, im September zu empfangen.[2] Zum ersten Mal während Franz Josephs Regierungszeit (die jetzt in ihr siebtes Jahrzehnt eingetreten war) schienen sich echte Familienbande zwischen dem katholischen Hof von Wien und dem protestantischen von St. James anzubahnen.

Außerdem gab es weitere Zeichen für die engen Beziehungen des Erzherzogs mit dem anderen mächtigen protestantischen Monarchen, Kaiser Wilhelm. Der deutsche Herrscher hatte unlängst seiner üblichen jährlichen Vergnügungsreise Ende März eine Seereise nach Korfu folgen lassen, und 1914 entschloß er sich, die Reise mit intensiver diplomatischer Tätigkeit unter den Bundesgenossen zu verbinden. Insbesondere war er bemüht, die leicht erschütterte Position sowohl Rumäniens als auch Italiens innerhalb des Bündnisses der Zentralmächte zu festigen. In beiden Fällen bedeutete dies, jene beiden unsicheren Partner glaubwürdigeren guten Willens von seiten Österreich-Ungarns zu versichern. Auf einer Reise des deutschen Kaisers von Berlin nach Venedig, die er in Wien unterbrochen hatte, versprach ihm Graf Tisza, eine starke und staatsmännische Persönlichkeit, die jetzt Ministerpräsident von Ungarn war, die große rumänische Minderheit, die in der ungarischen Hälfte der Doppelmonarchie lebte, besser zu behandeln. Wenn diesem Versprechen Taten gefolgt wären, so hätten sie auf lange Sicht dazu geführt, das verärgerte Rumänien vor den Klauen Rußlands zu bewahren.

In Venedig traf sich der deutsche Kaiser mit König Viktor Emanuel III. und unternahm den ersten Schritt zur Verwirklichung eines Planes, den italienischen Monarchen mit dem antiitalienisch gesinnten Franz Ferdinand endlich an einen gemeinsamen Tisch zu bringen. Er lud den König zur Teilnahme an den Herbstmanövern der deutschen Armee ein, nachdem er bereits beschlossen hatte, auch den Erzherzog dazu zu bitten. Dann ging der Kaiser an Bord der königlichen Yacht »Hohenzollern«, eskortiert von einem Flottenverband, der umfangreich genug war, um das gewaltige Fahrzeug durch die Bucht bis hin zu dem hübschen, unmittelbar vor Triest am Meer gelegenen Schloß Miramare zu geleiten. Hier erwarteten ihn am 27. März der Erzherzog und seine Familie.

Franz Ferdinand hatte für diese Gelegenheit die Uniform eines Großadmirals der deutschen Marine angelegt, ein Kleidungsstück, in dem er etwas unbeholfen aussah und in dem er sich auch etwas unbehaglich fühlte, wie es den meisten Österreichern erging, wenn sie ihre eigene, bequemere Marine- oder Heeresuniform mit der ihres Hauptverbündeten vertauschen mußten. »Macht nichts«, versicherte er einem seiner Adjutanten, als sie sich für die Ankunft der deutschen Flottille vorbereiteten, »der deutsche Kaiser ist stets mit dem schlechtestmöglichen Geschmack gekleidet.« Der Erzherzog muß bei besonders guter Laune gewesen sein, um sich solche Scherze – selbst wenn sie gut gemeint waren – zu erlauben, und die Gespräche in Miramare taten der heiteren Stimmung keinen Abbruch.[4]

Wie erwartet hatte Franz Ferdinand seine Vorbehalte sowohl gegenüber den Versicherungen Ungarns hinsichtlich seiner rumänischen Untertanen als auch bezüglich Italiens

Wert für das gemeinsame Bündnis und seine Loyalität ihm gegenüber. Aber als Wilhelm II. auf die Notwendigkeit einer stärkeren zentralistischen Politik innerhalb der Doppelmonarchie, gestützt auf ihren deutschen Kern, zu sprechen kam, sprach er die Sprache des Erzherzogs. Mit Komplimenten, die der Kaiser nach allen Seiten hin verteilte, als er das Schlachtschiff »Viribus Unitis« besichtigte, Stolz der österreichischen Flotte und Augapfel Franz Ferdinands, ging der eintägige Besuch strahlend wie Miramares Frühlingssonnenschein zu Ende.

Aber der erste Schatten wurde auf einen ganz anderen Hintergrund geworfen. Am gleichen Tage schüttelten sich zwei serbische Studenten aus Bosnien, die auf einer Bank im Park unweit des heutigen Hotels Palace in Belgrad saßen, die Hände zum Zeichen einer feierlichen Verpflichtung, den österreichischen Thronfolger in Sarajevo zu ermorden.[5] Ihre Namen waren Gavrilo Princip und Nedeljko Čabrinović, und obgleich viele junge Slawen zuvor schon von einer solchen Heldentat geträumt hatten und obgleich andere Anhänger sich ihrer Verschwörerbande alsbald anschlossen, waren diese beiden die einzigen, die, als die Stunde kam, ihre glühenden Worte durch die Tat besiegelten.

Der Weg, der zu jener Parkbank führte, war lang und dunkel. Er begann für alle Südslawen mit der Legende von Kosovo, dem 28. Juni 1389, dem Tag, auf den die lange Nacht der türkischen Herrschaft folgte. Sultan Murad und seine osmanische Armee hatten die serbischen Streitkräfte des Fürsten Lazar besiegt, aber obgleich beide Befehlshaber auf dem Schlachtfeld fielen, ist nur von dem Serben bekannt, daß er auch in der Schlacht getötet worden ist. Vom Sultan heißt es, daß er sein Ende durch die Hand eines der Edelleute des Fürsten Lazar gefunden habe, durch Miloš Obilić, der es irgendwie fertiggebracht hatte, durch die türkischen Linien hindurchzudringen und Murad in seinem eigenen Zelt zu erstechen. Der 28. Juni war St.-Veits-Tag, serbisch Vidov-Dan, und über fünf Jahrhunderte eines Regimes voll Korruption und Unterdrückung, die darauf folgten, wurde die Legende vom Geschehen jenes Tages, wovon unzählige folkloristische Gedichte und Gesänge berichten, zum Symbol aller serbischen Freiheitskämpfe.

Mord stand also an der Wiege des serbischen Nationalismus und blieb niemals mehr weit davon entfernt. Als Österreich-Ungarn 1908 seine militärische Besetzung Bosniens und der Herzegowina in einen souveränen Besitz umwandelte, wurden die Dolche gegen die Habsburger und ihre Diener geschliffen. Wie wir gesehen haben, rührt die Entstehung der serbischen »Narodna Odbrana«, der Nationalen Verteidigung, im wesentlichen von der Stunde der österreichischen Annexion her. Gewalttätigere und mehr geheime Organisationen sprossen bald in ihrem Schatten empor.

Jeder südslawische Heißsporn konnte jetzt zusätzlichen Trost und Anregung aus der Tatsache ziehen, daß Mordanschläge, insbesondere auf gekrönte Häupter und Staatsoberhäupter, in immer weiterem Umfang zum Rüstzeug politischer Extremisten wurden. Im Jahr 1881 wurden sowohl Zar Alexander II. als auch Garfield, der Präsident der Vereinigten Staaten, ermordet. Ein Jahr später wurde ein Komplott aufgedeckt, das die Ermordung Kaiser Franz Josephs in Triest zum Ziel hatte. 30 Jahre früher war der Monarch, nur leicht verwundet, einem Mordversuch auf den Schutzwällen von Wien entkommen und hatte manche spätere Verschwörungen überlebt, die entweder von den Tätern aufgegeben oder rechtzeitig von der Polizei entdeckt worden waren. 1898 starb seine Gemahlin, Kaiserin Elisabeth, durch den Dolch eines italienischen Anarchisten an den Ufern des Genfer Sees. Zwei Jahre später wurde Europa von einem anderen Königsmord erschüttert: König Umberto von Italien, seit langem Ziel von Mördern, fiel ihnen in Monza zum Opfer. Und die Serben, obwohl es sich kaum nur um einen Zwischenfall handelte, sollten sich des blutigsten Beispiels aller Königsmorde rühmen (obwohl sich viele seiner geschämt haben dürften), schlimmer sogar als die Ermordung des Königs und des Kronprinzen von Portugal fünf Jahre später, einer Tat, die sich in ihrer eigenen Hauptstadt zutrug.

In der Nacht des 11. Juni 1903 fand die alte und tödliche Fehde zwischen den Familien Obrenović und Karadjordjević um die Krone Serbiens schließlich ihr Ende zugunsten der letzteren. Der unpopuläre König Alexander und seine noch abscheulichere Gemahlin Draga (eine bescheidene Ingenieurswitwe, die ein korrupter und ränkesüchtiger Drache wurde, als sie die Stufen des Thrones erreichte) fanden ein spektakuläres und grauenvolles Ende, das einen Schauder an allen europäischen Höfen auslöste. Eine Gruppe von 28 »patriotischen« Offizieren umstellte den königlichen Palast in Belgrad mit ihren Truppenteilen, erzwang sich Einlaß, indem sie die Türen mit Dynamit öffnete, und nach zwei Stunden eines finsteren Versteckspiels durch alle Salons und Korridore fanden König und Königin Zuflucht in einem Kleiderschrank, sie nur bekleidet mit einem seidenen Unterrock, einem weißen Korsett und einem gelben Strumpf. Die Mörder schossen zunächst ihre Revolver auf das unglückselige Paar leer, zerhackten hierauf mit Säbeln ihre Körper und warfen schließlich die entstellten Körperteile durch die Palastfenster hinab in den Garten. Für alle Fälle schossen die Mörder auch gleich den Bruder der Königin nieder (einer von denen, die sie mit Hilfe ihrer Ränke zum Thronfolger machen wollte) und schlossen die Arbeit einer langen Nacht mit der Ermordung einiger Minister ab. Unter den führenden Verschwörern, von denen einige gleich zu Anfang dieser ziemlich chaotischen Unternehmung ernstlich verwundet worden waren, befand sich ein junger Hauptmann, Dragutin Dimitrijević. Zum Unglück für Franz Ferdinand erwarb er sich innerhalb der nächsten zehn Jahre noch mehr Praxis in seinem Handwerk.[6]

So sah die Treibhausatmosphäre von Intrige und Gewalttat aus, die die radikalen Studenten von 1914 umgab, als sie stundenlang an den kleinen Marmortischen ihrer Belgrader Caféhäuser saßen, eine Tasse Kaffee und hierauf ein Glas

Wasser nach dem anderen bestellten, während sie über die Habsburger »Tyrannei« in den annektierten Provinzen brüteten sowie darüber, wie sie sie am besten loswürden. Diese Cafés dienten als gesellschaftliche und politische Clubs, und es war in einem von ihnen, dem »Goldenen Stör«, wo zur Osterzeit der an Čabrinović adressierte Brief ankam, der die Katastrophe in Bewegung setzen sollte. Er war von einem bosnischen Freund in Zenica (unter erfolgreicher Umgehung der österreichischen Polizeizensur) zur Post gegeben worden und enthielt nichts weiter als einen Zeitungsausschnitt mit der Meldung des bevorstehenden Besuches des Erzherzogs Franz Ferdinand in Sarajevo anläßlich der Sommermanöver. Keinerlei weitere Nachricht war hinzugefügt worden außer dem Wort »Grüße«, und mehr war auch nicht nötig.

Čabrinović, ein dunkelhäutiger, 19 Jahre alter Jüngling, der stolz einen zahnbürstenartigen Schnurrbart trug, um Männlichkeit vorzutäuschen, war ein geborener Aussteiger. Es trieb ihn jedoch während der fünf vor ihm liegenden Jahre immer mehr in eine Richtung: immer näher hin zum Anarchismus. Gebürtig aus Sarajevo, wo sein Vater, angeblich ein Spitzel der österreichischen Polizei, ein schäbiges Café betrieb, war er den Behörden durch den Druck subversiver Flugblätter und die Organisierung von Proteststreiks während der Balkankriege 1912–13 mehrere Male aufgefallen. Er hatte keinerlei klare politische Vorstellungen außer einem vagen Traum von der Wiederherstellung des großen mittelalterlichen serbischen Königreichs von König Dušan, begleitet von grimmigem Haß gegen alles Habsburgische und besonders, wie es scheint, gegen den österreichischen Thronfolger in Person. In der Tat hatte er bereits im Oktober 1913, als er auf seinen Wanderungen eine Zeitlang in Abbazia, dem Kurort an der Adria, weilte, seine Absicht bekundet, den Erzherzog eines Tages zu ermorden.[7] Er war das klassische psychologische Produkt jener alten Obilić-Legende, wie sie ständig unter den Südslawen von den Gusla-Spielern oder den volkstümlichen Bänkelsängern erklang, schwach in der Argumen-

tierung, aber voll starker Leidenschaft, geistlos, aber zielbe-
wußt.

Princip, dem Čabrinović den Brief zeigte, als sich die beiden zum Mittagessen in einem anderen beliebten Studenten-
café Belgrads trafen, dem »Eichelkranz«, war nur sechs Monate älter als sein Freund, aber bereits weit gesetzter und rei-
fer. Er war eines von neun Kindern einer Bauernfamilie, die
schon jahrhundertelang im felsigen und abgelegenen Tal von
Grahavo Polje in Westbosnien ansässig war. Ihr ursprünglicher Name – passend genug für den einzigen Princip, der
jemals Unsterblichkeit erlangen sollte – war »Čeka«, »derjenige, welcher im Hinterhalt wartet«. Gavrilos Vater, Petar,
war ein ebenso angesehener wie frommer Mann, der niemals
ein kirchliches Fest versäumte, und ein gewissenhafter Diener
des österreichischen Reiches, der als örtlicher Postbote niemals seine Pflichten vernachlässigte und sechzig Pfund Post
ohne weiteres auf dem Rücken trug, wenn der winterliche
Schnee sein Pferdefuhrwerk blockierte. Gavrilo hatte nichts
von seines Vaters Frömmigkeit geerbt (in Wirklichkeit bekannte er sich offen als Atheist), wohl aber die ganze gleich-
mütige Hingabe des Vaters – wenn auch auf die Vernichtung
der Habsburger gerichtet und nicht, um ihnen zu dienen.

Der Wendepunkt in seinem Leben und dem von Čabrinović trat inmitten der Umwälzungen der Balkankriege ein. Zu
Anfang des Jahres 1912 wurde Princip, damals Schüler in
Sarajevo, des Landes verwiesen, weil er an gewalttätigen anti-
österreichischen Demonstrationen in der Stadt teilgenommen hatte. Er wanderte zu Fuß nach Belgrad, wo er im Caféhaus mit der »Narodna Odbrana« in Berührung kam. Durch
sie trat er als Freiwilliger den Komitadschis bei, einer von
jenen fanatischen Banden von Freischärlern, die gegen die
türkische Armee operierten lange vor dem formellen Eintritt
Serbiens in den Krieg gegen das Osmanische Reich. Sein
Schicksal ereilte ihn nahe der türkischen Grenze in Gestalt
eines Majors Vojislav Tankosić, der gerade dabei war, seinen
Komitadschi-Verband für die Schlacht umzugruppieren.

Tankosić war ein strenger Vorgesetzter, der unter der serbischen Jugend nur die Besten auswählte und sie bis zur Grenze des Möglichen trainierte (es heißt, er habe einmal von seinen Freiwilligen verlangt, von einer 15 Meter hohen Eisenbahnbrücke in die schäumende Save zu springen, nur um ihren Gehorsam zu prüfen). Er nahm mit einem Blick diesen schmächtigen Siebzehnjährigen wahr, mit seinen trügerisch sanften Augen, und hieß ihn mit einem ungeduldigen Wink zu verschwinden. Kochend vor Wut über diese Demütigung reiste Princip nach Belgrad zurück. Kein militärischer Ruhm winkte ihm, kein Marsch gegen die Türken, um die Schande von Kosovo zu rächen, die über die Brust gekreuzten Patronentaschen zu tragen sowie den Totenschädel mit gekreuzten Knochen darauf, das Abzeichen der Komitadschis. Alles, was ihm übrig blieb, um zu zeigen, daß er ihnen ebenbürtig sei, war, persönlichen Ruhm in irgendeinem privaten Racheakt zu suchen. Der Händedruck auf der Parkbank schien ihn dafür ausersehen zu haben.

Allem weiteren waren fünfzehn Monate wirrer Planungen vorangegangen, die hauptsächlich in Belgrad und Sarajevo stattfanden. Sogar bis nach Toulouse in Südfrankreich reichten sie, wo schließlich eine geheime Zusammenkunft der Verschwörer zustande kam. Aber das genaue Datum sowie die Namen der Teilnehmer stehen bis heute nicht fest. Nach allem hatten sich zu Beginn des Jahres 1914 zwei Dinge herauskristallisiert: die Wahl von Franz Ferdinand als Ziel des Anschlags und die Schaffung eines zuverlässigen Kerns von Verschwörern, aus dem die in Frage kommenden Mörder ausgewählt werden sollten. Als demnach die beiden Verschwörer auf der Parkbank beschlossen, daß sie einen dritten hinzuziehen müßten, fiel ihre Wahl unverzüglich auf Trifko Grabež, Princips Zimmergenossen in Belgrad.

Grabež war ein weiterer aus Bosnien entflohener Student, obwohl er es aus etwas anderen Gründen verlassen hatte: Im Herbst 1912 hatte er Professor Trubelka, seinen Lehrer an der Tuzla-Hochschule, ins Gesicht geschlagen, wurde relegiert und erhielt vierzehn Tage Gefängnis wegen Beleidigung. Politische Neigungen scheinen Grabež bei seiner Ankunft in Belgrad kaum beseelt zu haben, sein heftiges Naturell auszuleben. Aber im Verlauf von Monaten hat sie ihm Princip eingebläut, und die beiden debattierten lange vor dem schicksalhaften Osterfest von 1914 über allerlei Varianten von Mordplänen. Obwohl sich eine zweite Troika von jungen Mördern[8] als Hilfsgruppe in Sarajevo zu ihnen gesellte, waren es diese drei – Princip, Čabrinović und Grabež –, die im wesentlichen für die Tat in Frage kamen.

Das Trio hatte genaue Beschlüsse gefaßt, wen sie zu töten beabsichtigten, sowie ungefähr wann und wo. Das Problem, dem sich die jungen Desperados jetzt gegenübersahen, bestand darin, wie sie wohl in den Besitz der notwendigen Mordinstrumente gelangen und in ihrem Gebrauch geübt würden. Die einzige Organisation, mit der sie und ihre Mitverschwörer Verbindung hatten, die »Mlada Bosna«, die Bosnische Jugend, konnte ihnen hierbei nicht behilflich sein. Sie war im wesentlichen eine kulturelle Bewegung, die zu Beginn des 20. Jahrhunderts unter jungen Studenten, Lehrern, Lehrlingen und anderen aufgekommen war, mit Mazzini, dem italienischen Revolutionär, als ihrem Helden, und den Schriften russischer Anarchisten, solcher wie Kropotkin, als ihrer geistigen Nahrung. Gewiß, einer ihrer Begründer, Bogdan Žerajić, hatte sich zu hitzigen Taten sowie zu hitzigen Worten fähig erwiesen, obwohl die Unternehmungen im Zeichen jenes ruhmreichen Durcheinanders stattfanden, das mit der südslawischen Tradition untrennbar verbunden zu sein scheint. Žerajić hatte ursprünglich die Absicht, Kaiser Franz Joseph zu töten, als der österreichische Monarch Mostar, die herzegowinische Hauptstadt, im Juni 1910 besuchte, zwei Jahre nach der Annexion. Doch wurde er aus nicht ersichtlichen Gründen in letzter Minute anderen Sinnes, als sein von ihm ausersehenes erhabenes Opfer sich gerade einige Schritte von ihm entfernt befand, und statt seiner suchte er sich, nach Sarajevo zurückgekehrt, den österreichischen Gouverneur,

General Varešanin, als Opfer aus. Aber das schlug fehl. Am 15. Juni 1910 gab Žerajić fünf Schüsse auf den General ab und tötete mit der sechsten Kugel sich selbst in der höchst irrigen Meinung, sein Opfer sei tot. In Wirklichkeit war also der einzige Schuß, der traf, derjenige, welcher ihn selbst tötete. Der jeder Logik widersprechende Wechsel der Ziele, die grausame Farce seines unnötigen Selbstmordes, der stümperhafte Mordversuch selbst: all dies machte aus Žerajić ein mehr oder weniger geheiligtes Modell für seine Nachfolger, wie seine Geschichte gleichermaßen jene Vorahnungen von Schicksal und Märtyrertum widerspiegelte, die alle ihre Träume von Ruhm verdunkelten. Aber es gab einen entscheidenden Punkt, in welchem das Belgrader Trio von Möchtegern-Mördern hinter ihrem Helden zurückblieben: Sie hatten nicht eine einzige Kugel, geschweige denn etwas, womit man sie abfeuern konnte. Diese Suche nach Waffen war es, die sie rasch in einen Strudel riß, aus dem es kein Entkommen mehr gab, selbst wenn sie es gewollt hätten.

Das Trio wandte sich zuerst noch an einen anderen bosnischen Emigranten, der in den Belgrader Caféhäusern ein und aus ging, an einen gewissen Milan Ciganović, eine vielbewunderte Figur unter den jungen bosnischen Caféhausbesuchern der Hauptstadt. Ciganović war gelungen, was Princip schmählich mißlungen war, nämlich sich 1912 unter die Komitadschi-Kämpfer einzureihen und gerade mit einer Goldmedaille für Tapferkeit in Scharmützeln mit den Türken ausgezeichnet worden zu sein. Er verfügte auch noch über andere Erinnerungsstücke aus den Balkankriegen: eine Sammlung von primitiven Bomben, die er in einem Holzkasten in der Unterkunft aufhob, wo auch Princip lebte. Er war zweifellos der Mann, der sie mit Waffen versorgen konnte, und nach wenigen Tagen ging Ciganović auch entsprechende Verpflichtungen ein. Er hatte in ihrem Namen, wie er ihnen erzählte, mit einem ungenannten »gospodin« (Herr) gesprochen, und sechs Bomben (bessere als die in seinem Gewahrsam) sowie vier Revolver sollten rechtzeitig für das Mordkomplott beschafft werden. Es würde ihnen auch Zugang zu den serbischen Untergrundwegen verschafft werden, auf denen gute antihabsburgische Patrioten nach und von Bosnien geschmuggelt wurden, quer über die von österreichischer Armee und Polizei streng bewachten Grenzen.

Ohne es gleich zu wissen – und vielleicht ohne sich dessen auch voll bewußt zu werden – waren die drei Studenten jetzt Geiseln in der Hand der wirklich gefährlichen Terroristen von Belgrad geworden. Der »gospodin«, den man zu Rate gezogen hatte, war Major Tankosić, jener serbische Armeeoffizier, der Princip den Eintritt in seine Elitetruppe junger Guerilleros zwei Jahre zuvor verwehrt hatte, Und der Mann, an den sich Tankosić seinerseits wiederum gewandt hatte, war niemand anders als Dragutin Dimitrijević, der Königsmörder von 1903, jetzt Oberst im Generalstab und Chef des serbischen militärischen Nachrichtendienstes. Beide waren führende Männer in der serbischen Geheimorganisation »Vereinigung oder Tod«, gemeinhin bekannt als »Schwarze Hand«, die 1911 aus Ungeduld angesichts der Schwäche der großserbischen Bewegung gegründet worden war.

Die »Schwarze Hand« glich geradezu einem Gruseltheater. Ihre Mitglieder, meistens aktive Offiziere, Beamte, Universitätsprofessoren oder Richter, im übrigen durchweg Serben, wurden bei ihrem Eintritt in die Organisation in einen verdunkelten Raum geführt, wo sie auf ein Kruzifix, einen Dolch und einen Revolver ihre Bereitschaft zu jedem Opfer beschwören mußten, »bei der Sonne, die mich wärmt, bei der Erde, die mich nährt, beim Blut meiner Väter, bei Ehre und Leben«. Revolutionäre Aktivität, um ein Groß-Serbien mit allen Mitteln »in allen von Serben bewohnten Ländern« zu schaffen, war das erste Ziel der Organisation.[9]

Ob sich die Urheber all dieses theatralischen Getues jemals selbst während der drei Jahre des Bestehens dieser Gesellschaft entsprechend praktisch betätigt haben, ist umstritten. Klar ist, daß sie im April 1914 drei junge Fanatiker gefunden hatten, die für sie tätig wurden. Der stämmige Oberst Dimitrijević (oder »Apis«, wie sein Spitzname lautete, entsprechend dem ägyptischen Wort für »Bulle«) hielt sich völlig im Hintergrund. Aber Major Tankosić empfing nach Beendigung der Vorbereitungen eines der Mitglieder des Trios, um sich zu vergewissern – wie es seinerzeit mit jenen Freiwilligen geschehen war, denen er befohlen hatte, von der Eisenbahnbrücke herabzuspringen –, ob sie auch wirklich allen Anforderungen entsprachen. Denn hier ging es schließlich um weit mehr, als einfach in der Save unterzutauchen.

Princip, der immer noch unter der Demütigung an der türkischen Grenze von zwei Jahren zuvor litt, weigerte sich, den Major selbst zu sehen, und schickte Grabež an seiner Stelle zu ihm.[10] Doch war es ironischerweise der abgewiesene Freiwillige von 1912, der jetzt bei weitem als der meistversprechende Kandidat in Frage kam. Nicht einfach deshalb, weil Princip sich als der beste Schütze der drei beim Zielschießen erwiesen hatte, das Ciganović im Belgrader Park Košutniak veranstaltet hatte (sechs Treffer von zehn Schüssen auf eine Eiche in einer Entfernung von 200 Schritt); auch psychologisch hinterließ er von beiden wegen seines ruhigen, meist gemessenen Eifers den besseren Eindruck und wirkte dadurch als potentieller Mörder überzeugender als die anderen mit ihrer Launenhaftigkeit und ihrer redseligen Prahlerei.

Nach beinahe zwei Monaten Training und Planung waren sie bereit. Sie hatten Geld für die gefährliche Reise und Zyankalikapseln, um sie aufzubrechen und zu schlucken, nachdem die Tat vollendet war. Die Mordwaffen (die ihnen in einem anderen Belgrader Café ausgehändigt wurden) trugen sie auf dem Leib, den Browning-Revolver und Munition in ihre Tasche gestopft und die sechs Bomben, zwei für jeden, um ihre Hüften gebunden. Am Morgen des 28. Mai verließen sie Belgrad mit dem Schiff, das die Save stromaufwärts fuhr. Ihr erster Bestimmungsort war Šabac, eine kleine Stadt etwa 80 Kilometer westlich von der Hauptstadt, wo sich der Fluß plötzlich nach Norden wendet. Hier mußten sie gemäß einem von Grabež und Major Tankosićs Leuten in Belgrad ausgearbeiteten Plan das Schiff verlassen, um die bosnische Grenze zu Fuß zu erreichen.

In dieser letzten Maiwoche, als sich die Mörder des Erzherzogs auf den Weg machten, um ihn zu töten, waren dessen loyale Untertanen in Sarajevo dabei, bis in die letzten Einzelheiten hinein Pläne zu entwerfen, wie sie den Besuch des Thronfolgers zu einem glatten Erfolg gestalten konnten. Am 21. Mai zum Beispiel ging folgende telegraphische Anfrage im Büro des Belvedere ein: »Bitte um Bekanntgabe Gewicht Sr. Kaiserl. Hoheit wegen der Pferdeauswahl, Steigbügellänge und ob Sattel und Zaumzeug aus Wien vorher anher gesandt wird.«[11] Der Thronfolger würde an den Manövern zu Pferde teilnehmen, und alles hatte zu seiner größten Bequemlichkeit in Ordnung zu sein.

Dieses Telegramm (sofort am nächsten Tag beantwortet zum Beispiel mit der Mitteilung, daß der Erzherzog genau 83,5 Kilogramm wiegt) gehörte zu den letzten abschließenden Verrichtungen zur Durchführung eines Projekts, das während vieler Monate allerlei Vorbereitungen nötig machte. Von den Sommermanövern 1914 in Bosnien, bei denen man Franz Ferdinand erwartete, war schon seit September 1913 die Rede, als General Conrad, den der Erzherzog schon von dem Plan in Kenntnis gesetzt hatte, kurz Vorkehrungen mit General Potiorek, dem Gouverneur und Militärbefehlshaber in Sarajevo, während dessen Besuch in Wien besprach.[12] Vom Erzherzog als Generalinspekteur der Streitkräfte des Reiches erwartete man die Teilnahme an größeren Manövern; im übrigen würde er auch darauf bestanden haben, dabeizusein. In diesem Fall gab es einen zusätzlichen Grund, dem Ereignis voller Erwartungen entgegenzusehen. Sophie, vom Kaiser jetzt dafür ausersehen, daß ihr bei militärischen Anlässen volle Ehrenbezeigungen zu erweisen waren, sollte ihren Gemahl auf dieser Reise in die gefährdetsten Provinzen der Monarchie begleiten.

Doch als der Sommer herannahte, war Franz Ferdinand voll unerklärlichen Zögerns, ob er reisen solle oder nicht. In gewissem Umfang dürfte dies damit zu erklären sein, daß ihn gegen Habsburg gerichtete politische Demonstrationen in den erst kurz zuvor annektierten Gebieten erwarten würden. Darüber hinaus enthielt die jüngst in Umlauf befindliche Untergrundliteratur in Bosnien-Herzegowina eine ganze Anzahl von höchst beleidigenden persönlichen Schmähungen. Eine Reihe von Flugblättern, die in serbisch-orthodoxen Landgemeinden verteilt wurden, beschrieb die arme Sophie zum Beispiel als einen »böhmischen Trampel«, den man töten müsse. Sie endeten mit dem Ruf: »Nieder mit dem Estehund und der böhmischen Drecksau!«[13] Ob der Erzherzog nun über diese besonders unflätigen Angriffe gegen seine geliebte Gemahlin Bescheid gewußt haben mochte oder nicht, er konnte sich keineswegs der Illusion hingeben, daß sie überhaupt in den beiden Provinzen willkommen seien. Merkwürdig genug ist, daß die Möglichkeit eines feindseligen Empfangs schwerer wog als die Bedrohung durch physische Gewalt. Seine Dynastie hatte sich längst mit Morddrohungen abgefunden. Verdrossene Menschenmengen waren allenthalben unerträglich.

Dann gab es die Frage von Franz Ferdinands Gesundheit. Gewisse Gegenden, durch die sein Reiseweg führte, waren bekanntermaßen malariaverseucht. Sarajevo ebenso wie seine Zwillingshauptstadt Mostar liegen in einem Talkessel, der im Hochsommer von drückender Hitze und Feuchtigkeit heimgesucht ist. Der Erzherzog, der im Laufe der Jahre mehr und mehr an Asthma litt, war insoweit auch besorgt. Als der festgesetzte Termin für seine Abreise immer näher rückte, beschloß er, sich unmittelbar an den Kaiser zu wenden und zu versuchen, die Reise überhaupt rückgängig zu machen. Seine Nichte, die damalige Erzherzogin Zita, kann sich an das genaue Datum dieser schicksalsträchtigen Audienz nicht erinnern,[14] wohl aber daran, was sie darüber gehört hat:

Zu seiner Entschuldigung führte der Erzherzog als Grund die große Hitze in Bosnien an, um ihn von der Teilnahme an den Manövern zu befreien. Normalerweise setzte er sich stets durch, wenn es galt, mit dem alten Kaiser zusammen Entscheidungen über seine Reisen zu treffen, selbst in so wichtigen politischen Angelegenheiten wie darüber, ob er nach Rom reisen solle oder nicht. Aber diesmal, und zwar wegen einer ziemlich gewöhnlichen Reise, zog er den kürzeren. Da der Erzherzog dem Kaiser die endgültige Entscheidung überließ, machte dieser ihm unmißverständlich klar, es sei sein Wunsch, daß der Erzherzog reise; ein solcher Wunsch, besonders in militärischen Angelegenheiten, war soviel wie ein Befehl. Bei der Rückschau mutet es eigenartig an, daß diese Reise nach Sarajevo die einzige Gelegenheit sein sollte, bei der der Erzherzog nicht seine eigenen Wege ging.[15]

In der Tat war dies nur ein Glied in der langen Kette von Gelegenheiten, Zufällen und Mißlingen, das schließlich Gavrilo Princip und Franz Ferdinand Auge in Auge gegenübertreten lassen sollte.

Die acht Tage und Nächte, die die drei Verschwörer brauchten, um Sarajevo zu erreichen, waren angefüllt mit anderen zufälligen Vorkommnissen und glücklichem Entkommen: Jedes dieser Ereignisse, wäre es in anderer Richtung verlaufen, hätte den Mord verhindern können. Österreichische Spione waren tätig, sogar in Serbien, und jeder serbische Beamte, der nicht zum terroristischen Untergrund gehörte, hätte das Trio auf der Stelle verhaften können, wäre seine Ankunft entdeckt worden. Nachdem sie einmal die streng bewachte Grenze überschritten hatten und sich in Bosnien befanden, sollten sie das ganze Gewicht der österreichischen Polizei zu spüren bekommen. Es blieb nur die Frage, wie tauglich sich der geheime »Tunnel« erweisen würde, um wieder zu entkommen.

Die Vorzeichen waren beruhigend. In Šabac nahm Princip seinen ersten vorbereiteten Kontakt mit Hauptmann Rade Popović auf, einem serbischen Armeeoffizier mit einem besonderen Spionageauftrag in der Grenzgegend, der im übrigen unmittelbar unter Apis in Belgrad arbeitete. Nachdem er ihn aufgespürt hatte (der Hauptmann befand sich gerade beim Kartenspiel im Café »Amerika«), übergab Princip ihm eine Karte, die nur die Initialen M. C. trug. Der Hauptmann nickte; es waren die Anfangsbuchstaben von Milan Ciganović, als Mittelsmann in Belgrad tätig, die in Šabac als Losungswort dienten.[16]

Nach einigen Diskussionen über mögliche Wege wurde vereinbart, die Grenze nach Bosnien in der Stadt Ložnica zu überschreiten, etwa 60 Kilometer weiter südwestlich, wo die Drina die Grenze bildet. Der Hauptmann gab Princip eine Notiz an seinen Kollegen dort mit: »Sorge für diese Männer und bringe sie hinüber, an einer Stelle, die du für die beste hältst.« Außerdem besorgte er verbilligte Fahrkarten für die kurze Eisenbahnreise zwischen den beiden Städten. Dies war möglich, weil man das Trio in heimlich beschaffte Zollbeamtenuniformen gesteckt hatte, mit Princip als »Wachtmeister«. Der Apis-»Tunnel« schien geradezu ideal zu funktionieren, und das erleichterte Trio verbrachte die Nacht in einem Hotel am Ort. Ihre Waffen und Munition verbargen sie in einem Ofen, der, wie sie vernünftigerweise angenommen hatten, der einzige Ort war, an dem man sich im Hochsommer nicht zu schaffen machen würde.

In Ložnica gab es einigen Aufenthalt, da ihr neuer Führer, Hauptmann Jovan Prvanović, mit seinen Grenzzollwachtmeistern zu sprechen wünschte, bevor man die sicherste Route aussuchte. Um jedweden Verdacht zu vermeiden, begaben sich die drei Studenten tagsüber in den nahe gelegenen Badeort Koviljača, wo sie wie gewöhnliche Kurgäste auftraten. Čabrinović, der seine Kameraden schon einmal in Unruhe versetzt hatte, als er auf dem Dampfer mit einem serbischen Gendarm plauderte, erschreckte sie jetzt zu Tode. Er lief einem früheren Komitadschi-Kameraden aus den Balkankriegen in die Arme, der ihre Bomben erspähte und ihn fragte, was damit geschehen solle. Nur unter Schwierigkeiten konnten sie ihren geschwätzigen Genossen rechtzeitig beiseite ziehen.

Jetzt in Koviljača entstanden neue Schwierigkeiten wegen der Postkarten, die sie abzusenden beschlossen hatten. Princip benutzte seine Nachricht als weiteres Täuschungsmanöver, indem er an einen Vetter in Belgrad schrieb, er sei auf dem Weg in ein Kloster, um sich für eine Prüfung vorzubereiten. Čabrinović dagegen konnte sich am Schluß einiger prahlerischer Schnörkel nicht enthalten. Er sandte ein halbes Dutzend Postkarten an verschiedene Freunde und Freundinnen in Triest, Sarajevo und anderen österreichische Städte, wobei er einige von ihnen mit heroisch klingenden Zeilen aus serbischen Volksgedichten versah. Es war klar, daß seine Kameraden der Meinung waren, sie würden ohne diese unheilbare Plaudertasche sicherer sein. Als sie abends nach Ložnica zurückkehrten, wurde dafür gesorgt, daß das Trio sich aufspaltete. Der leicht gekränkte Čabrinović wurde überredet, seine Waffen den anderen zu übergeben, und alsdann, ausgerüstet mit einem falschen Paß, allein fortgeschickt, um durch die beim »Tunnel« mitwirkenden Leute über die Grenze geschmuggelt zu werden. Er sollte sich unmittelbar nach Tuzla durchschlagen, einer etwa 75 Kilometer entfernten Stadt im Inneren Bosniens, wo seine Kameraden wieder zu ihm stoßen würden.

Der Reiseweg, den Princip und Grabež über die Grenze nehmen würden, war weit komplizierter und gefahrvoller. Den ganzen 31. Mai verbrachten sie auf Isakovića Ada, einer winzigen Insel mit verstreutem Weideland inmitten der Drina. Gribić, der diensttuende serbische Zollsergeant in diesem Bereich ihrer Reise, benutzte die Insel, die zu Serbien gehörte, als einen Nachrichtensammelpunkt, und zu diesem Zweck hatte er eine Pflaumenschnapsbar zu verbilligten Preisen eröffnet, um Bauern vom bosnischen Ufer her anzulocken. Zwei von ihnen wurden jetzt den beiden Studenten zugeteilt, um sie sicher auf bosnischen Boden hinüberzuschleusen. Da Princip und Grabež sich fröhlich über den Umgang mit

Revolvern ausließen, als ihre Führer auf der Insel ankamen, konnten sie sich ihnen anvertrauen, wenn auch nur bis zu dem Punkt , an dem ihnen eröffnet wurde, es sei »etwas Großes« im Anzug.

Die Katze war endgültig aus dem Sack, als am 2. Juni, nachdem man den österreichischen Grenzwachen durch die Maschen gegangen war, die Gesellschaft von vier Mann ihren nächsten Kontakt im Dorf Priboj aufnahm, etwa auf halbem Weg zum Treffen in Tuzla. Um sich immer weiter weg von der Grenze zu entfernen, waren sie praktisch ohne Unterbrechung 21 Stunden durch Wälder und gepflügte Felder marschiert und kamen völlig erschöpft vom Gewicht ihrer Waffen und bis auf die Haut durchnäßt von einem nächtlichen Gewitter an. Vielleicht war es diese Erschöpfung, die Princip veranlaßte, sich für dieses eine Mal von seiner Bewachung zu trennen.

Der »Tunnel«-Führer in Priboj war der Dorfschullehrer, Veljko Čubrilović. Er warf einen Blick auf den schweren Sack, in den jetzt die todbringende Last gestopft war, und stellte die peinliche Frage: »Sagen Sie mir, sind diese Waffen für den Besuch des Thronfolgers bestimmt?«[17] Princip zögerte einen Augenblick und antwortete dann: »Ja, dafür sind sie. Wir sind auf dem Weg nach Sarajevo, um ihn zu ermorden«. Čubrilović war derart erregt, daß er das große Geheimnis zwei Bauern im Dorf anvertraute, in deren Haus sie sich alle ausruhten und zu Abend aßen. Sie erwiesen sich als glaubwürdig und sollten schließlich am österreichischen Galgen enden, weil sie ihren Mund gehalten hatten. Aber die Dinge in Priboj hätten so leicht eine andere Richtung nehmen können.

Der Kontaktmann in Tuzla, Miško Jovanović, war eine Person von einigermaßen lokaler Bedeutung: ein Mitglied des serbisch-orthodoxen Kirchengemeinderats, Direktor der serbischen Bank und Eigentümer des ersten Kinos der Stadt. Es war immerhin eine eindrucksvolle Fassade, hinter der sich subversive Betätigungen abspielten. Aber Jovanović war doch einigermaßen außer Fassung geraten, als die beiden Führer, die die beiden Studenten auf dem ganzen Weg von der Drina betreut hatten – und die ihnen jetzt bis nach Tuzla vorangegangen waren –, ihn am frühen Morgen weckten und sechs Bomben und vier Revolver auf seinen Küchentisch legten.

Princip, den er wenige Stunden später in der Lesehalle der Stadt traf, hatte Bedenken, die Waffen auf der letzten Etappe der Reise mitzunehmen, und bat Jovanović, sie zu verstecken, bis er für ihre Abholung sorgen könne. Der Kinobesitzer willigte ein – eine Entscheidung, die ihn auch an den Galgen hätte bringen können –, und ein Erkennungszeichen wurde ausgemacht. Wer auch immer nach Tuzla kommen würde, um die Waffen abzuholen, sollte sich ausweisen durch ein Päckchen »Stephanie«-Zigaretten. Nachdem dies alles abgemacht worden war, trafen sich Princip und Grabež in einem Café mit Čabrinović (der zwei Tage zuvor in Tuzla angekommen war), und die drei nahmen alsdann den Nachtzug nach Sarajevo und reisten in getrennten Abteilen.

Es war ihnen zumute, als ob sie ihre Waffen verloren hätten. Čabrinović, der auf Gefahren so sicher anziehend zu wirken schien wie ein Stahlmast auf Blitze, fand sich neben einem bosnischen Polizeiagenten sitzend, der seinen Vater kannte. Wie die Dinge eben liefen, irgendwelchen Verdacht schöpfte der Polizeiagent nicht, obwohl sie sich des längeren über den bevorstehenden fürstlichen Besuch unterhielten. Und es war schließlich der Polizeispitzel, der als erster Čabrinović das genaue Datum der Ankunft des Erzherzogs in Sarajevo, den 28. Juni, bekanntgab. Im Gegensatz zu jenen anderen unzuverlässigen bosnischen Untertanen des Kaisers hatte der Polizeiagent hinterher den Galgen nicht zu fürchten. Aber dafür muß es doch einige recht peinliche Gründe gegeben haben.

Am 4. Juni 1914 waren somit alle drei Mörder heil in Sarajevo versammelt, wo jeder von ihnen eine andere Unterkunft aufsuchte und versuchte, ein möglichst normales und unauffälliges Leben in Erwartung der vor ihnen liegenden Wochen zu führen. Princip fand Aufnahme bei der Mutter eines engen Freundes und Mitverschwörers, Danilo Ilić. Dieser, 24 Jahre alt und aus Sarajevo gebürtig, war auf dem üblichen Weg in die bosnische Terrorszene hineingezogen worden. Als Sohn eines Schusters, der gestorben war, bevor der Junge in die Schule kam, war seine Kindheit von Armut gezeichnet. Dann irrte er, da sich nach Beendigung der Schule keine feste Arbeit finden ließ, ziellos zwischen den seltsamsten Beschäftigungen umher, die vom Gepäckträger bis zum Souffleur eines Wanderzirkus reichten; hierauf wurde er Volksschullehrer, nachdem er mit Hilfe eines staatlichen Stipendiums die entsprechende Ausbildung erhalten hatte; dann nahm er als Freiwilliger bei den Komitadschis an den Balkankriegen teil; und schließlich versuchte er, bei all der Erregung nationalistischer Leidenschaften in Friedenszeiten mitzuwirken, indem er gelegentlich Artikel für radikale Zeitungen schrieb und die Werke der russischen Anarchisten ins Serbokroatische übersetzte.

Ilić hatte Princip vor fünf Jahren kennengelernt und war in jene monatelangen chaotischen Vorbereitungen verwickelt, die Princips klar getroffener Entscheidung, den Erzherzog in Sarajevo zu ermorden, vorangingen. Er war keineswegs für diese Entscheidung verantwortlich, wie proserbische Verteidiger (ängstlich bemüht, die Schuld für die Tat von Belgrads Schultern abzuwälzen) in späteren Jahren zu behaupten versuchten. In Wahrheit hatte er hierüber erst in einem Brief von Princip selbst gehört. Aber obwohl dieser sich genau überlegte, wie der Mord am besten auszuführen sei, sobald der Tag herbeigekommen war, war es Ilić, der von jetzt an alle lokalen Vorbereitungen überwachte. Er war es zum Beispiel, der auf Princips Vorschlag die zweite Troika von Mördern als Verstärkung oder Helfer für die Hauptgruppe aussuchte. Und es war Ilić, der die wichtigste Aufgabe übernahm: die Abholung der Mordwaffen aus Tuzla.

Diese raffinierte Unternehmung stellte abermals unter Beweis, wie sehr die Verschwörer vom Glück begünstigt waren und wie leicht sich das Komplott nach hinten hätte entladen können. Ilić kam am 14. Juni in Tuzla an und wies sich gegenüber Jovanović, der die Waffen in Verwahrung hatte, in der abgesprochenen Weise aus, nämlich durch Vorzeigen eines Päckchens »Stephanie«-Zigaretten. Der Kinobesitzer hatte Bomben und Revolver bereits in eine schwarze Zuckerkiste eingepackt, mit Zeitungspapier umwickelt und mit Bindfaden zugeschnürt. Es wurde beschlossen, die Übergabe nicht hier und jetzt in Tuzla vorzunehmen, sondern am nächsten Tag im Wartesaal des Eisenbahnknotenpunktes Doboj, der einige Stationen westlich an der Strecke nach Sarajevo liegt. Diese Verabredung führte zu einem Durcheinander, das geradezu heiter wirken könnte, würde nicht der Weltfriede vom Ergebnis abgehangen haben. Jovanović kam rechtzeitig in Doboj mit dem Zug am frühen Morgen an, aber Ilić hatte verschlafen und mußte den nächsten Zug nehmen. Jovanović, der seinen zweiten Mann im Wartesaal nicht antraf, setzte die schicksalsträchtige Zuckerkiste kurzerhand unsanft auf den Boden und ließ sie dort stehen, während er, mit seinem Regenmantel bekleidet, auf die Suche nach Ilić ging. Als er, immer noch ohne Ilić, zurückkehrte, befand sich die Kiste, die so leicht hätte gestohlen oder irrtümlicherweise mitgenommen oder umgestoßen und dabei hätte aufbrechen können, noch an Ort und Stelle, und Jovanović brachte sie in eine in der Nähe gelegene Schneiderwerkstatt. Hier trafen die beiden Verschwörer endlich aufeinander, und die Übergabe erfolgte.

Am nächsten Tag, dem 15. Juni, brachte Ilić die Zuckerkiste ohne weitere Schwierigkeiten ins Haus seiner Mutter in Sarajevo, wo ihr Inhalt ausgepackt und in einem kleinen Holzkasten unter Princips Bett verstaut wurde. Der Untergrundtunnel von Oberst Apis – der, wie hervorgehoben sei, den gesamten Weg über von serbischen Armeeoffizieren oder Zollbeamten und ihren Agenten in Betrieb gehalten wurde – hatte also seine drei wichtigsten Passagiere mit ihrem Gepäck heil zu ihrem Bestimmungsort geleitet. Aber es hat wenigstens ein halbes Dutzend Augenblicke gegeben, in denen der

Tunnel leicht über ihren Häuptern hätte zusammenbrechen können.

Während die Mörder dabei waren, die Mordwaffen in Bosnien abzuholen, war am anderen Ende des Reiches, in Böhmen, das Opfer dabei, das, was man sein *grande finale* als Herr seines geliebten Konopischt hätte nennen können, über die Bühne gehen zu lassen. Seine Rosen waren der Hauptgrund, weshalb man diesen Zeitpunkt ausgesucht hatte. Er hatte das Schloß annähernd 30 Jahre besessen und innerhalb von 20 Jahren ein Heer von Leuten und einen Schwarm von Sachverständigen zusammengebracht, die sich mit kaum glaublicher Perfektion in den Gärten betätigten. Jetzt schien es nichts mehr zu geben, was außer Sachverstand und Arbeit noch notwendig gewesen wäre. Die Schöpfung war vollendet, bereit, weltweit bewundert zu werden; so entschloß sich der Erzherzog jeder früheren Gewohnheit zuwider, dem Publikum zu erlauben, sich zwei Tage lang in dem Park zu

*Teil des berühmten Rosengartens in Konopischt, für dessen Anlage Franz Ferdinand mehr als 20 Jahre benötigte.*

ergehen, vom 15. bis zum 17. Juni. Konopischt sollte das er-
leben, was spätere Generationen von Grundbesitzern ihren
ersten »Tag der offenen Tür« genannt haben würden (es war
ein großer Erfolg, mit Sonderzügen, die Tausende von neugierigen Besuchern, aufs hübscheste mit ihrer besten sommerlichen Kleidung herausgeputzt, zur winzigen Station von Beneschau brachten, dazu nicht weniger als 500 Gendarmen,
die man in den Schloßbereich abkommandiert hatte, um die
allgemeine Ordnung sicherzustellen).

Vorher aber wünschte der Erzherzog noch das Schloß für
sich selbst freizuhalten, um Kaiser Wilhelm zu empfangen.
Weil dieses Treffen von Konopischt vom 12. bis zum 13. Juni,
das letzte zwischen den beiden Männern, innerhalb von 14
Tagen vor dem Mord von Sarajevo und der darauffolgenden
Katastrophe zustande kam, spann sich ein ganzes Gewebe
von phantastischen Wahnvorstellungen um dieses Ereignis,
hauptsächlich zu politischen Propagandazwecken. Die Serben versuchten eine ganze Portion von Franz Ferdinands Blut
von ihren Händen zu schütteln, indem sie behaupteten, er
habe auf Rosenteppichen wandelnd den Krieg gegen sie zusammen mit dem deutschen Herrscher ausgeheckt. Und
1916, mitten im Kriege, trat Henry Wickham Steed von der
*Times*, einer von Englands einflußreichsten panslawistischen
Vorkämpfern, mit seiner eigenen, weit dramatischeren Version des »Paktes von Konopischt« an die Öffentlichkeit.

Nach Steed hatte Kaiser Wilhelm II. nicht nur einen Plan
entworfen, einen Krieg zu provozieren und einen glänzenden
Sieg gegen Frankreich und Rußland (mit einem neutralen
England) sicherzustellen; er hatte auch einen meisterlichen
Plan ausgearbeitet, wie Europa hinterher aussehen sollte. Die
österreichischen Länder einschließlich Triest sollten als besonderer Staat dem Hohenzollernreich einverleibt werden,
wenn auch von einem österreichischen Erzherzog regiert. Als
Gegenleistung sollte Franz Ferdinand Souverän eines vergrößerten Polen werden, das von der Ostsee bis zum Schwarzen
Meer reichen und nach Franz Ferdinands Tod auf Max, sei-

nen ältesten Sohn, übergehen sollte. Ernst, der jüngere Sohn, sollte eine gleichermaßen glänzende Erbschaft als König eines dritten neuen Reiches antreten, das aus Ungarn, Böhmen, Serbien, Dalmatien bestehen und mit Saloniki sogar bis an die Ägäis reichen sollte.[18] Diese Legende von Kaiser und Erzherzog bei der Austeilung neuer Kronen inmitten von Rosenbüschen wurde dank des großen Ansehens ihres Schöpfers von vielen späteren Autoren wiederholt, besonders in Frankreich. Sie ist inzwischen systematisch zerstört worden. Da sie jedoch eine Verleumdung des Erzherzogs im Verlaufe des letzten politischen Aktes seines Lebens darstellt und da neue Zeugnisse vorhanden sind, die sie in den Bereich des Märchens verweisen, so kann es nichts schaden, ihren Zusammenbruch näher unter die Lupe zu nehmen.

Einer der Faktoren, der der Legende zunächst Glaubwürdigkeit verlieh, war die ungewöhnliche Zusammensetzung des kaiserlichen Gefolges. Unter ihm befand sich Baron von Treutler, derselbe Beamte, der den Kaiser auf früheren Reisen begleitet hatte, wie denen von 1913 nach Italien und Miramare, und dessen Anwesenheit deshalb die Meinung hervorrief, laufende diplomatische Angelegenheiten sollten erneut geprüft werden. Aber zu dem Gefolge gehörte auch Großadmiral Alfred von Tirpitz, der Schöpfer der mächtigen deutschen Flotte, dessen Auftauchen gerade zu jener Zeit viel Kopfzerbrechen hervorrief. »Der betörende Geruch, der aus den Blumenbeeten emporstieg, hatte plötzlich den Gestank von Schießpulver angenommen«, so hieß es im Leitartikel einer führenden Wiener Zeitung.[19] Hätte man wirklich die Abhaltung eines Kriegsrates beabsichtigt, so hätte der Kaiser sicherlich einen General mitgebracht, und zwar wahrscheinlich seinen Generalstabschef von Moltke anstelle eines Admirals ohne jede Begleitung.

Immerhin, was *sollte* Tirpitz eigentlich in Konopischt? Der Sekretär des Erzherzogs, Baron von Morsey, der an der Vorbereitung des Besuchs mitbeteiligt war, gibt die Antwort. Es handelte sich lediglich darum, so Morsey, daß Franz Ferdi-

*Der deutsche Kaiser, begrüßt von den Kindern des
Erzherzogs während seines letzten Besuches in
Konopischt vom 12. bis 13. Juni 1914. Vierzehn Tage
später waren die liebevollen Eltern tot.*

nand, der sich für die Marine begeisterte, neugierig war, dem
berühmten Tirpitz zu begegnen, den er noch nicht kannte.
Tirpitz selbst war voller Neugier, Konopischt zu sehen. Der
Admiral teilte eine andere Leidenschaft mit dem Erzherzog.
Er war ebenfalls ein großer Gärtner, und zwar mit besonderem Interesse für Rosen.[20] Um Enttäuschungen zu vermeiden, hatte Herr Umlauft, der Oberaufseher der Gärten, der
Natur nachgeholfen, indem er einige Stunden vor dem Besuch die Blumenbeete mit lauwarmem Wasser besprengen
ließ.

Pünktlich um 9 Uhr morgens am 12. Juni fuhr der kaiserliche Zug in Beneschau ein, wo der Erzherzog in der Uniform
des 10. Preußischen Ulanenregiments mit seiner ganzen Familie den Kaiser willkommen hieß. Der Kaiser war offensichtlich in bester Laune. »Nun, Kinder, da sind wir wieder«,

rief er aus, als der Zug hielt. Seine beiden glatthaarigen Dakkel, »Wadel« und »Hexel«, setzten einen vorübergehenden Dämpfer auf diese fröhliche Stimmung, als sie den Park erreichten. Gleich nachdem sie vom Wagen herabgesprungen waren, schossen sie zu ihrer privaten Jagd los und kehrten bald stolz mit einem toten Fasan zurück. Unglücklicherweise war es ein Goldfasan, den man nur zum Ansehen, aber nicht zur Jagd großgezogen hatte. Dazu war er der einzige, den der Erzherzog besaß, und das einzige Stück Flugwild in Konopischt, das von ihm nichts zu fürchten hatte. Ironischerweise war der Kaiser in seine selbstentworfene Jagduniform gekleidet: lange grüne Jacke, hohe Lederstiefel mit Sporen, und am Hals baumelte der St. Hubertusorden.

Was die Gespräche anbetraf, so unterhielten sich der Kaiser und der Erzherzog laut Morsey nur eine Stunde allein (dabei zählen natürlich die häufigen gemeinsamen Ausflüge im Wagen nicht mit). Die Schilderung der allgemeinen Diskussionen, die aus der Feder des Sekretärs stammt, stimmt genau überein mit der sachlichen Darstellung, die von Treutlers offizielle Berichte nach der Rückkehr nach Berlin enthalten, Berichte, die vor irgendeiner Krise, ganz zu schweigen vom Kriegsausbruch, zu Papier gebracht worden waren. Die Hauptpunkte waren dieselben, die beiden fürstlichen Freunden bereits in Miramare zu Besorgnissen Anlaß gegeben hatten, nämlich die verschiedenartigen Belastungen, denen ihr Viermächtebündnis ausgesetzt war. Konnte man sich auf Italien verlassen? War Ungarn eine Säule der Stärke oder eine Quelle der Schwäche? Was für ein Mann war Tisza, der anwesende Ministerpräsident Ungarns? Konnte er dazu gebracht werden, eine liberalere Politik gegenüber der großen rumänischen Minderheit in Siebenbürgen zu führen, um sich auf diese Weise der Loyalität Rumäniens selbst, des vierten und unruhigsten Mitglieds des Bündnisses, zu versichern? Und ebenso wie in Miramare waren sich der Kaiser und der Erzherzog, beide weit entfernt von jeglichem Einvernehmen über eine Neuaufteilung Europas, darüber eins, daß sie sich über die meisten der Fragen, die sie nicht einmal innerhalb ihres jeweils eigenen Herrschaftsbereichs in Europa zu lösen vermochten, untereinander uneins waren.

Wie üblich, wenn Franz Ferdinand politisierte, stand Ungarn im Mittelpunkt. Dieses Land, so versicherte er dem Kaiser, sei nichts weiter als der Spielplatz von ein paar Familien. »Wie der Mann an der Spitze heiße, sei meist Nebensache, jeder Ungar strebe mehr oder weniger offen danach, für Ungarn auf Kosten Österreichs und zu Ungunsten der Gesamtmonarchie Vorteile zu erlangen.«[21] Vergeblich versuchte der Kaiser, Tisza als einen ungewöhnlich begabten Staatsmann hinzustellen, von dessen Qualitäten man Gebrauch machen müsse. Für den Erzherzog war dies, obwohl er es nicht weiter in Worte kleidete, ein weiterer Beweis, daß Berlin das Habsburger Reich durch die ungarische Brille sah.

Aber dies waren Unstimmigkeiten, die beide Männer zu klären hofften, und sie warfen keinerlei Schatten auf die von Freundschaft und Fröhlichkeit gezeichneten Tage. Es muß der Schloßherrin selbst zu besonderem Stolz und Glück gereicht haben. Es war die ihr Prestige am meisten fördernde Zusammenkunft, die Konopischt je gesehen hatte, und sie spielte ihre Rolle als Gastgeberin bis zur letzten Vollendung. Es war der Kaiser, der ihr seinen Arm bot, als die 26 wichtigsten Gäste sich zum Diner begaben. Sie saß alsdann die ganze Zeit über zu seiner Rechten. Ihre Schwester Henriette und einige andere Prominente des böhmischen Adels waren überall am Tisch plaziert.[22]

Niemand hätte sich auch nur vorstellen können, daß dieser glänzende Höhepunkt zugleich das Ende sein sollte. In der Tat hatten der Erzherzog und seine Gemahlin neuerlich Anlaß, voller Zuversicht der Zukunft entgegenzublicken. Denn es war hier in Konopischt sehr wahrscheinlich, daß sich für ihren ältesten Sohn glänzende Aussichten boten. Begreiflicherweise war es dies, was, gehörig aufgebauscht und entstellt, der Legende von Wickham Steed Auftrieb verlieh. Die damalige Erzherzogin Zita erinnert sich:

Der deutsche Kaiser wünschte so enge Beziehungen wie nur möglich mit Franz Ferdinand als Thronfolger zu unterhalten, und dies erklärt im weiten Umfang sein Verhalten gegenüber Sophie. Aber da gab es noch eine andere Verlockung. Unmittelbar vor dem Krieg verlieh der Kaiser der Idee Ausdruck, den ältesten Sohn des Erzherzogs, Prinz Max von Hohenberg, zum Herzog von Lothringen zu machen. Dies war ein Titel, den er selbst innehatte, seitdem Lothringen zusammen mit dem Elsaß den Franzosen nach dem Krieg von 1870/71 abgenommen worden war. Aber Lothringen war vorwiegend ein Habsburger Titel, denn die Dynastie hieß ja mit vollem Namen Habsburg-Lothringen, nämlich seit der Heirat von Maria Theresia, Erzherzogin von Österreich und Königin von Ungarn, im 18. Jahrhundert mit Herzog Franz von Lothringen, dem späteren römisch-deutschen Kaiser. Franz Ferdinand und seine Gemahlin waren natürlich von dieser Idee entzückt. Auf diese Weise käme ihr Sohn, der in Übereinstimmung mit dem Heiratsvertrag von 1900 niemals österreichischer Erzherzog werden konnte, dazu, nichtsdestoweniger einen der stolzesten Namen für sich und seine Erben zu tragen. Aber nach dem Tod von Franz Ferdinand hatte der deutsche Kaiser alles Interesse an diesem Gedanken verloren. Er hatte für ihn keinen politischen Wert mehr, da die Söhne des Erzherzogs aus dem Spiel gleichsam ausgeschieden waren. Als 1916 die Erzherzogin Maria Theresa an Wilhelm II. schrieb, um zu versuchen, den Plan wiederzubeleben, wurde sie nicht einmal einer Antwort gewürdigt.[23]

All dies schien Mitte Juni 1914 in weiter Entfernung von Konopischt zu liegen, und so war es auch. Am Abend des 13. Juni, einem Samstag, fand ein letztes glänzendes Diner im Schloß statt. Das aus neun Gängen bestehende Menü, für das Sophie gesorgt hatte, bestand aus Lammrücken, Languste à la parisienne, Huhn am Spieß, holländischem Spargel und Erdbeeren (alles aus Gütern und Gärten des Besitzes). Die

Militärkapelle, vom Erzherzog selbst ausgesucht, spielte den Marsch »Hohenzollerns Gloria« sowie ein Potpourri von Lieblingsjagdliedern des deutschen Kaisers. Dann, halb neun Uhr, versammelten sich alle einschließlich der drei Kinder des Erzherzogs in der Halle, um dem begeisterten Gast Lebewohl zu sagen.

Als der Erzherzog, der den Kaiser zum Bahnhof begleitete, die sechs Waggons und zwei Lokomotiven des kaiserlichen Zuges aus Beneschau kurz vor Mitternacht abdampfen sah, geschah es im festen Glauben, daß er Wilhelm II. abermals in Konopischt zur Jagd im Herbst willkommen heißen würde. Es gab auch schon Gerüchte, daß dies irgendwie verbunden werden würde mit einer Einladung von König Georg V., so daß die Jagddiplomatie des Erzherzogs zu ihrem größten Erfolg führen würde, nämlich zu einer Begegnung der Souveräne Großbritanniens und Deutschlands. Der englische Besuch galt Wiener Presseberichten vom 4. Juni zufolge bereits als ausgemachte Sache. Dieselben Meldungen enthielten bereits Einzelheiten über die groß angelegten bosnischen Manöver, die im gleichen Monat in der Gegend von Sarajevo – Konjica stattfinden sollten. Zum ersten Mal war das Reiseprogramm des Erzherzogs vom 24. bis zum 27. Juni in vollem Umfang veröffentlicht worden.

Franz Ferdinand blieb ein bis zwei Tage länger in Konopischt, einmal, um am 14. Juni den österreichischen Außenminister Graf Berchtold zu empfangen und ihm Instruktionen im Zusammenhang mit seinen Unterredungen zu erteilen, und außerdem, um die Menge zu beobachten, die zwischen den Rosenbeeten hin und her strömte, als die Pforten der Anlagen am 15. Juni wieder geöffnet waren. Die letzten Tage in Böhmen verliefen heiter und ungetrübt. Am 19. ging der Erzherzog einen Tag zur Taubenjagd auf die Besitzung Namiest von Graf Haugwitz. Am 20. begab er sich zusammen mit seiner Gemahlin und den Kindern auf seinen zweiten Landsitz in Chlumetz in Südostböhmen, um dort ein ausgedehntes Wochenende im Familienkreis zu verbringen, bevor es auf die Reise nach Süden ging. Den Sonntag benutzte er zu einem Spaziergang mit seinem ältesten Sohn Max und Baron Morsey, um die Wälder zu inspizieren. Sie sollten einmal seinem jüngeren Sohn Ernst gehören, so erzählte Morsey, und um sie für ihn in gutem Zustand zu erhalten, hatte der Erzherzog dort sämtliche Rehe und Hirsche zur Strecke gebracht. »Hier hatte der Vater über den Jäger triumphiert.« Aber auch für den Jäger blieb etwas zu tun übrig, sogar in Chlumetz an einem Sonntag. Als sie im Wagen saßen, erschien eine Katze auf der Wiese. Der Erzherzog zielte mit der Pistole, die er stets zur Hand hatte, und indem er seinen Arm auf den Rücksitz stützte, tötete er sie mit einer Kugel.[24] Es war der letzte Schuß, den er in seinem Leben abfeuern sollte; nicht gerade der aufregendste zu guter Letzt.

Am 24. Juni verabschiedeten sich die Eltern von ihren Kindern mit dem Versprechen, nach einer Woche wieder in Chlumetz zusammenzukommen, und die Reise ging los. Franz Ferdinand und seine Gemahlin kehrten zunächst gemeinsam ins Belvedere zurück, wo sich ihre Wege trennen sollten. Sie reiste mit dem Zug über Budapest und Brod nach Bad Ilidža, einem kleinen Kurort genau südlich von Sarajevo, wo im Hotel Bosna eine Suite (einschließlich eines als Kapelle besonders hergerichteten Raumes) für das fürstliche Paar vorbereitet war. Er fuhr mit dem Zug nach Triest, von wo aus er an Bord der »Viribus Unitis« ging, um auf der Adria abwärts bis Metković zu fahren und von dort weiter mit dem Zug bis ins Tal der Narenta über Mostar zu reisen, wo er wieder auf seine Gattin traf.

Es gab ein oder zwei kleine Pannen unterwegs, jede von einigermaßen sardonisch-makabren Kommentaren des Erzherzogs begleitet. Gleich zu Beginn zum Beispiel hatte man auf der Station Chlumetz entdeckt, daß eine der vier Achsen seines Privatsalonwagens heißgelaufen war, so daß der Wagen abgehängt werden und der Erzherzog in ein gewöhnliches Erster-Klasse-Abteil des Wiener Expreßzuges umsteigen mußte. Im allgemeinen heißt es, er habe ganz einfach gesagt, diese Reise gehe ja gleich mit einem vielversprechenden Start los. Aber seinem Oberstallmeister Baron Morsey gegenüber äußerte er sich dramatischer: »Sie sehen«, rief er aus, »so gehts los. Zunächst läuft ein Wagen heiß, dann ein Mordversuch in Sarajevo und schließlich, wenn das alles zu nichts führt, eine Explosion an Bord der Viribus!«[25]

Als er und sein Gefolge um 9 Uhr abends auf dem Wiener Südbahnhof eintrafen, um den Expreßzug nach Triest zu besteigen, war von einem neuen Problem die Rede. Das elektrische Licht im Salonwagen hatte versagt, der anstelle des defekt in Böhmen zurückgelassenen Wagens an den Zug gehängt worden war. Es blieb nichts anderes übrig, als Kerzen anzuzünden. Als er sich von seinem Adjutanten verabschiedete, der im einzelnen über die Begleitung seiner Gemahlin auf ihrer Reise nach Ilidža instruiert wurde, witzelte der Erzherzog: »Was sagen Sie zu der Beleuchtung? Wie in einem Grab, nicht wahr?«

Zwischenfälle wie diese wurden später von Abergläubischen als übernatürliche Vorzeichen der Katastrophe aufgefaßt, die bevorstand, und von den Reaktionen des Erzherzogs meinte man, er selbst habe irgendeine Gefahr vorausgeahnt. Was soll man dazu sagen? Er war ein entschlossener Mann, und als solcher teilte er jene phlegmatische Auffassung vom Mord, eine Mischung aus philosophischer Bereitschaft und religiösem Glauben, wie es bei all seinen fürstlichen Zeitgenossen üblich war, die ja physisch gesehen keine Feiglinge waren. Gab es doch ständig Gerüchte von Morddrohungen, oder es wurden gar welche aufgedeckt; die österreichische Polizei sowie Bosnien im Jahr 1914 machten dabei keinerlei Ausnahme. Zehn Jahre später, und zwar als Teil der in die Länge gezogenen Propaganda hinsichtlich der Kriegsschuldfrage, wurde die Behauptung aufgestellt, der serbische Gesandte in Wien, Jovan Jovanović, habe sechs Tage vor Antritt der Reise des Erzherzogs nach Süden auf Weisung der Belgrader Regierung den österreichischen Finanzminister, Leon von Bilinski, darauf aufmerksam gemacht, daß Franz Ferdinand in Sarajevo Gefahr erwarte. Der Erzherzog scheint diese vage Botschaft (sollte sie überhaupt in dieser Form übermittelt worden sein) niemals erhalten zu haben; und wäre es tatsächlich der Fall gewesen, würden ihn keine auch nur angedeuteten oder genauen Namen und Tatsachen zu einem Aufschub seiner Reise veranlaßt haben. Seine allgemeine Einstellung gegenüber ständig gegenwärtiger Bedrohung seines Lebens war in einer Bemerkung zusammengefaßt, die er machte, als einer seiner verläßlichsten Berater auf die Notwendigkeit von Sicherheitsmaßnahmen hingewiesen hatte, falls er eine kurzfristige Reise durch italienisches Gebiet während seines Aufenthalts in Miramare im Frühjahr 1914 machen würde: »Vorbereitungen? Vorsichtsmaßnahmen? Verfügungen des Polizeidirektors? ... Auf all das pfeif' ich. Man ist überall in Gottes Hand. Schauen Sie, aus diesem Gestrüpp rechts von uns könnte sich irgendein Gauner auf mich stürzen... Besorgnisse und Vorsichten lähmen das Leben. Das Fürchten ist immer ein gefährliches Geschäft.«[26]

Doch es gab, obwohl davon nirgends in den zeitgenössischen Berichten seines Gefolges die Rede ist, einen ungewöhnlichen Ausbruch des Erzherzogs, der zeigte, daß er – sei es aus Angst vor der Reise nach Sarajevo oder nicht – irgendwie spürte, daß es eine Reise in die Katastrophe sein würde. Er trug sich in Anwesenheit des jungen Paares, das ihm bald auf den Stufen zum Thron folgen sollte, zu. Die zukünftige Kaiserin Zita berichtet:

Anfang Mai 1914 waren mein Mann und ich in Wien, und Onkel Franz rief uns eines abends an und bat uns hinüber ins Belvedere zum Abendessen zu kommen. Es war eine kleine Mahlzeit im Familienkreis nur mit uns als Gästen. Alles verlief normal – ja geradezu fröhlich – bis nach dem Essen, als die Herzogin die Kinder zu Bett brachte. Nachdem seine Frau das Zimmer verlassen hatte, wandte sich der Erzherzog plötzlich zu meinem Mann und sagte: »Ich habe dir etwas zu sagen, aber ich muß es rasch sagen und

wünsche nicht, daß deine Tante irgend etwas davon erfährt. Ich weiß, daß ich bald ermordet werde. In diesem
Pult befinden sich Papiere, die dich betreffen. Wenn es geschieht, so nimm sie an dich, sie sind für dich.«

Als der Neffe einwandte, es müsse sich hier wohl um einen
Scherz handeln, versicherte sein Onkel ihm, daß es im Gegenteil sein tödlicher Ernst sei. Schließlich fügte Franz Ferdinand
hinzu: »Die Krypta in Artstetten ist jetzt fertig.« In diesem
Augenblick kam Sophie zurück. Das junge Paar tat sein Bestes, um das normale Gespräch wiederaufzunehmen.[27] Doch
dieser hellwachen Todesahnung vor der Abreise und den ma-
kabren Augenblicken während der ersten Phasen der Reise
zum Trotz war der Erzherzog in bestmöglicher Laune, als er
kurz vor halb neun Uhr morgens am 25. Juni in Mostar ankam, um die ersten formellen Zeremonien über sich ergehen
zu lassen. Major Kamodina hieß ihn in der herzegowinischen
Hauptstadt (die zu dieser frühen Morgenstunde noch nicht
im gebirgigen Heizkessel zu kochen begonnen hatte) mit
einer blumigen Ansprache willkommen. Er versicherte ihn
der »unerschütterlichen Treue und Loyalität« des Volkes und
wünschte ihm »ein langes und glückliches Leben« – Gefühle,
die dem Tag keineswegs unangemessen schienen.

Der Erzherzog war die Güte selbst. Er wußte, daß eine angeheiratete Tante des Gouverneurs der Stadt, Baron Manuel
von Pawel-Rammingen, eine geborene Prinzessin Friederike
von Hannover war, und er vergaß nicht, sich nach der Gesundheit der fürstlichen Verwandten zu erkundigen. Und
seine Antwort an den Major endete mit einem schmerzvoll
wiederholten Sinnspruch in serbokroatischer Sprache, der
ein freudiges Echo bei der Menge auslöste. Dann ging es nach
Bad Ilidža, das er am frühen Nachmittag erreichte und wo es
ein freudiges Wiedersehen mit seiner Gemahlin gab. Mit das
erste, was er tat, war die Absendung eines Telegramms an
seine andere Sophie, die 13 Jahre alte kleine Prinzessin, die in
Chlumetz zurückgeblieben war: »Glücklich in Ilidža ange-

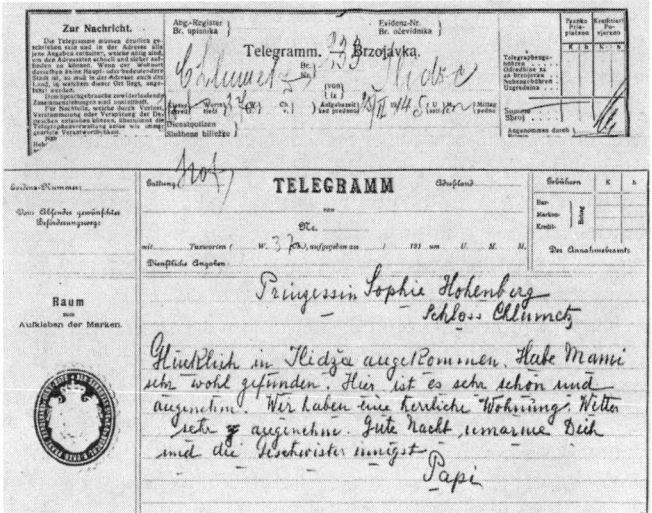

*Die letzte Nachricht, die der Erzherzog an seine 13 Jahre*
*alte Tochter von Sarajevo aus sandte.*

kommen. Habe Mami sehr wohl gefunden. Hier ist es sehr
schön und angenehm. Wir haben eine herrliche Wohnung.
Wetter sehr angenehm. Gute Nacht, umarme Dich und die
Geschwister innigst.«[28] Es war die letzte Mitteilung, die sie
von ihm erhalten sollte.

Was die Mörder anlangte, so verharrte das Haupttrio seit
seiner Ankunft in Sarajevo in Wartestellung, aber von Mü-
ßiggang war man weit entfernt. Čabrinović zum Beispiel unternahm in aller Stille einige Erkundungsgänge nach Bad
Ilidža, den letzten am 20. Juni, dem Tag, an dem der Erzherzog in Chlumetz ankam, um dort das Abschiedswochenende
mit seiner Familie zu verbringen. Wie üblich hatte Čabrinović
allzuviel mit Hinz und Kunz geplappert, aber keinerlei Verdacht kam auf. Grabež ließ sich in Pale, einem Dorf etwa 22
Kilometer südöstlich von Sarajevo entfernt, nieder und kam
mehrmals in die Hauptstadt, um von Princip Aufträge betref-

fend die Vorbereitungen entgegenzunehmen. Princip besprach Plan um Plan mit Ilić und betätigte sich tagsüber auf mancherlei Weise, um seine Miete zu bezahlen. In der Absicht, nicht aufzufallen, brachte er die meisten Abende in Weinlokalen zu, obwohl er bis dahin im Verlauf seines kargen jungen Lebens noch niemals ein Glas geleert hatte. (Der waschechte »junge Bosniak« war so von reiner politischer Leidenschaft entflammt, daß er sexuellen Vergnügungen meist ebenso abschwor wie dem Alkohol, von Opfergeist gegenüber seinen Idealen beseelt.)

Kurz darauf, am Tage der Ankunft des Erzherzogs, gerieten Mörder und Opfer infolge eines eigenartigen Zufalls in unmittelbare Nähe. Die Suite im Hotel Bosna war von einem gewissen Elias Kabiljo, der einen großen orientalischen Laden in der Baš Čaršija, dem alten türkischen Markt von Sarajevo, unterhielt, verschwenderisch möbliert worden. Am 25. Juni um fünf Uhr nachmittags schlug Franz Ferdinand, nachdem man sich einigermaßen gemütlich im Hotel niedergelassen hatte, seiner Gemahlin vor, einen kleinen Bummel zu machen und den Händler zu besuchen, da er, der Erzherzog, ja während der nächsten zwei Tage durch die Manöver in Anspruch genommen sei (hierbei war vermutlicherweise seine unersättliche Begeisterung als Sammler mit am Werke). Gesagt, getan: Während sie verschiedene Einkäufe machten, versammelte sich draußen eine jubelnde Menge. Eine Person in dieser Menge, die sich am Jubel nicht beteiligte, war Gavrilo Princip, der zu dieser Stunde eben vorbeikam. Er hatte seine Pistole bei sich, aber machte keinen Gebrauch von ihr. Der Grund, den er abends im Weinladen Semiz dafür angab, war, daß sich gerade ein Polizist hinter ihm befand. Dagegen ließ er eine Woche später seinen österreichischen Vernehmungsbeamten gegenüber verlauten, er habe gefürchtet, die Herzogin von Hohenberg zu treffen, wenn er in den überfüllten Laden gefeuert hätte. Wie das Motiv auch gelautet haben mag, es gab dem Erzherzog und seiner Gemahlin weitere drei Tage zu leben.

# 12

## Zwei Pistolenschüsse

Am frühen Nachmittag des 27. Juni, eines Samstags, waren die Manöver des 14. und 16. Armeekorps in den unwirtlichen Gebirgszügen östlich von Sarajevo vorbei.[1] Das Wetter war wechselhaft gewesen – dem Regen und sogar Schneestürmen am ersten Tag war am zweiten Tag etwas Sonnenschein gefolgt –, doch war der Erzherzog in jedem Fall jener drückenden feuchten Hitze entkommen, die er seines Asthmas wegen so sehr fürchtete. Statt dessen, so bemerkte sein Adjutant, dürften sie wohl bald wieder in die erfrischende Luft ihres heimatlichen Landes Steiermark zurückkehren.[2]

Da die gestellte Schlacht zwischen »Blau« und »Rot« ebenfalls gut verlaufen war (die Truppen waren während der vergangenen sechs Jahre zweimal voll mobilisiert worden, 1908 und 1912/13, und waren deshalb voll ausgebildet), so hatte der Erzherzog jeden Grund, in bester Laune zu sein – was spöttelnd zum Ausdruck kam, als ein einzelner Zivilist plötzlich aus dem Dickicht hervor auf die uniformierten Gestalten der Generalstabsoffiziere lossprang und mit einem langen schwarzen Rohr auf den Thronfolger zielte. Ein Gendarmerieoffizier ergriff den Eindringling sofort beim Kragen wie einen mutmaßlichen Mörder. Der Erzherzog, der den Mann erkannte, brach in schallendes Gelächter aus. »Aber das ist doch der Hofphotograph«, rief er aus, »laßt's ihn doch aus; das ist doch sein Geschäft. Die Leute wollen ja auch leben.«[3]

Zurück in Ilidža, sandte er einen kurzen Bericht an den Kaiser (der sich zur Zeit wieder in seinem geliebten Sommerferienort Bad Ischl aufhielt) und pries die hohe moralische und militärische Leistungskraft der Truppen. Das Telegramm schloß: »Morgen besuche ich Sarajevo und reise abends ab.« Um Haaresbreite wäre dieses Programm geändert worden, als der Zufall einmal mehr an sein Schicksal rührte.

Im Hotel Bosna wurde für 40 Gäste ein zwar frühes, aber reichhaltiges Diner serviert. General von Conrad (der den Manövern als Beobachter beigewohnt hatte) verabschiedete sich alsdann vom Erzherzog und sagte ihm, er wolle sofort zur Inspektion nach Karlowitz aufbrechen. Die Generalstabsoffiziere sowie einige andere Offiziere der großen Gesellschaft reisten mit ihm ab. Dies veranlaßte Baron Rumerskirch, Franz Ferdinands Haushofmeister, nach Tisch vorzuschlagen, es sollten doch alle diesem Beispiel folgen und den Besuch noch hierhin und dorthin ausdehnen, da der Hauptzweck der Reise doch zur Befriedigung aller erreicht sei. Rumerskirchs Gedanken kreisten dabei nicht etwa um die Möglichkeit von Mord; aber schon die Gefahr feindlicher Demonstrationen beunruhigte ihn, ein Gesichtspunkt, der ihn seinerzeit in Wien veranlaßt hatte, sich als erster gegen die Reise auszusprechen. [4] Über die Frage wurde des längeren in Gegenwart des Erzherzogs debattiert. Andere sprachen sich zugunsten von Rumerskirchs Vorschlag aus, und es gab einen Augenblick, da schien es, als ob Franz Ferdinand selbst dafür gewonnen sei.

Das Programm für den 28. Juni enthielt mehr oder weniger Nebensächlichkeiten: Routineinspektionen von Militärlagern, Museumsbesuche, der unvermeidliche Besuch des Rathauses mit seinen voraussehbaren Willkommensadressen. Sophie hatte ohnehin die meiste Zeit der vorangegangenen zwei Tage mit dem Besuch der großen Moschee verbracht, ferner der berühmten Teppichfabrik und all der anderen Sehenswürdigkeiten der Stadt, dazu Schulen und die hauptsächlichen religiösen Gemeinschaften besucht, wobei Geld aus der Privatschatulle des Erzherzogs verteilt wurde. Die bosnische Hauptstadt konnte sich also nicht beklagen, daß man von ihr keine Notiz nähme. Sowohl Franz Ferdinand als auch seine Gemahlin zählten schon die Stunden, bis sie wieder nach Böhmen zurückkehren, ihre Kinder abholen und dann nach Blühnbach weiterreisen würden, wo sie den Rest des Sommers zu verbringen gedachten. Weit davon entfernt, sich durch den Gedanken an die Änderung eines offiziellen

Programms aus der Ruhe bringen zu lassen, hatte Franz Ferdinand sogar stets seine Freude an der Verwirrung, die das plötzliche Umstürzen von Plänen rings um ihn stiftete.[5] Die Würfel schienen zugunsten einer unverzüglichen Abreise gefallen zu sein.

Die Offiziere aus General Potioreks Stab waren jedoch dagegen, ihre hochrangigen Gäste einen Tag früher zu verlieren, gerade jetzt, da ihre eigenen militärischen Unternehmungen so reibungslos abgelaufen waren. Oberstleutnant Erik von Merizzi legte besonders überzeugend dar, daß die vorzeitige Abreise des Erzherzogs tiefe Verstimmung hervorrufen würde, besonders unter den loyalen monarchistischen Elementen der Bevölkerung.[6] Dieses Argument gab schließlich den Ausschlag. Die Debatte darüber tat der allgemeinen Stimmung keinerlei Abbruch. Die Gesellschaft saß weiter bis Mitternacht beim Cognac zusammen, der Erzherzog immer noch in allerheiterster Laune.

Während sich dies in Bad Ilidža abspielte, vervollständigten die Mörder in Sarajevo ihre Vorbereitungen, bar jeglicher Ahnung, daß ihnen ihr Opfer beinahe durch die Lappen gegangen wäre. Ilić als technischer Organisator verteilte am Nachmittag und Abend des 27. Juni Waffen an die am Ort zusammengezogenen Verstärkungen: den Moslem Mehmedbašić und zwei blutjunge Studenten aus Sarajevo, Čubrilović und Popović. Abermals waren Caféhäuser als Treffpunkte vereinbart. Die Studenten, von denen ohnehin nicht viel zu erwarten war, waren in ihrem Leben niemals mit einer Bombe oder mit einer Pistole umgegangen. Und für ein Training gab es jetzt keine Gelegenheit. Ilić machte ihnen lediglich klar, daß man nur die Zünderkappe von den Bomben entfernen, sodann bis zehn zählen und sie schließlich ins Ziel schleudern müsse. Was die Pistole betraf, so blieb ihm nur Zeit, etwas über ihre Sicherung zu sagen, als er ihnen die Waffen voll geladen mit sieben Geschossen übergab. Jedem Studenten wurde auch noch mit kürzeren Instruktionen als üblich seine Dosis Gift übergeben.

Die kaum erwachsenen jungen Leute rannten weg, als ob ihnen neue aufregende Spielsachen übergeben worden wären, womit sie sich amüsieren könnten, und sie erzählten sofort verschiedenen befreundeten Studenten in der Stadt, was sie vorhatten: »Sie würden morgen ein Attentat ausführen und ein jeder hätte zu diesem Zweck eine Bombe und einen Revolver.«[7] Sie forderten ihre Kameraden sogar auf, die Waffen in ihren Taschen zu befühlen, um ihnen zu zeigen, daß sie keinen Spaß machten. Ihr Geplapper entzog sich den Ohren der Polizei, die, wie später ruchbar wurde, sich nicht einmal Mühe gegeben hatte, einen wohlbekannten Unruhestifter wie Princip zu überwachen, trotz der Tatsache, daß seine Adresse in Sarajevo schon seit dem 15. Juni in aller Form registriert worden war.

Princip und seine beiden Genossen aus Belgrad führten sich an demselben Sonnabend auf wie zu allem entschlossene Verschwörer, die sie auch waren. Um die Risiken zu vermindern, richteten Princip und Ilić es so ein, daß die Waffen erst ein paar Stunden vor dem Überfall ausgegeben wurden. Für dieses Mal wurde dazu kein Caféhaus ausgesucht. Statt dessen wählte man die Konditorei Vlajnić in der Čumurija-Straße als harmlos erscheinenden Treffpunkt aus, und Čabrinović und Grabež wurden auf Sonntagmorgen, acht Uhr, dorthin bestellt. Diese Nacht pilgerten sie alle getrennt zum Kosovo-Friedhof von Sarajevo, wo Žerajić, der Held des mißlungenen Mordversuchs von 1910, begraben liegt. Princip war der letzte, der das Heiligtum besuchte. Es geschah während seines Heimwegs vom Weingeschäft Semiz, kurz vor Mitternacht, und er legte einige Blumen auf das Grab. Nachdem er erst einmal wieder sicher in seiner Behausung angekommen war, vervollständigte er seine geistige Vorbereitung für die Tat durch Lektüre von Werken russischer Anarchisten. Schließlich legte er sich schlafen, mit dem schmäler gewordenen Vorrat von Waffen unter seinem Bett.[8]

Ein Tag glänzenden Sonnenscheins zog mit Sonntag, dem 28. Juni, herauf. Während der Erzherzog und seine Gemahlin im Verlauf der Messe in ihrer Privatkapelle im Hotel Bosna niederknieten, waren ihre jungen Mörder in der Konditorei dabei, die letzten Vorbereitungen zu treffen, um Franz Ferdinand zu töten. Bis zuletzt behielt Čabrinović sein theatralisches und fröhliches Wesen. Bevor er in den hinteren Raum schlüpfte, um seine Bombe und Pistole zu holen, verzehrte er in aller Ruhe drei Stück Kuchen und überredete einen Freund, dem er draußen in die Arme gelaufen war, mit ihm zu kommen und sich photographieren zu lassen. Obgleich der Photograph, ein gewisser Joseph Schrei, versprach, daß die Bilder in einer Stunde fertig sind, schien dies doch dem reichlich gleichgültigen Čabrinović zu kurz bemessen. Anstatt sie abzuholen, bat er den Mann, eine Reihe von Abzügen an verschiedene Verwandte und Bekannte zu schicken, die zwischen Belgrad und Triest lebten. Die an diesem Morgen angefertigte Photographie ist noch erhalten. Obwohl die Pistole den Blicken verborgen war, kann man doch an der Ausbuchtung im Jackett die Bombe erkennen, die der Photographierte in aller Ruhe verbarg.

Der gegenwärtig gültige Überfallplan war von Ilić und Princip ausgearbeitet worden, nachdem das Programm des Erzherzogs in allen Einzelheiten mit Zeitangaben in der lokalen Presse veröffentlicht worden war. Er war einfach, ja geradezu naiv in seiner Gestaltung und veranlaßte die drei jungen Freiwilligen, nachdem die Offiziere der »Schwarzen Hand« nach ihrer Rückkehr in Belgrad überglücklich waren, sie bewaffnet, ausgebildet und schließlich nach Sarajevo geschmuggelt zu haben, an Ort und Stelle nach ihren eigenen Eingebungen ohne den Vorteil irgendwelcher Ratschläge eines Leitungsstabs zu handeln.

Die bosnische Hauptstadt wird von der Miljacka in zwei Teile getrennt, einem etwa 20 Meter breiten Fluß, dessen Lauf – langsam und träge im Hochsommer – von einem halben Dutzend Brücken überspannt ist. Nur auf einem Ufer, dem der alten Türkenstadt mit ihren neuen österreichischen Erweiterungen, verläuft eine durchgehende Straße, und auf

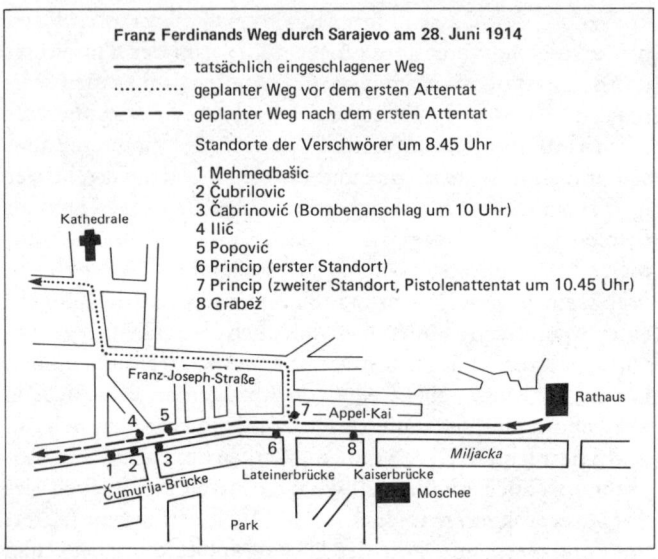

Franz Ferdinands Weg durch Sarajevo am 28. Juni 1914

———— tatsächlich eingeschlagener Weg

············ geplanter Weg vor dem ersten Attentat

– – – – geplanter Weg nach dem ersten Attentat

Standorte der Verschwörer um 8.45 Uhr

1 Mehmedbašic
2 Čubrilovic
3 Čabrinović (Bombenanschlag um 10 Uhr)
4 Ilić
5 Popović
6 Princip (erster Standort)
7 Princip (zweiter Standort, Pistolenattentat um 10.45 Uhr)
8 Grabež

Kathedrale

Franz-Joseph-Straße

Appel-Kai

Rathaus

Miljacka

Čumurija-Brücke

Lateinerbrücke   Kaiserbrücke

Moschee

Park

ihr, damals Appel-Kai genannt, würde sich die Autokolonne des Erzherzogs auf ihrer Fahrt zum Rathaus bewegen, das einer Brücke in einiger Entfernung gegenüberliegt. Die sechs bewaffneten Fanatiker hatten sich zwischen den drei Brücken verteilt, die unterhalb der Fahrstrecke des Erzherzogs lagen – eine Gesamtentfernung von etwa 300 Metern – wobei sich vier von ihnen rings um die Čumurija-Brücke konzentrierten, an der der Erzherzog vorbeifahren mußte, um in die eigentliche Stadt zu gelangen. Alle drei Sarajevo-Studenten wurden hier postiert, mit dem unbewaffneten Ilić als Beobachter.

Für den Fall eines Fehlschlags war einer der »ernsthaften« Mörder, Čabrinović, ausersehen, in ihrer unmittelbaren Nähe Stellung zu beziehen. Princip und Grabež gingen nahe bei ihnen auf ihre Posten, und zwar an der Lateinerbrücke und der Kaiserbrücke, die die nächsten entlang des Weges waren.

320

Zu jener Tageszeit würde die Sonne den Fluß bescheinen sowie den Kai, der an ihm entlang verläuft. Dies bedeutete, daß die Menge sich im Schatten der Häuser auf der anderen Seite drängen und daß der Bürgersteig des Kais nur sehr spärlich bevölkert sein würde. Trotzdem wurden alle bis auf einen der bewaffneten jungen Leute, und zwar alle drei der Hauptgruppe, auf der Kaiseite postiert, wo sie natürlich auffallen würden.

Vielleicht hatte Ilić über das Wetter überhaupt nicht nachgedacht. Aber vielleicht hatte er es doch und aus der Wetterlage den Schluß gezogen, daß es für das Gros seiner Männer besser wäre, frei vom Druck der Menge und der Polizisten zu sein. Vielleicht dachte er, daß der seichte Fluß und der Park am entfernten Ufer bessere Möglichkeiten des Entkommens bieten würden als das Labyrinth der kleinen Gassen der Altstadt. Aber unter dieser Voraussetzung sollte schließlich keiner von ihnen entkommen können.

Hätten alle sechs Fanatiker zu ihrem Wort gestanden, so wären an jenem Morgen sechs Pistolen leergeschossen, sechs Bomben geschleudert und sechs Dosen Zyankali geschluckt worden. Schließlich war es die 525. Wiederkehr des Vidov-Dan, und für jeden bosnischen Extremisten war der Erzherzog die Reinkarnation des verhaßten Sultans Murad im 20. Jahrhundert. Außerdem war hier viel leichter an ihn heranzukommen. Doch zeugt der Ablauf des Geschehens von weit weniger Entschlossenheit, als sich etwa zwanzig Minuten nach zehn Uhr (das Programm hatte sich um zwanzig Minuten verspätet) die Autokolonne der Čumurija-Brücke näherte.

Sie bestand, um damit zu beginnen, aus sieben Fahrzeugen mit einem Abstand von etwa 30 Metern zwischen jedem. Im ersten fuhren Offiziere der Polizei von Sarajevo. Sie hatten Franz Ferdinands Privatdetektive einfach zur Seite gedrängt, als die Kolonne in den Kasernen zusammengestellt wurde, und die Plätze für sich mit Beschlag belegt. Der zweite Wagen beförderte den Bürgermeister Čurčić mit seiner Begleitung.

321

Der Erzherzog und seine Frau saßen im dritten Auto, dem berühmten offenen Sechssitzer »Doppel-Phaeton«, der dem Grafen Franz Harrach gehörte. Der Eigentümer saß vorn neben dem Chauffeur, einem gewissen Leopold Loyka (der eigenhändig im Begriff war, einen Weltkrieg herbeizuführen). Dahinter, mit dem Rücken zu Harrach, saß auf einem Klappsitz der Militärgouverneur, General Potiorek; er saß gegenüber vom Erzherzog und Sophie, die nebeneinander auf dem Hauptsitz saßen. In den vier Wagen dahinter saßen das Gefolge des Erzherzogs, Mitglieder des Stabes des Gouverneurs und aus mancherlei Gründen der Chef der Fiat-Werke in Wien, Herr Adolf Egger, für den dies ein besonders stolzer Tag gewesen sein mußte.

Der Erzherzog glänzte in großer Uniform eines Generals der Kavallerie: hellblauer Waffenrock, dunkle Hosen mit roten Streifen, und vom Hut wehte das unverwechselbare Symbol eines Habsburger Heerführers, ein Büschel von grünen Papageienfedern. Sophie hatte auch Federn auf ihrem breitrandigen Hut – und zwar Straußenfedern – und war im übrigen in ein weißes Seidengewand gekleidet.

Čabrinović hatte seinen Platz an der Čumurija-Brücke schon vorzeitig eingenommen und die Zeit damit zugebracht, sich mit Hilfe von Zeichen und Gesten mit einer stadtbekannten Figur, dem taubstummen Jungen Moritz Alkalaj, zu »unterhalten«. Dann entstand Bewegung, und Stimmengewirr erhob sich in der Menge, als man die Kolonne näher kommen sah. Einer von Sarajevos Polizeidetektiven (die Stadt zählte deren 150 insgesamt) kam in diesem Augenblick gerade vorbei. »Welcher ist der Wagen des Erzherzogs?« fragte Čabrinović. »Der dritte«, antwortete der Detektiv und schaute gebannt auf die herankommenden Wagen statt, wie er angewiesen war, auf die Zuschauer ringsum. So kam die Polizei Čabrinović nochmals zu Hilfe.

Als dieser sah, daß die Kolonne vorüberfuhr, ohne daß einer der drei Verschwörer von Sarajevo rings um ihn auch nur einen Finger rührte (ihre Entschuldigungen, die sie später vorbrachten, waren, daß sie entweder durch die Anwesenheit von Gendarmen daran gehindert wurden oder daß sie »Mitleid mit der Herzogin« empfanden), versuchte er, auf eigene Verantwortung zu handeln. Er zog die Bombe aus seinem Jackett hervor, schlug die Zündkapsel mit lautem Knall gegen einen eisernen Strommast der Straßenbahn und schleuderte sie unmittelbar in Richtung auf die grünen Federn. Ein Augenzeuge, der auf dem Bürgersteig gegenüber stand, sagte aus, daß er zunächst gedacht habe, Čabrinović wäre gerade dabei, eine Pfeife auszuklopfen, was in Gegenwart einer fürstlichen Person doch äußerst respektlos zu sein schien.

Aber der Möchtegern-Mörder, der weit mehr als nur respektlos sein wollte, hatte alles verkehrt berechnet. Entweder hatte er ganz einfach vergessen, bis zehn zu zählen, bevor er die Bombe warf – wie es ihm in Belgrad beigebracht worden war – oder, was wahrscheinlicher ist, er ließ die Autokolonne zu nahe an sich herankommen. Die Bombe verfehlte die glänzenden grünen Federn um wenige Zentimeter, schlug sodann auf das Verdeck des Autos auf, das nach hinten geklappt war, um schließlich zischend im Rinnstein zu landen. Einige Zeugen bekundeten, daß der Erzherzog seine Hand emporgehoben habe, als ob er einen fliegenden Gegenstand hätte abwehren wollen, aber mit ihm nicht in Berührung geraten sei. Die Bombe lag noch weitere acht oder neun Sekunden rauchend da und explodierte gerade, als der vierte Wagen der Kolonne über sie hinwegfuhr.

Splitter flogen in alle Richtungen. Fensterscheiben und Straßenlaternen gingen entzwei, die hölzernen Rolläden eines nahebei gelegenen Ladens zersplitterten, und ein Loch, etwa 30 Zentimeter breit und 15 Zentimeter tief, wurde in das Granitpflaster der Straße gerissen. Rund zwanzig Personen in der Menge wurden verwundet, doch in dem Auto selbst wurde nur ein Passagier ernstlich verletzt. Es war der Adjutant des Gouverneurs, Oberstleutnant von Merizzi, der Offizier, der im Verlauf der Diskussion im Hotel Bosna am Abend zuvor weitgehend dafür verantwortlich war, daß sie diesen Sonntagmorgen alle den Appel-Kai hinabfuhren. Er erlitt eine tiefe Wunde am Hinterkopf und wurde nach dem ersten Notverband durch einen Arzt, der seine Praxis in einem Haus fast unmittelbar gegenüber dem beschädigten Fahrzeug ausübte, zur weiteren Behandlung ins Garnisonspital gefahren.

Was die übrigen Verschwörer rings um die Brücke anlangt, so stoben sie gleich Bombensplittern auseinander – und beinahe genauso schnell. Čabrinović, der später aussagte, er hätte gerade noch Zeit gehabt, zu sehen, wie der Erzherzog »seine kalten durchbohrenden Augen auf mich« gerichtet habe, sprang über das Geländer an der Böschung in den Fluß, wo er versuchte, mit einer Handvoll Wasser aus der trüben Miljacka das Zyankalipulver zu schlucken. Weder das Zyankalipulver, wovon er in seiner Erregung das meiste verschüttete, noch das (angesichts der sanitären Verhältnisse in Sarajevo) fast gleichermaßen giftige Wasser des Flusses hatten irgendwelche Wirkung, jetzt oder später. Er wurde binnen Sekunden von wütenden Zuschauern und erregten Gendarmen überwältigt.

Die anderen drei Möchtegern-Mörder, statt ihre Bomben und ihre Kugeln in die in Unordnung geratene Kolonne zu werfen beziehungsweise abzufeuern, nachdem diese kurz angehalten hatte, um den schwerbeschädigten vierten Wagen ausscheren zu lassen und seine unverwundeten Passagiere auf die übrigen Fahrzeuge dahinter zu verteilen, ergriffen eilends die Flucht. Um das Bild zu vervollständigen, lief der kleine taubstumme Junge, der sich noch einige Sekunden vor dem Angriff gestikulierend mit Čabrinović unterhalten hatte, wie ein erschrecktes Kaninchen über die Brücke davon, damit die Polizei nicht denken solle, er habe irgend etwas mit der Sache zu tun.

Eine Bombe, die ihr Ziel verfehlte, aber eine vollkommene Panik unter all den am Ort rekrutierten Verschwörern hervorrief, ein mißlungener Selbstmordversuch und eine Verhaftung: das war soweit der ganze Erfolg der Aktion. Es sah aus, als ob sich das Fiasko des jungbosniakischen Sarajevo von 1910 wiederholen sollte. Inzwischen war es halb elf Uhr vormittags geworden.

Daß die Dinge dann noch ganz anders verliefen, war Princip zuzuschreiben. Doch es war nur der geradezu tollen und unvorhersehbaren einmaligen Gelegenheit dieser ganzen Kette von Zufällen zu verdanken, daß seine Stunde überhaupt kam. Er stand gegen das Geländer der Lateinerbrücke, etwa 130 Meter weiter unterhalb des Weges der Kolonne, und hörte die Explosion, aber er hatte weder irgendeine Vorstellung von ihrer Wirkung noch von ihrer Ursache. Dann sah er, wie Čabrinović im Fluß beim Kragen genommen und abgeführt wurde. Blitzschnell kam ihm der Gedanke, am Ufer entlang hinzulaufen, seinen Kameraden zu töten, um das Geheimnis des Komplotts zu hüten, und dann Selbstmord zu begehen.

Während diese Ideen durch sein Hirn jagten, rasten Mitte und Ende der wieder in Ordnung gebrachten Kolonne, die sich in höchster Eile in Bewegung gesetzt hatte, an Princip und Grabež vorbei auf dem Weg zum Rathaus, bevor die beiden überhaupt Zeit fanden, etwas zu unternehmen. Beide, die letzte Hoffnung der Mordverschwörung, müssen an den glänzend grünen Federn, die über der blauen Uniform wehten, sowie an denen der stattlichen Dame daneben erkannt haben, welches der Wagen des Erzherzogs war. Sie dürften auch etwas anderes gesehen haben, nämlich einen Offizier, der auf dem Trittbrett der anderen Seite des Steuers stand (der Wagen hatte Rechtssteuerung). Es war Graf Harrach, der seinen Sitz neben dem Chauffeur verlassen und sich der Gefahr ausgesetzt hatte, durch seine hohe Gestalt den Erzherzog vor weiteren Mißhelligkeiten mit Leib und Leben zu schützen.

Die Szene, zu der es jetzt im Rathaus kam, ähnelte irgendwie einer finsteren Farce. Der Bürgermeister hatte seinen Wagen an der Čumurija-Brücke nicht angehalten, weil er die Bombenexplosion für eine neue Begrüßungssalve der auf der sogenannten »Gelben Bastion« stationierten Artillerie gehalten hatte. Er war also weitergefahren und wartete jetzt, umgeben von führenden zivilen und religiösen Würdenträgern der Hauptstadt, auf den breiten Treppenstufen draußen auf das fürstliche Paar, als ob nichts Besonderes passiert wäre. Der Unglücksrabe erging sich sogar im Stil seiner ursprünglichen Willkommensansprache: »Eure Kaiserliche Hoheit und Königliche Hoheit! Hochbeglückt sind unsere Herzen über den gnädigsten Besuch...« Es wurde ihm erst klar, daß irgend etwas auf schmähliche Weise schiefgegangen sein mußte, als der Erzherzog ihn unterbrach: »Herr Bürgermeister! Da kommt man nach Sarajevo, um einen Besuch zu machen und man wirft auf einen mit Bomben. Das ist empörend! So, jetzt können Sie sprechen.«

Hierauf verlief alles Weitere nach hohem Protokoll. Der Bürgermeister beendete seine Ergebenheitsadresse in unabgeänderter Form, und der Erzherzog erwiderte in der vorgesehenen Weise. Nur am Ende änderte er seine Ansprache, indem er erklärte, die Freude des Volkes »über das Mißlingen des Attentats« sei ein neuerlicher Beweis seiner Treue und Ergebenheit gegenüber der Krone.

Was freilich noch entschieden werden mußte, war, ob und wie nach diesen Demonstrationen Treue und Ergebenheit auch weiter ihre Probe bestehen würden. Jetzt war erst mal der schwere Fehler begangen worden – wobei es gleichgültig ist, wo über den nächsten entschieden wurde –, die Straßen nicht mit jedem Soldaten und Offizier, die man binnen kurzem auf die Beine bringen konnte, abzusichern. Die zwanzigtausend Mann, die tags zuvor ihre Manöver beendet hatten, hätten sofort zur Verstärkung befohlen werden können. Sie befanden sich noch draußen im Gelände und hätten während des Restes des Tages an Ort und Stelle geführt werden können. Außerdem standen 250 Mann zur sofortigen Verfügung in der Stadt. Sie wurden aus unerklärlichen Gründen nicht eingesetzt, obwohl ein Offizier aus dem Stab des Gouverneurs, Major Höger, später bemerkte, er habe darauf gedrungen, die Straßen durch Militär räumen zu lassen, bevor der Erzherzog überhaupt einen Schritt nach draußen tue.

Franz Ferdinand dagegen schien die Ruhe selbst zu sein, wenn auch in seiner typisch sarkastischen Verfassung voller Galgenhumor. »Mir scheint, wir werden heute noch einige Kugeln bekommen«, so soll er gesagt haben, und der Satz war ganz und gar am Platze. So verhält es sich auch mit einer anderen von ihm überlieferten Bemerkung, wonach Bombenwerfer, statt bestraft zu werden, »nach echt österreichischer Manier eine hohe Auszeichnung erhalten und ihre Laufbahn womöglich noch als Geheimer Staatsrat beenden würden«.[9]

Es war Franz Ferdinands Pflichtgefühl als Generalinspekteur der Streitkräfte, das den weiteren Ablauf der Dinge entschied. Was auch immer geschehen mochte, er kündigte an, daß er Merizzi im Garnisonspital besuchen würde, denn der Offizier wäre schließlich seinetwegen verwundet worden. Er schickte seinen Sekretär ins Obergeschoß des Rathauses, wo Sophie gerade die türkischen Damen der Stadt empfing, mit der Weisung, gemeinsam mit ihr nach Bad Ilidža zurückzu-

*Der Erzherzog und Sophie auf der Treppe*
*des Rathauses von Sarajevo kurz*
*vor ihrer Ermordung am 28. Juni 1918.*

kehren, und zwar in einem besonderen Fahrzeug. Aber als Baron Morsey oben erschien, bereits mit dem Reisemantel der Herzogin über dem Arm, stieß er auf strikte Weigerung. Sophie sagte zu ihm, sie werde, solange sich der Erzherzog in der Öffentlichkeit zeige, nicht von seiner Seite weichen.[10] Damit hatte Sophie ihr eigenes Schicksal besiegelt.

Ein heilloses Durcheinander entstand jetzt. Das fürstliche Paar stieg die breiten Stufen des Rathauses zwischen den Reihen von sich tief verbeugenden Würdenträgern hinab und nahm wieder seine alten Plätze im Wagen von Graf Harrach ein. Wie zuvor saß General Potiorek auf seinem Platz, und zwar auf einem Klappsitz Franz Ferdinand und Sophie gegenüber, und ebenfalls wie zuvor stellte sich der Graf selbst auf das Trittbrett der linken Wagenseite, um dem Erzherzog einigermaßen Schutz zu gewähren. Das alte Programm, das vorsah, bei der Lateinerbrücke auf der Rückfahrt nach rechts abzubiegen und auf einer Rundfahrt durch die Stadt das Museum zu besuchen, war umgestoßen worden. Statt dessen sollte die Kolonne die Uferstraße geradeaus entlangfahren, ohne den Appel-Kai zu verlassen, und auf dem Weg zum Hotel Bosna und zurück erst am Garnisonspital halten, das am Stadtrand lag.

Der Bürgermeister und der Polizeichef, Dr. Gerde, sollten mit ihrem Wagen an der Spitze der Kolonne fahren, und der Chauffeur des Erzherzogs war angewiesen worden, ihnen zu folgen. Man hatte gehört, wie Bardolff, Chef der Militärkanzlei des Erzherzogs, Dr. Gerde genau über die abgeänderte Route instruierte und der Polizeichef die Instruktionen – wenn auch etwas oberflächlich – bestätigte, während er als erster die Stufen hinabeilte.

Ob der Polizeichef nun genau zugehört hatte oder das Opfer eines Mißverständnisses geworden war oder versäumt hatte, seinen eigenen Chauffeur zu instruieren, ist nicht klar. Jedenfalls waren er und Major Čurčić diejenigen, welche die Katastrophe unmittelbar verursachten. Die Kolonne passierte auf der Rückfahrt die Kaiserbrücke ohne Zwischenfall, obgleich Grabež, bewaffnet mit seiner Bombe und einer geladenen Browning-Pistole, immer noch dort stand, [11] bewegte sich dann aber langsam bis zur Lateinerbrücke, wo es rechts in die Franz-Joseph-Straße zur Stadt ging, der Weg, der im ursprünglichen Programm vorgesehen war. Chauffeur Loyka, der einfach dem Wagen vor ihm folgte, schickte sich zum Einbiegen an. General Potiorek bemerkte zu spät, was vor sich ging und fuhr den Chauffeur an, dem Polizeiwagen nicht zu folgen, sondern zurück zum Appel-Kai zu fahren. Während dieser mit den Gängen hantierte, stieg Potiorek auf eines der in jenen Tagen außen angebrachten Trittbretter des Autos, und während dieses für einige Sekunden anhielt, und zwar in nur ganz kurzer Entfernung von der Menge auf dem Bürgersteig, gingen die Schüsse los.

Wie es Princip überhaupt gelang, diese Schüsse abzufeuern, ist das unwahrscheinlichste aller außergewöhnlichen Ereignisse jenes Tages. Obwohl kaum damit zu rechnen war, daß die Autokolonne nach dem Bombenzwischenfall den ursprünglich festgelegten Rückweg ändern würde, hatte Princip trotzdem seine Stellung bei der Flußufermauer verlassen, die Straße überquert und Aufstellung an der Ecke der Straßenkreuzung gegenüber genommen. Aber selbst hier hätte er kein klares Schußfeld hin zum Erzherzog gehabt, hätte Graf Harrach, der nur an die Möglichkeit eines Anschlags von der Uferstraße her dachte, nicht auf dem linksaußen angebrachten Trittbrett gestanden, so daß er dem Erzherzog keinen Schutz von der rechten Seite her gewährte. Und Princip hätte nicht einen einzigen Schuß abgeben können, wenn ihn ein Polizist, der unmittelbar hinter ihm stand, zur rechten Zeit beim Kragen gepackt hätte. Aber wie die Lage nun einmal war, der Detektiv wurde von einem jungbosnischen Enthusiasten, Simon Pušara, in die Seite gestoßen, als er versuchte, Princips Arm nach unten zu schlagen, und der Mörder sah sich der Herzogin von Angesicht zu Angesicht gegenüber mit dem Erzherzog als offenem Ziel an ihrer Seite.

Er behauptete später, er habe einen Augenblick lang Hemmungen verspürt, in einen Wagen mit einer Dame darin zu feuern, was wohl glaubhaft erscheint. Seine andere Behauptung, er habe seinen Kopf zur Seite gedreht, als er abdrückte, ist sicherlich wahr, denn sie wurde von Augenzeugen rings um ihn bestätigt. Mit anderen Worten, Princip schaute nicht einmal auf seine Opfer, als er zuerst die Herzogin mit einer Kugel in den Magen traf und sodann mit einer zweiten Kugel den Erzherzog in den Hals. Der schwache, vom ersten Schuß herrührende Rückstoß dürfte von selbst in etwa den Lauf für den zweiten erhöht und somit das eigentliche Ziel des Mörders ausgesucht haben.

Die verläßlichste – und anschaulichste – Beschreibung dessen, was hierauf geschah, stammt von Graf Harrach. Sie nimmt den Faden in dem Augenblick auf, in welchem das Auto hastig aus der Franz-Joseph-Straße ausbog, um sodann unmittelbar über die Lateinerbrücke auf die andere Seite des Flusses und in den Schutz des Konak zu fahren, des alten Palastes von Sarajevos ehemaligem türkischen Gouverneur.

»Während das Auto rasch reversierte, spritzte ein dünner Blutstrahl aus dem Munde Seiner Kaiserlichen Hoheit auf meine rechte Backe. Während ich mit einer Hand mein Taschentuch zog, um das Blut vom Munde des Erzherzogs abzuwischen, rief Ihre Hoheit: ›Um Gottes willen! Was ist dir geschehen?‹ Worauf sie vom Sitze hinabsank, mit dem Gesichte zwischen den Knien des Erzherzogs. Ich ahnte gar nicht, daß sie getroffen wäre, und dachte, sie sei aus Schreck ohnmächtig geworden. Auf das sagte Seine Kaiserliche Hoheit: ›Sopherl, Sopherl! Stirb mir nicht! Bleibe für meine Kinder!‹[12] Auf das ergriff ich den Erzherzog beim Rückkragen, um das Vorsinken des Kopfes zu verhindern, und frug ihn: ›Leiden Eure Kaiserliche Hoheit sehr?‹ Worauf er deutlich antwortete: ›Es ist nichts.‹ Nun verzog er etwas sein Angesicht und wiederholte sechs – siebenmal immer mehr das Bewußtsein verlierend und immer in leiserem Ton: ›Es ist nichts.‹ Dann trat eine sehr kurze Pause sein, worauf ein heftiges Röcheln infolge des Verblutens eintrat, welches bei der Ankunft im Konak aufhörte.«[13]

Einige Ärzte rannten hinter dem Wagen her (es waren noch fünf Minuten bis zum alten türkischen Palast), andere eilten vom Lazarett aus dorthin. Aber weder der Erzherzog noch seine Gemahlin, die in den ersten Stock und zu Bett gebracht wurden, kamen wieder zum Bewußtsein. Ungefähr eine Viertelstunde später starben sie innerhalb von Minuten und beide nur wenige Zentimeter voneinander entfernt.

Es war ein südslawischer Mörder – innerhalb von Minuten im Griff der Polizei, blutend und von Säbelhieben und -stößen getroffen –, der abgedrückt hatte, um den Erben des österreichischen Throns und dessen Gemahlin zu töten. Aber der wirkliche Mörder war die österreichische Schlamperei, das Talent für jenes unbekümmerte Durcheinander, das den Erzherzog sein Leben lang in Wut über seine Landsleute versetzt hatte. Es hatte die Dynastie immer wieder zur Verzweiflung gebracht. Jetzt, auf eine Art und Weise, die selbst der Erzherzog nicht voraussehen konnte, führte sie schließlich zum Ende dieser Dynastie, und von vielem anderen dazu.

# 13

## Requiem

Als das tote Paar in die oberen Räume des Konak gebracht worden war, um einbalsamiert und eingesargt zu werden – er mit dem Kruzifix seines Sekretärs in den weiß behandschuhten Händen, sie mit dem Blumenstrauß, der ihr eine halbe Stunde zuvor von den moslemischen Damen von Sarajevo überreicht worden war, dicht bei ihrem Haupt –, begann das

Gefolge des Erzherzogs mit der furchtbaren Aufgabe, die Nachricht zu verbreiten. Die Tische, die im Konak für ein formelles Mittagessen zu Ehren der Opfer gedeckt worden waren, wurden abgeräumt und in Arbeitstische verwandelt; die Blumen wurden nach oben zu den Toten gebracht. Jedermann wurde aus Ilidža herbeigeholt, um bei der schwierigen Aufgabe behilflich zu sein. Telefon- und Telegrafenlinien wurden angewiesen, jede Art von Berichten nach außen anzuhalten, bevor nicht alle offiziellen Botschaften übermittelt worden waren (freilich vergeblich, wie sich herausstellte).[1]

Der erste, der unterrichtet wurde, war natürlich der Kaiser, obwohl niemand in Sarajevo annahm, in unmittelbaren persönlichen Kontakt mit dem 84jährigen Halbgott zu kommen. Statt dessen wählte Baron Rumerskirch die Nummer seines Gegenspielers, Fürst Montenuovo, in Wien, und der Fürst rief seinerseits den Adjutanten des Kaisers, Graf Paar, in der kaiserlichen Villa in Bad Ischl an. Dieser pflichttreue alte Hofmann, der im Laufe der Jahre seinem Herrn so viele tragische Familiennachrichten zu überbringen hatte, wurde jetzt, am 28. Juni, etwa 11.30 Uhr vormittags, beauftragt, es abermals zu tun.

Es heißt, der Graf (obwohl die Erzählung aus zweiter Hand stammt und der Erzähler nicht den zuverlässigsten zuzuordnen ist) habe den Kaiser in seinem Schreibtischstuhl wie vom Schlag gerührt zusammensacken sehen, als ihm die Nachricht überbracht worden war. Dann, nachdem er aufgeregt im Zimmer auf und ab gegangen war, soll er seine übliche Haltung wiedergewonnen und folgendes Urteil ausgesprochen haben: »Der Allmächtige läßt sich nicht herausfordern! ...Eine höhere Gewalt hat wieder jene Ordnung hergestellt, die ich leider nicht zu erhalten vermochte...«[2] Die Haltung mag wohl die übliche gewesen sein, nicht aber diese Worte, die viel zu gekünstelt und blumig klingen, als daß sie von Franz Josephs Lippen hätten kommen können. Was der Souverän auch immer gesagt haben mochte, er war bestimmt mehr erschüttert als gramgebeugt. Sein Neffe hatte niemals einen Weg in dieses dichtverschlossene, alte Herz gefunden. Aber nach vierzehn Jahren hatte sich der Kaiser mit der Heirat von 1900 abgefunden, die sich zu einer so außergewöhnlich glücklichen Ehe entwickelt hatte. Mehr noch, er hatte wachsenden Respekt vor den Fähigkeiten des Erzherzogs gewonnen, besonders auf militärischem Gebiet, und eine wachsende Zuneigung zu dessen Gemahlin.

Jahre später wurde die Geschichte verbreitet – wobei man sich auf Aussprüche von den Lippen von Prinzessin Stephanie, der verwitweten Schwiegertochter des Kaisers, stützte – Franz Joseph habe in Wirklichkeit den Mord an seinem Neffen mit einkalkuliert, als er ihn nach sorgfältigen Erwägungen auf die Reise schickte, die mit so vielen nicht zu leugnenden Gefahren verbunden war.[3] Es ist sehr schwer, festzustellen, was wohl hinter einer solchen »Ente« stecken könnte – ausgenommen vielleicht die Tatsache, daß das geheime Zeichen der Verschwörer in Tuzla ein Päckchen Zigaretten der Marke »Stephanie« gewesen war. Franz Joseph mag in seinen alten Tagen ein einigermaßen engstirniger und mit Scheuklappen versehener Bürokrat geworden sein, aber er blieb bis zu seinem Tode der christliche Grandseigneur des alten Europa. Ihn etwa der geheimen Mitwirkung bei der Ermordung seines eigenen Erben zu bezichtigen, bedeutet vorsätzlich Spott treiben mit einem Charakter, der immer mit Gott im Himmel und mit dem Buch dynastischer Regeln auf Erden lebte. Die Erschütterung in der kaiserlichen Villa am Sonntagmittag darf als vollkommen echt bezeichnet werden. Und der Kaiser meisterte sie, wie es seiner Art entsprach. Nachdem er allein zu Mittag gegessen hatte – ein seltenes Ereignis, wenn er in Bad Ischl weilte – kehrte er an seinen Schreibtisch zurück und arbeitete weiter, bis es Nacht geworden war.

Der nächste Anwärter auf den Thron in der fürstlichen Familie war Erzherzog Karl, der zur Zeit der Ermordung seines Onkels 26 Jahre alt war. Er verbrachte dieses Wochenende mit seiner Familie in Reichenau, ihrem ruhigen Landsitz in

der Nähe des Semmeringpasses, etwa 50 Kilometer südwestlich von Wien. Es folgt eine zuverlässige Darstellung aus erster Hand der Szene, die sich hier abspielte. Seine Gemahlin
berichtet:

> Es war mittags und schönes Wetter, und wir aßen in unse-
> rem kleinen Gartenhaus ... Plötzlich trat eine Pause beim
> Auftragen der Mahlzeit ein ... Minutenlang kam kein Ge-
> richt mehr auf den Tisch. Dann erschien ein Diener, der
> anstatt des nächsten Ganges ein Telegramm in Händen
> hielt, das er dem Erzherzog übergab... Mein Mann öffnete
> es und sah zunächst nach der Unterschrift. »Rumers-
> kirch«, sagte er, »das ist ja komisch. Warum er? Er ist doch
> bei Onkel Franz!«
> Dann begann er die kurze Nachricht vorzulesen. Die ge-
> nauen Worte habe ich vergessen. Aber sie lauteten unge-
> fähr: »Bedaure zutiefst mitzuteilen, daß seine Kaiserliche
> Hoheit und die Herzogin beide heute hier ermordet sind.«
> Für einen Moment wurde der Erzherzog weiß wie ein Bett-
> laken in der Sonne. Dann erhob er sich, ohne ein Wort zu
> sagen... und ging ins Haus zurück.[4]

Wohl mag der junge Erzherzog erbleicht sein. Im Juni 1914
konnten er und seine Gemahlin für die Dauer von weiteren
etwa 25 Jahren mit einem verhältnismäßig ruhigen Familienleben rechnen oder noch längere Zeit, bis in die späten dreißiger oder gar vierziger Jahren Kaiser Franz Ferdinand dem
Kaiser Franz Joseph ins Grab gefolgt wäre, nachdem er die
schwere Habsburger Krone hatte tragen müssen. Erzherzog
Karl wäre noch bleicher geworden, hätte er gewußt, was in
dieser Zeitspanne noch alles geschehen sollte.

Während Rumerskirch die offizielle Botschaft nach Wien
richtete, mußte sich Baron Morsey, der persönliche Sekretär
des Erzherzogs, mit der Familie des toten Paares beschäftigen. Er und Gräfin Lanyus benachrichtigten die Brüder und
Schwestern Sophies sowie alle übrigen fürstlichen Verwandten telegrafisch. Einer der Brüder erhielt die Nachricht, als er

sich gerade zum Pferderennen in Karlsbad aufhielt, und es wird berichtet, daß er kurzerhand in Ohnmacht gefallen sei.[5] Aber was sollte hinsichtlich der drei Kinder geschehen, die aufgeregt in Chlumetz auf die Rückkehr ihrer Eltern warteten? Morsey entschied sich für ein Telegramm an ihren Erzieher dort, Dr. Stanowsky, worin dieser gebeten wurde, »unseren armen, lieben Kindern so schonend wie möglich beizubringen, daß die erhabenen Herrschaften brutalen Mörderhänden zum Opfer gefallen seien«.[6]

Es spricht Bände für die Ehrfurcht, die die Habsburger Dynastie den ergebenen Dienern beigebracht hat, daß der gramgebeugte Baron sogar in einer Botschaft wie dieser sich nicht dazu entschließen konnte, das einfache Wort »Eltern« zu gebrauchen, wenn er sich an die verwaisten Kinder seines letzten Herrn wandte.

Ungefähr 70 Jahre nach dem Ereignis hat Franz Ferdinands Tochter beschrieben, wie sie als ein 13 Jahre altes Kind und ihre beiden Brüder diese Nachricht in Chlumetz aufgenommen haben:

Wir warteten gerade auf die Rückkehr unserer Eltern und hatten eine kleine »Aufführung« als Willkommensgruß eingeübt. Während wir am Sonntag beim Mittagessen saßen, wurde Msgr. Stanowsky, der Erzieher meiner Brüder, vom Tisch ans Telephon gerufen. Er kam völlig erschüttert zurück, sagte aber nichts, und wir dachten, es handle sich um schlimme Nachrichten von seiner Mutter, die zu jener Zeit sehr krank war. Er rief sofort unsere Tante Henriette, die Schwester meiner Mutter, in Prag an und bat sie, unverzüglich nach Chlumetz zu kommen. Sie kam noch am gleichen Nachmittag an und erzählte uns mehr oder weniger geradeheraus, daß auf unsere Eltern ein Anschlag verübt worden sei und sie beide verletzt worden seien. Wir waren aufs tiefste getroffen und baten um Erlaubnis, zu ihnen zu gehen. Statt dessen wurden wir in die Dorfkirche von Chlumetz geführt, um für unsere Eltern zu beten. Wir hatten noch keine Ahnung, wie furchtbar die Nachricht in Wirklichkeit war.[7]

Man hieß uns – soweit wir überhaupt dazu in der Lage waren – zur nächtlichen Ruhe zu gehen, und am nächsten Morgen frühzeitig erfuhren wir die entsetzliche Wahrheit. Dr. Stanowsky unterrichtete meine beiden Brüder, und mein Onkel, Graf von Wuthenau, der Gemahl der Lieblingsschwester meiner Mutter, brachte mir die Nachricht so schonend, wie er wahrscheinlich nur konnte, bei. Unser Schmerz war unbeschreiblich, desgleichen das Gefühl völliger Verzweiflung. Unser ganzes Leben hindurch hatten wir nichts anderes als Liebe und Schutz gekannt. Jetzt, ganz plötzlich, konnten wir uns ganz einfach nicht vorstellen, was aus uns einmal werden sollte.[8]

In Wien, wohin der Kaiser geeilt war (vom Bahnhof Hietzing begleitet von Erzherzog Karl, der alsdann mit ihm im offenen Wagen bis zum wenige hundert Meter entfernten Schloß Schönbrunn fuhr), herrschte ebenfalls das Gefühl lähmender Niedergeschlagenheit. Sogar der normalerweise leidenschaftslose Franz Joseph war auf einmal von ihr erfaßt worden. Die Erzherzogin Zita hat beschrieben, wie der alte Herrscher, als sie schließlich im Schloß allein waren und sich die Diener zurückgezogen hatten, plötzlich seine Haltung verlor und im Beisein der anderen in Tränen ausbrach. Hier geschah es auch – und nicht, wie so oft berichtet, als er die Nachricht vom Mord erhielt –, daß er die so oft zitierten Worte aussprach: »Mir bleibt nichts erspart.«[9]

Im kaiserlichen Schönbrunn jedoch, und nicht in Chlumetz, hatte der tote Mann seinen designierten Nachfolger: Erzherzog Karl, der sich gerade das erste Mal an der Seite des Kaisers kurz der Öffentlichkeit als neuer Thronfolger vorgestellt hatte. Wenn es auch keinerlei Zweifel über die Nachfolge Franz Ferdinands gab, so gab es allerdings viel Ungewißheit und Diskussion darüber, wie der Tote beigesetzt werden sollte. Sollte es, wie es für seinen Rang und sein internationales Ansehen ziemte, ein zeremonielles Ereignis nach allen Regeln der Kunst werden, im Beisein der gekrönten Häupter aus ganz Europa? Oder sollte es ein, soweit möglich, auf die Familie Habsburg beschränkter Trauerakt werden?

Für die Entscheidung, ob das Begräbnis zu einem europäischen Ereignis werden sollte, war der deutsche Kaiser die Schlüsselfigur. Er war sowohl der engste als auch der mächtigste fürstliche Freund des Toten, den dieser je besessen hatte, und vor allem der Herrscher von Österreichs Hauptverbündetem. Aufgrund all dieser Umstände war er der erste ausländische Souverän, dem Baron Rumerskirch die Nachricht von der Tragödie in Sarajevo übersandt hatte. Sie hatte ihn auf recht mühselige Weise am Nachmittag des 28. Juni in Kiel erreicht, wo er der jährlichen Internationalen Regatta beiwohnte. Dort schien es an jenem Tag bei der telegrafischen Verbindung mit der kaiserlichen Yacht Probleme gegeben zu haben, so daß Admiral von Müller, Chef des Marinekabinetts und Staatssekretär des deutschen Reichsmarineamtes, um die Meldung zu übermitteln, auf der Pinasse »Hulda« aufs Meer hinausfuhr und ihren Inhalt über ein Megaphon der »Hohenzollern« zurief. Augenblicklich befahl Wilhelm II. den Abbruch der Regatta, was ihm leicht schmerzliches Bedauern verursacht haben muß, denn seine eigene Yacht »Meteor« war seinem nächsten englischen Rivalen im Wettkampf um 15 Minuten voraus.[10] Alle Fahrzeuge setzten alsdann ihre Flaggen halbmast, und da Franz Ferdinand den Rang eines Admirals der deutschen Marine bekleidete, wurde auch die österreichisch-ungarische Kriegsflagge auf jedem deutschen Kriegsschiff halbmast gesetzt. All dies ließ auf ein Höchstmaß an Pomp und Förmlichkeit bei den Bestattungsfeierlichkeiten schließen.

Die ersten Erwartungen in Wien liefen in der Tat auch darauf hinaus, daß jede europäische Dynastie beim Leichenbegängnis des Erzherzogs vertreten sein würde, im wesentlichen in der Gestalt ihrer gekrönten Häupter. Die Anwesenheit des deutschen Kaisers würde zum Beispiel die der Könige von Sachsen, Bayern und Württemberg nachgerade automatisch einschließen, da jeder von ihnen enge familiäre Bande mit dem Haus Habsburg unterhielt. König Georg V., wenn auch nicht durch Blutsverwandtschaft, wohl aber in Freundschaft mit dem Erzherzog verbunden, würde, wie am 30. Juni feststand, Prinz Arthur von Connaught als seinen Vertreter entsenden. Der König der Belgier, hieß es in Brüssel, werde in höchsteigener Person erscheinen.

Doch es gab Komplikationen, selbst in protokollarischer Hinsicht. Der ehrwürdige König Carol von Rumänien wäre gern gekommen, um seinem guten Freund den letzten Gruß zu erweisen; aber wie stand es mit Österreichs anderem Verbündeten, Italien? Wegen der offenkundig feindseligen Einstellung des Ermordeten gegenüber Rom und seines hartnäckigen Boykotts des königlichen Hauses von Italien schien es undenkbar, daß König Viktor Emanuel nach Wien kommen würde, und es war keineswegs sicher, ob er als seinen Vertreter den Kronprinzen entsenden würde. Dann waren mögliche Schwierigkeiten mit Rußland in Betracht zu ziehen. St. Petersburg konnte sich nicht wie Rom über Franz Ferdinands Feindschaft beklagen; ganz im Gegenteil. Doch Rußland war der Großprotektor der Slawen im allgemeinen und der Schutzpatron von »Großserbien« im besonderen. Da eine schroffe Konfrontation zwischen Wien und Belgrad jetzt das mindeste dessen war, was im Anschluß an die Mordtat von Sarajevo zu erwarten stand, wie sicher mochte sich wohl der Zar bei der Beisetzung des Erzherzogs fühlen – lag doch immer noch beißender Bombengeruch in der Luft?

Sicherheit war zweifelsohne ein zusätzliches Problem. Wie so oft hatte ein spektakulärer politischer Mord Gerüchte und Drohungen von weiteren derartigen Geschehnissen massenweise in die Welt gesetzt. Unleugbar war irgend etwas mit den polizeilichen Vorsichtsmaßregeln da unten in Bosnien nicht in Ordnung gewesen. Konnten sich die Österreicher darauf verlassen, ja, trauten sie sich überhaupt zu, Sicherheitsvorkehrungen gegen eine neuerliche und vielleicht sogar noch größere Katastrophe in den Straßen ihrer eigenen Hauptstadt zu treffen? Einige der in Wien erwarteten Herrscher hatten schließlich entweder die Ermordung ihrer eigenen Vorgänger erlebt oder ähnliche Angriffe auf sich selbst überlebt oder beides. In der krisengeladenen Atmosphäre jener letzten Junitage hatten sowohl die österreichischen Sicherheitschefs als auch ihre potentiellen fürstlichen Schützlinge allen Grund, besorgt zu sein.

Schließlich gab es das wirklich ernste Problem von Franz Josephs Gesundheit. Der 84 Jahre alte Kaiser war am 20. April wiederum von einem schweren Bronchialkatarrh heimgesucht worden. Es war schon immer schwer genug gewesen, für die regelmäßige Veröffentlichung medizinischer Bulletins sowie dafür zu sorgen, daß für die nächsten zehn Tage auf dem Bahnhof Beneschau eine Lokomotive ständig unter Dampf gehalten wurde, falls das Leben des Kaisers gefährdet wäre und sein Erbe, der sich in Konopischt aufhielt, raschestens nach Wien hätte reisen müssen. Am 1. Mai besserte sich der Zustand des Souveräns; doch erst am 23. Mai gab sein Leibarzt Dr. Kerzl das letzte Bulletin heraus.[11] Nachrichten über den Stand der Krankheit hatten sogar Ciganović, den Vermittler der Mordwaffen, veranlaßt, gelegentlich in Belgrad zu bemerken, daß diese jetzt überhaupt nicht gebraucht würden, da der Thronfolger unter diesen Umständen ja niemals nach Bosnien reisen würde.

Zum Unglück für den Erzherzog erholte sich sein Onkel so rechtzeitig, daß jener an den Manövern teilnehmen konnte. Jedenfalls war der Kaiser, als die Frage der Beisetzung zur Debatte stand, seit etwa einem Monat wieder gesund. Er war gerade am Ort seiner Sommerfrische angekommen, als die Nachricht aus Sarajevo ihn zwang, zurück nach Wien zu eilen, und der alte Mann kann sich nur sehnlichst gewünscht haben, sobald wie möglich in sein friedliches, geliebtes Bad Ischl zurückzukehren. Dieses wiederum war nur möglich, wenn die Bestattungsfeierlichkeiten in Wien auf ein angemessenes Mindestmaß beschränkt würden und das ermüdende Geschäft, sich wenigstens einem halben Dutzend anderer Souveräne zu widmen, möglichst vermieden würde.

Oft ist die Behauptung aufgestellt worden, daß die Entscheidung, die Feierlichkeiten in Wien auf eine eintägige familiäre Veranstaltung zu beschränken, von dem Wunsch diktiert gewesen sei, den Erzherzog und seine Gemahlin bis ins Grab hinein zu kränken. Die weiter oben erwähnten Umstände zeigen jedoch, daß es mit dieser Behauptung nicht weit her ist. Selbst wenn diese Entscheidung den Feinden des Erzherzogs nicht unwillkommen schien, so waren höchstwahrscheinlich nicht sie es, die bei der Debatte darüber im Vordergrund standen. Die Frage, die noch offen bleibt, ist, ob dieses Mindestmaß an Feierlichkeiten, worüber man sich in Wien einigte, in Wirklichkeit auch angemessen genug war.

Sicherlich hätte sich der Tote nicht darüber beschwert, daß seine Rückführung in die Hauptstadt auf demselben Weg erfolgte, den er eine Woche zuvor in umgekehrter Richtung genommen hatte. Am Abend des 29. Juni, als die einbalsamierten Körper in den Zug für die Reise zurück zur Küste verladen worden waren, schoß dieselbe Artillerie, die seinen Einzug in Sarajevo begrüßt hatte, jetzt Abschiedssalven. Obwohl der Zug bei Nacht fuhr, hatten sich schweigende Menschengruppen an jeder Station entlang dem Narenta-Tal eingefunden, um bei der Vorbeifahrt dabeizusein. Auf jeder Station standen Regimenter des Heeres in Habtachtstellung: die Deutschmeister in Konjica zum Beispiel und die sechsten Husaren in Mostar.

Was die österreichisch-ungarische Flotte anlangt, so ehrte sie ihren toten Admiral und Förderer auf die Weise, daß sie alle verfügbaren Kriegsschiffe in der Adria zusammenzog, um ihn in Metković auf der »Viribus Unitis« zu erwarten. Franz Ferdinands Lieblingsschlachtschiff feuerte 21 Kanonenschüsse ab, als die beiden Särge, bedeckt mit Kriegsflaggen und Blumen, unter einem Baldachin auf dem Achterdeck untergebracht waren. Nun nahm die Reihe von Panzerschiffen Kurs nach Norden über ein ruhiges Meer. Sie bewegte sich in Küstennähe, soweit es der Tiefgang der großen Schiffe erlaubte, und von jeder Insel und jedem Festlandhafen nahmen kleine Flotten von schwarzbewimpelten Schiffen, angefangen von Küstendampfern bis hin zu Segelbooten, Kurs hinaus aufs Meer, um den Panzerschiffen entgegenzufahren. In Makarska erteilte der Bischof vom Strand aus seinen Segen, während Chöre der kroatischen Gemeinden – unbeugsame Freunde einer Dynastie, die bis jetzt wenig für sie getan hatte – Trauergesänge ertönen ließen. Von Spalato, dann von Pola, Brioni, Pirano und Parenzo dröhnte Artilleriesalut mit lautem Echo von der Küste her hinaus aufs Meer, als der Konvoi vorbeizog. Sogar Triest, nicht gerade bekannt für prohabsburgische Sympathien, erwies alle Ehrenbezeugungen, als die »Viribus Unitis« dort am Abend des 1. Juli Anker warf.[12]

In Wien begannen nach der Ankunft der Särge in einem Expreßzug am folgenden Abend zehn Uhr die Auseinandersetzungen und Ausflüchte. Wenige Habsburger Prinzen hatten ein so umstrittenes Leben geführt wie Franz Ferdinand; keiner schloß es mit einer so umstrittenen Bestattung ab.

Die Anklage wurde erhoben – besonders von Mitgliedern des Stabes des Erzherzogs und von höchst gereizten Freunden wie zum Beispiel Graf Sternberg –, daß die Hofburg, als letzte kränkende Kundgebung gegen den Toten und seine Gemahlin, ihnen nur ein »Begräbnis dritter Klasse« zugestanden habe.[13] Wir sehen uns hier also einer Szene gegenüber, in der Franz Ferdinand gleichsam unter dem Sargdeckel hervor einen letzten Kampf durch Stellvertreter mit seinen alten Rivalen ausficht. Die Wahrheit, wie sie durch die eigene Familie des Erzherzogs Raum gewinnt und von neutralen Zeugen bestätigt wird, sieht allerdings etwas anders aus.

Der Obersthofmarschall wich gewiß nicht ein Iota von seinem Weg ab, um etwa mehr als den vorgeschriebenen grundsätzlichen Achtungsbezeigungen nachzukommen. Darüber hinaus wurde seine Feindschaft gegenüber Sophie als einem »Eindringling« in den magischen Kreis der Habsburger voll und ganz bewiesen durch eine oder zwei geringfügige Gesten (wenn auch nicht durch diejenigen, von welchen gemeinhin die Rede ist). Doch das gleiche Protokoll, das sich so oft diskriminierend auf den Erzherzog und seine Gemahlin ausgewirkt hatte, als diese noch am Leben waren, sorgte für alle wesentlichen Feierlichkeiten, die ihnen im Tode zukamen – schon allein der Tatsache wegen, daß man andernfalls die Teilnahme ausländischer Fürsten hätte ausschließen und die Bestattungsfeierlichkeiten auf das absolute Mindestmaß an Zeit hätte beschränken müssen.

Der alte Kaiser selbst, so oft dargestellt als willenloses Werkzeug seines Obersthofmarschalls in dieser Angelegenheit, ist hierfür der beste Zeuge. Viele Jahre später beschrieb die damalige Erzherzogin Zita, wie während der Vorbereitungen der Begräbnisfeierlichkeiten einige aus Franz Ferdinands Freundeskreis an ihren Gemahl, den neuen Thronfolger, mit der Bitte herangetreten seien, persönlich beim Kaiser zu intervenieren, um eine »angemessene Beisetzung«, besonders im Hinblick auf Sophie, sicherzustellen. Hierauf antwortete der Kaiser seinem jungen Großneffen: »Ein angemessenes Begräbnis? Was wollen die Leute eigentlich? Die Herzogin wird beigesetzt werden, wie es mit meiner eigenen Kaiserin der Fall war – und sie ist ja ebenfalls ermordet worden!« [14]

Diese Parallele mag etwas übertrieben erscheinen. Man braucht indessen nur das sechs Seiten lange offizielle Dokument »Zeremonial für den Empfang, die Einsargung, die Aussegnung und die Überführung der sterblichen Überreste Seiner Kaiserlichen und Königlichen Hoheit des Erzherzogs Franz Ferdinand von Österreich-Este und Ihrer Hoheit Sophie, Herzogin von Hohenberg« (beide Namen übrigens mit gleich großen Buchstaben gedruckt) durchzulesen, um gewahr zu werden, daß der Obersthofmarschall, welche persönlichen Neigungen ihn auch beseelt haben mögen, gewisse Standardverfahrensregeln für die erzherzogliche Bestattung zu beachten hatte, solange sich die Toten in Wien befanden und daher in seiner Obhut. Es gab keinen anderen Weg für die Beisetzung allerhöchster sterblicher Überreste, zumal da, wie wir sehen werden, innerhalb des Bereichs der Hofburg selbst der Unterschied zwischen Allerhöchsten und Höchsten berücksichtigt zu werden hatte.

Es war, nachdem innerhalb von 48 Stunden Beratungen zwischen der Hofburg und den anderen führenden Höfen Europas stattgefunden hatten, beschlossen worden, daß die gekrönten Häupter oder ihre Thronerben, die ursprünglich persönlich anwesend sein wollten, durch ihre Botschafter in Wien vertreten sein würden. Am 3. Juli, sechs Uhr abends, eine Stunde nach der Beendigung der letzten Feierlichkeiten in der Hauptstadt, saß der britische Botschafter, Sir Maurice de Bunsen, in seiner Residenz in der Metternichgasse und schrieb für seinen Souverän, König Georg V., einen zwölf Seiten langen Bericht über die Beisetzung. Da der Botschafter alles andere als ein Neuling in Fragen des Protokolls war, so dürfen wir seinen Augenzeugenbericht als maßgeblich und objektiv ansehen. Der einzige Fehler, den er in der Ausrichtung der Trauerfeierlichkeiten von Anfang bis Ende finden konnte, bestand in der Wahl der kleinen Hofburg-Kapelle für das Totenamt selbst, »statt eine Kirche mit einem Fassungsvermögen für eine weit größere Anzahl von Trauergästen« auszusuchen. Besonders aber zieht er Geschichten aus den dem Erzherzog nahestehenden Kreisen in Zweifel, wonach Kaiser Wilhelm der Beisetzung absichtlich »wegen der ungenügenden letzten Ehrerweisungen an seinen Freund« ferngeblieben sei. Er fährt fort, »man sollte selbstverständlich den Kaiser soweit als möglich in Schutz nehmen, und, was die Feierlichkeiten betrifft, so bin ich sicher, daß die seit alters üblichen Bräuche berücksichtigt worden sind«.[15] Sir Maurice zeigte sich am meisten bewegt durch den Trauerzug, der um zehn Uhr abends am 2. Juli die Särge vom Westbahnhof abholte und sie durch die verdunkelten Straßen vorbei an Schloß Belvedere zur Kapelle der Hofburg geleitete, wo sie über Nacht verblieben. Das Schauspiel war zweifellos ebenso

unheimlich wie eindrucksvoll. Zwei Reitknechte mit Laternen führten die Prozession an. Dann kam eine Abteilung Kavallerie, gefolgt von Hoffahrzeugen mit Kammerherren, Mit-
arbeitern und Adjutanten, darunter Baron Rumerskirch Seite
an Seite mit Fürst Montenuovo. Zwei weitere Reitknechte
mit Laternen gingen den Särgen selbst voraus, die auf der
einen Seite von zwölf Gardeoffizieren mit Hellebarden und
auf der anderen von zwölf abgesessenen Kavallerieoffizieren
mit gezogenen Degen flankiert waren. Hierauf folgten mehr
flackernde Laternen, sodann ein viersitziger Hofwagen für
das Gefolge des Erzherzogs und genau das gleiche Fahrzeug
für die Beförderung des Gefolges seiner Gemahlin. Noch
mehr Kavallerie beschloß den Zug, und eine lange Reihe von
Soldaten marschierte auf beiden Seiten der ganzen Prozession. Nichts war bisher daran auszusetzen, auch nicht am
weiteren Geschehen im schönen alten Schweizer Hof der
Hofburg, wo unter den Klängen des von einem Chor gesun-
genen »Miserere« die Särge über Nacht Seite an Seite in der
Kapelle einstweilen abgestellt wurden, eskortiert von Bogen-
schützen, Gardeoffizieren und »zu jeder Seite von vier Knaben adeligen Geblüts, jeder mit einer brennenden Wachs-
kerze in der Hand«.

Reichliches Murren war am folgenden Morgen zu hören,
weil die Kapelle nur vier Stunden lang, von acht Uhr morgens
bis mittags, für das Publikum geöffnet war, um den Toten die
letzte Ehre zu erweisen. Sicherlich sind bei allen solchen Gelegenheiten Tausende mehr darauf erpicht vorbeizudefilieren,
trotz der Tatsache, daß der Erzherzog alles andere als ein na-
tionales Idol war. Aber, um es nochmals zu sagen, alles rührte
von der Entscheidung her, den Ablauf der Dinge in Wien auf
einen Zeitraum von genau 24 Stunden zusammenzupressen.
Diese Entscheidung war letzten Endes teilweise durch den
Umstand beeinflußt, daß die Beisetzung selbst völlig für sich
und privat stattfinden sollte, denn der Tote wurde, seinem
ausdrücklichen Wunsch entsprechend, nicht bei seinen Vorfahren in der vermoderten und überladenen Gruft unterhalb

der Kapuzinerkirche in Wien zur letzten Ruhe gebettet. (»Ich würde niemals Frieden finden, wenn ich dort liegen würde«, soll er einmal ausgerufen haben. »Man stelle sich vor, mit den ratternden elektrischen Straßenbahnen die ganze Zeit oben darüber!«[16]) Das fünfzehn Minuten während Totenamt, das an diesem Nachmittag gehalten wurde, sollte beweisen, daß Mann und Frau nicht erwarten konnten, im Tode vor dem Habsburger Familienaltar als ebenbürtig angesehen zu werden, da sie es auch im Leben niemals waren: denn der eine gehörte zu jener Familie, die andere nicht. Montenuovo war zweifellos sehr zufrieden, daß diese Unterscheidung zum Ausdruck gebracht wurde. Aber ob zufrieden oder nicht, es ist schwer zu erkennen, wie er, selbst wenn er es gewünscht hätte, jedwede symbolische Darstellung einer morganatischen Ehe bei dieser feierlichsten und heiligsten aller Zeremonien hätte vermeiden können. So war Sophies Sarg kleiner, wenn auch nicht weniger geschmückt als der ihres Gemahls, und wurde außerdem rund 20 Zentimeter tiefer auf sein Gestell gesetzt. Die beiden Särge ruhten Seite an Seite auf einer mit goldenem Tuch überzogenen Estrade, umgeben von etwa einhundert hohen, auf lange Reihen von Kandelabern gesetzten Wachskerzen, unter einem darüber hängenden schwarzen Baldachin. Auf Franz Ferdinands Sarg lagen seine Fürstenkrone, sein erzherzoglicher Hut und sein Generalshelm nebst Degen, mit seinen auf große Samtkissen gehefteten Orden und Medaillen davor. Ein ähnliches Kissen war gegen den Sarg von Sophie gelehnt, aber es trug nur eine Dekoration, ihren Sternkreuzorden, der ihr schon im Januar 1889 verliehen worden war. Ihr Sargdeckel war ebenfalls leer: bis auf den schwarzen Fächer und die weißen Handschuhe, die darauf lagen, das Symbol einer adligen Frau, aber auch einer Hofdame. Sie wären an dieser Stelle nicht nötig gewesen, so daß darin tatsächlich ein beleidigender Hinweis auf Sophies frühere Stellung zu sehen ist.

Die gesamte fürstliche Familie, angeführt vom Kaiser in seiner weißen Feldmarschallsuniform, war anwesend, als der

Erzbischof von Wien, Kardinal Piffl, das kurze Totenamt zelebrierte. »4.15 Uhr war alles vorbei«, schrieb de Bunsen, der sich bemüht hatte, die verschiedenen Erzherzoginnen unter ihrer tiefen Verschleierung zu identifizieren. »Es gab sehr feine Chormusik, ohne Begleitung. Es war ein Ereignis voll tiefer und schmerzlicher Anteilnahme...«

Die drei Kinder waren bei der Feierlichkeit nicht dabei. Sie wurden erst drei Stunden später in die Kapelle geführt zu einer Begegnung mit ihren Eltern, die sich auf so tragische Weise von der unterschied, die sie erwartet hatten. Der gute Engel der Hofburg, ihre Stiefgroßmutter Erzherzogin Maria Theresa, hatte die Kinder nach ihrer Ankunft in Wien abgeholt, und die *Reichspost,* die Zeitung, die sich stets am stärksten für Franz Ferdinand einsetzte, hatte den Kindern einen ergreifenden Empfang bereitet. Ganze Reihen von Schulkindern entlang dem Weg vom Franz-Josephs-Bahnhof zum Belvedere verharrten in schweigender Teilnahme, als der Wagen mit den drei Waisen vorbeifuhr. Dem Obersthofmarschall kann nicht vorgeworfen werden, daß er dabei nicht mitgewirkt hat. Die Kinder gehörten nicht zur Habsburger Familie und gingen ihn deshalb nichts an.

Immerhin könnte man Montenuovo wegen des Ablaufs der weiteren Ereignisse nach der Feierlichkeit in der Hofburg scharf kritisieren, und man tat es auch. Der weitere Weg führte zum Westbahnhof, und obwohl an der Prozession selbst (die eine sorgfältig ausgearbeitete Abwandlung des Trauerzugs am Tag zuvor war) insoweit nichts auszusetzen war, empfand man es als störend, daß sie nicht weit genug ging.

Der Tote war nicht nur Thronfolger. Er war auch Generalinspekteur aller Streitkräfte der Doppelmonarchie und ihr präsumtiver Oberbefehlshaber im Kriegsfall. Abgesehen von den kleinen Truppenverbänden, die einen normalen Bestandteil des Trauerzuges bilden, bestanden die einzigen uniformierten Personen, die ihren Generalissimus auf seiner letzten Fahrt durch die Hauptstadt begleiteten, aus jenen Hofbeamten und früheren Mitgliedern seines Gefolges, die zufällig einen militärischen Rang bekleideten. Eigentlich hätten Vertreter jeder Gliederung der Armee, bis hinab zum motorisierten Freiwilligenkorps, das den größten Teil der Privatwagen bei den Aufzügen in Sarajevo gelenkt hatte, hinter dem Sarg hermarschieren müssen. So hätten, wenn alles mit rechten Dingen zugegangen wäre, Offiziere und Mannschaften jedes Regiments, in dem der Erzherzog gedient oder das er kommandiert hatte, dabeisein müssen. (Die Siebten Ulanen hatten sich auch im Vertrauen darauf für diese Gelegenheit vorbereitet, um dann aber in ihren Unterkünften in Stockerau verbleiben zu müssen. Es ist geradezu eine Ironie, daß sie zwei Tage später nach Wien befohlen wurden, um am Begräbnis eines Generals des Feldzeugwesens teilzunehmen.[17]) Vor allem aber hätte doch die Flotte zu Ehren des Admirals aufgeboten werden müssen, der dazu beigetragen hatte, für die Monarchie eine moderne Marine aufzubauen.

Montenuovos Antwort an seine Kritiker dürfte wahrscheinlich darin bestanden haben, daß es keinen Präzedenzfall für das Begräbnis eines erzherzoglichen Generalinspekteurs und seiner Gemahlin gäbe und der Fall deshalb nicht durch das Protokoll gedeckt sei, und was nicht durchs Protokoll gedeckt war, stand außerhalb des Horizonts des Obersthofmarschalls. Er konnte also immerhin zu Recht mit dem Finger auf den Kriegsminister, General Krobatin, zeigen, dessen ureigenste Angelegenheit dies war. Sicher scheint sich der General, der am 29. Juni eigens deshalb nach Wien zurückgeeilt war, um die militärischen Ehren zu organisieren, auf die Routinepraxis beschränkt zu haben, nämlich Truppen entlang dem Weg des Trauerzuges aufzustellen.

Aber in echt österreichischer Tradition emotionaler Improvisation hatte man das, was offiziell versäumt worden war, spontan nachgeholt. Fürst Ernst Rüdiger von Starhemberg, ein Mann von ausgesprochenem Selbstbewußtsein, wie die spätere Geschichte noch zeigen sollte[18], führte in letzter Minute eine Revolte gegen die in geradezu knauseriger Art und

Weise von Montenuovo aufgezogene Schlußfeierlichkeit an. Als Ergebnis schritten nicht nur alle Erzherzöge, angeführt vom neuen Thronfolger, Erzherzog Karl, hinter den Särgen von der Hofburg aus her, sondern auch die Oberhäupter der meisten der ältesten Familien der Monarchie sowie viele Mitglieder des Offizierskorps. Dies war vielleicht die größte Achtungsbezeigung von allen.

Nachdem man etwa halb elf Uhr abends den Westbahnhof erreicht hatte, konnte Montenuovo den Vorhang mit einem Vergeltungsakt fallen lassen. Als die Särge in den wartenden Zug verladen wurden, wandte er sich an Janaczek, den getreulichen Gehilfen von Franz Ferdinand, der sich die ganze Zeit über im Hintergrund zu schaffen machte, und bemerkte: »Mein Geschäft ist jetzt aus. Von hier ab ist es Ihre Privatangelegenheit.« [19]

Die »Privatangelegenheit«, der dieser sich zu widmen hatte, war die Beisetzung in Artstetten. Franz Ferdinand hatte mit dem Bau einer Familiengruft begonnen, und zwar aus Anlaß der Tragödie seines jüngsten, totgeborenen Kindes im Jahre 1908. Seine Witzelei über die Kapuzinergruft in Wien, der er zu entgehen trachtete, weil die Straßenbahn darüber hinwegratterte, ist naturgemäß nicht als bare Münze zu nehmen. Daß seine geliebte Sophie in dem von ihm erwarteten Fall, einmal als Kaiser zu sterben, nicht an seiner Seite würde ruhen dürfen, war für ihn einfach undenkbar. Doch in der Kapuzinergruft wäre dies problematisch gewesen, da sie ja nicht Mitglied des fürstlichen Hauses war und auch niemals werden konnte, welche Verfügungen auch getroffen werden mochten. Dasselbe war im verstärkten Maß mit seinen Kindern der Fall, die seinem Eid von 1900 zufolge von allen Nachfolgerechten ausgeschlossen waren. So hatte er sich schon seit langem für Artstetten als letzte Ruhestätte entschieden, und in Pöchlarn, der kleinen Station reichlich drei Kilometer südlich des Schlosses auf dem gegenüberliegenden Donauufer, hielt der Sonderzug jetzt an.

Für Montenuovo wäre es ein elementarer Höflichkeitsakt,

*Das Schloß Artstetten nördlich der Donau.*
*Es ist noch im Familienbesitz und beherbergt heute*
*ein »Erzherzog Franz Ferdinand Museum«.*

wenn nicht gar eine moralische Pflicht gewesen, jedwede
Hilfe, deren er fähig war, noch bis etwa 100 Kilometer von
der Hauptstadt weiter stromaufwärts auszudehnen, besonders mit Rücksicht darauf, daß der neue Thronfolger und
seine Erzherzogin, begleitet von allen anderen Erzherzögen,
den Kaiser bei diesem Schlußakt vertraten. Aber auf dem
Bahnsteig in Wien, wo die Familie alles weitere übernahm,
zerschnitt der Obersthofmarschall den letzten Fetzen offizieller Hilfe wie ein dünnes goldenes Band. Das führte zu einer
Reihe weiterer Momente voller Würdelosigkeit, zu der auch
noch das Wetter erheblich beitrug.

Der Zug fuhr um zwei Uhr nachts in Pöchlarn ein. Kaum
standen die Räder still, als ein heftiges Hochsommergewitter
über der Donau niederging. Vom ursprünglichen Plan, die
Särge auf dem offenen Platz vor dem Bahnhof zu segnen,

mußte abgesehen werden. Die Veteranenverbände, die dort bereits aufmarschiert waren (neben der unvermeidlichen Feuerwehr), suchten rasch Schutz vor dem Unwetter und fanden Unterschlupf auf den überdachten Bahnsteigen. Was die kirchliche Feier anbetraf, so blieb nichts anderes übrig, als sie in der Schalterhalle des Bahnhofs abzuhalten, die mit Hilfe von Kerzen und Kränzen, die aus dem Zug herbeigeschafft wurden, rasch in einen einigermaßen einer Kapelle ähnelnden Raum verwandelt wurde.

Der Morgen dämmerte herauf, und, ob Sturm oder nicht, der Fluß mußte überquert werden, um das Schloß rechtzeitig zu den Begräbnisfeierlichkeiten zu erreichen. Die Särge wurden auf zwei gewöhnliche Leichenwagen verladen, die von der Wiener Gemeindeverwaltung zur Verfügung gestellt worden waren, und die illustre Trauergesellschaft fuhr in gemieteten Taxis hinab zur Fähre. Die Überquerung der angeschwollenen Donau unter Donner und Blitz war nachgerade gespenstisch. Mitten im Fluß erschraken die Pferde der Leichenwagen nach einem Donnerschlag derartig, daß sie beinahe von dem riesigen Floß in den reißenden Strom gefallen wären und die Särge mit sich gerissen hätten. Aber nachdem man erst einmal sicher am anderen Ufer angekommen war, schien jede Gefahr und alles Durcheinander vorbei zu sein. Das Wetter klarte auf, und Artstetten wurde ohne weiteren Zwischenfall erreicht.

Hunderte von zusätzlichen Trauergästen kamen in Sonderzügen aus Wien, um dem Trauergottesdienst, der in der Schloßkapelle vormittags um elf Uhr stattfand, beizuwohnen. Unter ihnen befanden sich außer zahlreichen Verwandten Sophies Fürst Starhemberg und die meisten der aristokratischen Trauergäste, die er am Abend zuvor in Wien um sich versammelt hatte. Zweifellos wäre die Ansammlung großer Namen noch umfangreicher gewesen, hätte nicht zur gleichen Zeit wie die Familienfeier in Artstetten ein offizielles Requiem in der Wiener Hofburg stattgefunden. Dies brauchte keineswegs ein letzter Akt der Kränkung seitens des

Obersthofmarschalls zu sein, wie die Anhänger des Erzherzogs annahmen. Es konnte auch als formelle Geste der Ehrfurcht gedeutet werden, wie sie naturgemäß in den protokollarischen Vorschriften vorgesehen war.

Jeder, der am Morgen des 4. Juli in Artstetten niederkniete, um den letzten feierlichen Handlungen von Prälat Dobner von Dobenau von der nahebei gelegenen Pilgerkirche von Maria Taferl beizuwohnen, empfand Kummer oder Erschütterung in verschiedenem Ausmaß. Aber es befanden sich vier besonders von Tragik gezeichnete Personen darunter. Drei von ihnen waren natürlich die Kinder des toten Paares. Sie hatten eine letzte Nacht im Palais Belvedere verbracht, bevor sie in Begleitung ihrer Tante, Henriette von Chotek, Wien verließen, und sowohl hier in Artstetten als auch in Chlumetz waren sie überwältigt beim Anblick der ihnen von klein auf vertrauten Umgebung, die plötzlich durch das Fehlen von Vater und Mutter, um die das Leben der eng miteinander verbundenen Familie ständig gekreist war, plötzlich öde und leer geworden war. Die vierte bemitleidenswerte Person war nicht nur anwesend aus Trauer um das tote Paar, sondern auch um die für immer verlorene Heimat.

Es war der jüngste von Franz Ferdinands gleichermaßen vom Schicksal geschlagenen Brüdern, Ferdinand Karl, der 1912 enteignet, enterbt und des erzherzoglichen Ranges sowie aller Privilegien und Ehren für verlustig erklärt worden war wegen der Vermählung mit seinem Fräulein Czuber unter Mißachtung von Befehlen des Kaisers. Mit der einzigen (und es muß hinzugefügt werden, reizvollen) Ausnahme von Schloß Rottenstein bei Meran in Südtirol war ihm der Zutritt zum übrigen Reich verboten. Nun schien er, obwohl erst die kurze Spanne von zwei Jahren vorüber war, die Überzeugung gewonnen zu haben, daß das Leben mit seiner Bertha, der Prager Universitätsprofessorentochter, der zuliebe er den Kaiser herausgefordert hatte, alle die damit verbundenen Opfer kaum wert war. Jedenfalls brachte die Person, die an diesem Morgen in Pöchlarn aus dem Münchener Schnellzug ausgestiegen war, als trüber Schatten dessen, was sie einst war, jedermann zum Erschrecken.

Als gewöhnlicher »Herr Burg«, der er genaugenommen war, stand ihm kein besonderer Ehrerbietung würdiger Titel zu. Aber wohl niemand unterließ es, ihn mit »Kaiserliche Hoheit« anzureden.[20] Für diesen einen Tag hatte der Kaiser seinem Neffen Karl Ferdinand dank der Fürsprache von dessen Stiefmutter, Erzherzogin Maria Theresa, und seines Großneffen, Erzherzog Karl, erlaubt, seinen Fuß auf österreichischen Boden zu setzen. Als der Trauergottesdienst vorüber war, bestieg »Herr Burg« wieder den Zug nach München, seinem Exil, und fuhr einem frühen Tod entgegen: ein Tod infolge von nichts anderem als einem gebrochenen Herzen.

Die Kugel eines Mörders war das geringere Übel; der ermordete Bruder war der glücklichere von beiden. Er und seine Sophie wurden jetzt hinab in die Gruft getragen, die er nach eigenen Angaben vor fünf Jahren hatte bauen lassen –

*Die Sarkophage von Ferdinand und Sophie*
*in der Krypta des Familienschlosses in Artstetten:*
*»ein heller, luftiger Ort, wo ich die Vögel*
*singen hören kann«.*

»ein heller, luftiger Ort, wo ich die Vögel singen hören kann« –, und zwar auf den Schultern von Offizieren von zwei seiner früheren Regimenter, den 4. Dragonern und den 7. Ulanen. Die Särge wurden später in zwei schöne, weiße Marmorsarkophage von gleichem Ausmaß eingelassen. Auf dem Grundstein, auf dem sie beide Seite an Seite ruhen, sind die lateinischen Worte eingemeißelt: *Iuncti coniugio fatis iunguntur eisdem* – »Verbunden in der Ehe, vereint durch dasselbe Schicksal«. Der einfache Text und die klaren Linien der Gedenkstätte selbst bildeten einen angemessenen Gegensatz zu all der übertriebenen und niederdrückenden Ornamentierung der Kapuzinergruft.

Einen Monat nach diesem friedlichen Bestattungsgottesdienst, der im Donautal am Sonnabend, dem 4. Juli 1914 stattgefunden hatte, stand ganz Europa in Flammen. Im Gefolge des Mordgeschehens richtete Österreichs unfähiger Außenminister Graf Berchtold – in der Hoffnung auf die Wiederholung, diesmal *fortissimo,* seines Triumphes über Serbien im Jahr zuvor – ein Ultimatum an Belgrad, das die Katastrophe in Bewegung setzte. Es enthielt Forderungen nach österreichischer Beteiligung an der Ausrottung der »Subversion«, die derartig demütigend waren, daß sie ihre Zurückweisung geradezu herausforderten. Als ihr Inhalt zum Beispiel am Morgen des 24. Juli dem britischen Außenminister Sir Edward Grey in London zur Kenntnis gebracht wurde, konnte er dazu nur sagen, daß diese Note, »gerichtet von einem unabhängigen Staat an einen anderen unabhängigen Staat, das ungeheuerlichste Dokument ist, das ich jemals gesehen habe«.[21] Nachdem sich die Serben, wie von den »Falken« in Wien vorausgesehen (und erhofft), geweigert hatten, die Note in ihrer Gesamtheit zu akzeptieren, brach Österreich nach Ablauf der 48-Stunden-Frist, die es für die Erfüllung seiner Forderungen gesetzt hatte, die Beziehungen zu Belgrad ab. (Die europäische Diplomatie hatte bisher nichts dieser Kurzfristigkeit Vergleichbares gesehen. Um sechs Uhr morgens am 25. Juli lief das Ultimatum ab; bereits um halb sieben Uhr saß der österreichische Gesandte in Belgrad, Baron Giesl, zusammen mit seinem gesamten Stab im Zug nach Wien.) Die österreichische Kriegserklärung erfolgte am 28. Juli. Dies war kein auf einen weltweiten Konflikt gezielter Akt. Im Gegenteil, es war ein naiver Versuch, summarisch mit Serbien abzurechnen und die übrige Welt davon fernzuhalten. Berchtold hatte eine schreckliche Fehlrechnung aufgestellt in dem Glauben, Rußland, der große Beschützer der Serben, würde dabei wieder mit verschränkten Armen zusehen.

Ermutigt von festen Hilfszusagen seines französischen Verbündeten, befahl der Zar nach einigem für ihn typischen Zögern und halbherzigen Maßnahmen die Generalmobilmachung in Rußland zwei Tage später, am 30. Juli. Damit hatte Europa den Punkt erreicht, von dem aus es kein Zurück mehr gab. Großmächte konnten, gleichsam als politische Geste, eine Teilmobilisierung ihrer Streitkräfte anordnen und alsdann, ob das Ziel nun erreicht war oder nicht, zum Normalzustand zurückkehren, ohne dabei im Übermaß Gesicht zu verlieren. Aber wenn eine Totalmobilisierung beabsichtigt und erst einmal durchgeführt war, so glich sie einer Herausforderung zum Krieg. Österreich-Ungarn, gezwungen, Farbe zu bekennen, mußte dem militärischen Gesetz und der politischen Stimmung von damals entsprechend Rußlands Beispiel folgen. Deutschland und Frankreich, miteinander rivalisierende Bundesgenossen je einer dieser beiden miteinander rivalisierenden Mächte, die sich jetzt auf dem Balkan gegenseitig in die Quere kamen, erklärten ihre eigene Generalmobilisierung 24 Stunden später. Die europäischen Mächte verfingen sich in diesen Geweben von Bündnissen, in die jede von ihnen geraten war, nachdem sie sie im Verlaufe von vier Jahrzehnten gesponnen hatten. Trotz einiger in letzter Minute von beiden Seiten unternommener hastiger Versuche, eine Katastrophe zu vermeiden, gingen die Mobilisierungen rasch und erbarmungslos in Feindseligkeiten über. England, die einzige Macht zwischen den beiden Blöcken, die nicht durch schriftliche Verträge gebunden war, trat als letzter in den Kreis mit seiner Kriegserklärung an Deutschland am 4. August um Mitternacht. Dabei ging es nicht darum, wie oder ob überhaupt für Sarajevo Rache genommen werden sollte, sondern um die Verteidigung belgischen Gebiets, das von der deutschen Armee auf ihrem Vormarsch gegen Frankreich verletzt worden war. Der Konflikt hatte sich innerhalb von sechs Wochen auf dem Nährboden formeller Verträge und heimlicher Abmachungen auf der ganzen Linie von den Bergen Bosniens bis zu den Kanalhäfen Flanderns ausgebreitet. Der Verlauf war ebenso logisch wie lächerlich.

## 14

### Jugendmuseum

Sarajevos junge Bosniaken von heute sind etwas ganz anderes als die Kameraden von Gavrilo Princip. Sie sind nicht mehr die Gejagten, sondern die Vorhut der Jäger. Bevorzugt, weil nicht von bürgerlicher Herkunft, besteht ihre Aufgabe darin, ihre Volksrepublik und mit ihr die gesamte Föderation von Jugoslawiens kommunistischen Staaten vor einem Rückfall in den Imperialismus zu bewahren. Gleichsam um den Wechsel zu symbolisieren, ist das alte österreichische Rathaus jetzt zu ihrer Universitätsbibliothek geworden. Die breiten Stufen draußen, die der Erzherzog und seine Gemahlin hinabstiegen, um ihre letzte kurze Reise in den Tod anzutreten, sind jetzt übersät mit Studenten. Sie räkeln sich mit ihren Büchern im gleichen Junisonnenschein und blicken über den alten Appel-Kai (der jetzt nach verschiedenen Umbenennungen Bulevar Radićevića heißt) auf dieselbe Miljacka, die träge wie immer in der Hochsommerhitze dahinfließt. Princip, der Mörder, ist jetzt Princip, der Nationalheld, der zu werden er selbst einmal voraussagte. Die Behörden haben längst die Stelle markiert,

wo er die beiden Kugeln abfeuerte, indem sie seine Fußabdrücke in einen Pflasterstein aus Zement einkerbten. Diese
Fußabdrücke sind ziemlich weit voneinander entfernt, als ob
er sich für die Schüsse noch fest auf dem Boden habe abstem-
men wollen. Die alte Lateinerbrücke gegenüber ist jetzt nach
ihm Princip-Brücke benannt, und das Eckgebäude, wo er
stand, ist jetzt das Jungbosnische Museum, in Wirklichkeit
ein Heiligtum zu seinem Gedächtnis.

Außer einer kleinen Dokumentarschau über österreichische »Unterdrückung« (die aus nichts Schlimmerem besteht
als aus einigen Routineanordnungen und Verlautbarungen)
ist da eine riesige Reliefkarte zu sehen von dem Mordweg,
den der Erzherzog am 28. Juni 1914 durch die Stadt genommen hat, und Bilder von allen Verschwörern zusammen mit
ein paar früheren bosnischen Helden. Aber Princip ist ganz
folgerichtig der Star. Die schwarze Schürze seiner Mutter sowie Handwerkszeug befinden sich in einer Ecke. Gegenüber
befinden sich Bilder der Holzhütte, in der er geboren ist, und
eine Photographie seiner Eltern: ein altes Bauernehepaar mit
Falkenaugen und lederhäutigem Gesicht, aufgeputzt in ihrem
Sonntagsstaat.

Hier befinden sich auch Bilder von Princip als Gefange-
nem. Obwohl drei der Verschwörer einschließlich Danilo Ilić
gehenkt wurden, kam der Rest, entweder weil ihr Verbrechen
als minder schwer beurteilt wurde, oder einfach deshalb, weil
sie noch minderjährig waren, mit Freiheitsstrafen davon. So
wurde selbstverständlich auch Princip verurteilt, und zwar
zusammen mit Grabež und Čabrinović zu 20 Jahren Kerker
»mit einem Fasttag im Monat und an jedem 28. Juni Dunkel-
haft mit hartem Lager«. Princip starb wenige Jahre später an
Knochentuberkulose im Militärgefängnis von Theresien-
stadt, südlich von Wien, nachdem er mit seiner stoischen
Ruhe selbst auf seine Wächter Eindruck gemacht hatte. Der
Totenschein, ausgestellt am 28. April 1918, gegen Ende des
Krieges, den er heraufbeschworen hatte, befindet sich unter
den Ausstellungsgegenständen an der Wand.

Gruppen jugoslawischer Schulkinder werden regelmäßig bei ihrem Rundgang durch das Museum an diese Stelle geführt, was zum festen Bestand ihrer Indoktrinierung gehört. Die Erklärung des Museumsführers ist kurz gehalten und zuweilen sogar in defensivem Ton. Princip war nicht etwa auf einen Weltkrieg aus, so wird den Kindern gesagt: Es war ganz einfach so, daß dieser Mord der in damaliger Zeit üblichen Methode politischen Protestes entsprach. Noch weniger hatte er gewünscht, eine Frau zu töten, für die diese idealistischen Freiheitskämpfer des 19. Jahrhunderts eine geradezu mystische Verehrung hegten. Die Gemahlin des Erzherzogs hatte ganz einfach im Wege gestanden. Es war bedauerlich, aber es ist nun einmal so geschehen.

Die bosnischen Schulkinder von heute laufen zwischen den Ausstellungsgegenständen von Princip, dem Mörder, mit demselben politischen Ernst umher wie die jungen Wiener zwischen den Ausstellungsgegenständen von Franz Ferdinand, seinem Opfer. Ja, es gibt noch viel größere Ähnlichkeiten. Äußerlich unterscheiden sie sich kaum von jenen österreichischen Kindern: dieselben ungepflegten Haare, dieselben Jeans, dieselben T-Shirts, manchmal sogar mit denselben Motiven. Für diese jungen Leute sind die Museen eher ein Panoptikum als ein Heiligtum, und in beiden Städten scheinen die Umwälzungen ganz weit zurückzuliegen. Nur wenige, selbst in den bosnischen Gruppen, sehen verbissen genug drein, als würden sie nach dem schrecklichen Ausspruch von Bogdan Žerajić leben (der auch im Museum zu lesen ist): »Derjenige, welcher zu leben wünscht, soll sterben. Derjenige, welcher zu sterben wünscht, soll leben.«

In beiden Museen fragt sich der ältere Betrachter, ob sich die jungen Besucher der Einwirkung bewußt sind, die diese Ausstellungsgegenstände in gläsernen Kästen auf ihr eigenes Leben haben. Das Zarenreich mag zum Untergang verurteilt gewesen sein oder nicht. Aber es ist bestimmt eine strittige Frage, ob zum Beispiel der Bolschewismus in Rußland 1917 triumphiert hätte, wenn Deutschland Lenin nicht ermöglicht hätte, sein Schweizer Exil zu verlassen – eine kurzsichtige Kriegslist – und den Kontinent in einem versiegelten Zug zu durchkreuzen, um die Revolution in St. Petersburg gleichsam zu galvanisieren. Diese Revolution, wann und wie sie auch abgelaufen sein möge, war ebenfalls eine der letzten Auswirkungen von Gavrilo Princips Kugeln. Aus ihr ging im Laufe der Zeit der Sieg des Kommunismus in Jugoslawien nach einem weiteren Krieg hervor, ferner die Entstehung einer neutralen österreichischen Republik als narkotisierter Rumpf der zerstückelten Habsburger Monarchie.

Mag Franz Ferdinand auch Vorahnungen seiner Ermordung gehabt haben, er konnte sich niemals vorgestellt haben, was eine solche Tat in ihrem Gefolge mit sich bringen würde. Der »Welt«-Krieg von 1914 bis 1918 ist die einzige Auseinandersetzung in der Geschichte der Menschheit, die durch diesen ersten Teil des Wortes gekennzeichnet wird. Sogar der zwanzig Jahre später ausbrechende Brand, der nach sechs Jahren in den pilzförmigen Wolken der Atombombe zu Ende ging, ist nur unter dem Namen »Zweiter Weltkrieg« bekannt. Die vorherrschende Bedeutung des vorangegangenen Konflikts ist absolut gerechtfertigt. Zum ersten Mal wurde die ganze Erdkugel in eine Schlacht hineingezogen, die im Herzen eines ihrer Kontinente begann. Hinterher wurden in jedem Dorf des alten Europa, von den englischen Cotswolds bis zum österreichischen Tirol und von der Ostseeküste bis hinab nach Sizilien Denkmäler errichtet, um auf die 10 Millionen Gefallenen aufmerksam zu machen. Jede Stadt der Neuen Welt und der europäischen Besitzungen in Übersee errichtete ähnliche Denkmäler.

Dieser politische Gezeitenwechsel war folgenschwerer als dieses hohe Opfer an Menschenleben. Drei Kaiserreiche – die der Romanows, der Hohenzollern und das von Franz Ferdinand – verschwanden für immer von der Landkarte. Der Sowjetkommunismus entstand, eine Kraft, die nach und nach alles von der alten Doppelmonarchie unter ihren Stiefel brachte, und streckt seine Fühler über die ganze Welt aus.

Ebenso ging aus diesem Konflikt die absolute Vorherrschaft Amerikas über die nichtkommunistische Welt hervor, da jene anderen Reiche, die aus den Kriegen siegreich hervorgegangen waren – das britische, französische, niederländische, belgische und portugiesische – nichtsdestoweniger ihrem eigenen politischen Niedergang entgegengingen. Und mit dem Verschwinden der alten Ordnung war es auch mit der Stabilität, die ihr Kennzeichen gewesen war, vorbei. Gleich den drei verwaisten Kindern des Erzherzogs war die Welt in ein Zeitalter von Unsicherheit und Durcheinander gestoßen worden.

Gleichsam im Sog dieses Umsturzes geschah es, daß im Erzherzog ein Felsen gesehen wird, der, wäre er nicht zerstört worden, dem Sturm hätte Trotz bieten können. Selbst ein so entschiedener Gegner der Habsburger wie Karl Kraus tritt voller Respekt einen Schritt vor dem Antlitz Franz Ferdinands zurück. In seinem satirischen Epos »Die letzten Tage der Menschheit« wurde der Erzherzog beschrieben als »die Hoffnung dieses Staates für alle, die noch glaubten, daß im Vorland des großen Chaos ein geordnetes Staatsleben durchzusetzen sei«. Sir Fairfax Cartwright, der äußerst scharfsichtige britische Botschafter in Wien während der fünf Jahre (1908–1913) von Franz Ferdinands »Herrschaft« im Belvedere, meinte, der Erzherzog, und nur er allein, könnte es schaffen, die Schwierigkeiten seines Landes mit Rußland auf dem Balkan zu beheben, wie England die seinen mit Rußland in Asien beseitigt hatte. Darüber hinaus war nach Cartwright Franz Ferdinand der einzige, der als Kaiser die Rolle des »großen katholischen Souveräns der Welt« bei der Wiederbelebung von Österreichs Prestige und Macht neben dem anmaßenden deutschen Verbündeten hätte spielen können. In dieser philosophierenden Art und Weise erging sich der Diplomat einmal in einer langen historischen Abhandlung gegenüber Sir Edward Grey darüber, daß die Vorherrschaft des protestantischen Preußen auf dem Kontinent, begründet durch die Niederlage Österreichs 1866 und Frankreichs

1871, einmal herausgefordert werden würde, sehr zu Englands Vorteil.

Spätere Generationen sollten den Erzherzog einmal mit einem königlichen de Gaulle vergleichen, in ihm einen autoritären Herrscher sehen, der unter seinen entzweiten und lethargischen Untertanen sowohl Einigkeit als auch Stolz wiederhergestellt hätte, ganz einfach dadurch, daß er auf sie etwas von seinem brennenden Sendungsgefühl übertragen hätte. Gewiß, der springende Punkt bei Franz Ferdinand war nicht etwa, daß er der intelligenteste, kraftvollste Erzherzog war, den seine Dynastie im neunzehnten Jahrhundert hervorgebracht hatte, wohl aber, daß er der einzige war, der die Überzeugung hegte, ihr sei noch eine Zukunft im zwanzigsten beschieden. Es ging nicht so sehr darum, was er mit der Doppelmonarchie noch vorhatte, sondern allein die Tatsache zählt, daß er entschlossen war, alles nur Menschenmögliche zu tun, um sich vor den anderen auszuzeichnen.

Und so bleibt nur noch der Reiz der Spekulation, was wohl mit der Doppelmonarchie und Europa geschehen wäre, wenn Franz Joseph seiner schweren Krankheit Ende April 1914 erlegen und ihm der Erzherzog als Franz II. von Österreich-Ungarn auf dem Thron gefolgt wäre, statt zwei Monate später an einer Straßenecke in Sarajevo das Opfer einer Mörderkugel zu werden. Hätte er sein Reich in friedlichen Zeiten modernisieren können? Hätte er zur Verlängerung des europäischen Friedens beitragen können, der ein nicht wegzudenkender Hintergrund für jede solche innere Reform war?

Alles, was wir wissen, ist, daß er die Gefahren erkannt hatte, sowohl im Inneren als auch draußen, und daß er über die Entschlossenheit verfügte, ihnen zu Leibe zu rücken. Jeder Versuch auf dem innenpolitischen Feld, den Dualismus zu ändern, hätte freilich die Grundlage berührt, von der aus die Monarchie während des größten Teils eines halben Jahrhunderts operiert hatte. Wäre er wirklich darauf vorbereitet gewesen, den ungarischen Stier bei den Hörnern zu packen, die Kräfte und Vorrechte von Budapest auf dem Weg kaiserlicher

Verordnungen zu beschneiden und zur Abstützung seiner Politik mit der Anwendung von Gewalt zu drohen, so dürfte er wohl für eine Weile die Oberhand über den ungarischen Widerstand gewonnen haben. Aber das Reich dürfte aus einer solchen Umwälzung noch mehr geschwächt hervorgegangen sein als durch eine Fortsetzung des kraftlosen Status quo, und die Ungarn, die weit tatkräftiger und selbstsicherer waren als ihre österreichischen Partner, hätten den Kampf mit Wien niemals aufgegeben. Es war nicht die egozentrische ungarische Führung, die Franz Ferdinand zu fürchten hatte (obwohl er als Kaiser bestimmt mit Graf Tisza, dem Premierminister, aneinandergeraten wäre, zumal da dieser eine äußerst bemerkenswerte Persönlichkeit war), als vielmehr den Geist der Nation. Erfolg an der inneren Front war also bestenfalls problematisch.

Was er wohl in der Außenpolitik erreicht hätte, hängt ganz einfach von der unmöglichen Lösung des Rätsels ab, ob sich der Weltkrieg hätte vermeiden lassen. Auch hier ist alles, was wir wissen, daß Franz Ferdinand, selbst als Thronfolger, seine ureigensten Meinungen über die von den miteinander rivalisierenden Allianzen ausgehenden Gefahren hatte, die den Kontinent teilten und es so schwierig machten, selbst die geringfügigsten Konflikte zu lokalisieren. Als Souverän hätte er sich mit aller Kraft für die Durchsetzung seines lebenslangen Traumes eingesetzt, nämlich die Wiederherstellung des Dreikaiserbündnisses, und somit die schicksalhafte Verbindung zwischen Österreich und Rußland wiederhergestellt. Aber ob eine derartig altmodische dynastische Brücke den mächtigen Strömungen des 20. Jahrhunderts standgehalten hätte – besonders, wenn es um die Überwölbung der explosiven balkanischen Interessengebiete gegangen wäre –, ist ebenfalls zweifelhaft.

Was die spätere Hinwendung des Erzherzogs zu England anlangt, so hätte es bestimmt größerer Anstrengungen bedurft, als etwa nur häufiger mit König Georg V. (selbst im Gegensatz zu seinem Vater an europäischer Politik äußerst uninteressiert) auf Jagd zu gehen, um die zwar formlosen, aber doch reichlich bindenden militärischen Verpflichtungen Großbritanniens gegenüber Frankreich zu lockern. Franz Ferdinand hatte als Erzherzog die richtige Diagnose gestellt. Als Kaiser dürfte er sicher zu spät gekommen sein, um die Heilung noch durchzusetzen. Wie die Lage nun einmal war, vier Jahre nach seiner Ermordung folgte sein eigenes Reich dem einzigen Mann ins Grab, der es, wie es durchaus möglich schien, hätte retten können.

Diese Zwiespältigkeiten scheinen gleichsam über seine Totenmaske hinwegzuhuschen. Die von Sophie wirkt heiter, geradezu freudestrahlend: Sie zeigt das Gesicht einer Frau, die sich selbst, ihrem Gemahl und der ganzen Welt bewiesen hat, daß ihre Liebe alle Seelenqualen lohnend und alle Kränkung zunichte gemacht hat. Die Züge des Erzherzogs sind ebenfalls ruhig. Doch da gibt es eine Spur ironischen Lächelns in seinen starren Zügen, als ob er geahnt hätte, daß sein Tod beweisen würde, wie recht er im Leben gehabt hat.

# Anhang I

## Renunziationseid

»Wir
Erzherzog Franz Ferdinand Carl Ludwig Joseph Maria
von Oesterreich-Este etc.
erklären es als Unseren festen und wohlerwogenen Entschluss, Uns mit der hochgeborenen Gräfin Sophie Maria Josephina Albina Chotek von Chotkowa und Wognin, Dame des hochadeligen Sternkreuzordens und Tochter des verstorbenen Geheimen Rathes, Kämmerers und Oberststabelmeisters Seiner kaiserlichen und königlich Apostolischen Majestät Bohuslav Grafen Chotek von Chotkowa und Wognin, und dessen gleichfalls in Gott ruhenden Gemahlin, Gräfin Wilhelmine, geborenen Gräfin Kinsky von Wchinitz und Tettau, Sternkreuzordens- und Palastdame ehelich zu verbinden. Zu dieser ehelichen Verbindung haben Wir, in Beobachtung der seit Altersher in dem durchlauchtigsten Erzhause bestehenden Observanz und der Bestimmungen der Uns bindenden Hausgesetze die Einwilligung Seiner kaiserlichen und königlich Apostolischen Majestät, des glorreich regierenden Kaisers und Königs Franz Joseph I., Unseres erhabenen Oheims, als des durchlauchtigsten obersten Hauptes des gesammten Erzhauses erbeten und eingeholt, und haben Seine Majestät geruht, Uns dieselbe als einen neuen Beweis Allerhöchst Ihrer gnädigen und wohlwollenden Gesinnungen, huldreichst zu ertheilen. Bevor Wir aber zur Schliessung des ehelichen Bundes schreiten, fühlen Wir Uns veranlasst, unter Berufung auf die obenerwähnten Hausgesetze des durchlauchtigsten Erzhauses, deren Bestimmungen Wir noch ganz besonders im Hinblicke auf gegenwärtige von Uns einzuge-

hende Ehe vollinhaltlich anerkennen und als bindend erklären, festzustellen, dass Unsere Ehe mit Gräfin Sophie Chotek nicht eine ebenbürtige, sondern eine morganatische Ehe ist und als solche für jetzt und für alle Zeiten anzusehen ist, demzufolge weder Unserer Frau Gemahlin, noch den, mit Gottes Segen, aus dieser Unserer Ehe zu erhoffenden Kindern und deren Nachkommen jene Rechte, Ehren, Titel, Wappen, Vorzüge etc. etc. zustehen und von denselben beansprucht werden können und sollen, die den ebenbürtigen Gemahlinnen und den aus ebenbürtiger Ehe stammenden Nachkommen der Herren Erzherzoge zukommen.

Insbesondere erkennen und erklären Wir aber noch ausdrücklich, dass Unseren aus oberwähnter Ehe stammenden Kindern und deren Nachkommen, nachdem dieselben nicht Mitglieder des Allerhöchsten Erzhauses sind, ein Recht auf die Thronfolge in den im Reichsrathe vertretenen Königreichen und Ländern und somit auch im Sinne der Gesetzartikel 1723:I und II in den Ländern der ungarischen Krone nicht zusteht, und selbe von der Thronfolge ausgeschlossen sind.

Wir verpflichten Uns mit Unserem Worte, dass Wir gegenwärtige Erklärung, deren Bedeutung und Tragweite Wir Uns wohl bewusst sind, als für alle Zeiten, sowohl für Uns, wie für Unsere Frau Gemahlin und Unsere aus dieser Ehe stammenden Kinder und deren Nachkommen bindend anerkennen, und dass Wir niemals versuchen werden, diese Unsere gegenwärtige Erklärung zu widerrufen oder Etwas zu unternehmen, welches darauf hin zielen sollte, die bindende Kraft derselben zu schwächen oder aufzuheben.

Zur Bestätigung gegenwärtiger in zwei Exemplaren auszustellender Erklärung haben Wir diese Urkunden eigenhändig gefertigt und mit Unserem erzherzoglichen Insiegel versehen lassen.

Gegeben zu [Wien]                                    am [28. Juni 1900]«

# Manifest (für den Fall des Thronwechsels)

»An unsere Völker!
Wir Franz II.,
von Gottes Gnaden Kaiser von Österreich, Apostolischer Königvon Ungarn, König von Böhmen, Dalmatien, Kroatien, Slawonien, Galizien, Lodomerien, Rama, Bosnien und der Herzegowina, Kumanien, König von Illyrien, Jerusalem usw., Erzherzog von Österreich-Este, Großherzog von Toskana und Krakau, Herzog von Lothringen, Salzburg, Steiermark, Kärnten und Bukowina, Großfürst von Siebenbürgern, Markgraf von Mähren, Herzog von Ober- und Nieder-Schlesien, Modena, Parma, Piacenza, Quastalla, Auschwitz, Zator, Tetschen, Friaul, Ragusa, Zara usw., Graf von Habsburg, Tirol, Kyburg, Görz und Gradiska, Fürst von Trient und Brixen, Markgraf der Ober- und Nieder-Lausitz und von Istrien, Graf von Hohenembs, Feldkirch, Bregenz, Samenberg usw., Herr von Triest, Cattaro und auf der Windischen Mark usw.

Nachdem es Gott dem Allmächtigen gefallen hat, Meinen erhabenen Oheim, Seine Majestät unseren Allergnädigsten Herrn, Kaiser und König Franz Josef I. nach langer, segensreicher Regierung aus diesem Leben abzuberufen,
sind,
kraft der mit der pragmatischen Sanktion Unseres erlauchten Vorfahren Kaiser Karl VI. für alle Zeiten festgelegten Sukzessionsordnung,
Wir Franz II.
von Gottes Gnaden zur Thronfolge in allen unter dem Zepter

Unseres Hauses vereinigten Königreichen und Ländern berufen.

Wir verkünden hiemit feierlich allen Völkern der Monarchie Unsere Thronbesteigung.

Von tiefem Schmerze bewegt, stehen Wir mit den Völkern des Reiches an der Bahre des verewigten Kaisers und Königs, dankbarsten Herzens seiner väterlichen Liebe, seines hohen Sinnes, seiner pflichttreuen und rastlosen Arbeit, seiner Güte und Milde gedenkend.

Sein erhabenes Beispiel soll auch der Erfüllung Unserer Herrscherpflichten voranleuchten – dem Glücke und der Wohlfahrt Unserer Völker ist in Hinkunft Unser ganzes Leben und alle Unsere Kraft geweiht.

Allen Völkern der Monarchie, allen Ständen und jedermann, der in ernster Arbeit seine Pflicht tut – welchen Stammes und Glaubens er auch sein mag – bringen wir gleiche Liebe entgegen. Ob hoch, ob niedrig, ob arm, ob reich, alle sollen vor Unserem Throne gleichgehalten werden.

Die bewährten konstitutionellen Einrichtungen und die Rechtsordnung des Staates, an der jeder Bürger nach dem Gesetze gleichen Anteil hat, wollen Wir achten und mit kraftvoller Hand schützen. Zum Wohle und Gedeihen aller Völker in allen Teilen der Monarchie halten Wir es für Unsere nächste Pflicht, ihre Vereinigung zum großen Ganzen und ihr einträchtiges Zusammenwirken nach gerechten Grundsätzen auf klare, zuverlässige Grundlagen zu stellen, die, ungetrübt von Sonderbestrebungen, über Zweifel und Anfechtungen erhaben sind. In der Reichsverfassung müssen daher zunächst die Widersprüche behoben werden, die derzeit zwischen den für die gemeinsamen Angelegenheiten der Monarchie geltenden österreichischen und ungarischen Gesetzen bestehen und die Leistung der vorgeschriebenen Eide auf die Verfassungsvorschriften durch deren Unvereinbarkeit unmöglich machen. Als Unterpfand Unserer geheiligten Regentenpflichten wollen Wir sodann die unzweideutigen Bestimmungen der Reichsverfassung, gleichzeitig mit den grundgesetzlichen

Rechten und Freiheiten aller Angehörigen der Monarchie, mit feierlichem Krönungseide bekräftigen. Um die Möglichkeit hierfür zu schaffen, werden Unsere Regierungen ohne Verzug die notwendigen Maßnahmen einleiten.

Die Einheit des Reiches nach außen, auf der seine Großmachtstellung aufgebaut ist, und den durch die pragmatische Sanktion gewährleisteten unteilbaren und unzertrennlichen Besitz der unter Unserem Zepter vereinigten Länder werden Wir mit Festigkeit wahren.

Wir werden unbeugsam dafür sorgen, daß das feste Gefüge der bewaffneten Macht von einseitigen politischen Strömungen unberührt bleibe. In Unserer getreuen Armee erblicken Wir den Hort und die zuverlässige Gewähr nicht nur für die Erhaltung der Sicherheit und Ordnung im Inneren, sondern insbesondere auch für die Erfüllung Unseres aufrichtigen Wunsches nach Fortsetzung der Friedenspolitik Unseres erhabenen, nun in Gott ruhenden Oheims.

In diesem Sinne wollen Wir an den bewährten Bündnissen mit fremden Staaten festhalten, mit allen auswärtigen Mächten in gutem Einvernehmen bleiben und, soweit nicht Ehre und Existenz des Vaterlandes angegriffen werden, nach Kräften bemüht sein, für die Erhaltung des Friedens zu wirken, damit sich die Völker der Monarchie ungestört ihren kulturellen und wirtschaftlichen Aufgaben widmen können, die in Uns stets den wärmsten Förderer finden werden.

Recht und Gesetz werden Wir bei Ausübung Unserer Regierungsgewalt zur Geltung bringen, jede redliche Arbeit schützen, jedes gemeinnützige Wirken fördern. Wir werden hiebei von allen Organen Unserer Regierung, von allen Behörden und Dienern des Staates die unentwegte, eiserne und verständnisvolle Pflichterfüllung sowie eine von Parteiströmungen und Standesinteressen durchaus unbeeinflußte Hingebung für das allgemeine Beste und das Wohl des Vaterlandes verlangen.

Ebenso wie alle Unserem Zepter angehörenden Völker in bezug auf die Mitwirkung an den gemeinsamen Angelegenheiten der Monarchie gleicher Rechte teilhaftig werden sollen, erfordert es die Gleichberechtigung, daß jedem Volksstamme seine nationale Entwicklung, im Rahmen der gemeinsamen Interessen der Monarchie, gewährleistet bleibe, und daß allen Volksstämmen, allen Ständen und allen Berufsklassen, wo dies noch nicht durchgeführt ist, die Wahrung ihrer berechtigten Interessen durch gerechte Wahlgesetze ermöglicht werde.

Die Völker der Donaumonarchie sind durch tausendfache Bande geschichtlicher Entwicklung, gemeinsamer Bildung und Kultur, wirtschaftlicher Interessengemeinschaft miteinander verknüpft. Sie sollen sich in brüderlicher Liebe zusammenschließen, Trennendes beseitigen, Gemeinsames kräftigen und nur auf dem Gebiete des kulturellen und wirtschaftlichen Fortschrittes in edlem Wettkampfe einander gegenübertreten. Vertrauensvoll rufen Wir alle auf, denen das Gedeihen unseres von Gott mit so reichen Gaben gesegneten Vaterlandes am Herzen liegt, ihre Arbeit mit der Unseren zu vereinen! Nur durch einträchtiges Zusammenwirken aller Unserer Völker wird das Wohl jedes einzelnen Stammes gesichert und gefördert.

Wahres Glück kann aber nur aufgebaut sein auf frommen Sinn. Diesen bei Unseren Völkern zu wahren, soll Uns Gewissenssache sein.

Und so flehen Wir vertrauensvoll um Gottes Hilfe, auf daß sein Segen über der Erfüllung Unserer Herrscherpflichten sowie über der Arbeit jedes Unserer geliebten Untertanen sei, und auf daß der Allmächtige Uns erleuchte und stärke, damit Wir Unsere Völker zu Wohlfahrt, Glück und Frieden führen mögen.

Das walte Gott!«

# Anmerkungen

## 2 Ein seltsamer junger Habsburger

1 Otto Forst, Ahnentafel Seiner Kaiserlichen Hoheit des durchlauchtigsten Erzherzogs Franz Ferdinand von Österreich-Este, Wien 1910.
2 Brief zitiert bei Theodor von Sosnosky, Franz Ferdinand, München 1929, S. 8.
3 Die Anekdote über die Erbschaft des Herzogs von Modena ist dem Verfasser von Kaiserin Zita am 22. Februar 1976 erzählt worden.
4 Nachlaß Franz Ferdinand, Briefe, Karton 5, Depot Hohenberg, Haus-, Hof- und Staatsarchiv, Wien (im folgenden zitiert als Nachlaß FF).
5 Brief Franz Ferdinands, zitiert bei Brigitte Hamann, Rudolf, Wien 1978, S. 426. Photos von Mizzi lassen ihren durchschlagenden Erfolg heutzutage eigentlich kaum verständlich erscheinen. Sie wirkt wie eine plumpe, beinahe fette junge Frau, bereits mit Ansatz eines Doppelkinns; ihre Augen und ihr langes, dunkles, zu einem Knoten aufgestecktes Haar sind jedoch sehr hübsch.
6 Nachlaß FF, Briefe, Karton 5.
7 Erzherzog Albrecht hatte die österreich-ungarischen Streitkräfte in der siegreichen Schlacht von Custozza gegen die Italiener im Jahre 1866 befehligt.
8 Nachlaß FF, Briefe, Karton 5.
9 Es wurde immer wieder – wenn auch niemals völlig überzeugend – behauptet, daß das Paar aus politischen Gründen ermordet worden sei.

## 3   Globetrotter mit Gewehr

1 Nachlaß FF, Erzherzog Albrecht, 14. August 1889.

2 Franz Ferdinand an Baron Beck, zitiert bei Roland Krug von Nidda, Der Weg nach Sarajevo, Wien 1964, S. 28.

3 Adam Müller-Guttenbrunn, Franz Ferdinands Lebensroman, Stuttgart 1919, S. 19.

4 Nachlaß FF, Briefe, Erzherzog Albrecht, 28. Juli 1892.

5 Gemeint ist Adam Müller-Guttenbrunn, der anonyme, aber teilweise wohlinformierte Autor dieser Klatschgeschichte, in: Franz Ferdinands Lebensroman, a. a. O.

6 A. a. O., S. 50.

7 Tagebuch meiner Reise um die Erde, Bd. I, S. 5, im folgenden zitiert als Tagebuch.

8 Royal Archives (im folgenden zitiert als R. A.) I/88 (2): Brief von Knollys an Ponsonby vom 19. Oktober 1892.

9 R. A. N/48/160/6.

10 R. A. I/88/5: Telegramm von Sir A. Paget an Lord Rosebery vom 1. November 1892.

11 »Warum spricht er kein Wort englisch?« fragte Königin Victoria, nachdem sie dem Erzherzog zum ersten Mal begegnet war, und weigerte sich, die Erklärung anzuerkennen, er sei zu sehr damit beschäftigt, die verschiedenen Sprachen seines eigenen Reiches zu erlernen.

12 R. A. N/48/171: Lord Harris an die Königin am 20. Januar 1893.

13 Tagebuch, Bd. I, S. 268.

14 A. a. O., Bd. II, S. 7.

15 A. a. O., S. 421.

16 A. a. O., S. 424.

17 Einigermaßen bezeichnend waren der Schwung und die Kraft, womit sie Tennis spielten – ein bei Franz Ferdinand beliebter Sport. Er notierte nach einem Besuch beim Tennisklub in Vancouver in seinem Tagebuch, daß er Lust verspürt habe, mitzumachen, ihm allerdings angesichts von soviel Sachverstand der Mut dazu gefehlt habe.

18 Sophie Gräfin von Nostitz-Rieneck zum Verfasser am 30. Juni 1982 sowie Kaiserin Zita zum Verfasser.

19 Sein Gesuch ist abgedruckt bei Edmund von Glaise-Horstenau, Franz Josephs Weggefährte, Leipzig 1930, S. 425.

# 4 Sophie

1 Albert von Margutti, Vom alten Kaiser, Wien 1921, S. 128 ff.
2 Viktor Eisenmenger, Erzherzog Franz Ferdinand, Wien 1930, S. 18.
3 Nora Fugger, Im Glanz der Kaiserzeit, Wien 1930, S. 323/24.
4 Unveröffentlichte Memoiren von Graf Sternberg (aufbewahrt im Wiener Haus-, Hof- und Staatsarchiv), S. 284 (im folgenden zitiert als Sternberg).
5 Siehe z. B. den Hofkalender für das Jahr 1915, S. 106 ff.
6 Adam Müller-Guttenbrunn, a. a. O., S. 16 f.
7 A. a. O., S. 107.
8 z. B. Erzherzogin Isabella aus Potsdam an Franz Ferdinand am 12. September 1894 und am 4. Oktober 1895 (Nachlaß FF, Briefe, Karton 3).
9 A. a. O., Karton 3: Erzherzogin Isabella an Franz Ferdinand am 9. August 1895.
10 A. a. O., Karton 1: Kaiser Franz Joseph an Franz Ferdinand am 2. August 1895.
11 Viktor Eisenmenger, a. a. O., S. 11 f.
12 A. a. O., S. 18.
13 Sternberg, S. 187 ff.
14 A. a. O., S. 206.
15 Nachlaß FF, Briefe, Karton 1: Franz Ferdinand an Kaiser Franz Joseph aus Kairo am 17. März 1896.
16 Viktor Eisenmenger, a. a. O., S. 79.
17 Franz Ferdinand an Gräfin Fugger am 14. Februar 1897; ferner Nora Fugger, a. a. O., S. 317 ff.
18 Nachlaß FF, Briefe, Karton 1: Kaiser Franz Joseph an Franz Ferdinand am 7. April 1897.

# 5 Skandal

1 Nachlaß FF, Briefe, Karton 3: Erzherzogin Isabella an Franz Ferdinand am 11. September 1898.
2 A. a. O.: Erzherzog Friedrich an Franz Ferdinand am 13. Juli 1899.
3 A. a. O., am 3. Februar 1907.
4 Paul Nikitsch-Boulles, Vor dem Sturm, Berlin 1925, S. 28 f.

5 Der Umstand, daß diese Information von Sophies eigener Tochter stammt – die bestimmt keinen Anlaß hat, Erzherzogin Isabella in Schutz zu nehmen –, bürgt ausreichend für ihre Richtigkeit.

6 Anekdote dem Verfasser von Kaiserin Zita am 22. April 1968 erzählt.

7 z. B. bei Gerd Holler, Franz Ferdinand von Österreich-Este, Wien 1982, S. 95. Diese einzige Quelle scheint zuverlässig zu sein; ferner Adam Müller-Guttenbrunn, a. a. O., S. 149 f.

8 Sämtliche erwähnten Einzelheiten sind dem Verfasser von Sophie Gräfin von Nostitz-Rieneck am 10. November 1982 mitgeteilt worden.

9 Stephanie gewann ihre Schlacht vor Franz Ferdinand und verheiratete sich wieder am 9. März 1900. Aus diesem Grund allerdings zählte ihre Stimme bei Hof damals nicht viel. Mit weit mächtigerer Stimme setzte sich die Erzherzogin Maria Theresa für Franz Ferdinand ein, seine engelgleiche Stiefmutter, die wie immer zu ihm hielt. Aber das war auch der ganze Beistand, auf den er im innersten Kreis des Hofes hoffen konnte. Er schien im bevorstehenden Kampf um die Einstellung des Kaisers von geringem Gewicht zu sein.

10 Eine auf sicheren Informationen beruhende, aber reichlich gefärbte Darstellung gibt Adam Müller-Guttenbrunn, a. a. O., S. 146 ff.

11 Nachlaß FF, Briefe, Karton 1: Kaiser Franz Joseph an Franz Ferdinand am 5. Oktober 1899.

12 Andere europäische Dynastien hatten sich gleichermaßen mit Thronfolgeproblemen zu befassen: Zar Alexander II. von Rußland schloß beispielsweise eine morganatische Ehe mit Fürstin Dolgoruki, und König Viktor Emanuel von Italien heiratete die Gräfin Mirafiori.

13 Max von Beck war von 1906 bis 1908 österreichischer Ministerpräsident.

14 Nachlaß FF, Briefe, Karton 5: Erzherzog Rainer an Franz Ferdinand am 2. Mai 1900.

15 Erinnerungen von Bruno Richter, die der Verfasser Sophie Gräfin von Nostitz-Rieneck verdankt (18. November 1982).

16 Nachlaß FF, Briefe, Karton 8: Beck an Franz Ferdinand am 19. Mai 1900.

17 A. a. O., Karton 12: Anhang zu dem Brief von Beck an Franz Ferdinand (19. Mai 1900).

18 Müller-Guttenbrunn, a. a. O., S. 154.

19 Ausführliche Beschreibung des feierlichen Vorgangs in der *Deutschen Zeitung,* im *Fremdenblatt* und anderen Wiener Zeitungen vom 28. Juni 1900.

20 Erinnerungen von Bruno Richter.

21 Eine protokollarische Entschuldigung war der vorangegangene Tod einer Prinzessin Josefine von Hohenzollern am 19. Juni. Obwohl sie nicht einmal ein Mitglied der regierenden Dynastie war, hielt sich der Wiener Hof bequemerweise an eine zwölftägige Trauer.

22 Schilderungen der Vermählung enthalten die damaligen Zeitungen, die in der Wiener Staatsbibliothek sowie auf Schloß Hohenberg in Artstetten aufbewahrt sind. Ausführliche Berichte befinden sich in den Lokalblättern wie z. B. in der *Leitmeritzer Zeitung* vom 3. Juli 1900.

23 *Teplitz-Schönauer Anzeiger* vom 30. Juni 1900.

24 *Agramer Zeitung* vom 2. Juli 1900.

25 *Teplitz-Schönauer Anzeiger* vom 30. Juni 1900.

## 6   Der Herr von Konopischt

1 Franz Ferdinand an Erzherzogin Maria Theresa am 9. Juli 1900, zitiert bei Theodor von Sosnosky, a. a. O., S. 35 f.

2 Kaiserin Zita zum Verfasser am 10. April 1978.

3 Prinz Georg von Hohenberg zum Verfasser am 30. Juni 1982.

4 Ein Joch war das Standardflächenmaß im Habsburger Reich, ursprünglich basierend auf der Fläche, die an einem Tag von einem Paar Ochsen gepflügt werden konnte. Es gleicht etwa einem Acker oder einem Morgen.

5 Vollständige Darstellung in Paul Nikitsch-Boulles, a. a. O., S. 36 ff.

6 Schilderung von Regierungsrat Dr. Teuber, abgedruckt in der *Preßburger Presse* vom 2. Juli 1900.

7 Paul Nikitsch-Boulles, a. a. O., S. 188 ff.

8 Sophie Gräfin von Nostitz-Rieneck zum Verfasser am 28. März 1983.

9 Heute gibt es fast ein Dutzend männlicher Hohenbergs, und der Chef des Hauses ist einer der Botschafter Österreichs.

10 Theodor von Sosnosky, a. a. O., S. 37 ff.

11 Eckartsau war von unheilvoller Bedeutung für die Dynastie. In dieses kleine Schloß an der Grenze zwischen Österreich, Ungarn und der Slowakei floh Franz Ferdinands Neffe Karl von Wien aus im November 1918, nachdem er als letzter Habsburger Kaiser auf den Thron verzichtet hatte. Es sollte auch sein letzter Aufenthalt in Österreich werden.

12 Sophie Gräfin von Nostitz-Rieneck zum Verfasser am 30. Juni 1982.

13 Die große Politik der europäischen Kabinette (im folgenden zitiert als G. P.), Bd. 34/II: Von Tschirschky nach Berlin, Nr. 13 000 am 20. März 1913.

14 Bruno Brehm, Apis und Este, München 1931, S. 142 ff.

15 Gordon Brook-Shepherd, Uncle of Europe, London 1975, S. 46.

16 Kaiserin Zita zum Verfasser am 7. März 1977.

17 Viktor Eisenmenger, a. a. O., S. 145.

18 Jonathan Ruffier, The Big Shots, Debrett, London 1977, S. 46.

19 Viktor Eisenmenger, a. a. O., S. 145.

20 Wladimir Aichelburg hat in seinem kleinen, aber maßgebenden Handbuch »Franz Ferdinand und Artstetten« (Wien 1983) nach noch vorhandenen Aufzeichnungen errechnet, daß sich die Zahl des vom Erzherzog erlegten Wilds aller Art auf insgesamt 272 511 Stück beläuft.

21 Sophie Gräfin von Nostitz-Rieneck am 28. März 1983.

22 Kaiserin Zita zum Verfasser am 22. Februar 1976.

23 Franz Conrad von Hötzendorf, Aus meiner Dienstzeit, Wien 1921–25, Bd. I, S. 338.

24 Unveröffentlichte Memoiren von Baron Morsey, S. 26 f., 38. Die Memoiren befinden sich in Verwahrung von Sophie Gräfin von Nostitz-Rieneck (im folgenden zitiert als Morsey).

25 Sophie Gräfin von Nostitz-Rieneck zum Verfasser am 9. September 1982.

26 Kaiserin Zita zum Verfasser am 7. März 1977.

27 Paul Nikitsch-Boulles, a. a. O., S. 50 ff., gibt den vollständigen Briefwechsel wieder.

28 Nachlaß FF, Briefe, Karton 16: Telegramm von Franz Janaczek an Franz Ferdinand vom 14. Januar 1911.

# 7    Belvedere: Pomp ohne Macht

1 Eine kurze, illustrierte Schilderung des Belvedere bei Gordon Brook-Shepherd, Great Palaces, London 1964, S. 223 ff.

2 Kaiserin Zita zum Verfasser am 22. Februar 1976.

3 »Goldy« Mathé, geb. Montenuovo, der der Verfasser das Schriftstück verdankt.

4 Sophie Gräfin von Nostitz-Rieneck zum Verfasser am 9. September 1982.

5 S. S. 110.

6 Zu einer durchgreifenden Ausweitung der Herkunfts-Qualifikationen kam es während der Jahre der nazistischen Unterdrükkung, als jeder Insasse eines Konzentrationslagers, auch später noch, jeden Leidensgenossen duzte. Zu den Insassen gehörten ja auch beide Söhne Franz Ferdinands.

7 Die Informationen verdanke ich Prinz Georg von Hohenberg, einem Enkel des Erzherzogs. S. auch Paul Nikitsch-Boulles, a. a. O., S. 33.

8 Sophie Gräfin von Nostitz-Rieneck zum Verfasser am 30. Juni 1982.

9 Paul Nikitsch-Boulles, a. a. O., S. 30 f.

10 Morsey, a. a. O., S. 10.

11 »Präsumtiv«, weil für den Fall, daß die Herzogin von Hohenberg stürbe und Franz Ferdinand dann eine dynastisch ebenbürtige Ehe schlösse, die männlichen Kinder aus einer solchen Verbindung für die Thronfolge zuerst in Frage kämen.

12 Kaiserin Zita zum Verfasser am 7. März 1977.

13 Nachlaß FF, Briefe, Karton 1: Kaiser Franz Joseph am 6. April 1899.

14 Kaiserin Zita zum Verfasser am 7. März 1977.

15 Das Dokument ist im vollen Wortlaut enthalten bei Leopold Chlumecky, Erzherzog Franz Ferdinands Wirken und Wollen, S. 355 ff. Weitere Einzelheiten über Alexander Brosch von Aarenau und die Militärkanzlei bei Theodor von Sosnosky, a. a. O., S. 119 ff., Paul Nikitsch-Boulles, a. a. O., S. 60 ff., und Rudolf Kißling, Erzherzog Franz Ferdinand von Österreich-Este, Wien 1953, S. 165 ff.

16 Abgedruckt bei Leopold Chlumecky, a. a. O., S. 37 f.

1 Franz Hubman, K. und K. Familien-Album, Wien 1971, S. 18.

2 Der Anspruch wird deutlich, wenn man die Liste von fürstlichen und feudalen Titeln – fast 50 an der Zahl – betrachtet, die das vom Erzherzog selbst entworfene »Manifest« für den Fall seiner Thronbesteigung enthält (s. Anhang II, S. 365).

3 Ironischerweise wird gegenwärtig eine ähnliche Kampagne von Rumänien gegen die ungarische Volksgruppe in Siebenbürgen durchgeführt, die nach dem Ersten Weltkrieg unter Rumäniens Herrschaft geriet und auch nach dem Zweiten Weltkrieg dort verblieb.

4 Und nicht nur politisch. Man hat berechnet, daß um die Jahrhundertwende die 324 größten Privatgüter Ungarns annähernd 20 % der gesamten landwirtschaftlichen Nutzfläche des Landes besaßen.

5 Nachlaß FF, Briefe, Karton 1: Franz Ferdinand an Kaiser Franz Joseph im Juni 1907.

6 Franz Ferdinand an Beck, zitiert bei Robert A. Kann, Erzherzog Franz Ferdinand Studien, Wien 1976, S. 114 f.

7 A. a. O., S. 61 f.

8 Nora Fugger, a. a. O., S. 302.

9 Kaiserin Zita zum Verfasser am 8. März 1977.

10 Text in der Wiener Zeitung vom 9. April 1901.

11 Nachlaß FF, Briefe, Karton 1: Kaiser Franz Joseph an Franz Ferdinand am 20. April 1901.

12 A. a. O.: Kaiser Franz Joseph an Franz Ferdinand am 18. April 1901.

13 Alexander Brosch von Aarenau, Memorandum vom 12. Oktober 1913, abgedruckt bei Leopold Chlumecky, a. a. O., S. 354 ff.

14 Nicht zu verwechseln mit Baron Max Beck, dem früheren Erzieher und Vertrauten des Erzherzogs, der eine so bedeutende Schlüsselrolle in der Heiratskrise gespielt hatte.

15 Franz Conrad von Hötzendorf, a. a. O., Bd. I, S. 33 ff. Dort sind diese und andere Einzelheiten seiner Berufung geschildert.

16 Die ganze Geschichte ist aufs feinsinnigste von der Dame selbst erzählt: Gina Conrad von Hötzendorf, Mein Leben mit Conrad von Hötzendorf, Leipzig 1935, v. a. 1–6.

17 Franz Conrad von Hötzendorf, a. a. O., Bd. II, S. 94.

18 Kaiserin Zita zum Verfasser am 18. Februar 1980.

19 Hierüber sowie über andere Einzelheiten s. A. E. Sokol, See-macht Österreich, Wien 1972, S. 102 ff.

20 Nach Franz Ferdinands Ansicht sollte die Überprüfung alle 25 Jahre, statt alle 10 Jahre, stattfinden, um der Doppelmonarchie die wiederholten Spannungen der Verhandlungen zu ersparen.

21 Rudolf Kißling, a. a. O., S. 104.

22 Edmund von Glaise-Horstenau, a. a. O., S. 406.

23 Franz Conrad von Hötzendorf, a. a. O., Bd. I, S. 564 f.

24 Obwohl die Kroaten nicht zu den sog. »historischen Nationen« der Monarchie gehörten, waren sie schon längst vor Österreich ein unabhängiges, multinationales Königreich gewesen. Schon lang vor dem Jahr 924 hatte der kroatische König Tomislav über einen Teil der dalmatinischen Küste regiert, bis sie ihm allmäh-lich von Venedig weggenommen wurde. Im Jahr 1097 wurde das kroatische Königreich von den Magyaren vereinnahmt.

25 Nachlaß FF, Karton 6: Entwurf an Kaiser Wilhelm am 8. August 1909.

26 Deutsch-Österreich, Deutsch-Böhmen, Deutsch-Mähren und Deutsch-Schlesien, Tschechisch-Böhmen, Tschechisch-Mähren, Magyarisch-Ungarn, Siebenbürgen, Kroatien-Slawonien, Pol-nisch-Westgalizien, Ukrainisch-Ostgalizien, die Slowakei, Krain, die Voivodina, Trient, das Szeklerland, Triest, Dalmatien mit Bosnien-Herzegowina.

27 Rudolf Kißling, a. a. O., S. 255.

28 Es wurde zum ersten Mal in der Wiener *Reichspost* vom 28. März 1926 veröffentlicht und wird im allgemeinen als Franz Ferdinands »Regierungsprogramm« bezeichnet. Das Original-schriftstück, das nur in wenigen Einzelheiten anders lautet als die veröffentlichte Version, befindet sich beim Nachlaß Franz Ferdinand.

29 Das »Manifest«, das zum »Programm für den Thronwechsel« gehört, befindet sich im Anhang II, S. 365–368.

30 Es ging vor allem um die Einheit der Kaiserlichen Armee, die dem Erzherzog vor allem auch in der Sprachenfrage am Herzen lag. So schrieb er an einen Freund und Helfer, den österreichi-schen Baron von Biegeleben, am 6. Januar 1909: »Wenn die Ar-mee auseinandergerissen wird, so hören wir auf, eine Groß-macht zu sein.«

31 Robert A. Kann, a. a. O., S. 175 ff.

1  S. Gordon Brook-Shepherd, Uncle of Europe, a.a.O., S. 153 ff.
2  Nach Albert von Margutti, a.a.O.
3  R. A., George V (König Georg V.; im folgenden abgekürzt G. V.), P 609/4, Bericht von Sir Maurice de Bunsen aus Wien.
4  Nach Albert von Margutti, a.a.O.
5  Morsey, a.a.O., S. 43.
6  G. P., Bd. 26, Nr. 9550, von Jagow an Reichskanzler von Bülow am 10. Juni 1909.
7  G. P., Bd. 26, Nr. 11266, von Tschirschky aus Wien nach Berlin am 23. März 1912.
8  G. P., Bd. 30, Nr. 11237, von Tschirschky aus Wien an Reichskanzler von Bülow am 20. November 1911.
9  Der frühere italienische Monarch, König Umberto I., hatte Wien im Oktober 1881 besucht, und Italien erwartete natürlich, daß Franz Joseph diesen Besuch irgendwann erwidern würde. Aber der Kaiser zögerte immer wieder aus Ehrfurcht vor dem Vatikan, der – wie die Doppelmonarchie – *dem risorgimento* zum Opfer gefallen war, nach Rom zu reisen. Da sich der italienische Hof weigerte, das Treffen der Monarchen in einer anderen italienischen Stadt stattfinden zu lassen, kam es niemals zu diesem Besuch.
10  Franz Conrad von Hötzendorf, a.a.O., Bd. III, S. 503.
11  Albert von Margutti, a.a.O., S. 132.
12  Zitiert bei Robert A. Kann, a.a.O., S. 88.
13  Bernhard von Bülow, Denkwürdigkeiten, Berlin 1930–31, Bd. I.
14  G. P., Bd. 30, Nr. 11085, Kaiser Wilhelm an Bethmann Hollweg am 27. März 1912.
15  Es lohnt sich, festzuhalten, daß die Achse Berlin–Budapest bis in Hitlers Tage hinein hielt, bis sie schließlich von der Roten Armee zugunsten der Slawen zerbrochen wurde.
16  Bernhard von Bülow, a.a.O., Bd. II, S. 613 f.
17  Den Zuschlag hatte seinerzeit Bismarck erteilt, der auf dem Berliner Kongreß von 1878 als »ehrlicher Makler« fungiert hatte. Er war sowohl von Österreich als auch von England um Vermittlung angegangen worden, die sich angesichts des ausgedehnten Einflusses Rußlands auf dem Balkan nach seinem Sieg über die Türkei im Jahr zuvor besorgt zeigten.

18 Eine der besten Gesamtdarstellungen der Krise des Jahres 1908 und ihrer Lösung befindet sich in Sidney Fay, The Origins of the World War, New York 1928, Bd. I, S. 368 ff.

19 Aehrental hatte die meiste Zeit seiner Laufbahn in St. Petersburg verbracht, wo er schließlich Botschafter geworden war. Iswolski war russischer Gesandter in Kopenhagen, ein Posten von relativ geringer Bedeutung.

20 Bernhard von Bülow, a.a.O., Bd. II, S. 325 f.

21 Es gehörte Graf Berchtold, der zur Erinnerung an diese Begegnung eine Tafel anbringen ließ. Ironischerweise sah er sich sechs Jahre später, inzwischen selbst österreichischer Außenminister geworden, einigen der langwährenden Folgen dieses Treffens gegenüber.

22 Leopold Chlumecky, a.a.O., S. 98.

23 A.a.O., S. 98 f.

24 Franz Conrad von Hötzendorf, a.a.O., Bd. I, S. 142.

25 Brief zitiert bei Robert A. Kann, a.a.O., S. 79, Fußnote.

26 S. Paul Nikitsch-Boulles, a.a.O., S. 121.

27 Franz Conrad von Hötzendorf, a.a.O., Bd. I, S. 151.

28 A.a.O., S. 158.

29 G.P., Bd. 26, Nr. 731.

30 Ein Nebenprodukt der Annexionskrise war der sogenannte Racconigi-Vertrag zwischen Italien und Rußland vom Oktober 1909, in dem beide Mächte unter größter Geheimhaltung übereinkamen, ihre Bewegungen in Südosteuropa zu koordinieren, obwohl sie zum jeweils entgegengesetzten politischen Lager gehörten.

31 A.a.O., Nr. 9453, Bericht von Graf Brockdorff-Rantzau.

32 A.a.O., Nr. 9087, Kaiser Wilhelm an Reichskanzler von Bülow am 6. November 1908.

33 Die Annexionskrise hatte in keiner Weise dazu beigetragen, das alte Mißtrauen des Erzherzogs gegenüber den Engländern zu verringern. »Wie üblich, ist Englands Betragen infam gewesen«, schrieb er einem Freund am 6. Januar 1909.

34 S. Sir Edward Grey, Twenty-five Years, London 1924, S. 188 f.

1 Der Besuch war ursprünglich für Sommer 1908 geplant, hatte aber wegen Sophies letzter Schwangerschaft immer wieder verschoben werden müssen. Tragischerweise brachte sie einen totgeborenen Sohn zur Welt, nachdem sie an Grippe erkrankt war.

2 Paul Nikitsch-Boulles, a. a. O., S. 129.

3 Diese und die folgenden Einzelheiten stammen im wesentlichen aus der *Neuen Freien Presse* (im folgenden *N. F. P.*), Wien, vom 10. bis 15. Juli 1909. Paul Nikitsch-Boulles gibt a. a. O., S. 130 ff., eine skizzenhafte persönliche Schilderung.

4 Nachlaß FF, Briefe, Karton 1: Kaiser Franz Joseph an Franz Ferdinand am 8. Juni 1905.

5 A. a. O., Karton 6: Kaiser Wilhelm an Franz Ferdinand am 9. April 1909.

6 Die *N. F. P.* bringt in ihren Ausgaben vom 10. bis 14. November 1909 ausführlich alle Einzelheiten des Besuchs.

7 Bülow war am 17. Juli dieses Jahres zurückgetreten.

8 Nachlaß FF, Briefe, Karton 17: Obersthofmeisteramt an Franz Ferdinand am 13. März 1913.

9 A. a. O., Karton 1: Kaiser Franz Joseph an Franz Ferdinand am 31. Juli 1909.

10 A. a. O., Karton 11: Alexander von Brosch an Franz Ferdinand am 22. Dezember 1909.

11 Ebenda, Einzelheiten im Nachtrag II.

12 Ein Ziel, das einige Jahre später durch die italienische Invasion Ostern 1939 von Mussolini erreicht wurde.

13 Carl Bardolff, Soldat im alten Österreich, Jena 1938, S. 174 ff.

14 Franz Conrad von Hötzendorf, a. a. O., Bd. II, S. 373 ff. Dort werden die näheren Umstände seiner Wiederernennung beschrieben.

15 A. a. O., S. 379 ff. und S. 410 ff.

16 A. a. O., S. 413.

17 G. P. Bd. 34, I, Nr. 12 788, Privatbrief von Herzog Albrecht an Fürst zu Fürstenberg vom 2. Februar 1913; Kopie sandte er an die Deutsche Botschaft in Wien.

18 Nach vielen Debatten zwischen den Großmächten über die Frage, wer der Monarch Albaniens sein sollte, wurde, als 1914 Wilhelm Prinz von Wied zum Herrscher (Mrbet) von Albanien wurde, abermals ein unbedeutender deutscher Prinz auf den Balkan geschickt.

19 Franz Conrad von Hötzendorf, a.a.O., Bd. III, S. 724 ff., gibt eine vollständige Schilderung des Verlaufs der Beratungen vom 3. Oktober.

20 S. z. B. den warnenden Brief von Reichskanzler Bethmann Hollweg an den österreichisch-ungarischen Botschafter Szögyényi-Marich in Berlin vom 6. Juli 1913 (abgedruckt bei Sidney Fay, a.a.O., Bd. I, S. 451 f.).

21 Franz Conrad von Hötzendorf, a.a.O., Bd. III, S. 155.

22 G. P., Bd. 34/I, Nr. 12905, Kagenecks Bericht nach Berlin vom 26. Februar 1913.

23 Eine genaue Schilderung des Vorfalls findet sich bei Franz Conrad von Hötzendorf, a.a.O., Bd. III, S. 467 ff.

24 Die Krönung war bereits für den 26. Juni 1901 vorgesehen gewesen, mußte jedoch kurzfristig verschoben werden, weil der König an einer akuten Blinddarmentzündung erkrankt war.

25 Das Begleitschreiben König Eduards zur Auszeichnung Franz Ferdinands vom 5. Juli 1902 befindet sich im Nachlaß FF, Briefe, Karton 23.

26 Henry Wickham Steed, Thirty Years, London 1924, Bd. I, S. 235 f.

27 R. A., G. V., Tagebucheintragung des Königs vom 20. April 1904.

28 Nachlaß FF, Briefe, Karton 23: König Georg V. an Franz Ferdinand am 8. Mai 1910.

29 Tagebuch von Mensdorff im Haus-, Hof- und Staatsarchiv, Wien, Eintragung vom 16. Mai 1910.

30 Ebenda, Kopie im Nachlaß FF, Briefe, Karton 17.

31 A.a.O., Eintragung vom 1. Mai 1910.

32 Nachlaß FF, Karton 2: Bericht von Franz Ferdinand vom 25. Mai 1910.

33 Die meisten Ausflüge wurden von Sophies Nichte organisiert, der Gräfin Elisabeth Baillet-Latour, die den größten Teil des Jahres in England verbrachte.

34 R. A., G. V., Tagebucheintragung vom 23. Mai 1923.

35 Tagebuch von Mensdorff, Brief Nr. 234 an Franz Ferdinand vom 19. Juni 1913.

36 A.a.O., Brief Nr. 238 von Franz Ferdinand an Mensdorff vom 23. Juli 1913.

37 A.a.O., Eintragung vom 18. November 1913 bereits nach Ankunft in Windsor.

38 Paul Nikitsch-Boulles, a.a.O., S. 166 f.

39 R. A., G. V., Tagebucheintragungen vom 17. – 21. November 1913.
40 Ebenda, Tagebucheintragung vom 18. November 1913.
41 Tagebuch von Mensdorff, Eintragung vom 24. November 1913.
42 The Duke of Portland, Men, Women and Things, London 1937, S. 246.
43 Die Tochter von Graf van der Straten, einem der Schützen der Jagdgesellschaft, hat die Jagdliste ihres Vaters aufbewahrt. An drei Tagen, vom 25. bis 27. November, wurden 6480 Stück Wild erlegt, darunter 6332 Fasanen.
44 A. a. O., S. 247.
45 R. A., G. V., Queen Mary an die Herzogin Augusta von Mecklenburg-Strelitz am 20. November 1913.
46 A. a. O., Queen Mary an die Herzogin Augusta von Mecklenburg-Strelitz am 24. November 1913.
47 Morsey, Eintragung ohne Datum.
48 Kaiserin Zita zum Verfasser am 22. Februar 1976.

## 11  Zwei Wege nach Sarajevo

1 Sophie Gräfin von Nostitz-Rieneck zum Verfasser.
2 Duke of Portland, a. a. O., S. 331. In den Royal Archives in Windsor sind keinerlei Hinweise auf diesen geplanten Besuch vorhanden, was vermuten läßt, daß es sich um rein mündliche Abmachungen handelt.
3 Morsey, S. 33.
4 Morsey berichtet hierüber nur skizzenhaft. Eine ausführlichere Version stammt von Herrn von Treutler vom deutschen Auswärtigen Amt, der den Kaiser begleitete: G. P., Bd. 39, Nr. 15 720 und 15 721.
5 Vladimir Dedijer, The Road to Sarajevo, London 1967, S. 289 f. Dedijer rekonstruiert, wenn auch einseitig in manchen seiner Beurteilungen, die Verschwörung sehr genau. Eine moderne österreichische Darstellung ist Friedrich Würthle, Die Spur führt nach Belgrad, Wien 1975. Was Sidney Fay in seinem Buch »The Origins of the World War«, Bd. II, S. 53–126, schreibt, trifft immer noch den Nagel auf den Kopf, wenn es auch vor mehr als einem halben Jahrhundert geschrieben ist. Die klassische österreichische Darstellung derselben Zeit sind Friedrich Wiesners Abhand-

lungen in den Jahrgängen 1926, 1927 und 1928 der Zeitschrift *Die Kriegsschuldfrage,* Berlin. S. auch Theodor von Sosnosky, a. a. O., S. 167–230.

6 Schon 1903 enthielt der Belgrader Königsmord unbehagliche Untertöne für den Erzherzog. Der empörte Wiener Hof war überzeugt, daß König Alexanders unpassende Heirat der wahre Grund seiner Ermordung gewesen sei.

7 Friedrich Wiesner im Septemberheft 1927 der Zeitschrift *Die Kriegsschuldfrage.* Biographische Einzelheiten der Mörder, die sich weitgehend auf Polizeiberichte stützen, sind in den bereits erwähnten Büchern von Dedijer, S. 175 ff., Würthle, S. 59–78, und Holler, S. 207–222, enthalten.

8 Vaso Čubrilović, Cvijetko Popović und Muhamed Mehmedbašić. Letzterer war der Sohn eines wohlhabenden türkischen Kleinbauers in der Herzegowina, der trotz seines moslemischen Hintergrunds ein fanatischer Anhänger von »Groß-Serbien« geworden war. Die meisten der 612 000 Moslems in den annektierten Provinzen neigten zur Unterstützung der Österreicher.

9 Der vollständige Text des geheimen Buches, das die Verhaltensvorschriften der »Schwarzen Hand« enthält, ist zum ersten Mal von A. Bogičević in der Pariser Zeitschrift *Evolution,* S. 16–30 des Juliheftes 1927, veröffentlicht worden.

10 Vladimir Dedijer, a. a. O., S. 294.

11 Franz Ferdinand, Militärkanzlei, Nr. 3911 vom 21. Mai 1914.

12 Franz Conrad von Hötzendorf, a. a. O., Bd. III, S. 445.

13 J. A. Zibert, Der Mord von Sarajevo, Laibach 1919, zitiert bei Gerd Holler, a. a. O., S. 226.

14 Die einzige tatsächlich erwähnte Audienz, die der kaiserliche Onkel dem Neffen in dieser Zeit gewährte, fand am 7. Juni 1914 statt. Der Kaiser empfing den Erzherzog 45 Minuten lang, und zwar von 7.45 bis 8.30 Uhr.

15 Kaiserin Zita zum Verfasser am 7. März 1977.

16 Der Hauptmann im Grenzbereich war gerade von einem Besuch aus Belgrad zurückgekehrt, wo er zweifellos von Major Tankosić persönlich Instruktionen hinsichtlich der Abgesandten bekommen hatte.

17 Vladimir Dedijer, a. a. O., S. 297 ff., gibt eine bis ins einzelne gehende Darstellung der Reise.

18 Henry Wickham Steed, »The Pact of Konopischt«, in Bd. 79 von *Nineteenth Century and After,* London, Februar 1916.

19 N. F. P. vom 11. Juni 1914.
20 Morsey, S. 49.
21 G. P., Bd. 39, Nr. 15736, Bericht von Treutler vom 15. Juni 1914.
22 Die N. F. P. vom 12. bis 15. Juni 1914 bringt aus diesem Anlaß ausführliche Berichte.
23 Kaiserin Zita zum Verfasser am 7. März 1977. Ihre letzte Behauptung stimmt nicht. Erzherzogin Maria Theresa, Franz Ferdinands Stiefmutter, richtete ihre Bitte am 2. Juli 1916 an Kaiser Wilhelm II. Dieser antwortete – nach Beratungen mit dem Auswärtigen Amt – sieben Wochen später, und zwar am 23. August. Mit dem Ausdruck des Bedauerns zog er seinen Vorschlag zurück mit der Begründung, darüber könne er nicht allein entscheiden, sondern dabei müßten alle Bundesstaaten des Reiches mitwirken. Weder von diesen, so führte er weiter aus, noch vom Deutschen Reichstag sei zu erwarten, »daß sie einen Teil des Reiches durch Gründung einer neuen (!) Dynastie verändern«. Der Briefwechsel ist im vollen Wortlaut nachzulesen bei Theodor von Sosnosky, a. a. O., S. 43 f.
24 Morsey, S. 54.
25 A. a. O., S. 58.
26 Baron von Eichhoff, zitiert bei Theodor von Sosnosky, S. 197 (Fußnote).
27 Gordon Brook-Shepherd, The Last Habsburg, London 1968, S. 26 f. (deutsche Übersetzung: Um Krone und Reich. Die Tragödie des letzten Habsburgerkaisers, Wien 1968), wo eine Auskunft von Kaiserin Zita zitiert wird. (In dem Pult, das sechs Wochen später von Erzherzog Karl geöffnet wurde, fanden sich Schriftstücke ähnlich dem »Regierungsprogramm«.)
28 Aus den persönlichen Papieren seiner Tochter, Sophie Gräfin von Nostitz-Rieneck, die hier zum ersten Mal veröffentlicht sind.

## 12   Zwei Pistolenschüsse

1 Allein die Tatsache, daß die Manöver nach viele Monate zuvor gefaßten Plänen in diesem Gebiet – von der serbischen Grenze ziemlich entfernt – stattgefunden haben, machte später die von Belgrad in die Welt gesetzten Gerüchte zunichte, Österreich habe in Wirklichkeit eine Invasion Serbiens vorbereitet.

2 Morsey, S. 61.

3 Rudolf Kißling, a. a. O., S. 293.

4 Morsey, S. 59.

5 Paul Nikitsch-Boulles, a. a. O., S. 214 f.

6 Morsey, S. 64.

7 Gerd Holler, a. a. O., S. 278.

8 Vladimir Dedijer, a. a. O., S. 312 ff.

9 Morsey, S. 69.

10 Ebenda.

11 Grabež erging sich hinterher in einer Fülle lahmer Ausreden. Er habe, sagte er, die Bombe nicht einsetzen, sondern sie nur von Ilić wegtragen wollen. Er habe die Absicht gehabt, die Pistole abzufeuern, aber sie sei noch gesichert gewesen.

12 Viele Jahre später wurde Harrachs Darstellung durch medizinische Analysen in Frage gestellt, in denen behauptet wurde, die Kugel, die die Halsvene des Erzherzogs durchschlagen und alles ringsherum beschädigt habe, hätte diesen augenblicklich jeder Fähigkeit beraubt, sich in irgendeiner Weise zu äußern. Diagnosen sind freilich nicht unfehlbar, und viele Patienten haben ihre Ärzte durch ihr gegen die Regel verstoßendes Verhalten in Erstaunen versetzt und noch weitergelebt, obwohl sie eigentlich den Regeln zufolge längst hätten tot sein müssen. Die von Harrach zitierten Worte (er war ja nur wenige Zentimeter von den Lippen des Erzherzogs entfernt gewesen, weil er den Kopf des sterbenden Mannes stützte) klingen glaubhaft genug. Mehr »berühmte letzte Worte« in der Geschichte sind in Wirklichkeit gesprochen und nicht etwa erfunden worden.

13 Formelle Aussage von Graf Harrach vor dem Untersuchungsrichter am Tage des Mordes; abgedruckt bei Theodor von Sosnosky, a. a. O., S. 219 f.

## 13  Requiem

1 Eine verschlüsselte Nachricht erreichte Oberst Dimitrijević in Belgrad innerhalb einer Stunde. Sie lautete: »Beide Pferde gut verkauft.«

2 Albert von Margutti, a. a. O., S. 148.

3 Irmgard Schiel, Stephanie, Stuttgart 1979, S. 325.

4 Gordon Brook-Shepherd, The Last Habsburg, a. a. O., S. 1 f.

5  *N. F. P.* vom 29. Juni 1914.

6  Morsey, S. 77.

7  Baron Morsey konnte schließlich Gräfin Henriette Chotek am Telefon erreichen und ihr mitteilen, daß halb sechs Uhr abends ein Trauergottesdienst für die Opfer stattfinden würde. Er schlug auch vor, die Kinder zur gleichen Zeit in Chlumetz zum Gebet anzuhalten.

8  Sophie Gräfin von Nostitz-Rieneck, Brief an den Verfasser vom 7. Juli 1982.

9  Gordon Brook-Shepherd, The Last Habsburg, a. a. O., S. 2 f.

10  *N. F. P.* vom 29. Juli 1914, Bericht aus Kiel.

11  Gerd Holler, a. a. O., S. 246.

12  Einzelheiten der Reise sind von Major Höger in der *N. F. P.* vom 4. Juli 1914 geschildert und finden sich auch bei Morsey.

13  Der Ausdruck »Begräbnis dritter Klasse« taucht auf den letzten Seiten von Morseys Tagebuch verschiedentlich auf, und Graf Sternberg schrieb in späteren Jahren wiederholt Philippiken über dieses Thema (so z. B. auch seinen Artikel in der Julinummer 1919 des Wiener Monatsblattes *Tagesfragen*).

14  Kaiserin Zita zum Verfasser am 7. März 1977. Diese Mitteilung scheint die Behauptung zu entkräften (s. Theodor von Sosnosky, a. a. O., S. 226 f.), alles sei infolge des Eingreifens von Erzherzog Karl geändert worden.

15  R. A., G. V., S. 609: Sir Maurice de Bunsen an Lord Stamfordham am 3. Juli 1914.

16  Zitiert in der *N. F. P.* vom 30. Juni 1914.

17  *Neues Wiener Journal* vom 9. Juli 1914.

18  In der Nachkriegsrepublik, die als österreichischer Rumpf der Monarchie überlebte, wurde er Führer der im faschistischen Stil aufgezogenen patriotischen Heimwehrbewegung.

19  Sophie Gräfin von Nostitz-Rieneck zum Verfasser am 28. März 1983.

20  Paul Nikitsch-Boulles, a. a. O., S. 19 f.

21  British Documents on the Origins of the War, London 1926–30, Bd. XI, Nr. 91.

# Quellen- und Literaturverzeichnis

## 1. Dokumente

Die wesentlichen Dokumente, die von Interesse sind, bestehen aus den Schriftstücken des Erzherzogs, die unter dem Stichwort »Nachlaß Erzherzog Franz Ferdinand« im österreichischen Haus-, Hof- und Staatsarchiv zu Wien nur beschränkt zugänglich von der Familie Hohenberg aufbewahrt werden. Weniger wichtige Papiere befinden sich verstreut in anderen Dokumentensammlungen Wiener Archive.

Die einzigen anderen fürstlichen Archive, die der Verfasser dank der Erlaubnis Ihrer Majestät der Königin zu Rate ziehen konnte, sind jene in Windsor, die viel Interessantes über den Erzherzog enthalten, besonders aus den Regierungszeiten von Königin Victoria und König Georg V.

Die Tochter des Erzherzogs, Gräfin Sophie von Nostitz-Rieneck, hat den Verfasser in einige unveröffentlichte Erinnerungen Einblick nehmen lassen, insbesondere in die des Sekretärs von Franz Ferdinand, Baron Andreas Morsey. Sie hat außerdem eine Reihe von bislang unveröffentlichten Briefen, Telegrammen und Photographien beschafft. Das Tagebuch eines der Freunde des Erzherzogs, Graf Adalbert Sternberg, hat Graf Karl Draskovich zur Verfügung gestellt. Andere dokumentarische Belege sowie einiges neues Bildmaterial stammen von dem dem Leben des Erzherzogs gewidmeten Museum im Familienschloß von Artstetten.

Die hauptsächlich benutzte zeitgenössische Zeitungsquelle ist die Wiener *Neue Freie Presse*, und zwar alte, in der Wiener Nationalbibliothek zusammen mit anderen Zeitungen aus damaliger Zeit aufbewahrte Exemplare.

Ferner gibt es überaus zahlreiche Erwähnungen des Erzherzogs in amtlichen deutschen, französischen und britischen Dokumenten über die Ursachen des Ersten Weltkriegs, die sämtlich vom Verfasser ausgewertet worden sind.

## 2. Zeitgenössische Memoirenliteratur

Auffenberg-Komarow, Moritz, Aus Österreichs Höhe und Niederlage, München 1921

Bardolff, Carl, Soldat im alten Österreich, Jena 1938

Bülow, Fürst Bernhard von, Denkwürdigkeiten, Berlin 1930–31

Chlumecky, Leopold, Erzherzog Franz Ferdinands Wirken und Wollen, Berlin 1929

Conrad von Hötzendorf, Franz, Aus meiner Dienstzeit, Wien 1921–25

Czernin, Ottokar Graf, Im Weltkriege, Berlin 1919

Eisenmenger, Viktor, Erzherzog Franz Ferdinand, Wien 1930

Franz Ferdinand, Erzherzog von Österreich-Este, Tagebuch meiner Reise um die Erde 1892–93, Wien 1895–96

Fugger, Fürstin Nora, Im Glanz der Kaiserzeit, Wien 1918

Funder, Friedrich, Vom Gestern ins Heute, Wien 1952

Grey, Sir Edward, Twenty-five Years, London 1925

Margutti, Albert Freiherr von, Vom Alten Kaiser. Persönliche Erinnerungen an Franz Joseph I., Wien 1921

Müller-Guttenbrunn, Adam, Franz Ferdinands Lebensroman, Stuttgart 1919

Nikitsch-Boulles, Paul, Vor dem Sturm. Erinnerungen an Erzherzog Thronfolger Franz Ferdinand, Berlin 1925

Polzer-Hoditz, Artur Graf, Kaiser Karl, Wien 1980 (Neuauflage)

Redlich, Joseph, Schicksalsjahre Österreichs 1908–1919, Wien 1953–54

Steed, Henry Wickham, Thirty Years, London 1924

## 3. Auswahlbibliographie

Aichelberg, Wladimir, Erzherzog Franz Ferdinand und Artstetten, Wien 1983

Allmayer-Beck, Johann Christoph, Ministerpräsident Baron Maximilian Wladimir Beck, Wien 1956

Brehm, Bruno, Apis und Este, München 1931

Bridge, F. R., Great Britain and Austria-Hungary 1906–14, London 1972

Brook-Shepherd, Gordon, The Last Habsburg, London 1974

Brook-Shepherd, Gordon, Uncle of Europe, London 1974

Constant, Stephen, Foxy Ferdinand, London 1979

Corti, Egon Caesar, Kaiser Franz Joseph, Graz 1965

Dedijer, Vladimir, The Road to Sarajevo, London 1967

Dor, Milo, Der letzte Sonntag, Wien 1982

Franzel, Ernst, Franz Ferdinand d'Este, Wien 1964

Glaise-Horstenau, Edmund von, Die Katastrophe, Leipzig 1929

Hamann, Brigitte, Rudolf. Kronprinz und Rebell, Wien 1979

Hantsch, Hugo, Die Geschichte Österreichs 1618–1918, Graz 1950

Holler, Gerd, Franz Ferdinand von Österreich-Este, Wien 1982

Hubmann, Franz, K. und K. Familienalbum, Wien 1971

Kann, Robert A., Erzherzog Franz Ferdinand Studien, Wien 1976

Kißling, Rudolf, Erzherzog Franz Ferdinand von Österreich-Este, Wien 1953

Krug von Nidda, Roland, Der Weg nach Sarajevo, Wien 1964

Macartney, C. A., The Habsburg Empire, London 1968

Muret, Maurice, L'Archiduc François-Ferdinand, Paris 1932

Pappenheim, Dr. Martin, Gavrilo Princips Bekenntnisse, Wien 1926

Pauli, Hertha, Das Geheimnis von Sarajevo, Wien 1966

Popovici, Aurel, Die Vereinigten Staaten von Groß-Österreich, Leipzig 1906

Sokol, A. E., Seemacht Österreich, Wien 1972

Sosnosky, Theodor von, Franz Ferdinand, der Erzherzog-Thronfolger. Ein Lebensbild, München 1929

Taylor, A. J. P., The Habsburg Monarchy, London 1941

Trost, Ernst, Das blieb vom Doppeladler, Wien 1966

Winder, Ludwig, Der Thronfolger, Zürich 1938

Würthle, Friedrich, Die Spur führt nach Belgrad, Wien 1975

# Personenregister

394

## Bildnachweis